नूतन मानव वैज्ञानिक सिद्धान्तों का इतिहास

लेखक के बारे में

गया पाण्डेय मानव विज्ञान विभाग, राँची विश्वविद्यालय, राँची के एक सेवानिवृत्त प्राध्यापक हैं। आपने अपने सेवाकाल से वर्तमान तक साढ़े तीन दर्ज़न पुस्तकों का अंग्रेज़ी एवं हिन्दी माध्यम से प्रकाशन कराया है। आपकी सभी पुस्तकें मानव विज्ञान विषय के विभिन्न पत्रों से सम्बन्धित हैं, जिनकी पढ़ाई स्नातक एवं स्नातकोत्तर के छात्रों द्वारा की जाती है। आपने साढ़े तीन दर्ज़न अनुसन्धान पत्रों को भी विभिन्न राष्ट्रीय एवं अन्तर्राष्ट्रीय ख्याति-प्राप्त जर्नल में प्रकाशित कराया है। कुछ पत्र देश के ख्याति-प्राप्त सामाजिक वैज्ञानिक द्वारा सम्पादित पुस्तकों में भी प्रकाशित किए गए हैं। आपने ढाई दर्ज़न राष्ट्रीय एवं भारत में आयोजित अन्तर्राष्ट्रीय सेमिनारों में भाग लिया है तथा उनकी अध्यक्षता भी की है। आपके मार्गदर्शन में साढ़े तीन दर्ज़न छात्रों ने एम॰फिल् की उपाधि प्राप्त की है। नौ छात्रों द्वारा आपके मार्गदर्शन में पी॰एच॰डी॰ अनुसन्धान कार्य करके राँची विश्वविद्यालय द्वारा उपाधि प्राप्त की गई है।

नूतन मानव वैज्ञानिक सिद्धान्तों का इतिहास

नूतन उद्विकासवाद से उत्तर-आधुनिकतावाद एवं वैश्वीकरण तक

गया पाण्डेय

CONCEPT PUBLISHING COMPANY PVT. LTD.
NEW DELHI - 110 059

ISBN: 978-93-6344-622-9 (HB)
ISBN: 978-93-6344-873-5 (PB)

First Published 2026

Published and Printed by

Concept
Since 1974

Concept Publishing Company Pvt. Ltd.
A/15-16, Commercial Block, Mohan Garden
New Delhi-110059 (India)
T: +91-11-41101460
E: publishing@conceptpub.com, *W*: www.conceptpub.com

Cataloging in Publication--Courtesy: D.K. Agencies (P) Ltd. <docinfo@dkagencies.com>

Pandey, Gaya, 1954- **author.**
Nūtana mānava vaijñānika : siddhāntoṃ kā itihāsa : nūtana udvikāsavāda se uttara-ādhunikatāvāda evaṃ vaiśvīkaraṇa taka / Gayā Pāṇḍeya.
pages cm
In Hindi.
On principles and thoughts of social anthropologists on anthropology; chiefly from Europe.
Includes bibliographical references and index.
ISBN 9789363446229 (HB)
ISBN 9789363448735 (PB)

1. Anthropology. 2. Anthropologists--Europe. I. Title.

LCC GN24.P36 2026 | DDC 301 23

समर्पित

मैं अपनी इस पुस्तक को अपनी द्वितीय सुपुत्री
डॉ॰ सुमन कुमारी के संस्मरण में समर्पित करता हूँ
जो अब हमारे परिवार के बीच नहीं है,
लेकिन उसकी यादों तथा पुस्तक-लेखन के लिए उत्प्रेरणा
आज भी मेरे साथ है।

प्रस्तावना

नूतन मानव वैज्ञानिक सिद्धान्तों का इतिहास विषय की पढ़ाई हमारे देश के सभी विश्वविद्यालयों के स्नातक एवं स्नातकोत्तर मानव विज्ञान विभागों में की जाती है। यह विद्यार्थियों के लिए एक अत्यन्त महत्त्वपूर्ण विषय है, लेकिन इस विषय पर हिन्दी एवं अंग्रेज़ी माध्यम में पुस्तकों की कमी है। कुछ पुस्तक जो उपलब्ध हैं, उनमें आधी-अधूरी जानकारी मिलती है, क्रमबद्ध ढंग से लिखी, हुई पुस्तक का पूर्णतः अभाव है। अतः छात्रों को इस विषय पर पुस्तक की कमी के कारण कठिनाई का सामना करना पड़ता है। उसमें भी हिन्दी माध्यम में तो और कठिनाःई बढ़ जाती है। अतः पाठकों, छात्रों एवं शिक्षकों को ध्यान में रखकर इस पुस्तक की रचना सरल हिन्दी भाषा में की गई है।

इस पुस्तक-लेखन में कई व्यक्तियों का कई स्तरों पर सहयोग प्राप्त हुआ है। बग़ैर उनके सहयोग के इस पुस्तक का लेखन-कार्य कभी भी सफल नहीं हो सकता था। अतः यह मेरा पावन दायित्व बनता है कि मैं उनके सम्मान में अपने हृदय के कुछ उद्‌गार व्यक्त करूँ।

सर्वप्रथम मैं अपने सभी गुरुओं का सादर नमन करता हूँ जिन्होंने मुझे पढ़ा-लिखाकर मानव वैज्ञानिक बनाने का कर्म किया, तथा जिनके आशीर्वाद से मैं यहाँ तक पहुँच पाया हूँ। मैं उन तमाम विद्वानों के प्रति अपनी कृतज्ञता ज्ञापित करता हूँ, जिनकी पुस्तकों,

पत्रों, प्रतिवेदनों तथा रिकॉर्ड का लाभ इस पुस्तक-लेखन में प्रत्यक्ष अथवा अप्रत्यक्ष ढंग से लिया गया है।

मैं अपने विभाग के सभी अवकाशप्राप्त साथियों एवं वर्तमान में काम कर रहे शिक्षकों को धन्यवाद देना चाहता हूँ जो सदैव मुझे विभिन्न मानव विज्ञान के पत्रों पर पुस्तक-लेखन के लिए उत्प्रेरित करते रहे हैं।

मैं अपने विभाग के सभी छात्रों को भी धन्यवाद देना चाहता हूँ जिन्होंने अपनी कठिनाइयों से मुझे अवगत कराया तथा मुझे इस पुस्तक-लेखन के लिए उत्साहित किया।

मैं अपने परिवार के सदस्यों धर्मपत्नी श्रीमती इन्दुदेवी; पुत्री सुधा, सरिता, अणु; पुत्र शेखर; पुत्रवधु मैत्रेय; दमाद मनीष एवं सजल; नाती कुशाग्र एवं हर्षित तथा पोती त्रिशिका को हृदय से धन्यवाद देना चाहता हूँ जिन्होंने अवकाश प्राप्ति के बाद मेरी हर प्रकार की आवश्यकताओं की पूर्ति सन्तोषप्रद ढंग से की है, और पुस्तक-लेखन के लिए उत्साहित किया है तथा बातचीत द्वारा बीच-बीच में मनोरंजन भी प्रदान किया है।

मैं कंसेप्ट पब्लिशिंग कम्पनी के श्री अशोक कुमार मित्तल जी एवं उनकी प्रकाशन-मण्डली के सदस्यगणों को धन्यवाद देता हूँ जिनके द्वारा मेरी पाण्डुलिपि को बड़े ही त्रुटिरहित ढंग से मुद्रण एवं प्रकाशन किया है।

ज्ञानेश्वरी **गया पाण्डेय**
बुही मोड़, राँची

विषय-सूची

नूतन मानव वैज्ञानिक सिद्धान्तों का इतिहास

एक परिचय

नूतन मानव वैज्ञानिक सिद्धान्तों का इतिहास कब से प्रारम्भ हुआ? इस प्रश्न के उत्तर पर सभी मानव वैज्ञानिक एकमत से सहमत हैं कि इसकी शुरुआत द्वितीय विश्वयुद्ध के बाद से हुई। द्वितीय विश्वयुद्ध के पश्चात् मानव विज्ञान विषय की विभिन्न उपशाखाओं–सामाजिक-सांस्कृतिक मानव विज्ञान, जैविक मानव विज्ञान, प्रागैतिहासिक पुरातात्त्विक मानव विज्ञान तथा भाषायी मानव विज्ञान–के विशेषज्ञों ने साथ बैठकर अपनी-अपनी उपशाखाओं की अनुसन्धान कार्य-प्रणाली, विधि, तकनीक एवं दृष्टिकोण का आलोचनात्मक ढंग से मूल्यांकन अथवा मूल्य निर्धारण किया था। नवीन दृष्टिकोणों के विकास के लिए उनके द्वारा चेतन प्रयास किया गया था। डब्ल्यू॰ टेलर (W. Taylor, 1948) द्वारा नूतन प्रागैतिहासिक पुरातात्त्विक मानव विज्ञान की स्थापना पर बल दिया गया था। उसी प्रकार एस॰ वासबर्न (S. Washburn, 1951) ने नूतन जैविक विज्ञान की स्थापना पर बल दिया था। उसी तरह से सामाजिक-सांस्कृतिक मानव वैज्ञानिकों तथा भाषायी मानव वैज्ञानिकों द्वारा अपने-अपने विषय में नूतन दृष्टिकोणों को अपनाया गया था।

बासवीं सदी के मध्य में सामाजिक-सांस्कृतिक मानव विज्ञान में मानव जाति वर्णन एवं विश्लेषण के स्तर में सुधार के लिए एक

आन्दोलन की शुरुआत हुई थी। इस आन्दोलन के माध्यम से भाषा विज्ञान की कार्य-प्रणाली, विधि, तकनीक एवं दृष्टिकोण को सामाजिक-सांस्कृतिक मानव विज्ञान में अपनाने पर जोर दिया गया था इस आन्दोलन को सामाजिक-सांस्कृतिक मानव विज्ञान में नूतन मानव जाति वर्णन (New Ethnography) के नाम से जाना जाता है। इस आन्दोलन की शुरुआत अमेरिका के येल विश्वविद्यालय में हुई थी। शीघ्र ही इसका प्रसार पूरे अमेरिका में विभिन्न नामों से हुआ था। जैसे एथनोलिंग्विस्टिक्स (मानव जाति भाषा विज्ञान), मानव जाति विज्ञान (Ethnoscience), मानव जाति अर्थ विज्ञान (Ethnosementics), भाषा विज्ञान की कार्य-प्रणाली, विधि, तकनीक एवं दृष्टिकोण को सामाजिक- सांस्कृतिक मानव विज्ञान में इसलिए अपनाने पर जोर दिया जा रहा था ताकि सांस्कृतिक घटनाओं का सुस्पष्ट निदर्शनात्मक वर्णन प्रस्तुत किया जा सके। क्योंकि वे सांस्कृतिक घटनाएं भाषा वैज्ञानिक के स्वर विज्ञान एवं व्याकरण से जुड़ गई थीं। इसके द्वारा सामाजिक-सांस्कृतिक मानव विज्ञान में आदर्शवाद की परम्परा को आगे बढ़ाने का काम किया गया था। साथ ही साथ नूतन मानव वैज्ञानिक प्रत्यय-पत्र को उस परम्परा के साथ प्रभावशाली ढंग से रखा गया था।

उसी प्रकार भाषायी मानव विज्ञान में सांस्कृतिक मानव वैज्ञानिक विधि, तकनीक तथा दृष्टिकोण को अपनाया गया था, ताकि भाषा की सांस्कृतिक विशेषताओं का वर्णन एवं विश्लेषण प्रस्तुत किया जा सके।

महत्त्वपूर्ण ढंग से इस आन्दोलन के माध्यम से मानव विज्ञान की चार उपशाखाओं के बीच सम्बन्ध को और मजबूती प्रदान की गई थी। पहले ऐसा लगता था कि जैविक मानव विज्ञान, सामाजिक-सांस्कृतिक मानव विज्ञान, प्रागैतिहासिक, पुरातात्त्विक मानव विज्ञान तथा भाषायी मानव विज्ञान एक-दूसरे से बिल्कुल अलग-थलग थे। उनके बीच कोई सम्बन्ध ही नहीं था। यही बात मानव विज्ञान की अन्य शाखाओं के साथ थी, सब एक-दूसरे से अलग-थलग लगती थी, लेकिन इस आन्दोलन के माध्यम से उन्हें आपस में जोड़ने तथा एक-दूसरे के लिए

उपयोगी बनाने का प्रयास किया गया। इस प्रकार मानव विज्ञान की चारों प्रमुख शाखाओं को परस्पर आश्रित तथा अन्तर-सम्बन्धित बनाया गया था। इससे उनकी पृथकता समाप्त हुई थी तथा निर्भरता बढ़ गई थी।

नूतन प्रागैतिहासिक पुरातात्त्विक मानव वैज्ञानिकों ने अपनी उपलब्धियों को सांस्कृतिक व्यवस्था का प्रतिनिधिक माना था। उनके द्वारा प्रागैतिहासिक पुरातात्त्विक अवशेषों को अपने आप में अन्त नहीं माना गया था। वरन् उनके द्वारा उनका उपयोग एक साधन के रूप में उन मानवों को समझने के लिए किया गया था, जिन्होंने उनका निर्माण किया था। तथा उस समाज की विशेषताओं को जानने का प्रयास किया गया था जिसमें वे लोग रहते थे।

नूतन जैविक मानव विज्ञान में संस्कृति एवं पारिस्थितिकी की पृष्ठभूमि में मानव उद्‌विकास को समझने का प्रयास किया गया था। इसके अन्तर्गत जीवित नर-वानरों का अध्ययन मानव एवं पशु के व्यवहार के बीच अन्तर-सम्बन्ध को जानने के लिए शुरू किया गया था। सांस्कृतिक मानव विज्ञान और जैविक मानव विज्ञान को समीप लाने का प्रयास किया गया था तथा जैवकृत मानव विज्ञान का विकास किया गया था।

नूतन भाषायी मानव विज्ञान के अन्तर्गत भाषा के सांस्कृतिक एवं मनोवैज्ञानिक तत्त्वों का अध्ययन आरम्भ किया गया था। जबकि नूतन सांस्कृतिक मानव विज्ञान में भाषा विज्ञान के तत्त्वों को अपनाया गया था।

मानव विज्ञान में पुरातन अवधारणाओं को परिष्कृत करने का प्रयास कई दिशाओं में किया गया था, लेकिन सबसे ऊपर इस पर जोर दिया गया कि व्याख्यात्मक इकाईयों को पता लगाया जाए ताकि अन्तर-सांस्कृतिक ढंग से वैज्ञानिक तथा पक्षपातरहित व्याख्या प्रस्तुत की जा सके। ऐतिहासिक विशिष्ट मुक्तिवाद से असन्तुष्ट होकर मानव वैज्ञानिकों ने यह सोचना आरम्भ कर दिया था कि अर्थपूर्ण अन्तर-सांस्कृतिक तुलना पहले से प्रयुक्त तत्त्व, संकुल, पैटर्न विषय,

रीति-रिवाज़, लोकाचार जैसी श्रेणियों के आधार पर नहीं किया जा सकता।

अन्तर-सांस्कृतिक विश्लेषण में अभिरूचि ने विद्वानों को संस्कृति के अन्दर सार्वभौम की खोज की तरफ आकर्षित किया था। विद्वानों द्वारा ऐसा अनुभव किया गया था कि मानव व्यवहार लचीला होना है, लेकिन उतना नहीं कि संस्कृति बदल जाए। संस्कृति के पास अस्तित्त्व में बने रहने की आम पृष्ठभूमि होती है। लेकिन इस तरह के प्रयासों का सम्बन्ध आदिम समाजों को जटिल समाजों के साथ जोड़ने का नहीं रहा था। बहुत लम्बी अवधि तक मानव वैज्ञानिकों द्वारा आदिम संस्कृति को समय-रहित तथा अपरिवर्तनशील पृथक् रूप में प्रस्तुत किया गया था। लेकिन इस प्रकार के कल्पित या मनगढ़न्त दृष्टिकोण को स्वीकार नहीं किया जाने लगा। द्वितीय विश्वयुद्ध के बाद विस्मयकारी बदलावों ने आदिम, कृषक, नगरवासी तथा औद्योगिक शहरवासी को भी स्पर्श कर दिया था। इसके परिणामस्वरूप पर-संस्कृति ग्रहण-प्रक्रिया का अध्ययन आरम्भ हुआ था। यह जानने का प्रयास किया गया कि किस प्रकार आदिम लोग आधुनिक समाज के सदस्य बने, किस प्रकार कृषक लोग औद्योगिक किसान बने तथा प्रवासी लोग नूतन पर्यावरण में किस प्रकार से अनुकूलन करने लगे।

इस दिशा में समुदाय अध्ययन-विधि पहला प्रयास था जिसमें समांग समाज के अध्ययन से प्राप्त दृष्टिकोण का प्रयोग ज्यादा जटिल समाज की असमानता को समझने के लिए किया गया था। इस विधि द्वारा जनजातीय अध्ययन की विशेष परम्परा को तोड़ा गया था अब यह दर्शाया गया था कि संस्कृति प्रकार्यात्मक ढ़ंग से वृहत् समग्रता के साथ जुड़ी रहती है। लेकिन इस विधि में इसका उल्लेख नहीं मिल पाता था कि कैसे विभिन्न वृहत् समग्रताएं एक-दूसरे के साथ सम्बन्धित थीं। एक वैसी वृहत् ढ़ाँचे की खोज करते हुए जिसमें प्रागैतिहासिक पुरातात्त्विक मानव विज्ञान, जैविक मानव विज्ञान, सामाजिक-सांस्कृतिक मानव विज्ञान एवं भाषायी मानव विज्ञान की उपलब्धियों को प्रदर्शित किया जाए, मानव वैज्ञानिकों द्वारा पुनः उद्विकासवाद की खोज की

गई थी, जिसे नूतन उद्विकासवाद (neo-evolutionism) के नाम से जाना जाता है।

हालांकि बोआस तथा उनके समर्थक उतना उद्विकास विरोधी नहीं थे जितना कहे जाते हैं। लेकिन यह सत्य है कि उनके द्वारा सम्भावित विकास एवं परिवर्तन की नियमितता की खोज करने का बहुत ही कम प्रयास किया गया था। उद्विकासीय प्रयास जो मानव विज्ञान को स्वतन्त्र विषय के रूप में स्थापित कराया था, वह प्रयास कभी भी दृश्य से ओझल नहीं हुआ था। वी॰ गॉर्डन चाइल्ड ब्रिटेन में तथा लेस्ली ए॰ व्हाइट एवं जूलियन एच॰ स्टीवर्ड ने अमेरिका में उद्विकासवाद सिद्धान्त को नवजीवन प्रदान किया था। इसलिए उनको नूतन उद्विकासवादी तथा उनके उद्विकासवाद सिद्धान्त को नूतन उद्विकासवाद सिद्धान्त के नाम से जाना जाता है। नूतन उद्विकासवाद सिद्धान्त की स्थापना से नूतन मानव वैज्ञानिक सिद्धान्त का इतिहास प्रारम्भ हो जाता है।

चाइल्ड ने अपने उद्विकासवाद सिद्धान्त को तीन प्रमुख घटनाओं के माध्यम से प्रस्तुत किया था। वे तीन प्रमुख घटनाएं—भोजन उत्पादन, नगरीकरण तथा औद्योगीकरण थीं। इन क्रान्तिकारी परिवर्तनों के फलस्वरूप उत्पन्न प्रभावों का विश्लेषण करते हुए उन्होंने उद्विकासीय प्रक्रिया का समग्र दृष्टिकोण प्रस्तुत किया था। चाइल्ड एक सार्वभौमिक उद्विकासवादी थे।

लेस्ली ए॰ व्हाइट एक कदम और आगे बढ़ गए थे। हालांकि वे फ्रांज बोआस के शिष्य थे, लेकिन वे टायलर एवं मॉर्गन के भी प्रशंसक थे। टायलर एवं मॉर्गन के समान व्हाइट भी उद्विकास की प्रगतिशील प्रक्रिया में आस्था रखते थे। व्हाइट ने यह जानने का प्रयास किया था कि प्रगति क्यों लाई जाती थी? तथा यह प्रक्रिया किस प्रकार कार्य करती थी? व्याख्या के सार्वभौमिक सिद्धान्त की खोज करते हुए व्हाइट ने इसे ऊर्जा (energy) में निहित पाया था। उन्होंने कारण बतलाते हुए कहा था कि मौलिक रूप से संस्कृति एक अस्तित्त्व यन्त्रावली होती है। मानव विकास की आरम्भिक अवस्था में मानव अपने शरीर के हाथ, अंगुली, नख, मुँह तथा दाँत जैसे अंगों का उपयोग औजार

के रूप में करता था। लेकिन शीघ्र ही मानव ने ऊर्जा के अन्य स्रोतों का उपयोग करना सीख लिया था। मानव द्वारा अग्नि, जल तथा वायु का उपयोग ऊर्जा के स्रोत्र के रूप में किया जाने लगा। औजारों को और सक्षम बनाया गया। पशु-पालन किया जाने लगा तथा पशुओं की ऊर्जा का उपयोग सामान ढ़ोने के लिए किया जाने लगा। बाद में चलकर इंजन बनाया जाने लगा तथा वाष्प ऊर्जा का उपयोग इंजन को गति देने के लिए किया जाने लगा। इस प्रकार कोयला ऊर्जा का उपयोग आरम्भ हुआ। बिजली ऊर्जा का विकास जल तथा कोयला ऊर्जा के सहयोग से किया जाने लगा। डीजल पेट्रोल की खोज की गई और जीवाश्म ऊर्जा के युग में जी रहे हैं। हम अब सौर ऊर्जा से बिजली तैयार करने की दिशा में आगे बढ़ रहे हैं। आज हरित ऊर्जा क्रान्ति (Green Energy Revolution) के युग में हम लोग प्रवेश कर गए हैं। सौर ऊर्जा के उत्पादन तथा विस्तार के लिए सरकार द्वारा छतों पर सोलर पैनल लगाने के लिए अनुदान दिया जा रहा है। इस तरह प्रति-व्यक्ति प्रतिवर्ष ऊर्जा के उपयोग के लिए जैसे-जैसे शिल्प विज्ञान का विकास होता गया वैसे-वैसे संस्कृति का उद्विकास होता गया। इसको उन्होंने निम्नलिखित ढंग से सूत्रबद्ध किया था–

$$C = E \times T$$

$$\text{संस्कृति} = \text{ऊर्जा} \times \text{शिल्प विज्ञान}$$

व्हाइट एक नियमात्मक मानव वैज्ञानिक (nomothetic anthropologist) थे। उन्होंने सांस्कृतिक उद्विकास के लिए जो सूत्र प्रदान किया था वह सार्वभौकिम रूप से लागू होता है। इसलिए उन्हें सार्वभौमिक उद्विकासवादी (universal evolutionist) भी कहा जाता है। उन्हें सार्वभौमिक उद्विकासवादी (general evolutionist) भी कहा जाता है।

व्हाइट ने संस्कृति को प्रतीक पर आधारित वस्तुओं एवं घटनाओं का दैहिकेत्तर, सांसारिक निरन्तरण बहुरेखीय (extrasomato temporal continuum) बतलाया था। इसमें जरा भी सन्देह नहीं है कि संस्कृति

अपने अस्तित्त्व के लिए मानव पर आश्रित है, लेकिन इसे अपने आप में व्यवस्था या प्रणाली के रूप में विश्लेषित किया जाना चाहिए। सभी प्रकार के जीवन को स्वतन्त्र ऊर्जा के अभिग्रहण एवं उपयोग की प्रक्रिया के रूप में समझा जाना चाहिए। सार्वभौमिक स्तर पर संस्कृति को ऊर्जा अभिग्रहण तथा उपयोग के साधन के रूप में समझा जाना चाहिए। जब संस्कृति को एक व्यवस्था के रूप में देखा जाता है तब सांस्कृतिक व्यवस्था और जैविक व्यवस्था में समानता दिखाई देती है। जिस तरह जैविक उद्‌विकास के अन्तर्गत अभिग्रहीत तथा प्रयुक्त ऊर्जा में वृद्धि होती जाती है, जैविक व्यवस्था और जटिल हो जाती है, उसी प्रकार सांस्कृतिक व्यवस्था में अभिग्रहीत तथा प्रयुक्त ऊर्जा में वृद्धि होने से सांस्कृतिक व्यवस्था जटिल होती जाती है। सांस्कृतिक व्यवस्था की तीन उपव्यवस्थाएं—शिल्प वैज्ञानिक, सांस्कृतिक तथा दार्शनिक होती हैं। सांस्कृतिक व्यवस्था में प्रयुक्त ऊर्जा तथा अभिग्रहीत ऊर्जा का नियन्त्रण शिल्प वैज्ञानिक व्यवस्था के पास होता है। जैसे-जैसे शिल्प विज्ञान सक्षम होता जाता है वैसे-वैसे ऊर्जा का अभिग्रहण और प्रयोग में वृद्धि होती जाती है। सार्वभौमिक स्तर पर जैसे-जैसे प्रति-व्यक्ति प्रतिवर्ष व्यवहृत ऊर्जा की मात्रा में वृद्धि होती गई है, वैसे-वैसे संस्कृति का उद्‌विकास होता गया।

व्हाइट के अनुसार प्रत्येक प्रकार के शिल्प विज्ञान द्वारा एक विशेष प्रकार के सामाजिक संगठन का निर्माण किया गया है। उदाहरण के लिए पशु-चारण, कृषि, धातुकर्म, उद्योग एवं सैन्यवाद। इन सभी प्रकार के शिल्प विज्ञानों की अभिव्यक्ति उनके द्वारा स्थापित सामाजिक व्यवस्था में मिलती है। लेकिन प्रत्येक प्रकार के तकनीकी तन्त्र का सह-सम्बन्ध उसके द्वारा स्थापित सामाजिक व्यवस्था से हू-ब-हू मेल नहीं खाता। विशेषकर मानव जाति वर्णनात्मक तथ्यों के आधार पर इसे स्वीकार नहीं किया जा सकता। उदाहरण के लिए कृषि समाज के समाजिक संगठन में विविधता पाई जाती है तथा उनके शिल्प वैज्ञानिक प्रकार में भी अन्तर दिखाई देता है। यह भी पाया जाता है कि पशुपालन, धातुकर्म, कृषि तथा उद्योग साथ-साथ भी

पाए जाते हैं। लेकिन व्हाइट ने मॉर्गन तथा टायलर द्वारा प्रतिपादित एकरेखीय उद्विकास को आगे बढ़ाते हुए सार्वभौमिक उद्विकास की अवधारणा को स्थापित किया था। उन्होंने देखने योग्य भौतिक सामग्रियों को आधार बनाकर सामाजिक परिवर्तन को प्रस्तुत किया था। उन्होंने प्रगति की धारणा को अमूर्त ढंग से प्रस्तुत नहीं किया था।

यह सत्य है कि व्हाइट के सार्वभौमिक उद्विकास में विशेष घटनाओं की उपेक्षा हुई थी। इसी आधार पर उनके द्वारा प्रतिपादित सार्वभौमिक या सामान्य उद्विकास की आलोचना की जाती है। लेकिन उन्होंने अग्रवर्ती की व्याख्या की थी, विविधता की नहीं। साथ ही उन्होंने सामान्य उद्विकास की चर्चा की थी, अनुकूलन की नहीं। उनका मानना था कि उद्विकास सांसारिक पैमाने पर काम नहीं करता।

जूलियन एच॰ स्टीवर्ड के अनुसार उन्नीसवीं सदी पुरातन एकरेखीय उद्विकासवाद तथा व्हाइट का विश्वव्यापी या सामान्य उद्विकासवाद का सम्बन्ध मानव जाति की समग्र संस्कृति से था, उन संस्कृतियों से नहीं जिनकी उत्पत्ति लघुकालिक विकास से हुई है। उनके द्वारा उन्नीसवीं सदी के एकरेखीय उद्विकास तथा व्हाइट के सार्वजनिक उद्विकासवाद के स्थान पर बहुरेखीय उद्विकासवाद (multilineal or multilinear evolutionism) की अवधारणा का विकास किया गया था। बहुरेखीय उद्विकास में विशेष घटनाओं पर ध्यान दिया गया था तथा उन्हें उद्विकासात्मक अस्त्र के रूप में प्रयोग किया गया था। स्टीवर्ड का मानना था कि संस्कृति का उद्विकास न तो एकरेखीय रहा है और ना ही सार्वभौमिक वरन् संस्कृतिक उद्विकास बहुरेखीय दिशा में हुआ है। इसीलिए स्टीवर्ड के बहुरेखीय उद्विकासवाद तथा उनके उद्विकासवाद सिद्धान्त को बहुरेखीय उद्विकासवाद सिद्धान्त कहा जाता है। उनके बहुरेखीय उद्विकास को अनुभवाश्रित ढंग से जाँच की जा सकती है। स्टीवर्ड के अनुसार समान शिल्प विज्ञान वाले समाज सामाजिक एवं राजनीतिक संगठन के स्वरूप में भी समानान्तर होते हैं। उनके अनुसार शिकारी एवं खाद्य संग्रहकर्ता झुण्ड द्वारा पितृरेखीय झुण्ड का निर्माण किया गया था। उसी प्रकार विस्तृत ढंग से फैले

हुए भारतीय समाजों के सामाजिक-राजनीतिक संगठन की तुलना की जा सकती है। स्टीवर्ड के इस तर्क को कार्ल विटफोगेल (Karl Wittfogel, 1957) के अनुसन्धान से बल मिला था। कार्ल विटफोगेल के अनुसार तरंगित नदी घाटी में बसे जलीय समाज ने अपनी नहर सिंचाई व्यवस्था द्वारा राज्य संगठन का निर्माण किया था। इन जलीय समाजों में पर्यावरण, शिल्प विज्ञान एवं राजनीतिक संगठन के बीच अन्तर्क्रिया के संकेत प्राप्त होते थे।

यह सत्य है कि स्टीवर्ड द्वारा प्रतिपादित बहुरेखीय उद्विकास की अवधारणा एकरेखीय एवं सार्वभौमिक उद्विकास से भिन्न है, लेकिन स्टीवर्ड ने एकरेखीय एवं सार्वभौमिक उद्विकास को कभी अस्वीकार नहीं किया था। हालांकि स्टीवर्ड एवं व्हाइट एक-दूसरे के आलोचक रहे थे। व्हाइट ने स्टीवर्ड की बहुरेखीय योजना की आलोचना करते हुए कहा था, कि स्टीवर्ड ने उद्विकास को इतिहास के साथ भ्रमित कर दिया था, क्योंकि विशेष घटना का अध्ययन करना इतिहास का काम है, उद्विकास का नहीं। दूसरी तरफ स्टीवर्ड ने व्हाइट द्वारा प्रतिपादित सार्वभौमिक या सामान्य उद्विकास को खाली तथा खोखला बतलाया था।

नव उद्विकासवादी साहलिंस एवं सर्विस ने अपना विचार व्यक्त करते हुए कहा था कि उद्विकास का अध्ययन सामान्य दृष्टिकोण या विशेष दृष्टिकोण के आधार पर किया जा सकता है। हम विवाह का सामान्य उद्विकास प्रस्तुत कर सकते हैं या विवाह के किसी खास संस्था के उद्विकास का अध्ययन कर सकते हैं। हम सामान्य धर्म का उद्विकासीय अध्ययन कर सकते हैं या किसी खास मानव जाति के धर्म के उद्विकास का अध्ययन कर सकते हैं। सामान्य तथा विशेष उद्विकास को देखने के दो तरीके हैं। अतः इसका अध्ययन दोनों ही दृष्टिकोणों से किया जा सकता है।

मार्गरेट मिड ने उद्विकास को अध्ययन करने के लिए एक तीसरे दृष्टिकोण का विकास किया था। उनके द्वारा एक पीढ़ी में आने वाले

परिवर्तन के माध्यम से या पिता-पुत्र पीढ़ी में आने वाले परिवर्तन को आधार बनाकर उद्विकास का अध्ययन किया गया था।

व्हाइट के नियमात्मक मानव वैज्ञानिक सिद्धान्तों का उपयोग उनके शिष्य मार्शल साहलिंस तथा एलमैन सर्विस द्वारा किया गया था।

व्हाइट के नियमात्मक मानव विज्ञान का उपयोग बेट्टी मेगर्स (Betty Meggers) तथा लेवीस बिनफोर्ड (Lewis Binford) द्वारा प्रागैतिहासिक पुरातात्त्विक मानव विज्ञान में किया गया था। इस दृष्टिकोण का उपयोग मॉर्टन एच० फ्राइड (Morton H. Fried) द्वारा अपनी पुस्तक *इवोल्यूशन ऑफ़ पॉलिटिकल सोसायटी* (1964) में किया गया था। नूतन उद्विकासवाद सिद्धान्त की स्थापना के बाद मानव विज्ञान के नूतन मानव वैज्ञानिक सिद्धान्त के अन्तर्गत सांस्कृतिक भौतिकवाद एवं मानव भौतिकवाद सिद्धान्त की स्थापना की गई थी।

सांस्कृतिक भौतिकवाद सिद्धान्त के संस्थापक अमेरिकी मानव वैज्ञानिक मार्विन हैरिस थे। मार्विन हैरिस कार्ल मार्क्स तथा नूतन उद्विकासवादियों से बहुत प्रभावित थे। उनका मानना था कि मानव अस्तित्त्व का निर्धारण संस्कृति करती है। अतः भौतिकवाद की व्याख्या संस्कृति के आधार पर की जानी चाहिए। इसलिए उन्होंने मार्क्स के द्वन्द्वात्मक भौतिकवाद के स्थान पर सांस्कृतिक भौतिकवाद सिद्धान्त का प्रतिपादन किया था।

मानव भौतिकवाद के संस्थापक एक अमेरिकी मानव वैज्ञानिक पॉल मैगनारेला थे। वे फ्लोरिडा विश्वविद्यालय के मानव वैज्ञानिक थे। उन्होंने अपनी पुस्तक '*ह्यूमैन मैटेरियलिज्म* (1993) में मानव भौतिकवाद सिद्धान्त को बतलाया। मैगनारेला के अनुसार मानव अस्तित्त्व का नियन्त्रण न तो उत्पादन का साधन करता है और ना ही संस्कृति करती है। वरन् मानव अस्तित्त्व का निर्धारण मानव स्वयं करता है। मानव ही शिल्प विज्ञान और संस्कृति का निर्माता है। अतः मानव का अस्तित्त्व मानव के ही हाथ में है।

जूलियन एच० स्टीवर्ड एक बहुरेखीय उद्विकासवादी के साथ-साथ पारिस्थितिकी मानव वैज्ञानिक भी थे। स्टीवर्ड ने सांस्कृतिक

पारिस्थितिकी की अवधारणा अमेरिकी मानव वैज्ञानिक क्रोबर तथा विसलर की संस्कृति क्षेत्र की अवधारणा से ग्रहण की थी। उन्होंने यह समझने का प्रयास किया था कि संस्कृति का पर्यावरण के साथ अनुकूलन कैसे होता है। सांस्कृतिक एवं पर्यावरण के बीच अनुकूलन ही पारिस्थितिकी विज्ञान का मूल है।

बाद में चलकर सांस्कृतिक पारिस्थितिक विज्ञान में नव-सांस्कृतिक-पारिस्थितिकी मानव वैज्ञानिकों का उदय हुआ जिनको रैपापोर्ट तथा नेटिंग के नाम से जाना जाता है। रैपापोर्ट ने अनुष्ठान जैसे साइबरनेटिक प्रक्रिया के माध्यम से न्यू गिनिया में संस्कृति को सुअर जनसंख्या नियन्त्रित करते हुए दर्शाया था। नेटिंग ने इकोसिस्टम, एथनोइकोसिस्टम तथा ऐतिहासिक पारिस्थितिकी के माध्यम से संस्कृति एवं पारिस्थितिकी के बीच अन्तर्सम्बन्धों को दर्शाने का प्रयास किया था।

नूतन मानव वैज्ञानिक सिद्धान्त के अन्तर्गत नूतन मनोवैज्ञानिक मानव विज्ञान का विकास जॉन व्हिटिंग तथा इर्विन चाइल्ड नामक अमेरीकी मानव वैज्ञानिक द्वारा किया गया था। इनके द्वारा आँकड़ों का अन्तर-सांस्कृतिक ढंग से प्रयोग करते हुए शिशु प्रशिक्षण एवं व्यक्तित्त्व विकास पर प्रकाश डाला गया था। इन विद्वानों द्वारा नूतन मनोवैज्ञानिक मानव विज्ञान में सांख्यिकी का प्रयोग किया गया था। इन विद्वानों द्वारा कार्डिनर द्वारा प्रतिपादित मनोगतिक मॉडल को बदल दिया गया था। इसके द्वारा प्राथमिक संस्था, द्वितीयक संस्था एवं मौलिक व्यक्तित्त्व प्रकार को बदल दिया गया था। प्राथमिक संस्था को भरण-पोषण व्यवस्था, द्वितीयक संस्था को प्रक्षेपीय व्यवस्था तथा मौलिक व्यक्तित्त्व संरचना को व्यक्तित्त्व विचार के रूप में नामकरण कर दिया गया था।

नूतन मानव वैज्ञानिक सिद्धान्त के अन्तर्गत जैवकृत मानव विज्ञान का विकास हुआ था। इसका मुख्य उद्देश्य आनुवंशिक आधार पर सामाजिक व्यवहार का परीक्षण करना था। इस नूतन मानव वैज्ञानिक

सिद्धान्त के संस्थापक एडवर्ड ओ॰ विल्सन तथा रिचर्ड डॉकिन्स (Edward O. Wilson and Richard Dawkins) थे।

नूतन मानव वैज्ञानिक लेवी-स्ट्रॉस द्वारा संरचनावाद सिद्धान्त (stractural theory) का विकास किया गया था। यह सिद्धान्त फ्रेंच बुद्धिवाद या तर्कणावाद पर आधारित था, अनुभव पर नहीं। लेवी-स्ट्रॉस के अनुसार संरचना मानव मस्तिष्क की बौद्धिक सम्पत्ति है। यह मानव मस्तिष्क में गाँठ के रूप में पाई जाती है। मानव मस्तिष्क में दोहरेपन (dualism) पाया जाता। दोहरेपन के कारण ही संरचना का निर्माण होता है। जैसे मैं-तुम, मेरा-तुम्हारा, अपना-पराया, ज्ञानी-मूर्ख, पाताल-आकाश, विवेकी-अविवेकी, धनी-गरीब, स्वर्ग-नरक, अच्छा-बुरा, औरत-मर्द, व्यक्ति-वस्तु, जीवन-मृत्यु, स्वयं-अन्य, एवं प्रकृति-संस्कृति इस प्रकार के दोहरेपन (duality) को दोहरा प्रतिरोध (binary opposition) कहा जाता है। इन्हीं से संरचना का निर्माण होता है। इस प्रकार लेवी-स्ट्रॉस का संरचनावाद तर्क एवं बुद्धि पर आधारित है, अनुभव एवं ज्ञान पर नहीं। इसी आधार पर लेवी-स्ट्रॉस ने सामाजिक संरचना, नातेदारी संरचना, टोटम संरचना, कथा-कहानियों की संरचना, भोजन संरचना, तथा आदिम मस्तिष्क संरचना, इत्यादि के सम्बन्ध में अपना विचार प्रकट किया था।

नूतन मानव वैज्ञानिक सिद्धान्त के अन्तर्गत नूतन मानव जाति वर्णन (new ethnography) पर विशेष ध्यान दिया गया था। नूतन मानव विज्ञान में यह जानने का प्रयास किया गया था कि किस प्रकार विशेष संस्कृति का अध्ययन वृहत् संस्कृति के सम्बन्ध में महत्त्वपूर्ण सूचना प्रदान कर सकता है। नूतन मानव जाति वर्णन के अन्तर्गत इस प्रश्न का जवाब मार्विन हैरिस द्वारा देने का प्रयास किया गया था। हैरिस ने रैडक्लिफ ब्राउन द्वारा पहले बताए गए नियमात्मक मानव विज्ञान (nomothetic anthropology) एवं विवरणाभक मानव विज्ञान (ideographic anthropology) के अन्तर को प्रस्तुत किया था। हैरिस के अनुसार नियमात्मक अध्ययन सामान्य सामाजिक नियम की खोज करता है, जबकि विवरणात्मक अध्ययन विशेष

शब्दों में विवरण प्रस्तुत करता है। विवरणात्मक अध्ययन आवश्यक रूप से विश्लेषणात्मक नहीं होता। लेकिन हैरिस विवरणात्मक अध्ययन के स्थान पर नियमात्मक अध्ययन को प्राथमिकता देते थे। हालांकि हैरिस पूर्ण रूप से विवरणात्मक अध्ययन की समाप्ति की बात नहीं करते थे, लेकिन उनका मानना था कि आँकड़ों का संकलन इस ढंग से किया जाए कि उनके बीच तुलना अन्तर-सांस्कृतिक ढंग से हो सके।

नूतन मानव वैज्ञानिक सिद्धान्त के अन्तर्गत संज्ञानात्मक मानव विज्ञान की स्थापना की गई थी । इसके द्वारा आदर्शवाद की परम्परा को आगे बढ़ाया गया था। आरम्भ में जब संज्ञानात्मक मानव विज्ञान की प्रणाली, विधि तकनीक एवं दृष्टिकोण का विकास नहीं हुआ था, उस समय इसको नूतन मानव जाति वर्णन (new ethnography) के नाम से जाना जाता था। इसको एथनोसाईंस तथा एथनोलिंग्विस्टिक्स भी कहा जाता था। लेकिन जब संज्ञानात्मक विज्ञान की विधि, तकनीक एवं प्रणाली का पूर्ण विकास हो गया, तब इसको संज्ञानात्मक मानव विज्ञान नाम दिया गया। चार्ल्स फ्रेंक, हेरल्ड कोंकलिन तथा वार्ड गुथ एनफ इस मानव विज्ञान के साथ विशेष ढंग से जुड़े हुए थे। संज्ञानात्मक मानव विज्ञान के अन्तर्गत एटिक के ऊपर एमिक की प्राथमिकता, सापिर वर्फ परिकल्पना, लोक-वर्गीकरण एवं अर्थगत क्षेत्र तथा अंगीय विश्लेषण पर विशेष ध्यान दिया गया था।

नूतन मानव वैज्ञानिक सिद्धान्त के अन्तर्गत मैक्स वेबर की पुनः खोज की गई थी। वेबर द्वारा प्रतिपादित सृजनात्मक व्यक्ति या एजेंसी के रूप में करिश्माई भविष्यवक्ता के ऊपर मानव वैज्ञानिकों द्वारा अध्ययन किया गया था। मानव वैज्ञानिक एन्थोनी एफ॰सी॰ वैलेस, पिटर वार्सलेय तथा जीन एण्ड जॉन कुमारौफ द्वारा करिश्माई भविष्यकर्ता द्वारा जनजातीय समाज के उपनिवेशवाद के विरुद्ध आन्दोलन, असन्तोष एवं तनाव को कम करते हुए दर्शाया गया था।

नूतन मानव वैज्ञानिक सिद्धान्त के अन्तर्गत सांकेतिक मानव विज्ञान (symbolic anthropology) की स्थापना ब्रिटिश मानव वैज्ञानिक विक्टर टर्नर द्वारा की गई थी। यह मानव विज्ञान इस मत को प्रतिपादित

करता है कि सामाजिक एकता का कारण तार्किक अथवा बौद्धिक व्यवस्था है, जो संकेतों के माध्यम से अनुष्ठान के अवसर पर लोगों को समूह में बाँधे रखता है। अनुष्ठान के अवसर पर सांकेतिक ढंग से देवी-देवता, पितृदेव, मातृदेव, भूत-प्रेत तथा अन्य प्रकार की आत्माओं की पूजा-पाठ की जाती है। उनकी पूजा में उनके संकेतों के समक्ष तरह-तरह की पूजन सामग्रियां संकेत के रूप में अर्पित की जाती हैं। अनुष्ठान के समय पूरे समुदाय के लोग एकजुट रहते हैं। इस अवसर पर हितजन, रिश्तेदार, मित्र, अनुष्ठान विशेषज्ञ, विशेषज्ञ के सहायक उस अनुष्ठानिक पूजा को सम्पन्न कराने के लिए एकमत से एकजुट रहते हैं। अनुष्ठान के अवसर पर राजा-रंक, अमीर-गरीब, ऊँच-नीच सब भेद-भाव खत्म हो जाता है। अनुष्ठान के अवसर पर संकेत की ही पूजा करते हैं, संकेत ही प्रसाद के रूप में चढ़ाते हैं तथा संकेत को ही प्रसाद के रूप में ग्रहण करते हैं। इस प्रकार से संकेत अनुष्ठान द्वारा लोगों को जोड़े रहते हैं।

नूतन मानव वैज्ञानिक सिद्धान्त के अन्तर्गत व्याख्यात्मक मानव विज्ञान (interpretive anthropology) की स्थापना अमेरिकी मानव वैज्ञानिक क्लिफॉर्ड ग्रीट्ज (Clifford Greetz) द्वारा की गई थी। उनके द्वारा संस्कृति के लक्षण वैज्ञानिक सिद्धान्त (semeotic theory) का प्रतिपादन किया गया था। इसके अनुसार संस्कृति व्यक्ति का सामुदायिक जीया हुआ अनुभव होती है। यह अनुभव समुदाय के लोगों को संकेतों द्वारा जोड़े रहता है तथा उनके विश्वदर्शन को बोधगम्य बनाता है। अतः संस्कृति की व्याख्या जिए हुए अनुभव की सांकेतिक व्यवस्था के आधार पर की जानी चाहिए। यह व्यवस्था लोगों को बाँधे रखती है, जोड़े रखती है तथा इस विश्व को समझने तथा जीने योग्य बनाती है।

नूतन मानव वैज्ञानिक सिद्धान्त के अन्तर्गत घटना क्रिया वैज्ञानिक मानव विज्ञान की स्थापना की गई थी। इसके अन्तर्गत इस तथ्य को स्वीकार किया गया कि समाज में छल, कपट, प्रपञ्च, धोखाधड़ी, जालसाजी जैसी घटनाएं घटती रहती हैं। इस तरह की घटना

सरल से लेकर जटिल समाज तक व्याप्त है। अतः इसकी व्याख्या बौद्धिक ढंग से की जानी चाहिए या अनुभवाश्रित ढंग से। घटना क्रिया वैज्ञानिक मानव वैज्ञानिकों के अनुसार छल-प्रपञ्च जैसी घटना क्रिया का अध्ययन केवल बौद्धिक आधार पर नहीं किया जा सकता। इसमें उन लोगों के विचार एवं भावना को भी शामिल किया जाना चाहिए जो इस छल-प्रपञ्च के भुक्तभोगी रहे हो। घटना क्रिया वैज्ञानिक मानव विज्ञान प्राकृतिक विज्ञान के समान संस्कृति के अध्ययन के विपरीत अपना मत रखता है। घटना क्रिया वैज्ञानिक मानव विज्ञान संस्कृति का अध्ययन व्यक्तिनिष्ठता, लोगों के विचार एवं भावना के आधार पर करने क पक्षधर रहे। उनका यह विचार प्राकृतिक विज्ञान और सामान्यीकरण के विपरीत था।

नूतन मानव वैज्ञानिक सिद्धान्त के अन्तर्गत आलोचनात्मक मानव विज्ञान को शामिल किया गया है। इस मानव विज्ञाान के विद्वानों ने वैश्विक पूँजीवाद के स्थानीय सांस्कृतिक प्रभाव को अपनी विचारधारा की विषय-वस्तु बनाया था। उनके द्वारा वैश्विक पूँजीवाद की आलोचना की गई थी। चूँकि यह मानव विज्ञान वैश्विक पूँजीवाद की आलोचना करता है, इसलिए इस मानव विज्ञान का नामकरण आलोचनात्मक मानव विज्ञान के रूप में किया गया है। इसको राजनीतिक अर्थव्यवस्थात्मक मानव विज्ञान के नाम से भी जाना जाता है। इस मानव विज्ञान के समर्थक विद्वान् अर्थशास्त्री एण्ड्रे गुण्डर फ्रैंक, इतिहासकार इमामुएल वाल्टर स्टेइन तथा मानव वैज्ञानिक सिडनेय मिंज, विलियम रोसवेरी तथा एरिक वुल्फ हैं।

नूतन मानव वैज्ञानिक सिद्धान्त के अन्तर्गत आधुनिकतावाद सम्प्रदाय की स्थापना की गई थी। इस सम्प्रदाय के अन्तर्गत इमाथल दुर्खीम, मैक्स वेबर, जॉर्ज सिम्मेल, जॉर्ज रिटजर, जुगरैन हैबरमास, जिगमेण्ट बोमैन तथा एन्थोनी गिडेन की आधुनिकतावादी विचारधाराओं का अध्ययन आधुनिकतावाद के सन्दर्भ में प्रस्तुत किया गया है।

नूतन मानव वैज्ञानिक सिद्धान्त के अन्तर्गत उत्तर-आधुनिकतावाद सम्प्रदाय की स्थापना की गई थी। इसके अन्तर्गत दार्शनिकों,

साहित्यकारों एवं मानव वैज्ञानिकों की उत्तर-आधुनिकतावादी विचारधाराओं का अध्ययन किया जाता है। उत्तर-आधुनिकतावादी भौतिकवाद के स्थान पर आदर्शवाद, अनुभववाद के स्थान पर बुद्धिवाद या तर्कवाद, वस्तुनिष्ठ के स्थान पर व्यक्तिनिष्ठ अनुभवाश्रित विज्ञान के स्थान पर व्याख्यात्मक विज्ञान तथा विज्ञान के स्वभाव में परिवर्तन (paradigm shift) तथा विखण्डन दर्शन का सहारा संस्कृति की व्याख्या में लेते हैं। इस सिद्धान्त में व्यक्ति अपनी सृजनात्मक एजेंसी को संस्कृति के निर्माणकर्ता, समस्या समाधानकर्ता, संकटमोचन, तनाव-मुक्तिदाता तथा भविष्य निर्माता के रूप में प्रस्तुत करता है। इस सिद्धान्त में व्यक्ति, ज्ञान एवं शक्ति के बीच त्रिकोणात्मक सम्बन्ध दर्शाया गया है। इसके अनुसार आज उत्तर आधुनिक युग में ज्ञान ही शक्ति है। व्यक्ति ज्ञानरूपी शक्ति को प्राप्त करके आज शक्तिशाली बन जाता है। वह पागल को नियन्त्रित करता है, बड़े से बड़े अस्पताल का संचालन करता है। वह अपराधियों को जेल में डाल देता है। वह स्कूल, अस्पताल, मॉल, कॉलेज, संस्थान का मालिक बन जाता है और अपने अधीनस्थ कर्मचारियों पर शासन करता है। वह देश पर शासन करता है। वह नौकरशाह बनकर शासन चलाता है। इस तरह उत्तर आधुनिक युग में व्यक्ति ज्ञान का अपहरण करके शक्तिशाली बन जाता है। व्यक्ति, ज्ञान और शक्ति तीनों आजकल अन्तर-सम्बन्धित हो गए है। उत्तर-आधुनिकतावाद से जुड़े हुए विद्वान् पॉल फेयरबैण्ड, माइकेल फूको, जॉर्ज मारकस, फिशर पाइरे बोर्डिव, जीन बेड्रिलार्ड, जीन फ्रैंकोइस ल्योआर्ड, जैक्सदेरिदा, फ्रेडरिक जैमसन तथा एन्थोनी गिडेंस हैं।

नूतन मानव वैज्ञानिक सिद्धान्त के अन्तर्गत वैश्वीकरण प्रक्रिया को भी अध्ययन एवं सिद्धान्त निर्माण का विषय बनाया गया है। अस्पष्ट रूप से 1985 तथा स्पष्टरूप से 1990 के बाद पूरा विश्व एक वैश्विक ग्राम बन गया है। यह विशेष प्रकार के शिल्प विज्ञान के विकास के कारण सम्भव हुआ है, जिसे कम्प्यूटर, लैपटाप, डेस्कटॉप, आइफोन, मोबाइल फोन इत्यादि नामों से जाना जाता है। इन्हें स्पेस टेक्नोलॉजी

के नाम से जाना जाता हैं। www. के आविष्कार के बाद पूरा विश्व स्पेस टेक्नोलौजी से जुड़ गया। अब समय और दूरी की नई परिभाषा विश्व के सामने आ गई। अब कोई स्थान दूर नहीं तथा कहीं बात करना समय का इन्तजार नहीं। अब तो ज्ञान-आधारित समाज, ज्ञान अर्थव्यवस्था, ज्ञान कर्मचारी, ज्ञान बाज़ार, तथा व्यापार की संस्कृति पूरे विश्व में अस्तित्त्व में है। स्पेश टेक्नोलॉजी तथा ज्ञान ने हमारी संस्कृति को भी वैश्विक बना दिया है। अब एक ही तरह की संस्कृति सब जगह दिखाई देती है। वैश्विककरण के कारण जो सामाजिक, सांस्कृतिक तथा आर्थिक बदलाव लाए गए हैं, उनका अध्ययन भी नूतन मानव वैज्ञानिक सिद्धान्त के अन्तर्गत किया जाता है।

नूतन मानव वैज्ञानिक सिद्धान्तों की उत्पत्ति एवं विस्तार की जानकारी से पता चलता है कि नूतन मानव वैज्ञानिक सिद्धान्त एवं सिद्धान्तकारों की अभिरुचि मानव विज्ञान के नए-नए क्षेत्रों में थी। नए-नए क्षेत्रों की खोज करके तथा संस्कृति एवं समाज के बारे में सिद्धान्त का निर्माण करना उन मानव वैज्ञानिकों का पेशा था। ये सभी सिद्धान्त पुरातन मानव वैज्ञानिक सिद्धान्त से बिल्कुल अलग है। इसी लिए उन्हें नूतन मानव वैज्ञानिक सिद्धान्त के नाम से जाना जाता है।

यहाँ यह स्पष्ट कर देना युक्तिसंगत लगता है कि मानव विज्ञान में भौतिकवाद एवं आदर्शवाद को लेकर आरम्भ से ही मानव वैज्ञानिक दो खेमों में बँट गए है। भौतिकवाद के समर्थक मानव विज्ञान को प्राकृतिक विज्ञान के समान मानते हैं तथा सामान्यीकरण में विश्वास व्यक्त करते हैं। उन्नीसवीं सदी के पुरातन उद्विकासवादी मानव वैज्ञानिक तथा नूतन उद्विकासवादी मानव वैज्ञानिक मानव विज्ञान को प्राकृतिक विज्ञान के समान मानते हैं तथा सामन्यीकरण में विश्वास रखते हैं। ठीक इसके विपरीत फ्रांज बोआस, क्लार्क विस्कर, क्रोबर, मनोवैज्ञानिक मानव विज्ञान से प्रभावित विद्वान् तथा अधिकांश नूतन मानव वैज्ञानिक सिद्धान्त के सिद्धान्तकार आदर्शवाद में विश्वास रखते थे। उनके अनुसार संस्कृति के अध्ययन में सामान्य नियम की खोज करना व्यर्थ है। क्योंकि संस्कृति का एक मानसिक पक्ष होता है। जो

प्रत्येक व्यक्ति एवं प्रत्येक समुदाय के लिए भिन्न होता है। अतः मानव विज्ञान में खास ढंग से संस्कृति का विवरण देना ही पर्याप्त होता है।

मैलि़नोवस्की तथा रैडक्लिफ-ब्राउन सामाजिक सांस्कृतिक अध्ययन में नियम की खोज की बात करते थे, लेकिन उनके द्वारा कोई भी नियमात्मक व्याख्या नहीं प्रदान की गई थी। वे सामाजिक नियम के बारे में सकारात्मक विचार रखते थे, लेकिन उनके द्वारा कभी भी सामाजिक नियम की खोज नहीं की गई थी।

1

नूतन उद्विकासवाद सम्प्रदाय

टायलर, मॉर्गन, मैन, मैक्लेनन, फ्रेज़र, तथा बैस्टियन जैसे उन्नीसवीं सदी के उद्विकासवादी मानव वैज्ञानिकों को पुरातन उद्विकासवादी मानव वैज्ञानिक कहा जाता है। पुरातन उद्विकासवादी मानव वैज्ञानिक के एकरेखीय उद्विकासवाद सिद्धान्त की आलोचना प्रसारवादी, प्रकार्यवादी तथा संरचना-प्रकार्यवादी मानव वैज्ञानिकों द्वारा की गई थी। पुरातन उद्विकासवादी मानव वैज्ञानिकों को अपने साथियों की आलोचना का भी शिकार होना पड़ा था, वे मानव वैज्ञानिक अपने आपको नूतन उद्विकासवादी मानव वैज्ञानिक कहते हैं। उनके नाम मुख्य रूप से वी॰जी॰ चाइल्ड, जूलियन एच॰ स्टीवर्ड तथा लेस्ली ए॰ व्हाइट है। इनमें चाइल्ड तथा व्हाइट को सार्वभौमिक उद्विकासवादी या सामान्य उद्विकासवादी कहा जाता है। चाइल्ड तथा व्हाइट द्वारा सांस्कृतिक उद्विकास को वैश्विक घटनाओं के माध्यम से पुनः जीवित किया गया था। इसलिए उनको सार्वभौमिक उद्विकासवादी (universal evolutionist) या सामान्य उद्विकासवादी (general evolutionist) कहा जाता है। जबकि जूलियन एच॰ स्टीवर्ड को बहुरेखीय उद्विकासवादी (multilinear evolutionist) कहा जाता है। स्टीवर्ड ने सांस्कृतिक उद्विकास की विशेष घटनाओं पर अपना ध्यान केन्द्रित किया था,

सामान्य उद्विकासीय घटनाओं पर नहीं। इनके अनुसार सांस्कृतिक उद्विकास का क्रम न तो एकरेखीय रहा है और न ही सामान्य या सार्वभौमिक रहा है। सांस्कृतिक उद्विकास का क्रम उनके अनुसार बहुरेखीय रहा है। सार्वभौमिक या सामान्य उद्विकास या बहुरेखीय या विशेष उद्विकास के भ्रम को साहलिंस तथा सर्विस जैसे नूतन उद्विकासवादी मानव वैज्ञानिकों ने दूर करने का प्रयास किया था। साहलिंस तथा सर्विस के अनुसार व्हाइट ने सामान्य उद्विकास की चर्चा की थी। उन्होंने स्थानीय भिन्नता को गौण माना था। दूसरी तरफ स्टीवर्ड ने विशेष उद्विकास की चर्चा की थी तथा सार्वभौमिक समानता को गौण माना था। हालांकि सामान्य उद्विकास एवं विशेष उद्विकास एक-दूसरे से पृथक् नहीं थे तथा उद्विकासीय अध्ययन में इन दोनों दृष्टिकोणों का अपना-अपना महत्त्व था। हम सामान्य उद्विकास से विशेष उद्विकास की ओर बढ़ सकते हैं या विशेष उद्विकास से सामान्य उद्विकास की ओर बढ़ सकते हैं। इस तरह सामान्य उद्विकास एवं विशेष उद्विकास के बीच उत्पन्न भ्रम को सामाप्त करने का प्रयास साहलिंस एवं सर्विस द्वारा किया गया अब यहाँ प्रत्येक नूतन उद्विकासवादियों के योगदानों की चर्चा एक-एक करके प्रस्तुत की जा रही है।

वी॰ गॉर्डन चाइल्ड (1892-1957)

चाइल्ड एक ब्रिटिश नूतन उद्विकासवादी मानव वैज्ञानिक थे मूल रूप से वे पुरातात्त्विक मानव वैज्ञानिक थे। वे एक प्रशिक्षण-प्राप्त पुरातात्त्विक वैज्ञानिक थे। पुरातात्त्विक मानव के पूर्व तथा यूरोप से संकलित भौतिक सामग्रियों के तुलनात्मक अध्ययन के आधार पर चाइल्ड ने उद्विकासवाद सिद्धान्त को फिर से जीवन प्रदान करने का प्रयास किया था। उन्होंने उद्विकासवाद सिद्धान्त को पुनः जीवन प्रदान किया था, इसलिए उन्हें नूतन उद्विकासवादी मानव वैज्ञानिक कहा जाता है।

चाइल्ड द्वारा प्रकाशित पुस्तकों की सूची निम्नलिखित है :

1. 1925: *द डाउन ऑफ़ वेस्टर्न सिविलाइजेशन*, न्यूयार्क।
2. 1924: *न्यू लाइट ऑन मोस्ट एंशिएण्ट ईस्ट*, न्यूयार्क।
3. 1946: *व्हाट हैपण्ड इन हिस्ट्री*, न्यूयार्क।
4. 1951: *सोसल इवोल्यूशन*, न्यूयार्क।
5. 1951: *मैन मेक्स हिमसेल्फ*, न्यूयार्क।
6. 1953: *व्हाट इज़ हिस्ट्री*, न्यूयार्क।

चाइल्ड की पुस्तक *सोसल इवोल्यूशन* (1951) में सांस्कृतिक उद्विकास को नूतन ढंग से प्रस्तुत किया गया है। उन्होंने वैश्विक स्तर के सांस्कृतिक उद्विकास को कुछ वैश्विक स्तर की घटनाओं से सम्बन्ध दर्शाते हुए प्रस्तुत किया है। उन्होंने उन्नीसवीं सदी के एकरेखीय सांस्कृतिक उद्विकासवाद के स्थान पर सार्वभौमिक उद्विकासवाद या सामान्य उद्विकासवाद सिद्धान्त का प्रतिपादन किया है। इसलिए चाइल्ड को सार्वभौमिक उद्विकासवादी या सामान्य उद्विकासवादी के नाम से जाना जाता है। उन्होंने उन्नीसवीं सदी के एकरेखीय उद्विकास को इस ढंग से वैश्विक घटनाओं के सन्दर्भ में प्रस्तुत किया है जिस पर किसी को कोई भी आपत्ति नहीं है।

चाइल्ड ने अपने सार्वभौमिक उद्विकावाद सिद्धान्त के लिए क्रान्ति (revolution) को व्याख्यात्मक अस्त्र के रूप में प्रयोग किया है। चाइल्ड ने मानव इतिहास में घटित तीन प्रकार की विश्वव्यापी क्रान्तियों को सामाजिक-सांस्कृतिक प्रगतिशील परिवर्तन के लिए उत्तरदायी माना है। चाइल्ड के अनुसार ये तीन प्रकार की मानव इतिहास की वैश्विक क्रान्तियां – कृषि क्रान्ति, नगरीय क्रान्ति एवं औद्योगिक क्रान्ति हैं।

चाइल्ड के अनुसार मानव ने नवपाषाण काल में कृषि क्रान्ति को जन्म दिया था। अब वह प्रकृति-भोगी से उत्पादनकर्ता बन गया था। वह घुमन्तु शिकारी झुण्ड की जीवन-शैली का परित्याग करके ग्रामीण कृषक की स्थायी जीवन-शैली को अपना लिया था। अब वह कन्द-मूल, फल-फूल संग्रहकर्ता से अनाज उत्पादनकर्ता बन गया था। अब वह पशुओं के शिकारकर्ता से पशुपालनकर्ता बन गया था। वृक्ष की पत्तियों को तथा जानवरों की खाल पहनने वाले से वस्त्र बुनने वाला

तथा पहनने वाला बन गया था। अब वह अपने मृतक को संस्कार करने वाला बन गया था तथा उनकी यादगारी में पत्थर गाड़ने या लिटाने लगा था। इस तरह नवपाषाणकालीन कृषि क्रान्ति द्वारा मानव की जीवन-शैली में क्रान्तिकारी बदलाव लाया गया। यह कृषि क्रान्ति मानव जाति की एवं मानव इतिहास की प्रथम क्रान्ति थी। यह क्रान्ति पूरे विश्व स्तर पर हुई थी।

चाइल्ड के अनुसार मानव इतिहास की दूसरी बड़ी क्रान्ति नगरीय क्रान्ति थी। इस क्रान्ति के फलस्वरूप मानव नगर निवासी बन गया था तथा उसके द्वारा नगरीय जीवन-शैली को अपना लिया गया था। मानव कांस्यकाल एवं लौहकाल में आज से करीब 5,000 से 7,000 वर्ष पहले मिश्र, मेसोपोटामिया तथा सिन्धु घाटी में नगर का निर्माण करके नगर का निवासी बन गया था। नगरीय क्रान्ति नदी घाटियों में हुई थी। क्योंकि नगर की विशाल जनसंख्या को पालने-पोषने तथा पेयजल की व्यवस्था के लिए नदी घाटी में रहना पड़ता था। नदियों में बाँध बनाकर नहर निकाली गई। सिंचाई व्यवस्था द्वारा कृषि-कर्म आरम्भ हुआ। अब कृषि-कर्म से इतना अनाज हो जाता था कि दूसरे काम में लगे वर्गों को भोजन तथा मज़दूरी उपलब्ध कराई जा सके। नगरों में विभिन्न वर्गों के रहने तथा कार्य करने के लिए अलग-अलग भवन एवं मोहल्ला बनाए गए थे। शासक वर्ग के लिए अलग मोहल्ला, व्यापारी वर्ग के लिए अलग मोहल्ला, श्रमिक वर्ग के लिए अलग मोहल्ला तथा कर्मचारी वर्ग के लिए अलग मोहल्ला बनाए गए। सड़क, गली तथा नाली की समुचित व्यवस्था की गई थी। उन्हीं नदी घाटी में धीरे-धीरे राज्य संगठन का विकास हुआ। अब अधिकारी और सैन्य वर्ग अस्तित्त्व में आ गए। एक नगर का व्यापार आस-पास के नगरों के साथ-साथ विदेश के नगरों तक फैला हुआ था। व्यापारियों के हिसाब-किताब रखने के लिए अंक तथा अक्षर का विकास किया गया था। व्यापारी घोड़ा, खच्चर, गधा, बैल पर सामान लादकर एक स्थान से दूसरे स्थान तक ले जाते थे। इस प्रकार नगरीय सभ्यता वर्ग प्रधान तथा व्यापार प्रधान सभ्यता बन गई थी।

चाइल्ड के अनुसार सत्रहवीं-अठारहवीं शताब्दी इंग्लैण्ड में औद्योगिक क्रान्ति हुई थी। यह क्रान्ति वैज्ञानिक क्रान्ति का परिणाम थी। इस क्रान्ति के कारण मशीन से उत्पादन आरम्भ हो गया था। पूँजीपति वर्ग तरह-तरह के उद्योग लगाने लगे थे। अब मशीन द्वारा वृहत् स्तर पर उत्पादन शुरू हो गया था। उत्पादित वस्तुओं को बेचने तथा कच्चा माल प्राप्त करने के लिए उपनिवेशवाद का विकास हुआ। उपनिवेशवाद के साथ-साथ साम्राज्यवाद का भी विकास हुआ।

इस प्रकार चाइल्ड के अनुसार मानव इतिहास की तीन क्रान्तियों से मानव जीवन में क्रान्तिकारी बदलाव आया। इन तीनों क्रान्तियों के अलग-अलग प्रभाव थे। इस प्रकार वे उद्विकास को दर्शा रही थी।

आजकल तो मानव सूचना-क्रान्ति के युग में प्रवेश कर गया है। लेकिन जिस समय चाइल्ड अपना नूतन उद्विकासीय अध्ययन प्रस्तुत कर रहे थे, उस समय यह अवस्था अस्तित्त्व में नहीं आई थी।

इस प्रकार चाइल्ड ने मानव इतिहास की तीन महत्त्वपूर्ण क्रान्तियों को व्याख्यात्मक अस्त्र बनाकर उद्विकासवाद सिद्धान्त को नूतन जीवन प्रदान किया। इन तीनों घटनाओं के वैश्विक प्रभाव को कोई भी विद्वान् अस्वीकार नहीं कर सकता। इससे सभी विद्वान् सहमत थे कि मानव ने सबसे लम्बी अवधि तक खाद्य संकलन एवं शिकारी की अवस्था में अपना जीवन-यापन किया था। इसके बाद नवपाषाण काल में वह कृषक तथा पशुपालक बना। वह 5,000 वर्ष से 7,000 वर्ष पहले नगर का निवासी बना। उस समय उसने छोटे-छोटे उद्योगों को जन्म दिया, जिनमें मिट्टी के बर्तन उद्योग, ताम्र के बर्तन उद्योग, कांस्य के बर्तन उद्योग तथा लौहे के बर्तन एवं अस्त्र उद्योग शामिल थे। लेकिन वैज्ञानिक क्रान्ति के बाद मशीन की स्थापना द्वारा वृहत् उत्पादन एवं उत्पादन में लगे लोगों के लिए नगर का निर्माण एक महत्त्वपूर्ण घटना थी। औद्योगिक क्रान्ति ने तो विस्तारवाद, उपनिवेशवाद तथा साम्राज्यवाद की अवधारणाओं को जन्म दिया।

आजकल हम लोग सूचना क्रान्ति के युग में जी रहे हैं और वैश्विक ग्राम के निवासी बन गए हैं। यह क्रान्ति भी विश्व स्तर पर घटित हुई

है। आज समय और दूरी की परिभाषा को शिल्प-विज्ञान द्वारा बदल दिया गया है। अब कहीं भी लोग दूर नहीं हैं तथा कहीं भी लोगों से फोटो देखकर बात करने में समय नहीं लगता। सूचना-क्रान्ति को ज्ञान-क्रान्ति तथा संचार-क्रान्ति के नाम से भी जाना जाता है। इसे स्पेस-क्रान्ति के नाम से भी जाना जाता है।

चाइल्ड ने उन्नीसवीं सदी के उद्‌विकासवादी मानव वैज्ञानिक के ऊपर लगे आर्मचेयर मानव वैज्ञानिक रूपी दाग को मिटाने का काम किया था। उन्होंने पुरातन मानव वैज्ञानिकों के निगमनिक दृष्टिकोण को भी आगमिक दृष्टिकोण से बदल दिया था। उन्होंने उद्‌विकास को अनुभवाश्रित बनाया था। उन्नीसवीं सदी उद्‌विकास के काल्पनिक स्वरूप के स्थान पर अनुभवाश्रित स्वरूप को प्रकाश में लाया था। पुरातत्त्व वैज्ञानिक होने के नाते उन्होंने विश्व स्तर पर होने वाली क्रान्तियों को उद्‌विकासीय घटना के रूप में प्रस्तुत करके उद्‌विकासवाद सिद्धान्त को नवजीवन प्रदान किया था।

लेस्ली ए० व्हाइट (1900–1975)

व्हाइट एक अमेरिकी नूतन उद्‌विकासवादी मानव वैज्ञानिक थे। उन्होंने सामान्य एवं सार्वभौमिक उद्‌विकास की चर्चा की थी। इसलिए उनके नूतन उद्‌विकासवाद को सामान्य उद्‌विकासवाद या सार्वभौमिक उद्‌विकासवाद के नाम से जाना जाता है।

व्हाइट का मानव वैज्ञानिक शिक्षण एवं प्रशिक्षण बोआसियन परम्परा में हुआ था। न्यूयार्क के न्यू स्कूल में उनकी मानव विज्ञान की पढ़ाई एलैक्जैण्डर गोल्डन वाइजर के मार्गदर्शन में हुई थी। कैलिफोर्निया विश्वविद्यालय में वे बोआस के समर्थकों से काफी प्रभावित हुए थे। यहाँ से उन्होंने अपनी पीएच०डी० की उपाधि सन् 1927 में ग्रहण की थी। उनके प्रथम मानव वैज्ञानिक अनुसन्धान पत्र का प्रकाशन सन् 1925 में हुआ था। यह अनुसन्धान पत्र व्यक्तित्त्व के निर्धारण में सांस्कृतिक कारकों के महत्त्व से सम्बन्धित था। इसी योजना पर बाद में मार्गरेट मिड ने अपने अध्ययन को आगे बढ़ाया था।

व्हाइट में बोआसियन विरोधी विचार तब उत्पन्न हुआ था जब उनकी नियुक्ति बुफैलो विश्वविद्यालय में मानव विज्ञान पढ़ाने के लिए दो वर्ष के लिए हुई थी। यहाँ पर उन्होंने मॉर्गन द्वारा लिखित पुस्तकों का अध्ययन किया था। बुफैलो विश्वविद्यालय इराक्वीस अमेरिकी भारतीय क्षेत्र में स्थित था। इराक्वीस भारतीयों के ऊपर मॉर्गन ने अपनी पुस्तक *लीग ऑफ़ इराक्वीस* (1851) का प्रकाशन किया था। मॉर्गन द्वारा लिखित सभी पुस्तकों के अध्ययन के बाद उनको महसूस हुआ कि किस प्रकार बोआसियन द्वारा एक महान् उद्विकासवादी मॉर्गन को अमेरिका में सदा के लिए उपेक्षित कर दिया गया था। मॉर्गन को बोआसियन द्वारा काल्पनिक दर्शन का अयोग्य उदारहण मान लिया गया था। बोआसियन की ऐसी धारणा मॉर्गन की रचनओं के अध्ययन के बिना ही बन गई थी। लेकिन व्हाइट ने मॉर्गन को एक योग्य उद्विकासवादी मानव वैज्ञानिक के रूप में स्वीकार किया था। मॉर्गन की विद्वत्ता को बोआसियन द्वारा अस्वीकार किए जाने पर व्हाइट को बहुत ठेस पहुँची थी। मॉर्गन के माध्यम से व्हाइट मार्क्स तथा एंगल्स से भी प्रभावित हुए थे। 1929 तक वे मार्क्सवादी विचारधारा से इतने प्रभावित हुए थे कि उन्होंने सोवियत यूनियन का दौरा मानव विज्ञान पढ़ाने के लिए किया था। उनको सोवियत संघ से लौटने के बाद मिशिगन विश्वविद्यालय में मानव विज्ञान में अध्यापन कार्य के लिए नियुक्त किया गया था। मिशिगन विश्वविद्यालय अमेरिका को उन्होंने मानव विज्ञान अध्ययन के एक महत्त्वपूर्ण केन्द्र के रूप में विकसित किया था। व्हाइट अब बोआसियन के ऐतिहासिक विशिष्ट मुक्तिवाद, मनोवैज्ञानिक वशीकरणवाद, स्वतन्त्र संकल्प एवं धर्म वैज्ञानिक प्रयोजन मूलकता के विरुद्ध विचार रखते थे। उन्होंने अपने आलोचकों को मार्क्सवादी विघटन कार्य-क्षेत्र तक ही सीमित कर दिया था।

व्हाइट हमेशा उन्नीसवीं सदी के उद्विकासवादी मानव वैज्ञानिकों का बचाव करते रहते थे। व्हाइट के अनुसार उन्नीसवीं सदी के पुरातन उद्विकासवादी मानव वैज्ञानिकों ने यह कभी नहीं कहा था कि विश्व की सभी संस्कृतियाँ आवश्यक रूप से समान उद्विकासीय अवस्थाओं—

जंगली अवस्था, असभ्यावस्था एवं सभ्यावस्था—से होकर गुजरी है। साहलिंस तथा सर्विस के अवलोकन से यह बिल्कुल स्पष्ट हो जाता है। साहलिंस तथा सर्विस (1960:12) ने यह स्पष्ट किया था कि टायलर का मानना था कि संस्कृति का अध्ययन एक अवस्था के बाद दूसरी अवस्था द्वारा किया जा सकता था या इसका अध्ययन अनेक दिशाओं में किया जा सकता था। यहाँ चर्चा करने योग्य विषय अभिसरण एवं समानान्तरवाद की बारम्बारता है, ऐतिहासिक नियमितता के अपवाद नहीं। व्हाइट का मानना था कि मॉर्गन एवं टायलर के सन्दर्भ में अभिसारण एवं समानान्तरवाद को वास्तविकता से ज्यादा मान लिया गया था। ऐतिहासिक अनुभव की एकता में उनका पूर्ण विश्वास था। ऐतिहासिक अनुभव के आधार पर उनका मानना था कि पुरातन ग्रीक के आंशिक आँकड़े मातृरेखीय अवस्था की पहचान हेतु पर्याप्त थे।

टायलर जब मानव जाति को समान मार्ग से चलने की प्रवृत्ति के बारे में बोले थे, तब उनका यह नहीं मानना था कि सामान्य मानव जाति या विशेष मानव जाति ने उन मार्गों का अनुसरण किया था। इस तरह के परिष्कृत अन्तर को प्रकाश में लाना व्हाइट जैसे विद्वान् से ही सम्भव था। टायलर का मानना था कि अधिकांश संस्कृतियाँ उद्विकास की समान अवस्थाओं से गुजरी थीं, सभी संस्कृतियाँ नहीं। टायलर तथा मॉर्गन के ऐसे विचार अस्पष्ट रूप से प्रजाति, प्रसार तथा पर्यावरणीय विशेषज्ञता से जुड़े हुए थे।

उपरोक्त विवरण से यह स्पष्ट हो जाता है कि व्हाइट, टायलर एवं मॉर्गन जैसे पुरातन उद्विकासवादी मानव वैज्ञानिकों के कार्य से बहुत ज्यादा प्रभावित थे। हालांकि व्हाइट के लेखन पर स्पेंसर, दुर्खीम, मार्क्स तथा एंगल्स का भी प्रभाव पड़ा था। हालांकि व्हाइट का उद्विकासीय सिद्धान्त उन्नीसवीं सदी की मानव जाति से सम्बन्धित था, लेकिन वे विभिन्न उद्विकासवादी विद्वानों के आँकड़ों से प्रभावित हुए थे।

व्हाइट (1945: 335) ने बोआस, उनके अनुयायियों तथा अन्य ऐतिहासिक विशिष्ट मुक्तिवादियों की आलोचना कड़े शब्दों में की थी। उन्होंने बोआस तथा उनके अनुसरणकर्ताओं को इतिहास विरोधी,

उद्विकास विरोधी, अपरिपक्व एवं वैज्ञानिक ढंग से सन्दिग्ध बतलाया था। उन्होंने बोआस तथा उनके अनुयायी ऐतिहासिक विशिष्ट मुक्तिवादियों को अपरिपक्व इसलिए कहा था क्योंकि वे सब कभी भी पुरातन उद्विकासवादियों को अपना पूर्ण पक्ष रखने का मौका नहीं दिया था। व्हाइट ने उनको वैज्ञानिक ढंग से सन्दिग्ध इसलिए कहा था क्योंकि वे सब टायलर और मॉर्गन द्वारा विश्वव्यापी अवस्थाओं एवं प्रसार को एक गतिशील प्रक्रिया के ऊपर कह गए तथ्यों को तोड़-मरोड़ कर प्रस्तुत किया गया था।

बोआस तथा उनके समर्थकों के सतर्क अनुभववाद के ऊपर आक्रमण करते हुए व्हाइट ने निम्नलिखित ढंग से अपना विचार प्रकट किया था :

> "बोआस तथा उनके अनुयायी केवल भौतिकवाद के विरोधी नहीं थे, वरन् वे सब दर्शनवाद, बुद्धिवाद तथा उद्विकासवाद के भी प्रबल विरोधी थे। अगर सच कहा जाए तो वे लोग अनेक चीजों के विरोधी थे। उनके दर्शन ग्रहणशील नकारवाद से प्रभावित तथा उनका लक्ष्य यह दर्शाना था कि सांस्कृतिक घटनाओं का कोई सामान्य नियम नहीं होता। सभ्यता इस दर्शन का सर्वाधिक मान्य प्रतिनिधि है।"

योगदान : व्हाइट द्वारा अनुसन्धान पत्र लेखन तथा पुस्तक लेखन के माध्यम से निम्नलिखित योगदान दिए गए थे—

1. 1925: "पर्सनालिटी एण्ड कल्चर", *द ओपन कोर्ट, 39*:145–49.
2. 1939: ए प्रोबलम इन किनशिप टर्मिनोलॉजी, *अमेरिकन एन्थ्रोपोलॉजिस्ट, 41*: 566–73.
3. 1940: *पाइयोनियर्स इन अमेरिकन एन्थ्रोपोलॉजी; द बैण्डेलियर मॉर्गन लैटर्स*, अलबुक्वेरक्यू : यूनिवर्सिटी ऑफ़ न्यू मैक्सिको प्रेस।

4. 1942: *द व्यूबलो ऑफ़ सांतायन*, न्यू मैक्सिको, अमेरिकन एन्थ्रोपोलॉजिकल एसोशिएसन, मेमोइर–60.
5. 1943: "एनर्जी एण्ड इवोल्यूशन ऑफ़ कल्चर", *अमेरिकन एन्थ्रोपोलॉजिस्ट, 45:* 335–56.
6. 1945: "डिफ्यूजन वर्सेस इवोल्यूशन ऑफ़ कल्चर : एन्टी-इवोल्यूशन फैलेसी", *अमेरिकन एन्थ्रोपोलॉजिस्ट, 49:* 400–11.
7. 1947: "द एक्सपेंशन ऑफ़ स्कॉप ऑफ़ साईंस", *जर्नल ऑफ़ वाशिंगटन एकेडेमी ऑफ़ साईंसेस, 37:* 181–210.
8. 1947: "इवोल्यूशनिज्म इन कल्चरल एन्थ्रोपोलॉजी: ए॰री॰ जोइण्डर", *अमेरिकन एन्थ्रोपोलॉजिस्ट, 49:* 400–411.
9. 1949: *द साईंस ऑफ़ कल्चर*, न्यूयार्क : ग्रोव प्रेस।
10. 1949: "एथनोलॉजिकल थ्योरी", आर॰डब्ल्यू॰ सेल्स (ed.) *फिलोसॉफी फॉर फ्यूचर: द कवेस्ट ऑफ़ मॉर्डन मेटेरियलिज्म*, न्यूयार्क : मैकमिलन, 357–841.
11. 1957: "रिविव ऑफ़ स्टीवार्ड्स थ्योरी ऑफ़ कल्चर चेंज", *अमेरिकन एन्थ्रोपोलॉजिस्ट, 59:* 540–42.
12. 1958: "व्हाट इज क्लासिफिकेटरी किनशिप टर्मस", *साउथ वेस्टर्न जर्नल ऑफ़ एन्थ्रोपोलॉजी, 14:* 375–85.
13. 1959: "द कंसेप्ट ऑफ़ इवोल्यूशन इन कल्चरल एन्थ्रोपोलॉजी", बी॰ मेगार्स (ed.), *इवोल्यूशन एण्ड एन्थ्रोपोलॉजी*, वाशिंगटन : द एन्थ्रोपोलॉजिकल सोसायटी ऑफ़ वाशिंगटन।
14. 1959: *द इवोल्यूशन ऑफ़ कल्चर*, न्यूयार्क : मैकग्रा हिल।
15. 1963: "द एथनोलॉजी एण्ड एथनोग्राफी ऑफ़ फ्रांज बोआस ओस्टिन", *बुलेटिन ऑफ़ टेक्सास मेमोरियल म्यूजियम*।
16. 1966: *द सोशल ऑर्गेनाइजेशन ऑफ़ एथनोलॉजिकल थ्योरी*, राइस : यूनिवर्सिटीज़ स्टडीज़।

व्हाइट का उद्‌विकासवाद सिद्धान्त

व्हाइट ने अपनी पुस्तक *द इवोल्यूशन ऑफ़ कल्चर* में अपनी

उद्विकासीय योजना की व्याख्या विस्तारपूर्वक की है। व्हाइट की उद्विकासीय योजना का मूल मन्त्र सांस्कृतिक भौतिकवाद है। जिसको ऊर्जा के सन्दर्भ में अभिव्यक्त किया गया है। व्हाइट के अनुसार, सामाजिक-सांस्कृतिक व्यवस्था के तीन अंग होते हैं, जो निम्नलिखित हैं :

- तकनीकी-आर्थिक
- सामाजिक
- वैचारिक

उपरोक्त सामाजिक-सांस्कृतिक व्यवस्था के तीनों अंगों को ध्यान से देखने पर पता चलता है कि संस्कृति मौलिक रूप से मानव की सेवा हेतु ऊर्जा को उपयोग में लाने वाली एक यन्त्रावली है। संस्कृति द्वितीयक रूप से मानव के उन व्यवहारों को चुनौती देती है या नियन्त्रित करती है जो प्रत्यक्ष रूप से अस्तित्त्व, आक्रमण एवं सुरक्षा से सम्बन्धित हैं। सामाजिक व्यवस्था का निर्धारण शिल्प वैज्ञानिक व्यवस्था से होता है। दर्शन एवं कला शिल्प विज्ञान एवं सामाजिक व्यवस्था द्वारा परिभाषित होते हैं तथा परावर्तित होते हैं।

व्हाइट के अनुसार संस्कृति एक अद्वितीय व्यवस्था है। यह प्रतीक पर आधारित चीजों एवं घटनाओं का दैहिकेत्तर सांसारिक निरन्तरण है। विशेष ढंग से तथा यथार्थरूप से संस्कृति में उपकरण, औज़ार, बर्तन, वस्त्र, आभूषण, प्रथा, विश्वास, अनुष्ठान, खेल-कूद, भाषा, साहित्य, ज्ञान-विज्ञान, कला इत्यादि तत्त्व शामिल रहते हैं। व्हाइट द्वारा प्रदत्त संस्कृति की यह परिभाषा टायलर द्वारा प्रदत्त संस्कृति की परिभाषा के समान लगती है। लेकिन व्हाइट ने संस्कृति को अद्वितीय एवं चीजों तथा घटनाओं का दैहिकेत्तर सांसारिक निरन्तरण बतलाया है। दैहिकेत्तर सांसारिक निरन्तरण व्हाइट की परिभाषा का मूल मन्त्र है।

दैहिकेत्तर सांसारिक निरन्तरण (Extrasomato Temporal Continuum)

व्हाइट द्वारा प्रस्तुत दैहिकेत्तर सांसारिक निरन्तरण की अवधारणा को निम्नलिखित ढंग से समझा जा सकता है—

- संस्कृति अपने अस्तित्त्व के लिए मानव पर निर्भर रहती है, लेकिन इसे अपने आप में एक व्यवस्था के रूप में विश्लेषित किया जाना चाहिए। इस व्यवस्था में मानव को एक विचार के रूप में नहीं विचार किया जाना चाहिए। संस्कृति के समग्र विश्लेषण में या विशेष संस्कृति के विश्लेषण में मानव को सदैव विचार के रूप में नहीं स्वीकार किया जाना चाहिए।
- सभी स्वतन्त्र जीवन को स्वतन्त्र ऊर्जा के अपहरण करने तथा उपयोग में लाने की एक प्रक्रिया के रूप में समझा जाना चाहिए। उदाहरण के लिए वृक्ष द्वारा स्वतन्त्र ऊर्जा का अपहरण एवं उपयोग जीवद्रव्य निर्माण के लिए किया जाता है तथा मानव द्वारा भोजन ऊर्जा का उपयोग कोशिका निर्माण में किया जाता है। इस प्रकार मौलिक रूप से संस्कृति ऊर्जा को अपहरण करने तथा उपयोग में लाने का एक साधन है। यहाँ संस्कृति ऊर्जा को अपहरण करने तथा उपयोग में लाने का एक साधन है। यही संस्कृति का मुख्य प्रकार्य भी रहा है। जब संस्कृति की व्याख्या अपने आप में एक व्यवस्था के रूप में की जाती है, तब इसकी गतिशीलता जैविक स्तर के समान लगती है। यहाँ संस्कृति ऊर्जा का अपहरण एवं उपयोग करते हुए दिखाई पड़ती है। जैविक उद्‌विकास में व्यवस्था द्वारा ऊर्जा अपहरण एवं उपयोग में जैसे-जैसे वृद्धि होती जाती है, व्यवस्था उसी तरह जटिलतर एवं जटिलतम होती जाती है।
- सांस्कृतिक व्यवस्था को तीन उपव्यवस्थाओं में बाँटा जा सकता है। सबसे प्रमुख व्यवस्था है शिल्प विज्ञान, उपकरण तथा अस्त्रों के निर्माण एवं उनके प्रयोग के सम्बन्ध में ज्ञान। क्योंकि इन्हीं तकनीकी तन्त्रों के सहारे ऊर्जा का अपहरण किया जाता है, तथा नियन्त्रण किया जाता है, और उपयोग में लाया जाता है। यहाँ सांस्कृतिक व्यवस्था में ऊर्जा का नियन्त्रण एवं उपयोग दुश्मनों से सुरक्षा तथा अपनी रक्षा के लिए भी किया

जाता है। संस्कृति की दो अन्य उपव्यवस्थाएं–सामाजिक संरचना तथा दार्शनिक या वैचारिक व्यवस्था हैं। उदाहरण के लिए विवाह, नातेदारी, परिवार, विश्वास, नैतिक टोटेम तथा टैश्ये सभी संस्कृति के तत्त्व आपस में सम्बन्धित होते हैं तथा एक-दूसरे को प्रभावित करते हैं। लेकिन शिल्प विज्ञान का प्रभाव सबसे ज्यादा होता है, क्योंकि यह सामाजिक संरचना के माध्यम से दर्शन को प्रभावित करता है। इस तरह सामाजिक संरचना एवं विचारधारा शिल्प विज्ञान द्वारा आकार ग्रहण करती हैं।

- शिल्प वैज्ञानिक उप-व्यवस्था सांस्कृतिक व्यवस्था द्वारा अपहृत एवं व्यवहृत ऊर्जा की मात्रा को नियन्त्रित करती है। जैसे-जैसे तकनीकी तन्त्र ज्यादा सक्षम होता जाता है, वैसे-वैसे ऊर्जा अपहरण एवं उपयोग की मात्रा में बढ़ोतरी होती जाती है। इस प्रकार ऊर्जा अपहरण एवं उपयोग के माध्यम से संस्कृति का उद्विकास होता है। इसको उन्होंने सांस्कृतिक उद्विकास का नियम बतलाया था तथा इसका सम्बन्ध उन्होंने कल्चरोलॉजी (culturology) से दर्शाया था। व्हाइट के अनुसार कल्चरोलॉजी वह विज्ञान है, जिसके अन्तर्गत संस्कृति का नियमात्मक (nomothetic) अध्ययन किया जाता है। संस्कृति के नियमात्मक अध्ययन का तात्पर्य सांस्कृतिक उद्विकास के नियम की खोज करना है। चूँकि उन्होंने सांस्कृतिक उद्विकास के नियम की खोज की थी। अतः उन्हें नियमात्मक मानव वैज्ञानिक (nomothetic anthropologist) कहा जाता है। व्हाइट के नियमात्मक अध्ययन की धुरि ऊष्मागतिक विज्ञान थी। ऊष्मागतिक विज्ञान (thermodynamics) ब्रह्माण्ड में ऊर्जा के स्वरूपों में बदलाव का अध्ययन करता है। इस सिद्धान्त के अनुसार ऊर्जा का न क्षय होता है, और ना ही विनाश। ऊर्जा का केवल रूप बदलता रहता है। व्हाइट ऊष्मागतिक विज्ञान के दूसरे नियम से प्रभावित हुए थे। ऊष्मागतिक

> विज्ञान के दूसरे नियम के अनुसार यह संसार संरचनात्मक ढंग से तथा गतिशील ढंग से नीचे की ओर जा रही है। इसके परिणामस्वरूप अव्यवस्थाओं में बढ़ोतरी होती जा रही है।

व्हाइट के अनुसार जैविक उद्विकास विपरीत दिशा में कार्य करता है। वह संसार से नकारात्मक व्यवस्था को अपनाकर वैसी व्यवस्था को जन्म देता है, जिससे अधिकाधिक जीवन स्वरूपों की उत्पत्ति हो सके। सांस्कृतिक उद्विकास जैविक उद्विकास के अनुरूप होमोसैपियंस तथा पूर्वज स्पेसिस के केस में इसी ट्रेण्ड को आगे बढ़ाया था।

अपने सांस्कृतिक उद्विकास की व्याख्या करने के लिए व्हाइट ने एक ऊष्मागतिक नियम को सूत्रबद्ध किया था। कल्चरोलॉजी के इस नियम के अनुसार जैसे-जैसे प्रति व्यक्ति प्रतिवर्ष अपहृत एवं व्यवहृत ऊर्जा में वृद्धि होती जाती है वैसे-वैसे संस्कृति का उद्विकास होता जाता है। अथवा जैसे-जैसे ऊर्जा को नियन्त्रित करने वाले तकनीकी तन्त्रों या अर्थव्यवस्था में वृद्धि होती जाती है, वैसे-वैसे संस्कृति का उद्विकास होता जाता है। इस सांस्कृतिक नियम को व्हाइट ने निम्नलिखित ढंग से प्रस्तुत किया था।

$$C = E \times T$$

where C is culture,
E is enegy, and
T is technology.

$C = E \times T$ ही व्हाइट का सांस्कृतिक नियम था। यही उनके कल्चरोलॉजी एवं नोमोथेटिक मानव विज्ञान का मूल था।

व्हाइट के अनुसार सांस्कृतिक उद्विकास का यह नियम सम्पूर्ण मानव इतिहास में प्रभावशाली रहा। शिकार एवं खाद्य संकलन अर्थव्यवस्था में व्यवहार में लाने योग्य कम ऊर्जा का उत्पादन किया गया। इस आरम्भिक अवस्था में अग्नि, वायु, जल एवं जानवर का उपयोग ऊर्जा के स्रोत के रूप में आरम्भ नहीं हुआ था मानव अपनी शारीरिक ऊर्चा का उपयोग करके खाद्य संकलन एवं शिकार

करता था। इस प्रकार मानव की मांसपेशियों की ताकत ही ऊर्जा के महत्त्वपूर्ण स्रोत उस आरम्भिक अवस्था में थे। व्हाइट की गणना के अनुसार खाद्य संकलन एवं शिकारी समाज में अपहृत ऊर्जा की मात्रा प्रति व्यक्ति प्रतिवर्ष 1/20 अश्व-शक्ति थी।

ज्योंहि कृषि कर्म एवं पशुपालन की खोज की गई, त्योंहि सांस्कृतिक उद्विकास में एक नवीन क्वांटम उछाल आ गया। अब मानव अपनी ऊर्जा के स्रोतों को नियन्त्रित कर सकते थे। इस अवस्था में मानव को अपनी शारीरिक ऊर्जा को कम से कम लगाना पड़ता था। क्योंकि अब व्यपहृत ऊर्जा की मात्रा में वृद्धि हो गई थी। यह कृषि क्रान्ति के कारण सम्भव हो सका था। कृषि क्रान्ति के कारण श्रम का विशिष्टीकरण हुआ, जनसंख्या में वृद्धि हुई तथा अधिक सक्षम परिष्कृत तकनीकी तन्त्र का विकास हुआ। इसके सम्बन्ध में प्रमाण प्राचीन ग्रीस, मेसोपोटामिया, इज़िप्ट, तथा रोम की सभ्यताओं में मिलता है।

अपहरण द्वारा ऊर्जा का शोषण पर्वतीय क्षेत्र में पहुँचा तथा एक कृत्रिम विशिष्ट वर्ग द्वारा ऊर्जा का नियन्त्रण होने लगा। यह तब तक जारी रहा जब तक ईंधन क्रान्ति नहीं आ गई। ईंधन क्रान्ति के फलस्वरूप उद्योग की स्थापना हुई। उद्योग में कोल ऊर्जा का उपयोग उद्योगों को चलाने के लिए किया जाने लगा। उद्योगों में कृषि-कर्म एवं पशुपालन की तुलना में कोल ऊर्जा की क्षमता कहीं अधिक थी। ईंधन क्रान्ति की अवस्था में ऊर्जा अपहरण एवं उपयोग में क्वांटम उछाल पुनः ऊपर की ओर आया। लेकिन इस बार यह उछाल कृषि अवस्था में आए उछाल से ज्यादा प्रभावशाली था।

युद्ध तथा आर्थिक बाज़ार में हिस्सेदारी की खोज ने मानव को अपने औद्योगिक शिल्प विज्ञान को उस बिन्दु तक विकसित करने के लिए बाध्य कर दिया था जिस पर वे अपने लाभकारी उत्पादन को जारी नहीं रख सकते थे। अतः अब एक और दूसरी ऊर्जा क्रान्ति की आवश्यकता हुई। जिसको परमाणविक क्रान्ति के नाम से जाना जाता है। इसमें अपहृत एवं व्यवहार योग्य ऊर्जा में पहले से सबसे ज्यादा क्वांटम उछाल आया।

इस प्रकार व्हाइट ने सांस्कृतिक उद्विकास को ऊर्जा नियन्त्रित, अपहृत एवं व्यवहृत शब्दों में व्याख्या प्रस्तुत की थी। यही उनका सार्वभौमिक या सामान्य उद्विकास था। उन्होंने चार प्रमुख ऊर्जा क्रान्तियों को ध्यान में रखकर अपने उद्विकासीय सिद्धान्त का प्रतिपादन किया था। ये क्रान्तियां–उपकरण निर्माण क्रान्ति, कृषि एवं पशुपालन क्रान्ति, जीवाश्म ईंधन क्रान्ति एवं परमाणविक क्रान्ति हैं।

व्हाइट के ऊष्मागतिक व्यवस्था का स्तर मॉडल निम्नलिखित था–

- तकनीकी तन्त्र एवं अर्थव्यवस्था,
- सामाजिक एवं राजनीतिक संगठन, तथा
- वैचारिकी।

वैचारिकी स्तर सबसे ऊपर तथा तकनीकी एवं आर्थिक व्यवस्था सबसे नीचे होती है। इन दोनों के बीच में सामाजिक एवं राजनीतिक व्यवस्था होती है।

जूलियन एच॰ स्टीवर्ड (1902–1972)

जूलियन एच॰ स्टीवर्ड एक अमेरिकी नूतन उद्विकासवादी मानव वैज्ञानिक थे। वे कैलिफोर्निया विश्वविद्यालय में ए॰एल॰ क्रोबर के शिष्य थे। उन्होंने क्रोबर के सांस्कृतिक तत्त्व वितरण अध्ययन के लिए आँकड़ों के संकलन में योगदान दिया था। उनका शिक्षण एवं प्रशिक्षण कैलिफोर्निया विश्वविद्यालय बर्कले में हुआ था। इसी विश्वविद्यालय द्वारा उनको पीएच॰डी॰ की उपाधि सन् 1931 में प्रदान की गई थी। हालांकि उनके आरम्भिक कार्य में विशेषवादी प्रभाव की झलक हमें मिलती है। उन पर क्रोबर तथा लोवि का प्रभाव बहुत ज्यादा पड़ा था। स्टीवर्ड ने सन् 1927–28 में ओवेंस घाटी कैलिफोर्निया के पूर्वी मोनो एवं पैलुट के बीच अपना क्षेत्र-कार्य किया था। इस अध्ययन की अवधि में उनका झुकाव पर्यावरण के प्रभाव की ओर हो गया था। इसी झुकाव ने उनको एक नूतन उद्विकासवादी मानव वैज्ञानिक बना दिया था।

अपने अनुसन्धान पत्र "इकोनॉमिक एण्ड सोशल बेसिस ऑफ़ प्रिमिटिव बैण्ड" (1936) तक स्टीवर्ड की गिनती उन मानव वैज्ञानिकों में होती थी जो प्राकृतिक पर्यावरण को सांस्कृतिक इतिहास में एक अस्पष्ट ढंग से सीमान्त एवं योग्य बनाने वाले कारक के रूप में देखा करते थे। लेकिन शीघ्र ही उन्होंने अपनी अभिरुचि सांस्कृतिक पारिस्थितिक विज्ञान एवं बहुरेखीय उद्विकास (multilinear evolution) में केन्द्रित की थी।

उनकी पुस्तक *थ्योरी ऑफ़ कल्चर चेंज* (1955) सांस्कृतिक पारिस्थितिक विज्ञान एवं बहुरेखीय उद्विकास की व्याख्या एवं विश्लेषण प्रदान करने वाली एक महत्त्वपूर्ण पुस्तक है।

योगदान : स्टीवर्ड ने अनुसन्धान पत्र लेखन एवं पुस्तक प्रकाशन के रूप में मानव विज्ञान में निम्नलिखित योगदान दिए थे—

1. 1929: "डिफ्यूजन एण्ड इण्डिपेंडेण्ट इनवेंशन : ए क्रिटिक ऑफ़ लॉजिक", *अमेरिकन एन्थ्रोपोलॉजिस्ट, 31:* 491–95.
2. 1936: "इकोनॉमिक एण्ड सोशल बेसिस ऑफ़ प्रिमिटिव बैण्ड" आर० लोवि (ed.) *एसेज़ इन एन्थ्रोपोलॉजी प्रेजेण्टेड, टू ए०एल० क्रोबर,* बर्कले : यूनिवर्सिटी ऑफ़ कैलिफोर्निया प्रेस, पृ० 133–451.
3. 1937: "इकोलॉजिकल आस्पेक्ट्स ऑफ़ साउथ वेस्टर्न सोसाइटी", *एन्थ्रोपॉस, 32:* 87–104.
4. 1938: *बेसिन–प्लैटो एबोरिजिनल साउथ पॉलिटिकल ग्रुप्स,* वाशिंगटन, पृ० 104.
5. 1946: *हैण्डबुक ऑफ़ साउथ अमेरिकन इण्डियन,* वाशिंगटन ब्यूरो ऑफ़ अमेरिकन एथनोलॉजी, बुल, पृ० 120.
6. 1948: "ऐ फंक्शनल डेवलपमेण्टल क्लासिफिकेशन ऑफ़ अमेरिकन हाई कल्चर", डब्ल्यू बेनेट (ed.) *ए रिप्रैजल ऑफ़ पेरूवियन आर्कियोलॉजी,* मेमोरीज़ ऑफ़ सोसायटीज फॉर अमेरिकन आर्कियोलॉजी, पृ० 103–04.

7. 1949: "कल्चरल काउजेलिटी एण्ड लॉ : ए ट्रायल फॉर्म्यूलेशन ऑफ़ अर्ली सिविलाइज़ेशन", *अमेरिकन एन्थ्रोपोलॉजिस्ट, 51:* 1–27.
8. 1955: *थ्योरी ऑफ़ कल्चर चेंज,* उर्बाना : यूनिवर्सिटी ऑफ़ इलिनोइस।
9. 1956: "कल्चरल इवोल्यूशन", *साइण्टिफिक अमेरिकन, 194:* 69–80.
10. 1960: "रिविव ऑफ़ व्हाइट्स बुक इवोल्यूशन ऑफ़ कल्चर", *अमेरिकन एन्थ्रोपोलॉजिस्ट, 62:* 144–48.

उद्विकास का वर्गीकरण

अपनी पुस्तक *थ्योरी ऑफ़ कल्चर चेंज* (1955) में स्टीवर्ड ने उद्विकास का वर्गीकरण प्रस्तुत किया था। उन्होंने सांस्कृतिक उद्विकास को तीन श्रेणियों में बाँटा था। वे श्रेणियाँ निम्नलिखित थीं–

- एकरेखीय उद्विकास (unilineal evolution),
- सार्वभौमिक उद्विकास (universal evolution), तथा
- बहुरेखीय उद्विकास (multilineal evolution).

एकरेखीय उद्विकास

स्टीवर्ड ने उन्नीसवीं सदी के पुरातन उद्विकासवादी मानव वैज्ञानिकों द्वारा प्रतिपादित सांस्कृतिक उद्विकास को एकरेखीय उद्विकास के संस्थापक के रूप में स्थान दिया था। इसके अन्तर्गत मॉर्गन, टायलर, मैन, मैक्लेनन, फ्रेज़र, बास्टियन, तथा वाचोफेन जैसे मानव वैज्ञानिक शामिल किए गए थे। इन उद्विकासवादी मानव वैज्ञानिकों का मानना था कि सांस्कृतिक उद्विकास एकरेखीय क्रम का अनुसरण पूरे विश्व में किया था जिसे अवस्थाओं के माध्यम से प्रस्तुत किया जा सकता है।

सार्वभौमिक उद्विकास

सार्वभौमिक उद्विकास के अन्तर्गत स्टीवर्ड ने व्हाइट तथा चाइल्ड

जैसे नूतन उद्‌विकासवादियों द्वारा प्रतिपादित उद्‌विकास को रखा था। स्टीवर्ड के अनुसार व्हाइट ने अमेरिका में तथा चाइल्ड ने ब्रिटेन में अपने-अपने नूतन दृष्टिकोण से उद्‌विकास को नया जीवन प्रदान किया था। चाइल्ड ने विश्व स्तर पर घटित होने वाली क्रान्तियों को आधार बनाकर उद्‌विकास को कृषि क्रान्ति, नगरीय क्रान्ति तथा औद्योगिक क्रान्ति द्वारा विश्व स्तर पर प्रस्तुत किया था। व्हाइट ने संस्कृति को ऊर्जा शब्दों में परिभाषित किया तथा ऊर्जा क्रान्ति को ध्यान में रखकर सार्वभौमिक उद्‌विकास की अवधारणा को प्रकाश में लाए। इन दोनों सार्वभौमिक उद्‌विकासवादी मानव वैज्ञानिकों द्वारा अमेरिका एवं ब्रिटेन में उद्‌विकासवाद सिद्धान्तों को फिर से स्थापित किया गया था।

बहुरेखीय उद्‌विकास

स्टीवर्ड ने अपने द्वारा प्रतिपादित उद्‌विकास की अवधारणा को बहुरेखीय उद्‌विकास बतलाया था। स्टीवर्ड ने अपनी बहुरेखीय उद्‌विकास की अवधारणा विकसित करने के लिए विश्व के पर्यावरण की ओर ध्यान केन्द्रित किया था। उनका मानना था कि विश्व के पर्यावरण में समानता नहीं पाई जाती तथा संस्कृति को पर्यावरण के साथ अनुकूलन करना पड़ता है। अतः सांस्कृतिक उद्‌विकास का क्रम एकरेखीय न होकर बहुरेखीय होता है। विश्व को हम पर्वतीय, पठारी, जंगली, समतल, मरुस्थल, समुद्रतलीय एवं द्वीप क्षेत्र जैसे पर्यावरण में विभाजित कर सकते हैं। इन सभी क्षेत्रों की संस्कृतियों की अपनी पहचान होती है। उनमें समानता नहीं पाई जाती। अतः संस्कृति उद्‌विकास का क्रम एक न होकर अनेक होता है।

स्टीवर्ड के अनुसार विश्व की सभी संस्कृतियाँ समान विकासात्मक अवस्था से होकर नहीं गुजरी हैं बल्कि विभिन्न क्षेत्रों एवं उपक्षेत्रों में उनका क्रम भिन्न-भिन्न रहा है। उदाहरण के लिए बर्फीले क्षेत्र, मरुस्थल क्षेत्र, तटवर्ती क्षेत्र, जंगल क्षेत्र, पर्वतीय क्षेत्र तथा समतल क्षेत्र। इन क्षेत्रों में सांस्कृतिक उद्‌विकास के क्रम अलग-अलग तरह

के पाए जाते हैं। इसका कारण यह है कि इन क्षेत्रों का पर्यावरण भिन्न-भिन्न होता है। इन क्षेत्रों के सांस्कृतिक उद्विकास का अध्ययन सीमित समानान्तरों का चयन करके तथा उनके बीच अन्तर-सांस्कृतिक ढंग से तुलना करके किया जा सकता है। इस प्रकार समानान्तरों या नियमितताओं का अन्तर-सांस्कृतिक परीक्षण उद्विकास के बारे में सफल परिणाम प्रदान करते हैं। स्टीवर्ड ने मैक्सिको, मेसोपोटामिया, इजिप्ट, तथा चीन की सभ्यताओं का अन्तर-सांस्कृतिक ढंग से परीक्षण किया था। अन्तर-सांस्कृतिक ढंग से परीक्षण के उपरान्त स्टीवर्ड ने निष्कर्ष के रूप में पाया था कि इन सभी सभ्यताओं की शुरुआत कृषि पूर्व अवस्था से हुई थी। लेकिन बाद में वहाँ सांस्कृतिक उद्विकास के क्रम अलग-अलग ढंग से विकसित हुए थे। इस प्रकार उनका क्रम बहुरेखीय पाया गया था।

इस प्रकार बहुरेखीय उद्विकास एक कार्य-प्रणाली है जिसके द्वारा इस तथ्य को ढूँढ़ने का प्रयास किया जाता है कि सांस्कृतिक परिवर्तन में महत्त्वपूर्ण नियमितताएं या समानान्तरें शामिल रहती हैं। इस कार्य- प्रणाली का लक्ष्य सांस्कृतिक नियम का पता लगाना तथा स्थापित करना होता है। यह कार्य-प्रणाली अनुभवाश्रित अध्ययन को स्वीकार करती है तथा काल्पनिक अध्ययन को अस्वीकार करती है। इसका सम्बन्ध स्थानीय विविधताओं से था, सामान्य विशेषताओं से नहीं। यह ऐतिहासिक पुनर्निर्माण से सम्बन्धित है, लेकिन इसका सम्बन्ध सार्वभौमिक अवस्थाओं से नहीं है। यह स्थानीय अन्तर एवं विविध तथ्यों से सम्बन्धित होता है जो सन्दर्भ का स्वरूप सामान्य से विशेष की ओर मोड़ देता है। अतः जो विश्वव्यापकता में खो दिया जाता है उसे विशिष्टता में प्राप्त कर लिया जाता है। बहुरेखीय उद्विकास का सम्बन्ध कोई पूर्व-स्थापित योजना या नियम से नहीं है। यह केवल इस प्रश्न का उत्तर प्राप्त करने का प्रयास करता है कि क्या कोई निश्चित संस्कृतियों के बीच प्रामाणिक समानान्तरें या नियमितताएं पाई जाती हैं। ये समानताएं समग्र संस्कृति की मुख्य विशेषताएं हो सकती हैं अथवा वे किसी विशेष विशेषता से सम्बन्धित हो सकती हैं, जैसे गोत्र, समाज, वर्ग, पूजा-पाठ, पुजारी, सैन्य वर्ग, इत्यादि।

बहुरेखीय उद्विकास : समानान्तरवाद एवं कार्य-कारण सम्बन्ध

संस्कृति के अध्ययन में समानान्तरवाद एवं कार्य-कारण सम्बन्ध हमेशा उपस्थित रहते हैं। बहुरेखीय उद्विकास की कार्य-प्रणाली उन समानान्तर विकास के क्रमों को स्थापित करती है जिनका अनुभवाश्रित ढंग से परीक्षण किया जा सकता है। स्टीवर्ड का यह मानना था कि वैसे समाज जो समान पर्यावरण में रहते हैं तथा जिनकी टेक्नोलॉजी भी समान होती हैं वे सामाजिक एवं राजनीतिक संगठन में भी एक-दूसरे के समानान्तर पाए जाते हैं। इसी अवधारणा के आधार पर उनका मानना था कि शिकारी एवं खाद्य संग्रहकर्ता झुण्डों का स्वभाव पितृरेखीय था तथा विस्तृत ढंग से फैले हुए अमेरिकी भारतीय जनजातियों का सामाजिक राजनीतिक संगठन भी तुलना योग्य था। स्टीवर्ड के इस मत का समर्थन कार्ल विटफोगेल के अनुसन्धानों से मिला था। विटफोगेल के अनुसार तरंगित नदी घाटी में स्थित समाजों, जिनकी अर्थव्यवस्था नहरों की सिंचाई द्वारा कृषि-कर्म पर आधारित थी, द्वारा राज्य संगठन का जन्म दिया गया था। इस तरह कार्ल विटफोगेल ने पर्यावरण एवं टेक्नोलॉजी के बीच अन्तर-सम्बन्ध को प्रदर्शित किया था। उन्होंने शिल्प विज्ञान को उद्विकास का विचार माना था, कार्य-करण सम्बन्ध नहीं। इस तरह उन्होंने विशेष को सामान्य के साथ अन्तर-सम्बन्धित किया तथा यह प्रस्तुत करने का प्रयास किया कि किस प्रकार एक व्यक्तिगत संस्कृति का अध्ययन समग्र संस्कृति के बारे में महत्त्वपूर्ण सूचना प्रदान कर सकता है।

मानव-आवास अन्तरक्रिया : सांस्कृतिक पारिस्थितिकी

स्टीवर्ड ने एक वैज्ञानिक विधि का सुझाव दिया था जिसके आधार पर मानव-आवास अन्तरक्रियाओं की गतिशीलता का अध्ययन एक प्रक्रिया के रूप में किया जा सकता था तथा अन्तर-सांस्कृतिक सामान्यीकरण तक पहुँचा जा सकता था। उनकी विधि इस सरल धारणा पर आधारित

थी कि एक दिए हुए आवास या पारिस्थितिकी की सभी विशेषताएं एक दिन हुए सामाजिक-सांस्कृतिक व्यवस्था के लिए महत्त्वपूर्ण नहीं होती। उसी प्रकार सामाजिक-सांस्कृतिक व्यवस्था के सभी तत्त्व, जैसे- धर्म, शिल्प विज्ञान तथा नातेदारी भी समान रूप से मानव-आवास या पारिस्थितिकी की अन्तरक्रिया से प्रभावित नहीं होते। यहाँ एक विश्लेषक का काम आवास की उन विशेषताओं का पता लगाना है जो सांस्कृतिक ढंग से आवास का उपयोग उत्पादकता को बढ़ाने के लिए करते हैं। स्टीवर्ड की मूल धारणा यह थी कि मानव अपने आवास को सांस्कृतिक ढंग से उपयोग करता है। यही सांस्कृतिक पारिस्थितिकी भी कहलाती है। इसमें आवास एवं संस्कृति के बीच अन्तरक्रिया तथा अनुकूलन पाया जाता है। संस्कृति आवास को अपने अनुकूल बनाती है तथा आवास संस्कृति को अपने अनुकूल बनाता है।

संस्कृति-कोर (Culture-Core)

स्टीवर्ड ने मानव-आवास अन्तरक्रिया की चर्चा करते हुए संस्कृति-कोर की अवधारणा का विकास किया था। उनके अनुसार संस्कृति-कोर संस्कृति के शिल्प विज्ञान द्वारा निर्मित होता है। यह विशेषताओं का एक समूह होता है जिसका सम्बन्ध अस्तित्त्व एवं आर्थिक क्रियाओं से होता है। शिल्प विज्ञान का विश्लेषण स्थानीय आवास एवं संस्कृति के आधार पर किया जाना चाहिए।

सांस्कृतिक पारिस्थितिक प्रक्रियाएं

स्टीवर्ड के अनुसार मानव और आवास के बीच अन्तरक्रियाओं को तीन तरह से अध्ययन किया जा सकता है। ये प्रक्रियाएं निम्नलिखित हैं-

- शिल्प विज्ञान एवं पर्यावरण के बीच अन्तर्सम्बन्ध का विश्लेषण।
- एक विशेष प्रकार के क्षेत्र के शिल्प विज्ञान एवं उनसे जुड़े व्यवहार प्रतिमान का विश्लेषण।

व्यवहार प्रतिमान का संस्कृति पर प्रभाव का विश्लेषण

स्टीवर्ड ने दक्षिण अमेरिकी संस्कृति की प्रसारवादी व्याख्या को अस्वीकार कर दिया था। उनके अनुसार प्रसारित तत्त्वों की स्वीकृति अथवा अस्वीकृति स्थानीय शक्ति के ऊपर निर्भर करती है। यह शक्ति स्थानीय पारिस्थितिकी का प्रकार्य होती है। यहाँ स्थानीय पर्यावरण, शिल्प विज्ञान एवं सामाजिक आर्थिक आदत के बीच अन्तरक्रिया होती है, तथा उस प्रसारित तत्त्व को स्वीकार या अस्वीकार किया जाता है।

मार्शल साहलिंस एण्ड एल॰ मैन सर्विस

साहलिंस तथा सर्विस मिशिगन विश्वविद्यालय, अमेरिका के मानव विज्ञान विभाग के शिक्षक थे। दोनों को नूतन उद्विकासवादी मानव वैज्ञानिक के रूप में जाना जाता है। दोनों व्हाइट एवं चाइल्ड जैसे नूतन उद्विकासवादी मानव वैज्ञानिक के शिष्य थे।

सर्विस ने स्टीवर्ड के शिष्य के रूप में सामाजिक समूह निर्माण के पारिस्थितिकीय आधार को अपने अध्ययन का विषय बनाया था। इसी आधार पर अध्ययन करके उन्होंने अपनी पुस्तक *प्रिमिटिव सोशल ऑर्गेनाइजेशन : एन इवोल्यूशनरी पर्सपेक्टिव* (1962) का प्रकाशन कराया था। इसमें उन्होंने झुण्ड, जनजाति, जनजाति प्रधान तथा जनजातीय राज्य के रूप में जनजातीय सामाजिक-राजनीतिक संगठनों के स्वरूपों को उद्विकासीय ढंग से प्रस्तुत किया था।

मार्सल साहलिंस ने आर्थिक मानव विज्ञान के ऊपर अपना ध्यान केन्द्रित किया था। आर्थिक मानव विज्ञान के अध्ययन के सन्दर्भ में वे उद्विकास तथा भौतिकवाद से बहुत ज्यादा प्रभावित हुए थे। 1960 के दशक में वे संरचनात्मक भौतिकवाद से प्रभावित हुए थे। उन्होंने अपनी पुस्तक *आइलैण्ड ऑफ़ हिस्ट्री* (1987) में यह बतलाने का प्रयास किया था कि संरचना ऐतिहासिक रूप से सांस्कृतिक व्यवस्था का वस्तुनिष्ठ रूप है। इस प्रकार उन्होंने संरचनावाद को इतिहास से सम्बन्धित बतलाया था।

साहलिंस तथा सर्विस ने अपनी सम्पादित पुस्तक *इवोल्यूशन एण्ड कल्चर* (1960) में अपने गुरु व्हाइट एवं स्टीवर्ड के बीच व्याप्त सैद्धान्तिक मतभेद को दूर करने का प्रयास किया था। साहलिंस तथा सर्विस के प्रयास से व्हाइट एवं चाइल्ड के बीच व्याप्त सैद्धान्तिक विवाद में सामञ्जस्य स्थापित करने का प्रयास किया गया था।

व्हाइट की उद्विकासीय योजना सार्वभौमिक थी जबकि स्टीवर्ड की उद्विकासीय योजना बहुरेखीय थी। इन दोनों प्रकार की उद्विकासीय योजनाओं के बीच सामञ्जस्य स्थापित करने के लिए साहलिंस तथा सर्विस ने सामान्य उद्विकास (general evolution) एवं विशेष उद्विकास (particular evolution) की अवधारणा का विकास किया था। साहलिंस तथा सर्विस ने संस्कृति विज्ञान को जीव विज्ञान के समान माना था। साहलिंस तथा सर्विस का मानना था कि जैविक उद्विकास के समान सांस्कृतिक उद्विकास के भी दो विस्तार हैं– (1) सामान्य उद्विकास तथा (2) विशेष उद्विकास। साहलिंस तथा सर्विस के अनुसार व्हाइट का सर्वभौमिक उद्विकास सामान्य उद्विकास से सम्बन्धित था। इसमें विश्व स्तर के सामान्य उद्विकास की चर्चा की गई थी। पुनः साहलिंस तथा सर्विस के अनुसार स्टीवर्ड के बहुरेखीय उद्विकास का सम्बन्ध विशेष उद्विकास से था। उनके द्वारा विशेष प्रकार के पर्यावरण की विशेष संस्कृति के उद्विकास का वर्णन किया गया था। सामान्य उद्विकास एवं विशेष उद्विकास एक-दूसरे के विरोधी नहीं हैं, वरन् वे एक-दूसरे के पूरक हैं, पृथक् नहीं। सामान्य उद्विकास एवं विशेष उद्विकास एक-दूसरे से सम्बन्धित तथा एक-दूसरे पर आश्रित हैं। हम सामान्य उद्विकास से विशेष उद्विकास के बारे में ज्ञान प्राप्त कर सकते हैं। उसी प्रकार हम विशेष उद्विकास का अध्ययन करके सामान्य उद्विकास का ज्ञान प्राप्त कर सकते हैं। इस प्रकार साहलिंस तथा सर्विस के अनुसार व्हाइट एवं स्टीवर्ड के उद्विकासवाद में कोई मतभेद नहीं था। दोनों विद्वानों ने दो प्रकार के दृष्टिकोण से उद्विकास का अध्ययन किया था।

साहलिंस तथा सर्विस ने दस सालों तक मिशिगन विश्वविद्यालय में साथ-साथ काम किया था। व्हाइट के साथ मिलकर साहलिंस तथा सर्विस ने उद्विकासात्मक त्रिशासन की स्थापना की थी। उनके द्वारा मिशिगन सम्प्रदाय की स्थापना की गई थी। इस सम्प्रदाय ने अनेक उद्विकासवादी मानव वैज्ञानिकों एवं पारिस्थितिक मानव वैज्ञानिकों को प्रभावित किया था। उदाहरण के लिए एलेक्जेण्डर एलाण्ड, रॉबर्ट कार्नेइरो तथा यहूदी कोहेना। इन विद्वानों द्वारा नियमात्मक मानव विज्ञान (nomothetic anthropology) को जीवित रखा गया था।

बेट्टी मेगर्स

व्हाइट द्वारा प्रतिपादित नियमात्मक मानव विज्ञान का प्रभाव प्रागैतिहासिक पुरातात्विक मानव विज्ञान पर भी पड़ा था। प्रागैतिहासिक पुरातात्त्विक मानव विज्ञान की उत्पति उन्नीसवीं सदी में हुई थी। अपने स्थापना काल से लेकर व्हाइट की अवधि तक प्रागैतिहासिक पुरातात्त्विक मानव विज्ञान को कई प्रकार की अवस्थाओं से होकर गुज़रना पड़ा था। जैसे उद्विकासवादी पुरातत्त्वशास्त्र, प्रसारवादी पुरातत्त्वशास्त्र, प्रकार्यवादी पुरातत्त्वशास्त्र, पर्यावरणवादी पुरातत्त्वशास्त्र, मार्क्सवादी पुरातत्त्वशास्त्र, सांस्कृतिक ऐतिहासिक पुरातत्त्वशास्त्र, मानवजाति पुरातत्त्वशास्त्र, इत्यादि। लेकिन व्हाइट के समय पुरातत्त्व विज्ञान को पर्यावरण एवं पारिस्थितिकी के साथ जोड़ा गया था।

महिला अमेरिकी प्रागैतिहासिक पुरातात्त्विक मानव वैज्ञानिक बेट्टी मेगर्स व्हाइट की एक शिष्या थी। वह व्हाइट के ऊष्मागतिक सिद्धान्त से प्रभावित थी। वह व्हाइट के नियमात्मक मानव विज्ञान से काफी प्रभावित थी। उन्होंने व्हाइट के नियमात्मक सूत्र को प्रागैतिहासिक पुरातात्त्विक मानव विज्ञान में प्रयोग किया था। उनके अनुसार अगर एक प्रागैतिहासिक पुरातात्त्विक मानव वैज्ञानिक को उस समय के शिल्प विज्ञान तथा पर्यावरण का पता चल जाता है तब वह उस समय के मानव की संस्कृति को आसानी से समझ सकता है। उसे मेगर्स ने व्हाइट सदृश निम्नलिखित ढंग से प्रस्तुत किया था :

$$C = E \times T$$

where C is Culture,
E is environment, and
T is technology.

लेवीस बिनफोर्ड

लेवीस एक अमेरिकी प्रागैतिहासिक पुरातात्त्विक मानव वैज्ञानिक थे। उन्होंने व्हाइट द्वारा प्रतिपादित संस्कृति के नियमात्मक सिद्धान्त का अनुसरण प्रागैतिहासिक पुरातात्त्विक मानव विज्ञान में किया था। वे व्हाइट के एक शिष्य थे। बिनफोर्ड को 1960 के दशक के नूतन प्रागैतिहासिक पुरातात्त्विक मानव विज्ञान का प्रणेता माना जाता है। बिनफोर्ड सांस्कृतिक इतिहास पुरातत्त्व विज्ञान के छात्र थे। लेकिन जब वे व्हाइट के सम्पर्क में आए तब उन्होंने प्रागैतिहासिक पुरातत्त्व विज्ञान में व्हाइट द्वारा प्रतिपादित नियमात्मक सिद्धान्त का प्रयोग आरम्भ कर दिया। उनके अनुसार नियमात्मक सिद्धान्त प्रागैतिहासिक पुरातत्त्व विज्ञान के लिए भी अत्यन्त उपयोगी है।

बिनफोर्ड के अनुसार सामाजिक-सांस्कृतिक मानव विज्ञान एवं प्रागैतिहासिक पुरातात्त्विक मानव विज्ञान दोनों विज्ञानों का उद्देश्य एक ही रहा है। दोनों में संस्कृतियों का वर्णन, व्याख्या एवं विश्लेषण प्रस्तुत किया जाता है। दोनों विज्ञान अपने-अपने अध्ययनों का सामान्यीकरण करते हैं तथा नियमात्मक ढंग से विश्लेषण करते हैं। बिनफोर्ड के अनुसार प्राकृतिक वातावरण एवं संस्कृतियों के साथ अन्तर-क्रिया होती है जिसके कारण परिवर्तन लाया जाता है। लेकिन सांस्कृतिक बदलाव की व्याख्या करने में संस्कृति के कुछ तत्त्व दूसरे तत्त्वों की तुलना में ज्यादा महत्त्वपूर्ण हो जाते हैं। उन्होंने संस्कृति को साझा मूल्य (shared value) के रूप में नहीं देखा था। संस्कृति को साझा रूप में फ्रांज बोआस के शिष्य मार्गरेट मिड ने देखा था। अमेरिकी मानव वैज्ञानिक क्लूखोन ने भी संस्कृति को साझा मूल्य के रूप में देखा था। इन विद्वानों के लिए संस्कृति अमूर्त एवं लोकाचार (ethos) के रूप में थी।

व्हाइट के समान बिनफोर्ड ने संस्कृति को केक लेयर मॉडल के रूप में माना था। उनके अनुसार प्रागैतिहासिक पुरातात्त्विक मानव विज्ञान की कलाकृतियाँ व्हाइट के सांस्कृतिक केक लेयर मॉडल के समान होती हैं। इससे प्रागैतिहासिक पुरातात्त्विक मानव वैज्ञानिक संस्कृति, तकनीकी तन्त्र आर्थिक संगठन, राजनीतिक संगठन, विश्वास एवं दर्शन की झलक प्राप्त कर लेता है। इसमें टेक्नोलॉजी तथा अर्थव्यवस्था सबसे प्राथमिक स्तर का निर्माण करती है। सामाजिक राजनीतिक संगठन मध्य स्तर का निर्माण करते हैं। विश्वास और दर्शन सबसे ऊपरी स्तर का निर्माण करते हैं। लेकिन इस प्रकार की नियमात्मक व्याख्या के लिए प्रागैतिहासिक पुरातात्त्विक मानव वैज्ञानिक को प्रशिक्षित किया जाना चाहिए। इससे प्रागैतिहासिक पुरातात्त्विक मानव विज्ञान की क्षमता का विकास होता है तथा उससे पता चल जाता है कि उन हस्तकृतियों एवं कलाकृतियों का प्रागैतिहासिक समय में क्या था तथा आज वे क्या काम करती हैं।

प्रागैतिहासिक पुरातात्त्विक मानव विज्ञान को विज्ञान बनाते हुए बिनफोर्ड ने अनेक नियमात्मक युक्तियों का प्रयोग किया था। उनमें से एक युक्ति को काल्पनिक निगमनात्मक (hypothetical deductive) बतलाया गया है। यह मॉडल प्रागैतिहासिक मानव वैज्ञानिक को विज्ञान समान कल्पना करने तथा अवस्थाओं का निगमन करने का सुझाव व्यक्त करता है। कल्पना के आधार पर उस समय के पर्यावरण का पता लगाया जा सकता है तथा बाद में उसको अनुभवाश्रित बनाया जा सकता है। यह बिनफोर्ड के नूतन पुरातात्त्विक विज्ञान का मॉडल था। इसे दार्शनिक मॉडल भी कहा जाता है।

एक दूसरे मॉडल का नामकरण बिनफोर्ड ने सामान्य व्यवस्था मॉडल बतलाया था। इसे बिनफोर्ड ने अपने नूतन प्रागैतिहासिक पुरातात्त्विक विज्ञान का साइबरनेटिक मॉडल बताया था। इस व्यवस्था के अन्तर्गत फीडबैक लूप (feedback loop) धनात्मक होते हैं जिससे व्यवस्था बनी रहती है। साथ ही साथ इसमें नकारात्मक फीडबैक लूप भी होते हैं जो व्यवस्था में बदलाव लाते हैं। इस प्रकार यह व्यवस्था

कार्य-कारण सम्बन्धों की व्याख्या करती है तथा बदलाव के प्रभाव को सामने लाती है।

बिनफोर्ड संस्कृति की मनोवैज्ञानिक व्याख्या के कड़े आलोचक थे। उन्होंने व्हाइट एवं क्रोबर के समान इतिहास के "महान् मानव" (great man) की अवधारणा को पूर्णतया अस्वीकार कर दिया था। बिनफोर्ड के अनुसार मानव व्यवहार का सृजन नियमबल करता है, जिससे व्यक्ति अज्ञात रहते हैं तथा उनके ऊपर उनका कोई नियन्त्रण काम नहीं करता।

अति वैज्ञानिक मानवतावादी विरोधी तथा प्रत्यक्षवादी भावना के कारण नूतन सांस्कृतिक उद्विकासवाद तथा नूतन प्रागैतिहासिक पुरातत्त्व विज्ञान अनेक समकालीन मानव वैज्ञानिकों के लिए तीखा स्वाद एवं अप्रिय स्वाद वाला टेबलेट बन गया था। चूँकि बिनफोर्ड के नूतन प्रागैतिहासिक पुरातात्त्विक विज्ञान प्रक्रिया से सम्बन्धित था, इसलिए उसे प्रोसेसुअल आर्कियोलॉजी (processual archaeology) के नाम से जाना जाता है। प्रक्रियात्मक पुरातात्त्विक मानव विज्ञान को नियमात्मक नूतन प्रागैतिहासिक पुरातात्त्विक मानव विज्ञान भी कहा जाता है।

1980 के दशक में बिनफोर्ड ने प्रक्रियात्मक प्रागैतिहासिक पुरातात्त्विक मानव विज्ञान के स्थान पर सन्दर्भात्मक (contextual) पुरातात्त्विक मानव विज्ञान की स्थापना की थी। सन्दर्भात्मक पुरातात्त्विक को उत्तर प्रक्रियात्मक (post-processual) प्रागैतिहासिक मानव विज्ञान के नाम से भी जाना जाता है।

मार्टिन एच॰ फ्रायड

फ्रायड एक अमेरिकी नूतन उद्विकासवादी मानव वैज्ञानिक थे। उन्होंने अपनी पुस्तक *इवोल्यूशन ऑफ़ पॉलिटिकल सोसायटी* (1967) में सभ्यता की उत्पत्ति पर नवीन प्रकाश डाला था। मार्टिन के अनुसार आरम्भ में समाज का स्वरूप समतामूलक (egalitarian) था। यह समाज

स्तर रहित समाज था। इस समाज में किसी प्रकार का स्तरीकरण नहीं था।

धीरे-धीरे समय के साथ स्तर आधारित समाज का विकास हुआ। स्तर के कारण समाज में स्तरीकरण का विकास हुआ। स्तरीकरण के कारण समाज का स्वरूप सरल से जटिल होता चला गया। समाज का सबसे ज्यादा जटिल स्वरूप सभ्यावस्था में आया जब राज्य संगठन का विकास हुआ। इस प्रकार मानव समाज उद्विकास की तीन प्रमुख अवस्थाओं से होकर गुजरा है। जिसे उन्होंने स्तर रहित समाज, स्तर आधारित समाज तथा राज्य संगठित समाज बतलाया।

2

पारिस्थितिक मानव विज्ञान एवं नूतन पारिस्थितिक मानव विज्ञान

जैसाकि पहले अध्याय में वर्णन किया जा चुका है कि पारिस्थितिक मानव विज्ञान के जनक के रूप में अमेरिकी नूतन उद्‌विकासवादी एवं बहुरेखीय उद्‌विकासवाद के प्रणेता जूलियन एच॰ स्टीवर्ड का नाम लिया जाता है। उन्होंने इलिनॉइस विश्वविद्यालय में लम्बी अवधि तक मानव विज्ञान विषय का अध्यापन कार्य किया था। इस विश्वविद्यालय में उन्होंने कई नौजवान मानव वैज्ञानिकों को सांस्कृतिक-पारिस्थितिक विज्ञान (cultural ecology) में प्रशिक्षित किया था। उन्होंने सांस्कृतिक-पारिस्थितिक विज्ञान नामक एक सम्प्रदाय का गठन किया था। उसी को आजकल पारिस्थितिक मानव विज्ञान (ecological anthropology) के नाम से जाना जाता है।

स्टीवर्ड के अनुसार पारिस्थितिक मानव विज्ञान नियमात्मक विश्लेषण को प्रोत्साहित करता है, क्योंकि यह सामान्य नियम एवं सामान्यीकरण पर विश्वास रखता है। यह प्रकृति को संस्कृति से तथा संस्कृति को प्रकृति के संग सामञ्जस्य स्थापित करवाता है। यह मानव विज्ञान में सामान्य दृष्टिकोण का विकास करता है। यह पारिस्थितिक मानव विज्ञान के रसायन विज्ञान, प्राणि विज्ञान, प्रकृति विज्ञान तथा

जनसंख्या विज्ञान जैसे नियमात्मक विज्ञानों के साथ सम्बन्ध स्थापित करता है।

स्टीवर्ड का योगदान

स्टीवर्ड ने सांस्कृतिक पारिस्थितिकी की अवधारणा का विकास अमेरिकी प्रसारवादी मानव वैज्ञानिक ए॰एल॰ क्रोबर तथा क्लार्क विसलर द्वारा प्रतिपादित संस्कृति क्षेत्र की अवधारणा से ग्रहण करके किया था। क्रोबर तथा विसलर ने यह स्वीकार किया था कि प्रत्येक भौगोलिक क्षेत्र की मानव जातियों को पर्यावरण के साथ अनुकूलन करना पड़ता है। पर्यावरण के साथ अनुकूलन ही सांस्कृतिक पारिस्थितिक विज्ञान का मूल (core) है। यही आजकल पारिस्थितिक मानव विज्ञान का मूल मन्त्र बन गया है।

सांस्कृतिक पारिस्थितिक विज्ञान के अन्तर्गत संस्कृति एवं पर्यावरण के बीच अन्तःक्रिया का परीक्षण किया जाता है। इस परीक्षण में यह समझने का प्रयास किया जाता है कि किस प्रकार संस्कृति पर्यावरण को अपने अनुकूल बनाती है तथा किस प्रकार पर्यावरण संस्कृति को अपने अनुकूल बनाता है। यानि संस्कृति एवं प्रकृति दोनों के बीच अनुकूलन कैसे होता है। तथा दोनों एक-दूसरे को कैसे प्रभावित करते हैं। दोनों में घनिष्ठ सम्बन्ध है। दोनों एक-दूसरे से पृथक् नहीं वरन् एक-दूसरे के पूरक हैं।

स्टीवर्ड के अनुसार यह विश्व पहाड़ी, पठारी, बर्फीली, समतल, समुद्रतटीय, मरुस्थल एवं द्वीप जैसे प्राकृतिक पर्यावरण में विभाजित है। इन सभी प्रकार के पर्यावरण में मानव जातियाँ निवास करती हैं। तरह-तरह के प्राकृतिक पर्यावरण में रहने वाली मानव जातियों की अर्थव्यवस्था, शिल्प विज्ञान, उपकरण, हथियार, घर, खानपान, सामाजिक-राजनीतिक संगठन, विश्वास, विचार, अनुष्ठान तथा दर्शन अलग-अलग किस्म के होते हैं। इससे यह पता चलता है कि प्राकृतिक पर्यावरण संस्कृति के निर्माण में अहम भूमिका निभाते हैं। दूसरी तरफ संस्कृति विभिन्न तरह से प्राकृतिक पर्यावरण के अनुसार तकनीकी

तन्त्र का विकास उत्पादन लेने के लिए करती है। उसी के अनुरूप सामाजिक संगठन बनता है। उसी के अनुरूप विचारधाराएं विकसित होती हैं। प्राकृतिक पर्यावरण के नदी, समुद्र, पहाड़, पठार, जंगल, मरुस्थल की वस्तुओं को सांस्कृतिक व्यवस्था में अपना लिया जाता है। तथा उनसे जुड़े विचार गढ़ लिए जाते हैं। इस तरह संस्कृति और प्राकृतिक वातावरण एक-दूसरे से जुड़े होते हैं। उनमें आपसी निर्भरता बनी रहती है। वे एक-दूसरे के पूरक होते हैं, पृथक् नहीं। संसार के सभी जंगलवासियों में समान प्रकार की सामाजिक-सांस्कृतिक व्यवस्था पाई जाती है। उसी प्रकार विश्व के वर्फीले प्रदेशों, पठारी प्रदेशों, पहाड़ी प्रदेशों, समुद्रतटीय प्रदेशों, मरुस्थलीय प्रदेशों, नदी-घाटी प्रदेशों की मानव जातियों की अपनी-अपनी समान सांस्कृतिक व्यवस्था पाई जाती है। इसे अन्तर-सांस्कृतिक ढंग से अध्ययन करके सामान्यकृत बनाया जा सकता है।

स्टीवर्ड ने सांस्कृतिक पारिस्थितिक विज्ञान में परीक्षण हेतु तीन प्रक्रियाओं का उल्लेख किया था—

- उत्पादन, शिल्प विज्ञान एवं पर्यावरण के बीच सम्बन्ध का परीक्षण।
- एक विशेष क्षेत्र के विशेष शिल्प विज्ञान द्वारा उत्पन्न व्यवहार प्रतिमान का परीक्षण।
- उपरोक्त दोनों प्रकार के परीक्षणों का समाज पर प्रभाव का विश्लेषण।

स्टीवर्ड ने सांस्कृतिक पारिस्थितिक विज्ञान को आधार बनाकर बहुरेखीय उद्‌विकास की अवधारणा का विकास किया था। उनके अनुसार विशेष प्रकार की तकनीकी व्यवस्था एवं विशेष प्रकार के पर्यावरण के बीच अनुकूलन हुआ था इसी के कारण एक विशेष प्रकार की संस्कृति अस्तित्त्व में आई। तरह-तरह के पर्यावरण में तरह-तरह की संस्कृतियों का विकास हुआ था। इसलिए संस्कृति उद्‌विकास का क्रम न तो एकरेखीय रहा और ना ही सार्वभौमिक, वरन् संस्कृति

उद्विकास का क्रम बहुरेखीय एवं विशेष रहा। यहाँ स्टीवर्ड के बहुरेखीय उद्विकास की अवधारणा थी।

स्टीवर्ड ने बहुरेखीय उद्विकास का प्रयोग एक अनुसन्धान प्रणाली के अनुसार किया था, जिसके आधार पर समान क्षेत्रों के समान समानान्तरों को अन्तर-सांस्कृतिक ढंग से खोजा जा सकता था तथा उनके बीच तुलना करके उन्हें सामान्यकृत किया जा सकता था एवं अनुभवाश्रित बनाया जा सकता था। स्टीवर्ड के अनुसार समान शिल्प विज्ञान एवं पर्यावरण वाले समाजों के सामाजिक एवं राजनीतिक व्यवस्थाओं में भी समानता पाई जाती है। इस प्रकार इस अनुसन्धान प्रणाली द्वारा सामान्यीकरण किया जा सकता है।

स्टीवर्ड के अनुसार सांस्कृतिक पारिस्थितिक मानव विज्ञान के अन्तर्गत मानव तथा उनके वास-स्थानों के बीच अन्तःक्रिया का अध्ययन किया जाता है। मानव जिस स्थान का चयन अपने वास-स्थान के लिए करता है, उस वास-स्थान के आस-पास के पेड़-पौधे, पशु-पक्षी, नदी, झरना, तालाब, पहाड़, भूमि सबके सब उसकी सामाजिक सांस्कृतिक व्यवस्था के अंग हो जाते हैं। इस तरह मानव को अपने वास-स्थान के साथ सांस्कृतिक ढंग से अनुकूलन करना पड़ता है। मानव वास-स्थान के सभी तत्त्वों को तो नहीं लेकिन प्रमुख तत्त्वों को जरूर संस्कृति का हिस्सा बना लेता है। यहाँ सभी प्रमुख प्राकृतिक पर्यावरणीय वस्तुएं सांस्कृतिक अंग के रूप में प्रकट होती हैं। मानव आस-पास के पर्यावरण से तकनीकी तन्त्र यानि शिल्प विज्ञान की मदद से उत्पादन प्राप्त करता है। उसी के अनुरूप सामाजिक संगठन तथा राजनीतिक संगठन का विकास करता है। इसका अर्थ यह कदापि नहीं लगाया जा सकता कि तकनीकी तन्त्र या शिल्प विज्ञान पर संस्कृति का नियन्त्रण नहीं रहता। वरन् मानव पर्यावरण के अनुसार ही तकनीकी तन्त्र एवं शिल्प विज्ञान का विकास करता है। इस तरह संस्कृति का पर्यावरण एवं तकनीकी तन्त्र पर नियन्त्रण स्थापित रहता है। इस प्रकार वास-स्थान एवं संस्कृति के बीच अनुकूलन होता रहता है।

स्टीवर्ड ने संस्कृति एवं पारिस्थितिक विज्ञान के बीच अनुकूलन को केक लेयर मॉडल के रूप में प्रदर्शित किया था। उन्होंने इस केक लेयर मॉडल से जुड़ी हुई चार प्रक्रियाओं का उल्लेख किया था

- **द्वितीयक विशेषताएं** : प्रसारण माध्यम से ऐतिहासिक विविधता।
- **संस्कृति कोर** : तकनीकी तन्त्र एवं आर्थिक कोर के बीच अनुभवाश्रित सम्बन्ध।
- **तकनीकी आर्थिक कारक** : अस्तित्त्व, तकनीकी एवं आर्थिक व्यवस्था।
- **प्राकृतिक पर्यावरण** : पेड़-पौधे, पशु-पक्षी, नदी, समुद्र, पहाड़ मरुस्थल, द्वीप, समतल, खनिज, इत्यादि।

नूतन पारिस्थितिक मानव विज्ञान

1960 के दशक से ही पारिस्थितिक मानव विज्ञान के अन्तर्गत नूतन सिद्धान्तों को अपनाया जाने लगा था। नूतन पारिस्थितिक मानव विज्ञान में नूतन सिद्धान्तों का आगमन होना आरम्भ हो गया था। उन्हीं नूतन पारिस्थितिक मानव वैज्ञानिक सिद्धान्तों को पारिस्थितिक प्रकार्यवाद (ecological functionalism) के नाम से जाना जाता है। इस नूतन पारिस्थितिक मानव विज्ञान के संस्थापक रैपापोर्ट एवं वायडा हैं। इस नूतन पारिस्थितिक मानव विज्ञान के अन्तर्गत संस्कृति को अध्ययन की इकाई के रूप में नहीं माना जाता वरन् इसके अन्तर्गत अध्ययन की इकाई के रूप में जनसंख्या को शामिल किया जाता है। इसमें रेखीय कार्य-कारण सम्बन्ध की चर्चा नहीं की जाती वरन् इसमें साइबरनेटिक व्यवस्था के ऊपर ध्यान दिया जाता है। साइबरनेटिक व्यवस्था के अन्तर्गत अनुष्ठान के माध्यम से जनसंख्या नियन्त्रण की व्याख्या की जाती है। इसमें यह दर्शाने का प्रयास किया जाता है कि एक विशेष क्षेत्र की संस्कृति किस प्रकार अपनी साइबरनेटिक व्यवस्था के माध्यम से अपनी जनसंख्या अपने अनुकूल को बनाए रखती है।

इसके अन्तर्गत संसाधन को जनसंख्या के अनुकूल बनाए रखने की विधि का अध्ययन किया जाता है।

रैपापोर्ट का योगदान

रैपापोर्ट ने अपनी पुस्तक *पिग्स फॉर द एंसेस्टर्स : रिचुअल इन द इकोलॉजी ऑफ़ न्यू गिनी पिपुल* (1968) में यह दर्शाने का प्रयास किया था कि न्यू गिनी की तसेंबा जनजाति के लोग किस प्रकार अपने पूर्वजों के लिए सुअर की जनसंख्या को अनुष्ठान द्वारा नियन्त्रित करते थे। न्यू गिनी की तसेंबा जनजाति के लोग सुअर-पालन का काम करते हैं। उनकी जनसंख्या बनाए रखने का आधार सुअर-पालन ही है। इस प्रकार उनकी जनसंख्या को बनाए रखने का संसाधन सुअररूपी पशु है। चूँकि उनका प्राथमिक संसाधन सुअर ही होता है, अतः वे सुअर-पालन करते हैं। वे लोग सुअर को भी वही अन्न खिलाते हैं जो स्वयं खाते हैं। ये लोग अधिक से अधिक अन्न का उत्पादन करते हैं ताकि सुअर को खिलाया जाए तथा उसकी जनसंख्या को बचाया जाए। उनकी संस्कृति में सुअर को कन्या मूल्य के रूप में भी दिया जाता है। वे लोग युद्ध भी लड़ते हैं। युद्ध के अन्त में सभी शहीद पूर्वजों के नाम पर वे सुअर की बलि देते हैं। इस प्रकार वे सुअर की उतनी जनसंख्या को बनाए रखते हैं जितनी उनको आवश्यकता होती है। सुअर की जनसंख्या को बनाए रखना उनकी सांस्कृतिक व्यवस्था की पूर्व शर्त होती है। सुअर की जनसंख्या को वे लोग एक चक्र द्वारा बनाए रखते हैं। इस चक्र में युद्ध तथा सुअर की पुनर्वृद्धि शामिल रहती है। इस चक्र को पूरा होने में 10 से 12 वर्ष का समय लग जाता है। यहाँ सुअर बलि तथा धर्म ग़ैर-उत्पाद (cybernetic) कारक है। लेकिन इसके द्वारा पारिस्थितिक सन्तुलन को बनाए रखा जाता है।

रैपापोर्ट के अनुसार संस्कृति पारिस्थितिक व्यवस्था का प्रकार्य होती है। उन्होंने संस्कृति की कार्य-क्षमता तथा ऊर्जा व्यय व्यवस्था

पर प्रकाश डाला है। वे समाज की मूलभूत संरचना (infrastructure) में विश्वास रखते थे।

वायडा रैपापोर्ट के गुरु थे। उन्होंने भी न्यू गिनी में अपना अध्ययन किया था। उन्होंने ही इस तथ्य को प्रकाशित किया कि अध्ययन की इकाई जनसंख्या होनी चाहिए, संस्कृति नहीं। उन्हीं के मार्गदर्शन में रैपापोर्ट ने अपनी पुस्तक *पिग्स फॉर एंसेस्टर्स* (1968) को प्रकाशित कराया था।

नेटिंग का योगदान

नेटिंग एक नूतन पारिस्थितिक मानव वैज्ञानिक थे। उन्होंने अपनी पुस्तक *कल्चरल इकोलॉजी* (1977) में नूतन पारिस्थितिक मानव विज्ञान के लिए निम्नलिखित अवधारणाओं को प्रकाशित में किया था।

- **इकोसिस्टम :** इसमें उद्विकसित एवं अनुकूलित प्रक्रियाओं का परीक्षण भौतिक पर्यावरण के सन्दर्भ में किया जाता है।
- **एथनोइकोलॉजी :** इसके अन्तर्गत मानव जाति पारिस्थितिकी का अध्ययन किया जाता है। किस प्रकार एक विशेष पर्यावरण में रहने वाली मानव जातियाँ प्राकृतिक वस्तुओं एवं सांस्कृतिक वस्तुओं का वर्गीकरण करती हैं। यहाँ संस्कृति एवं प्रकृति के स्थानीय वर्गीकरण का अध्ययन किया जाता है।
- **ऐतिहासिक पारिस्थितिक विज्ञान :** इसके अन्तर्गत पर्यावरण एवं संस्कृति के बीच आपसी सम्बन्ध का अध्ययन ऐतिहासिक सन्दर्भ में किया जाता है। इसमें एक-दूसरे पर पड़ने वाले प्रभावों का अध्ययन भी किया जाता है।

3

नूतन मनोवैज्ञानिक मानव विज्ञान

सन् 1950 के दशक में मनोवैज्ञानिक मानव विज्ञान के अन्तर्गत नए-नए प्रयोग आरम्भ हो गए थे। अब नए-नए प्रयोगों के फलस्वरूप नूतन मनोवैज्ञानिक मानव विज्ञाान की स्थापना की गई। इसके संस्थापक जॉन व्हाइटिंग एवं इरविन चाइल्ड (John Whiting and Irvin Child) थे। इन दोनों विद्वानों द्वारा मनोवैज्ञानिक मानव विज्ञान की अवधारणाओं को शुद्ध किया गया। इन विद्वानों द्वारा मनोवैज्ञानिक मानव विज्ञान में सांख्यिकी का प्रयोग किया गया। मनोवैज्ञानिक मानव विज्ञान में पहले संख्या विज्ञान का प्रयोग नहीं किया जाता था। केवल गुणात्मक आँकड़ों के आधार पर संस्कृति एवं व्यक्तित्त्व संरचना का अध्ययन किया जाता था। नवीन मनोवैज्ञानिक मानव वैज्ञानिक के द्वारा परिमाणात्मक आँकड़ों का विश्लेषण के लिए प्रयोग मनोवैज्ञानिक मानव विज्ञान में कराया गया था। इस नूतन प्रयोग के कारण नूतन मनोवैज्ञानिक मानव विज्ञान का शुभारम्भ हुआ था। परिमाणात्मक ढंग से संस्कृति एवं व्यक्तित्त्व संरचना के अध्ययन ने नूतन मनोवैज्ञानिकों को एक विशेष पहचान दिलवाई थी।

व्हाइटिंग एवं चाइल्ड ने अपनी पुस्तक *चाइल्ड ट्रेनिंग एण्ड पर्सनैलिटी: ए क्रॉस-कल्चरल स्टडी* (1953) में आँकड़ों का प्रयोग

अन्तर-सांस्कृतिक ढंग से किया तथा शिशु-प्रशिक्षण एवं व्यक्तित्त्व विकास का परिमाणात्मक विश्लेषण प्रस्तुत किया। आँकड़ों का संकलन न्यू ह्यूमैन रिलेशंस एरिया फाइल्स (NHRAF) येल विश्वविद्यालय से किया गया था। इस संस्थान के पास विश्व की सभी संस्कृतियों के आँकड़े उपलब्ध हैं। अमेरिकी मानव वैज्ञानिक जी॰पी॰ मरडॉक इस संस्थान के निदेशक थे। उन्होंने *सोशल स्ट्रक्चर* (1949) नामक पुस्तक की रचना की थी। उन्होंने भी सामाजिक संरचना का विश्लेषण अन्तर-सांस्कृतिक ढंग से किया था।

व्हाइटिंग एवं चाइल्ड ने भी उस संस्थान से एथनोग्राफिक आँकड़ों का संकलन किया था तथा उनका अन्तर-सांस्कृतिक ढंग से विश्लेषण प्रस्तुत किया था। उन एथनोग्राफिक आँकड़ों का व्यवहार बहुत ही चतुराई से किया गया था तथा महत्त्वपूर्ण अन्तर-सांस्कृतिक संस्थानिक संघों को प्रकाश में लाया गया था।

सांस्कृतिक ढंग से एक महत्त्वपूर्ण अन्तर-सांस्कृतिक संघ का विवरण मानव वैज्ञानिक मार्विन हैरिस द्वारा अपनी पुस्तक *राइज ऑफ़ एन्थ्रोपोलॉजिकल थ्योरी* (1968) में किया था। उनके अनुसार अन्तर-सांस्कृतिक संघ की निम्नलिखित विशेषताएं सांस्कृतिक तत्त्व के रूप में थी।

- लम्बी अवधि स्तनपान।
- लम्बी अवधि प्रसवकालीन लैंगिक निषेध।
- बहु-पत्नी प्रथा।
- शिशु का माता संग शयन।
- पितृरेखीयता एवं पितृस्थानीयता।
- प्रबल पुरुष यौवनारम्भ अनुष्ठान।

सांख्यिकीय ढंग से संस्थानिक संघ आवश्यक रूप से कारण में समाविष्ट नहीं होते। अतः वे कार्य-कारण सम्बन्ध को ढूँढ़ने में मदद कर सकते हैं। वे कार्य-कारण सम्बन्ध को ढूँढ़ते में सांख्यिकीय सुझाव व्यक्त कर सकते हैं। मानव वैज्ञानिकों द्वारा व्हाइटिंग एवं चाइल्ड

द्वारा विकसित सांस्कृतिक तत्त्वों को कार्य-कारण शृंखला से जोड़ने का प्रयास किया गया था। मानव वैज्ञानिकों ने लम्बी अवधि तक स्तनपान को प्रोटीन नामक पोषकीय तत्त्व के लिए हितकर बतलाया था। प्रबल पौरुष यौवनारम्भ अनुष्ठान को माता-पुत्र के बीच घनिष्ठ सम्बन्ध तोड़ने के लिए पुरुष-प्रधान समाज की संस्कृति से सम्बन्धित बतलाया गया था। लम्बी अवधि तक लैंगिक निषेध को माता स्वास्थ्य तथा दो बच्चों के बीच अन्तर बनाए रखने के लिए आवश्यक बतलाया गया था।

व्हाइटिंग तथा चाइल्ड ने कार्डिनर के मनोगतिक मॉडल को अस्वीकार कर दिया था। व्हाइटिंग तथा चाइल्ड ने कार्डिनर की मौलिक अवधारणाओं को भी बदल दिया था। व्हाइटिंग तथा चाइल्ड ने उनका पुनर्नामकरण किया था। उनके द्वारा प्राथमिक संस्था का नामकरण भरण-पोषण व्यवस्था (maintenance system) के रूप में किया गया था। द्वितीयक संस्थाओं का नामकरण प्रक्षेपीय व्यवस्था (projective system) के रूप में किया गया था। मौलिक व्यक्तित्त्व संरचना का नामकरण व्यक्तित्त्व विचार के रूप में (personality Variable) किया गया था। इस प्रकार नुतन मानव वैज्ञानिक सिद्धान्त में नव-मनोवैज्ञानिक मानव विज्ञान की स्थापना की गई थी।

4

सांस्कृतिक भौतिकवाद सिद्धान्त

सांस्कृतिक भौतिकवाद सिद्धान्त की स्थापना मानव विज्ञान में अमेरिको मानव वैज्ञानिक मार्विन हैरिस द्वारा किया गया था। मार्विन हैरिस कार्ल मार्क्स तथा नूतन उद्विकासवादियों के भौतिकवाद सिद्धान्त से बहुत ज्यादा प्रभावित हुए थे। उनसे प्रभावित होकर ही उन्होंने सांस्कृतिक भौतिकवाद (cultural materialism) सिद्धान्त को स्थापित किया था। मार्क्स ने द्वन्द्वात्मक भौतिकवाद (dialectical materialism) सिद्धान्त की स्थापना की थी। उनका मानना था कि उत्पादन के लिए प्रयुक्त शिल्प विज्ञान ने मानव विचारधारा को प्रभावित किया था। इतिहास से ऐसे प्रमाण उपलब्ध हुए थे जो यह दर्शाते थे कि शिल्प विज्ञान में विकास के कारण मानव की विचारधारा बदली थी। टेक्नोलॉजी में बदलाव के कारण मानव की सोच में बदलाव हुआ। चूँकि मार्क्स ने इतिहास से भौतिकवाद की अवधारणा ग्रहण की थी, इसलिए उनके द्वन्द्वात्मक भौतिकवाद को ऐतिहासिक भौतिकवाद (historical materialism) भी कहा जाता है।

मार्क्स का यह विचार वेबर के विचार से बिल्कुल विपरीत था। वेबर के अनुसार मानव की सोच मानव के अस्तित्त्व का निर्धारण करती है। मानव अपनी सोच के अनुसार शिल्प विज्ञान का विकास करता

है। वेबर के इस सिद्धान्त को आदर्शवाद (idealism) के नाम से जाना जाता है, जबकि मार्क्स के सिद्धान्त को भौतिकवाद के नाम से जाना जाता है। चूँकि मार्क्स ने भौतिकवाद के साथ द्वन्द्वात्मक को जोड़ा था। इसलिए उनके भौतिकवाद सिद्धान्त को द्वन्द्वात्मक भौतिकवाद सिद्धान्त के नाम से जाना जाता है।

नूतन उद्विकासवादी मानव वैज्ञानिक भी मार्क्सवाद से प्रभावित थे। उनके द्वारा भी उद्विकास को शिल्प विज्ञान में विकास के द्वारा दर्शाया गया था। उनका भी मानना था कि शिल्प विज्ञान का जैसे-जैसे विकास होता गया, वैसे-वैसे संस्कृति का उद्विकसित स्वरूप प्रकट होता गया। लेकिन नव-उद्विकासवादियों द्वारा द्वन्द्वात्मक व्याख्या नहीं प्रस्तुत की गई थी।

हैरिस ने मार्क्स तथा नूतन उद्विकासवादियों से अलग हटकर सांस्कृतिक भौतिकवाद का विकास किया था। हैरिस के अनुसार संस्कृति मानव अस्तित्त्व को निर्धारित करती है। यह सत्य है कि मानव संस्कृति का निर्माता है, इसके बावजूद वह संस्कृति के नियन्त्रण में रहता है तथा उसी के अनुरूप कार्य करता है। अतः संस्कृति मानव अस्तित्त्व को निर्धारित करती है। शिल्प विज्ञान एवं उत्पादन को संस्कृति से अलग नहीं किया जा सकता।

योगदान : हैरिस ने पुस्तक लेखन के माध्यम से मानव विज्ञान में निम्नलिखित योगदान दिया था–

1. 1964: *द नेचर ऑफ़ कल्चरल थिंग्स*।
2. 1968: *राइज़ ऑफ़ एन्थ्रोपोलॉजिकल थ्योरी*।
3. 1979: *कल्चरल मेटेरियलिज्म*।

नूतन उद्विकासवादी मानव वैज्ञानिक व्हाइट तथा स्टीवर्ड के समान हैरिस भी मानव विज्ञान को अमेरिका में फ्रांज बोआस की बपौती से मुक्त कराना चाहते थे। उनका भी यह प्रयास रहा था कि मानव विज्ञान को ग़ैर-वैज्ञानिक एवं विज्ञान-विरोधी पेशे से कैसे मुक्त किया जाए।

सांस्कृतिक भौतिकवाद

हैरिस ने अपनी पुस्तक *कल्चरल मेटेरियलिज्म* (1979) में सांस्कृतिक भौतिकवाद सिद्धान्त की व्याख्या विस्तारपूर्वक किया था। हैरिस के अनुसार सांस्कृतिक भौतिकवाद वैज्ञानिक मानव विज्ञान के लिए एक केन्द्रीय समस्या को प्रकाश में लाता है। इसके अनुसार लोग वैज्ञानिक परीक्षण में व्यक्ति एवं वस्तु दोनों हो सकते हैं। लोग चीजों या वस्तुओं के बारे में सोच सकते हैं तथा बतला सकते हैं। इसका तात्पर्य यह है कि लोगों के पास सोचने की शक्ति होती है तथा उस आधार पर उनका अपना ज्ञान होता है। यह ठीक उसी प्रकार का है जिस प्रकार एक वैज्ञानिक चीजों या घटनाओं के बारे में सोच सकता है तथा बता सकता है। अब यहाँ प्रश्न यह उठता है कि सत्य ज्ञान कहाँ पर पाया जाता है। सत्य ज्ञान वस्तु के पास है या व्यक्ति के पास। हैरिस के अनुसार इस प्रश्न का उत्तर ज्ञानशास्त्रीय ढंग से व्यक्त दो श्रेणियों के बीच तिरछी काट (cross-cutting) द्वारा दिया जा सकता है। ज्ञान-शास्त्रीय ढंग से दो विपरीत श्रेणियाँ निम्नलिखित हैं–

- एटिक *बनाम* एमिक सन्दर्भ (etic *versus* emic domain)
- मानसिक *बनाम* व्यवहारात्मक सन्दर्भ (mental *versus* behaviour domain)

ज्ञानशास्त्रीय ढंग से व्यक्त इन दो श्रेणियों के बीच तिरछी काट (अन्तर) से हमें चार प्रकार के सन्दर्भ का पता चलता है, जो निम्नलिखित हैं :

- एमिक व्यवहारात्मक सन्दर्भ
- एमिक मानसिक सन्दर्भ
- एटिक व्यवहारात्मक सन्दर्भ
- एटिक मानसिक सन्दर्भ

एमिक व्यवहारात्मक सन्दर्भ यह प्रस्तुत करता है कि लोग अपने ही व्यवहार के बारे में क्या सोचते हैं?

एमिक मानसिक सन्दर्भ यह प्रस्तुत करता है कि लोग अपने ही विचार के बारे में क्या सोचते हैं?

एटिक व्यवहारात्मक सन्दर्भ यह प्रस्तुत करता है कि एक अवलोकनकर्ता दूसरे लोगों के व्यवहार को कैसे देखता है?

एटिक मानसिक सन्दर्भ यह प्रस्तुत करता है कि एक अवलोकनकर्ता दूसरे लोगों के व्यवहार के बारे में क्या देखता है, क्या अवलोकन करता है?

हालांकि उपरोक्त चारों प्रकार के ज्ञानशास्त्रीय सन्दर्भ सम्भव हैं, लेकिन उनमें से दो सन्दर्भ जटिल होते हैं। उनके बारे में विशेष सावधानी बरतने की आवश्यकता होती है। एमिक व्यवहारात्मक सन्दर्भ जटिल होता है क्योंकि लोग अपने ही व्यवहार को भूल जाते हैं या गलत समझ लेते हैं। वे अपने स्वयम् के व्यवहार का गलत अर्थ भी लगा लेते हैं। एटिक मानसिक सन्दर्भ जटिल होता है क्योंकि अवलोकनकर्ता के लिए यह पता लगाना कठिन हो जाता है कि लोगों के दिमाग में क्या चल रहा है। हैरिस के अनुसार एमिक मानसिक सन्दर्भ तथा एटिक व्यवहारात्मक सन्दर्भ जटिल नहीं होते। उनमें ऐसी जटिलता नहीं आती। एमिक मानसिक सन्दर्भ में लोग यानी स्थानीय सूचनादाता ही सर्वे-सर्वा होते हैं। यहाँ सूचनादाता ही अन्तिम जज होता है। वह वैधता की जांच स्वयं करता है। एटिक व्यवहारात्मक सन्दर्भ में अवलोकनकर्ता ही सर्वे-सर्वा होता है। यहाँ अन्तिम निर्णय अवलोकनकर्ता द्वारा लिया जाता है। इस तरह स्थानीय लोग एवं वैज्ञानिक दोनों वस्तुनिष्ठ हो सकते हैं। लेकिन जब स्थानीय लोग वस्तुनिष्ठ हो जाते हैं तब वे स्वयं वैज्ञानिक बन जाते हैं।

हैरिस के वैज्ञानिक मानव विज्ञान में दोनों प्रकार के व्यवहारों–एमिक तथा एटिक–को महत्त्व प्रदान किया गया है। लेकिन उन्हें पृथकता में रखना चाहिए तथा उनके अपने-अपने आँकड़ों की अपनी-अपनी भाषा होनी चाहिए। लेकिन हैरिस के अनुसार अन्त में एटिक सन्दर्भ ही श्रेष्ठ होता है। इस तरह हैरिस एमिट सन्दर्भ के ऊपर एटिक सन्दर्भ को प्राथमिकता प्रदान करते थे। हैरिस के अनुसार वस्तुनिष्ठता केवल

अन्तर-वैयक्तिक निष्ठता ही नहीं है। यह केवल संस्कृति की आपसी जानकारी भी नहीं है। इसे एक-दूसरे की संस्कृति में प्रतिभागी बनने की क्षमता के रूप में भी नहीं देखा जाना चाहिए। केवल एक ही सत्य है वह है विज्ञान की एटिक सत्यता।

नूतन उद्विकासवादी मानव वैज्ञानिक लेस्ली ए॰ व्हाइट के समान हैरिस ने भी संस्कृति को कई स्तरों में विभाजित किया था। उन सांस्कृतिक स्तरों से विश्वव्यापी प्रतिमान का निर्माण हुआ था। हैरिस के विश्वव्यापी संस्कृति प्रतिमान निम्नलिखित थे :

- उत्पादन का तरीका
- प्रजनन का तरीका
- घरेलू अर्थव्यवथा
- राजनीतिक अर्थव्यवस्था
- व्यवहारात्मक अधिसंरचना

उपरोक्त सभी विश्वव्यापी संस्कृति प्रतिमानों में एटिक व्यवहारात्मक तथा एमिक मानसिक सन्दर्भ पाए जाते हैं।

सांस्कृतिक भौतिकवाद का कोर : मूलभूत संरचनात्मक नियतिवाद (Core of Cultural Materialism: Infrastructural Determinism)

सांस्कृतिक भौतिकवाद सिद्धान्त का कोर मूलभूत संरचनात्मक नियतिवाद होता है। इसका विकास स्वयं हैरिस ने किया था। इसके अनुसार संस्कृति सर्वप्रथम अपने एटिक मूलभूत संरचना में बदलाव लाती है। इसके बाद संस्कृति एटिक संरचना एवं अधिसंरचना में प्रतिध्वनित होती है। सबसे अन्त में संस्कृति एमिक अधिसंरचना को प्रभावित करती है।

मूलभूत संरचनात्मक नियतिवाद के अनुसार उत्पादन विधि तथा प्रजनन विधि मूलभूत संरचना का निर्माण करती है। इस सिद्धान्त के अन्तर्गत मूलभूत संरचना को प्राथमिकता इसलिए दी गई है, क्योंकि मूलभूत संरचनात्मक व्यवहारों के माध्यम से संस्कृति का अनुकूलन

पर्यावरण के साथ होता है। अतः मानव वैज्ञानिक अध्ययन का केन्द्र-बिन्दु मूलभूत संरचना होनी चाहिए। चूँकि मानव विज्ञान एक विज्ञान है तथा विज्ञान का लक्ष्य नियमात्मक सामान्यीकरण की खोज करना है, अतः मानव विज्ञान में मूलभूत संरचना के माध्यम से नियमात्मक सामान्यीकरण की खोज की जा सकती है। उदारवादी मानव वैज्ञानिक कभी सांस्कृतिक भौतिकवाद की चर्चा करते हैं तो कभी सांस्कृतिक आदर्शवाद की चर्चा करते हैं, ऐसे लोगों से संस्कृति की व्याख्या अच्छे ढ़ंग से नहीं हो सकती।

हैरिस की शब्दावली में सांस्कृतिक भौतिकवाद का विपरीतार्थक शब्द आदर्शवाद के अनुसार संस्कृति पहले एमिक मूलभूत संरचना में परिवर्तन लाती है। इसके बाद एटिक अधिसंरचना एवं संरचना द्वारा प्रतिध्वनित होती है तथा सबसे अन्त में एटिक अधिसंरचना को प्रभावित करती है।

हैरिस ने सांस्कृतिक आदर्शवाद के स्थान पर सांस्कृतिक भौतिकवाद सिद्धान्त को स्वीकार किया था। उन्हें सांस्कृतिक भौतिकवाद ही ज्यादा उपयुक्त लगा था, क्योंकि संस्कृति और प्रकृति के बीच प्राथमिक अन्तर मूलभूत संरचना का ही होता है। मूलभूत संरचना ही वह स्थान होता है जहाँ लोग अपनी संस्कृति को व्यवहार में लाने के लिए बाध्य होते हैं, ताकि प्रकृति के साथ अच्छे ढ़ंग से अनुकूलन किया जा सके तथा लोग सही ढ़ंग से जीवन जी सकें। मानव विज्ञान में सांस्कृतिक भौतिकवाद के समर्थ नूतन उद्‌विकासवादी मानव वैज्ञानिक एवं नूतन प्रागैतिहासिक पुरातात्त्विक मानव वैज्ञानिक भी रहे थे।

हैरिस का सांस्कृतिक भौतिकवाद सिद्धान्त लेस्ली ए॰ व्हाइट तथा मार्क्स एवं एंगल्स से प्रभावित था। व्हाइट का नूतन उद्‌विकासवाद भौतिकवादी दृष्टिकोण का समर्थन करता था, लेकिन द्वन्द्वात्मक नहीं था। मार्क्स तथा एंगल्स का भौतिकवाद द्वन्द्वात्मक भौतिकवाद था, जबकि हैरिस का भौतिकवाद सांस्कृतिक भौतिकवाद था। मार्क्स तथा एंगल्स द्वारा द्वन्द्वात्मक भौतिकवाद में प्रजनन का तरीके को हटा दिया गया। मार्क्स तथा एंगल्स ने एमिक और एटिक तथा व्यवहारात्मक

और मानसिक क्षेत्रों को दिग्भ्रमित कर दिया। मार्क्स तथा एंगल्स ने हेगेलियन द्वन्द्वात्मकता पर सवार होकर द्वन्द्वात्मक भौतिकवाद सिद्धान्त का प्रतिपादन किया था। यह सिद्धान्त वैज्ञानिक न होकर अलौकिकता पर आधारित था। अतः हैरिस ने द्वन्द्वात्मक भौतिकवाद के स्थान पर सांस्कृतिक भौतिकवाद सिद्धान्त को स्वीकार किया था।

हैरिस के अनुसार एक मानव वैज्ञानिक का प्रथम कार्य व्यवहारों एवं विचारों में समानता और विभिन्नता के कार्य-कारण सम्बन्ध को ढूँढ़ना होता है तथा उसका विवरण देना होता है। इस विवरण को मूलभूत संरचना, संरचना एवं अधिसंरचना के माध्यम से प्रस्तुत किया जा सकता है।

मूलभूत संरचना (infrastructure) के अन्तर्गत दो तरह के विचार एवं व्यवहार आते हैं। पहला उत्पादन का तरीका तथा दूसरा प्रजनन का तरीका। संरचना (structure) के अन्तर्गत दो तरह के विचार आते हैं, पहला घरेलू अर्थव्यवस्था तथा दूसरा राजनीतिक अर्थव्यवस्था।

अधिसंरचना (superstructures) के अन्तर्गत भी दो तरह के विचार एवं व्यवहार आते हैं, पहला व्यवहारात्मक तथा दूसरा मानसिक।

उपरोक्त विवरण से स्पष्ट हो जाता है कि सांस्कृतिक भौतिकवाद के तीन प्रमुख अवयव होते हैं, जो निम्नलिखित हैं–

- मूलभूत संरचना (infrastructure)
- संरचना (structure)
- अधिसंरचना (superstructure)

अब यहाँ सांस्कृतिक भौतिकवाद के तीनों अंगों के बारे में वर्णन नीचे प्रस्तुत किया जा रहा है।

मूलभूत संरचना

जैसाकि पहले वर्णन किया जा चुका है कि मूलभूत संरचना के अन्तर्गत दो प्रकार के व्यवहार एवं विचार आते हैं, जो निम्नलिखित है :

(1) उत्पादन विधि (mode of production) तथा

(2) प्रजनन विधि (reproductory)।

- **उत्पादन विधि :** इसके अन्तर्गत अस्तित्त्व की रक्षा के लिए शिल्प विज्ञान तथा उपकरण निर्माण तकनीक तथा व्यवहार आते हैं।
- **प्रजनन विधि :** इसके अन्तर्गत जनसंख्या नियन्त्रण वाले शिल्प विज्ञान एवं उपकरण तथा व्यवहार आते हैं।

संरचना

इसके अन्तर्गत दो प्रकार के व्यवहार एवं विचार आते हैं।

(1) घरेलू अर्थव्यवस्था (domestic economy), तथा
(2) राजनीतिक अर्थव्यवस्था (political economy)।

- **घरेलू अर्थव्यवस्था :** इसके अन्तर्गत एक ऐसा समूह आता है जो उत्पादन करता है, प्रजनन करता है, सामाजिककरण करता है, शिक्षण तथा प्रशिक्षण देता है, एवं सामाजिक नियन्त्रण करता है। इस समूह के सदस्यों के बीच घनिष्ठ सम्बन्ध होता है।
- **राजनीतिक अर्थव्यवस्था:** यह समूह छोटा या बड़ा हो सकता है, लेकिन इसके सदस्यों के बीच कोई भावनात्मक लगाव नहीं होता है। ना ही उनके बीच अन्तःक्रिया होती है। यह समूह भी सामाजिककरण, शिक्षण एवं सामाजिक नियन्त्रण का कार्य भी करता है।

अधिसंरचना

इसके अन्तर्गत भी दो प्रकार के व्यवहार एवं विचार आते हैं–

(1) व्यवहारात्मक संरचना, तथा
(2) मानसिक संरचना।

- **व्यवहारात्मक संरचना :** इसके अन्तर्गत कला, नृत्य, गीत, संगीत, अनुष्ठान, खेल-कूद तथा साहित्य आते हैं।
- **मानसिक संरचना :** इसके अन्तर्गत विश्वास, परम्परा, मूल्य, भावना, बौद्धिकता, इत्यादि आते हैं।

उपरोक्त विवरण से स्पष्ट हो जाता है कि सांस्कृतिक भौतिकवाद भी स्वीकार करता है कि सामाजिक-सांस्कृतिक व्यवस्था के तीन स्तर होते है। इनमें पहला स्तर इंफ्रास्ट्रक्चर का है, मध्य स्तर स्ट्रक्चर का है, तथा अन्तिम स्तर सुपरस्ट्रक्चर का है।

सांस्कृतिक भौतिकवाद का यह कहना कदापित नहीं था कि मूलभूत संरचना में परिवर्तन सभी व्यवस्था में परिवर्तन ला देता है। इसका यह भी मानना नहीं था कि संरचना एवं अधिसंरचना उदासीन कारक है। अगर मूलभूत संरचना में परिवर्तन संरचना एवं अधिसंरचना में अनुकूल परिवर्तन नहीं लाते तब उसका कोई महत्त्व नहीं रह जाता। क्योंकि उस स्थिति में संरचना एवं अधिसंरचना ठीक से काम नहीं कर पाते। मूलभूत संरचनात्मक नियतिवाद तीनों स्तरों के बीच सम्भावित सम्बन्धों की चर्चा करता है।

सांस्कृतिक भौतिकवाद आँकड़ों के संकलन एवं संगठन के लिए एमिक तथा एटिक विश्लेषण दोनों पर ध्यान देता है। एमिक विश्लेषणकर्ता सूचनाओं की व्याख्या पर निर्भर रहता है। अगर सूचनादाता किसी विवरण या व्याख्या से सहमत होता है तब इसे सत्य माना जाता है। एटिक विश्लेषणकर्ता केवल सूचनादाताओं पर ही निर्भर नहीं रहता। वरन् वह अपने अवलोकन तथा अन्य अवलोकनकर्ता की व्याख्या पर निर्भर करता है। एमिक और एटिक विश्लेषण मानसिक एवं व्यवहारात्मक विश्लेषण को योगदान देते हैं। अतः विचार और व्यवहार एमिक भी होता है साथ ही साथ एटिक भी होता है। सांस्कृतिक भौतिकवाद केवल एमिक विश्लेषण को अस्वीकार करता है। इसके अनुसार एमिक तथा एटिक का विश्लेषण साथ-साथ किया जाना चाहिए।

धार्मिक पशु की सांस्कृतिक भौतिकवादी व्याख्या

सांस्कृतिक भौतिकवाद के ऊपर सबसे सटीक हैरिस का एक अनुसन्धान पत्र है जिसका शीर्षक "कल्चरल इकोलॉजी ऑफ़ इंडियाज़ सैक्रड कैटल" (1966) है। इस अनुसन्धान पत्र को सांस्कृतिक भौतिकवाद का सबसे अच्छा उदाहरण माना जाता है। इस अनुसन्धान पत्र में हैरिस ने भारत के धार्मिक पशु गाय की सांस्कृतिक-भौतिकवादी व्याख्या प्रस्तुत की है। इस शोधपत्र में उन्होंने भारत में हिन्दुओं द्वारा गोमांस नहीं खाने तथा गौ हत्या वर्जित का पारिस्थितिक कारण प्रस्तुत किया था। भारतीय वैदिककालीन संस्कृति में गाय को माता की उपमा दी गई है।

भारत में गौ-हत्या पर निषेध स्थानीय पर्यावरण के अनुकूल है। क्योंकि इस पशु का महत्त्व भारत के लिए कई प्रकार से है। अतः यह धार्मिक निषेध हिन्दू सोच एवं व्यवहार का उदाहरण है। इस निषेध के माध्यम से गोवंश का संरक्षण होता। हैरिस के अनुसार कोई भी पशु पारिस्थितिकीय ढंग से बेकार नहीं होता है। पारिस्थितिकी में उसका अपना स्थान और महत्त्व होता है। सभी पशु इकोसिस्टम के अंग होते हैं। अतः पशुओं का मूल्यांकन केवल बाज़ार मूल्य पर नहीं होना चाहिए। उनका मूल्यांकन सांस्कृतिक मूल्य पर होना चाहिए। गाय एक ऐसा जानवर है जो अमृत समान दूध देती है। वह बछड़ा-बछिया का प्रजनन करती है। बछिया बड़ी होकर पुनः प्रजनन करती है और दूध देती है। यह प्रक्रिया पीढ़ी दर पीढ़ी चलती रहती है। बछड़ा बड़ा होकर बैल बनता है। वह खेत की जुताई करता है, तथा गाड़ी में जुतकर सामानों की ढुलाई करता है। गाय, बछिया, बछड़ा, बैल सब गोबर देते हैं, जिसे बहुत पवित्र माना जाता है। उससे घर-आँगन की लिपाई-पुताई की जाती है। उससे गोइठा (उपला) बनाया जाता है, जिससे घर में खाना बनता है। गोबर का प्रयोग अनुष्ठान में भी किया जाता है। गाय के दूध, मक्खन, घी, दही सबका उपयोग अनुष्ठान में भी होता है साथ ही साथ वे अत्यन्त पोषणयुक्त होते हैं। शरीर के पोषण तथा शिशु-पोषण में उनका विशेष योगदान होता है। गोमूत्र का

उपयोग अनुष्ठान एवं अन्य रोगों के उपचार में किया जाता है इस तरह स्थानीय भारतीय पर्यावरण में गाय एकमात्र भौतिक जानवर नहीं है वरन् वह संस्कृति का प्रतीक है। उससे प्राप्त होने वाली सभी वस्तुओं का सांस्कृतिक उपयोग होता है। यही कारण है कि हिन्दुओं के बीच गौ-मांस खाना वर्जित है। इस निषेध से गाय की रक्षा की जाती है।

5

मानव भौतिकवाद सिद्धान्त

मानव भौतिकवाद सिद्धान्त की स्थापना अमेरिकी मानव वैज्ञानिक पॉल मैग्नारेला (Paul Magnarella) द्वारा की गई थी। वे फ्लोरिडा विश्वविद्यालय के एक नूतन सोच वाले मानव वैज्ञानिक थे। उन्होंने अपनी पुस्तक *ह्यूमन मैटेरियलिज्म* (1993) में मानव भौतिकवाद सिद्धान्त की व्याख्या प्रस्तुत की थी। उनका मानना था कि संस्कृति मानव द्वारा निर्मित है। अतः मानव अपने अस्तित्त्व की रक्षा खुद करता है। अतः मानव स्वयं भौतिकवाद का एक अच्छा उदारहण है। मैग्नारेला ने मार्विन हैरिस द्वारा प्रतिपादित सांस्कृतिक भौतिकवाद के अंगों–मूलभूत संरचना एवं अधिसंरचना में कोई फेर-बदल नहीं किया था। उन्होंने उन्हें बिल्कुल सुरक्षित रखते हुए मानव भौतिकवाद की अवधारणा को प्रकाशित किया था। उन्होंने सांस्कृतिक भौतिकवाद में ही मानव भौतिकवाद को प्रस्तुत किया था। मैग्नारेला के अनुसार मूलभूत संरचना में आर्थिक एवं राजनीतिक पद पर आसीन व्यक्तियों द्वारा समाजिक सांस्कृतिक व्यवस्था में बदलाव लाया जाता है। उदाहरण के लिए चमत्कारी नेता महात्मा गाँधी, हिटलर, इत्यादि। इन नेताओं ने अपने-अपने देशों की सामाजिक-सांस्कृतिक व्यवस्था को बदलने में अपना महत्त्वपूर्ण योगदान

दिया था। उसी प्रकार, टाटा, अंबानी, अडाणी तथा अन्य आर्थिक पदों पर आसीन व्यक्तियों द्वारा सामाजिक-सांस्कृतिक बदलाव में महत्त्वपूर्ण योगदान हमारे देश में दिया जा रहा है। मानव भौतिकवाद मानव व्यवहार को एक विशेष पारिस्थितिकी में प्रभावशाली ढंग से प्रस्तुत करता है। एक व्यक्ति अपनी चतुराई, बुद्धि, पण्डिताई, सोच तथा व्यवहार से एक विशेष प्रकार की पारिस्थितिकी में अपना महत्त्वपूर्ण योगदान सामाजिक-सांस्कृतिक व्यवस्था में प्रदान करता है। मैग्नारेला ने अपने मानव भौतिकवाद सिद्धान्त को निम्नलिखित ढंग से प्रस्तुत किया था :

मूलभूत संरचना

मैग्नारेला के अनुसार मानव भौतिकवाद में मूलभूत संरचना के निम्नलिखित तत्त्व होते हैं–

(i) **भौतिक :** शिल्प विज्ञान, उपकरण, उत्पादन विधि, तथा पर्यावरणीय संसाधन।

(ii) **मानव :** जनसंख्या विज्ञान, प्रवसन, मानव के जीव वैज्ञानिक एवं मानव वैज्ञानिक विशेषताएं।

(iii) **सामाजिक :** स्वामित्व एवं उत्पादन बल का निर्माण।

संरचना

मानव भौतिकवाद में संरचना के निम्नलिखित तत्त्व होते हैं :

(i) परिवार एवं नातेदारी,

(ii) सामाजिक संगठन,

(iii) राजनीतिक, धार्मिक एवं आर्थिक संगठन, तथा

(iv) कार्य सम्बन्ध।

अधिसंरचना

मानव भौतिकवाद में अधिसंरचना के निम्नलिखित तत्त्व होते हैं :

(i) विभिन्न सामाजिक संरचना एवं संगठन से जुड़े अनुष्ठान, संकेत एवं विचारधारा।

(ii) प्रतिद्वन्द्वी, अल्पसंख्यक तथा सीमित लोक द्वारा समर्थित विचारधारा अनुष्ठान एवं संकेत।

इस प्रकार मैग्नारेला ने मानव को ही हर प्रकार के भौतिकवाद का जनक बतलाया। उन्होंने भौतिकवाद की व्याख्या मानव को केन्द्र में रखकर की थी। मानव भौतिक वस्तुओं का निर्माण करता है। वह उनका उपयोग एवं उपभोग करता है। उसे दूसरे मानव समूह के पास पहुँचाता है। वह विभिन्न प्रकार के शिल्प विज्ञानों के आविष्कारकर्ता होता है। वह उनमें परिवर्तन लाता है। मानव ही सामाजिक संगठन का निर्माण करता है। वह स्वयं और अन्य प्राणियों के कल्याण की बात करता है। इस प्रकार भौतिकवाद के तीनों स्तरों–मूलभूत संरचना, संरचना एवं अधिसंरचना–के निर्माता परिवर्तनकर्ता तथा प्रबन्धनकर्ता मानव ही होता है।

6

जैवकृत मानव विज्ञान

मानव विज्ञान को समग्रता से जानने, समझने तथा अध्ययन करने के लिए मानव विज्ञान की चार प्रमुख शाखाओं की जानकारी अर्जित करना आवश्यक होता है। ये चार प्रमुख शाखाएं—सामाजिक-सांस्कृतिक मानव विज्ञान, जैविक मानव विज्ञान, प्रागैतिहासिक मानव विज्ञान एवं भाषायी मानव विज्ञान हैं। मानव विज्ञान की उत्पत्ति काल से ही अन्य शाखाओं की तुलना में सामाजिक-सांस्कृतिक मानव विज्ञान का वर्चस्व रहा है। सबसे अधिक संख्या में मानव वैज्ञानिक सामाजिक-सांस्कृतिक मानव विज्ञान क्षेत्र से ही आते हैं। समाजिक-सांस्कृतिक मानव विज्ञान एवं जैविक मानव विज्ञान के बीच आपसी सम्बन्धों पर विशेष ध्यान नहीं दिया जाता था। जैविक मानव विज्ञान की प्रायः अवहेलना की जाती थी। लेकिन 1960 के दशक के बाद जैविक मानव विज्ञान एवं सामाजिक-सांस्कृतिक मानव विज्ञान के बीच सम्बन्धों में सुधार होना आरम्भ हुआ था। इस प्रकार सामाजिक-सांस्कृतिक मानव विज्ञान एवं जैविक मानव विज्ञान एक-दूसरे के समीप आए थे। अब इन दोनों शाखाओं के जुड़ जाने से जैवकृत मानव विज्ञान (biologized anthropology) का विकास हुआ था। इस मानव विज्ञान के अन्तर्गत आनुवंशिक आधार पर सामाजिक व्यवहार का परीक्षण किया जाता है।

इस सम्प्रदाय के प्रमुख विद्वान् रिचर्ड्स डॉकिंस (Richards Dawkins) तथा एडवर्ड ओ॰ विल्सन (Edward O. Wilson) हैं।

इस सकारात्मक बदलाव का मुख्य कारण जैविक मानव विज्ञान के अन्तर्गत मानव व्यवहार के जैविक आधार के परीक्षण में अभिरुचि उत्पन्न होना था। सामाजिक जीव वैज्ञानिकों के प्राथमिक अवलोकन में कई लोकप्रिय विषयों को आनुवंशिक माना गया था। उदाहरण के लिए उग्रता, कामुकता तथा क्षेत्रीयता के लिए जन्ममूलक या आनुवंशिक-कारक इस तरह की शैली का उदाहरण रॉबर्ट एड्रे (Robert Adrey) की पुस्तक *अफ्रीकन जिनेसिस* (1961) तथा *टैरिटोरियल इम्पिरेटिव* (1966) में मिलता है।

डेस्मण्ड मॉरिस (Desmund Morris) की पुस्तक *नेक्ड एप* (1967) में भी इस शैली का उदाहरण मिलता है। उपरोक्त तीनों पुस्तकों के लेखकों—रॉबर्ट एड्रे तथा डेस्मण्ड मॉरिस—को उस समय के सामाजिक-सांस्कृतिक मानव वैज्ञानिकों एवं जैविक मानव वैज्ञानिकों ने अस्वीकार कर दिया था। उनके अनुसार इन पुस्तकों में वैज्ञानिकता का अभाव था। उनका दृष्टिकोण नंगा नकल (naked aprey) पर आधारित था। हालांकि नंगा नकल की आलोचना करते हुए कुछ मानव वैज्ञानिक यह सोचने पर विवश हो गए थे कि मानव स्वभाव के जैविक आधार की सच्चाई क्या थी? 1960 के दशक में ही प्रजाति के जैविक आधार के सम्बन्ध में मानव वैज्ञानिक ढंग से दो प्रकार के विवाद खड़े हो गए थे। जैविक मानव वैज्ञानिक कार्लटन कून (Karleton Coon) की पुस्तक *ओरिजिन ऑफ़ रेस* (1963) का प्रकाशन हो गया था। इस पुस्तक में कून ने प्रस्ताव रखा था कि होमो सैपियंस की पाँच भौगोलिक प्रजातियाँ पाई जाती थीं। उन पाँचों भौगोलिक प्रजातियों की उत्पत्ति एवं उद्‌विकास होमो इरेक्टस से हुआ था। कौकासोआइड प्रजाति (श्वेत प्रजाति) ने सबसे पहले सैपियंस की अवस्था प्राप्त कर ली थी। नीग्रो प्रजाति ने सबसे अन्त में सैपियंस की अवस्था प्राप्त की थी। उस समय कून को वैज्ञानिक प्रजातिवाद (scientific racism) का समर्थक माना गया था तथा उनकी आलोचना की गई थी।

मानव वैज्ञानिक ढंग से दूसरा महत्त्वपूर्ण विवाद शैक्षिक मनोवैज्ञानिक आर्थर जेन्सन (Arther Jenson) के इस प्रस्ताव से उत्पन्न हुआ था कि बौद्धिक क्षमता में अन्तर का आधार भी जन्ममूलक या आनुवंशिक है। अमेरिकी श्यामों तथा श्वेतों के बीच प्रचलित पन्द्रह बिन्दु बौद्धिक क्षमता (IQ) के अन्तर को शिक्षा द्वारा भी नहीं पाटा जा सकता था। इस प्रस्ताव को भी मानव वैज्ञानिकों द्वारा अस्वीकार कर दिया गया था। प्रजातिवाद के आलोचकों द्वारा इसे जेन्सनवाद कहा जाने लगा था। लेकिन कुछ मानव वैज्ञानिकों द्वारा जेन्सन के निष्कर्ष को सही बतलाया गया था। उनके अनुसार जेन्सन की आलोचना वैचारिक मतभेद के कारण की गई थी, वैज्ञानिक आधार पर नहीं। कुछ मानव वैज्ञानिकों द्वारा मानव व्यवहार के जैविक आधार को वैज्ञानिक परीक्षण के लिए स्वीकार किया जाने लगा था।

एड्रे, मॉरिस, कून तथा जेन्सन द्वारा प्रस्ताविक वैज्ञानिक तथा राजनीतिक विवादों के कारण सामाजिक-सांस्कृतिक मानव वैज्ञानिक तथा जैविक मानव वैज्ञानिक एक-दूसरे से ज्यादा निकट आ गए थे। इसके कारण नूतन जैविक मानव विज्ञान की स्थापना की गई थी। नूतन जैविक मानव विज्ञान का सम्बन्ध नूतन सांस्कृतिक मानव विज्ञान से नहीं था। नूतन जैविक मानव विज्ञान का सम्बन्ध नूतन प्रागैतिहासिक पुरातात्त्विक मानव विज्ञान से भी नहीं था। एस॰ वाशबर्न ने नूतन जैविक मानव विज्ञान के अन्तर्गत उद्विकासवाद के संश्लेषणात्मक सिद्धान्त को स्वीकार करने का सुझाव दिया था। इस संश्लेषण को जीव वैज्ञानिकों द्वारा 1930 के दशक में ही स्वीकार कर लिया गया था। लेकिन जैविक मानव विज्ञान में इस संश्लेषण को 1960 के दशक में स्वीकार किया गया था। संश्लेषणात्मक सिद्धान्त के आधार पर जैविक मानव विज्ञान में जैविक स्वरूप के स्थान पर जैविक प्रक्रिया का अध्ययन आरम्भ किया गया था। साथ ही साथ प्रतीकात्मक एवं वर्गात्मक विचारों को परित्याग करने का सुझाव जैविक मानव वैज्ञानिकों को दिया गया था। जैविक मानव वैज्ञानिकों की मनोदशा में यह बदलाव सामाजिक सांस्कृतिक मानव वैज्ञानिकों

द्वारा सहर्ष स्वीकार किया गया था। जैविक मानव वैज्ञानिक भी विशुद्ध प्रजाति के सम्बन्ध में अपना विचार परित्याग चुके थे।

इसी वक्त जैविक मानव वैज्ञानिकों द्वारा सिकल सेल अनिमिया (sickle cell anemea) तथा लैक्टोज़ (milk sugar) का पता लगा लिया गया था तथा उनके भौगोलिक वितरण की सांस्कृतिक व्याख्या प्रस्तुत की गई थी। इन व्याख्यात्मक सफलताओं के परिणामस्वरूप जैविक-सांस्कृतिक मानव विज्ञान नामक नूतन क्षेत्र की स्थापना की गई थी। इस मानव विज्ञान का मुख्य लक्ष्य जैविक मानव विज्ञान एवं संस्कृति के बीच उद्विकासीय सिद्धान्त के अनुरूप अन्तर-सम्बन्धों की खोज करना था। जैविक मानव वैज्ञानिकों तथा सांस्कृतिक मानव वैज्ञानिकों के बीच ऐसे सम्बन्धों से उत्साहित होकर कुछ अन्य मानव वैज्ञानिक मानव व्यवहार की जैविक व्याख्या करने के लिए सहर्ष तैयार हो गए थे।

1970 के दशक में चार जैविक सांस्कृतिक दृष्टिकोणों का विकास किया गया था। इसका प्रभाव मानव विज्ञान के ऊपर व्यापक रूप से पड़ा था। ये चार जैविक-सांस्कृतिक दृष्टिकोण निम्नलिखित थे :

1. चिकित्सात्मक मानव विज्ञान (medical anthropology),
2. मानव आचारशास्त्र (human ethology),
3. व्यवहारात्मक आनुवंशिकी (behavioural genetics),
4. समाजिक जीव विज्ञान (socio-biology).

चिकित्सात्मक मानव विज्ञान

इस मानव विज्ञान के अन्तर्गत बीमारी तथा स्वास्थ्य का सर्व-ऐतिहासिक एवं अन्तर-सांस्कृतिक अध्ययन किया जाता है। इसमें सैद्धान्तिक एकता के साथ-साथ विवाद का अभाव था।

मानव आचारशास्त्र

यह पशु मनोविज्ञान तथा प्राणि विज्ञान पर आधारित है। मानव आचारशास्त्री व्यक्तिगत बुद्धि एवं उद्विकास का परीक्षण करते हैं। ये

दोनों व्यवहार जैविक रूप से जुड़े रहते हैं। जैविक रूप से जुड़े व्यवहार को मानव जैव ग्राम (human biograms) कहा जाता है। आचारशास्त्रियों के अनुसार चेहरे की आकृति एवं बनावट जैसे सांस्कृतिक सार्वभौम आनुवंशिक होते हैं। मानव विज्ञान में आचारशास्त्र का हल्का रूप देह भाषा (body language) के माध्यम से व्यक्त होता है। लिनेल टाइगर (Linel Tiger) एवं रॉबिन फॉक्स (Robin Fox) जैसे मानव वैज्ञानिकों ने आचारशास्त्र के हल्के रूप की चर्चा अपनी-अपनी पुस्तकों क्रमशः *मैन इन ग्रुप्स* (1970) एवं *इम्पिरियल एनिमल* (1970) में की थी। अनेक आलोचकों द्वारा भी मानव व्यवहार की आनुवंशिकता को जानने के लिए आचारशास्त्रीय विश्लेषण का प्रयोग किया गया था।

व्यवहारात्मक आनुवंशिकी

व्यवहारात्मक आनुवंशिकी के अनुसार व्यवहार का आनुवंशिक आधार होता है। इसे जीन क्रिया का परिणाम माना जाता है। इसे समलक्षणी कहा जाता है। समलक्षणियों (phenotype) का अध्ययन व्यावहारिक आनुवंशिकता का एक महत्त्वपूर्ण विषय है। व्यावहारात्मक आनुवंशिक वैज्ञानिक समान एवं असमान दोनों प्रकार के व्यवहारात्मक समलक्षणों का अध्ययन करते हैं। इस आधार पर वे यह जानने का प्रयास करते हैं कि समलक्षणों में सरल मेण्डल तत्त्व या अधिक बहुमूलज तत्त्व (polygenetic trait) विद्यमान रहते हैं। इन विद्वानों ने जुड़वाँ बच्चों के अध्ययन पर ध्यान केन्द्रित किया था। जुड़वाँ बच्चों के व्यवहार में अन्तर के आधार पर कई तरह के व्यवहारात्मक निष्कर्ष निकाले जाते हैं। इसमें वैसे जुड़वाँ बच्चों का अध्ययन किया जाता है, जिनका लालन-पालन साथ-साथ हुआ है या अलग-अलग हुआ है। इस तरह के प्रयोगों के आधार पर व्यवहार के ऊपर आनुवंशिकता एवं पर्यावरण का अध्ययन किया जाता है। जेन्सन ने प्रजाति, जीव तथा आई॰क्यू॰ अध्ययन में इन तकनीकों का उपयोग किया था।

सामाजिक जीव विज्ञान

सामाजिक जीव विज्ञान सामाजिक व्यवहार को देखने की एक नूतन विधि प्रस्तुत करता है। इसको आचारशास्त्र की एक नूतन शाखा के रूप में मान्यता मिली है। यह सामाजिक व्यवहार के ऊपर उद्‌विकासीय जीव विज्ञान के उपयोग का अध्ययन करता है। इस विधि द्वारा सामाजिक व्यवहार को अच्छे ढ़ंग से समझा जा सकता है।

सामाजिक जीव विज्ञान सभी प्रकार के जीवधारियों में सभी प्रकार के सामाजिक व्यवहारों का क्रमबद्ध ढ़ंग से अध्ययन करता है। सामाजिक जीव विज्ञान में उद्‌विकास की सहायता से सामाजिक व्यवहार के मौलिक प्रतिमान की व्याख्या की जाती है।

सामाजिक जीव विज्ञान कुछ प्रश्नों का समाधान ढूँढ़ने का प्रयास करता है। ये प्रश्न हैं—एक व्यवहार का उद्‌विकासीय इतिहास क्या है? तथा व्यवहार का अनुकूलनात्मक महत्त्व क्या है? क्या जीवधारियों का व्यवहार इस प्रकार का होता है कि वे अपनी योग्यता को अधिक से अधिक बरकरार रखें?

डार्विन के अनुसार प्रत्येक व्यक्ति अपनी उत्तरजीविता से ज्यादा सम्बन्धित होता है। वह अपनी उत्तरजीविता को बनाए रखना चाहता है। लेकिन सामाजिक जीव वैज्ञानिकों का मानना था कि उत्तरजीविता का सम्बन्ध एक व्यक्ति तक ही सीमित नहीं है। उत्तरजीविता का सम्बन्ध पूरी जनसंख्या से रहता है। उत्तरजीविता की सफलता को योग्यता (fitness) के आधार पर मापा जा सकता है। जिनकी सन्तान प्रौढ़ होकर ज्यादा से ज्यादा सन्तानों को जन्म देती है, उनको उद्‌विकास की दृष्टि से योग्यता (fitness) माना जाता है। डार्विन के अनुसार प्रत्येक व्यक्ति का व्यवहार अपनी अधिकतम योग्यता को बनाए रखने के लिए होता है। सामाजिक जीव वैज्ञानिक इस विचार को और आगे ले गए हैं। सामाजिक जीव वैज्ञानिक भी इस तथ्य को स्वीकार करते हैं कि सभी जानवर भी अपनी-अपनी योग्यता को अधिकतम करने के लिए व्यवहार करते हैं। लेकिन वे अपने सम्बन्धी की योग्यता को भी बढ़ाने

के लिए काम करते हैं। आधुनिक सिद्धान्त के अनुसार योग्यता के कई स्तर होते हैं। उदाहरण के लिए योग्यता अगर किसी व्यक्ति से सम्बन्धित होती है, तब इसे व्यक्तिगत योग्यता (individual fitness) कहा जाता है। अगर इसका सम्बन्ध माता-पिता एवं सन्तान से होता है, तब इसे सम्मिलित योग्यता (inclusive fitness) कहा जाता है। अगर योग्यता का सम्बन्ध रिश्तेदारों से होता है तब इसे रिश्तेदारवरण (kin selection) के नाम से जाना जाता है। अगर योग्यता का सम्बन्ध अपने समूह से रहता है तब इसे समूहवरण (group selection) कहा जाता है।

सामाजिक जीव वैज्ञानिकों द्वारा निम्नलिखित प्रकार के सामाजिक व्यवहारों का अध्ययन किया जाता है :

- परोपकारिता (altruism),
- चरम सामाजिकता (eusociality),
- सहयोग (cooperation),
- आदान-प्रदान (receprocation),
- स्वार्थी (selfish), तथा
- द्वेष (Spite)।

अब उपरोक्त सभी प्रकार के व्यवहारों का वर्णन एक-एक करके नीचे प्रस्तुत किया जा रहा है।

परोपकारिता

यह एक प्रकार का सामाजिक व्यवहार होता है, जो डार्विन द्वारा प्रतिपादित व्यक्तिगत योग्यता की कटौती करते हुए प्रापक की योग्यता को बढ़ाता है। डार्विन के अनुसार व्यक्ति केवल अपने लाभ के लिए व्यवहार करता है। लेकिन परोपकारिता या स्वार्थहीनता जैसा व्यवहार यह दर्शाता है कि व्यक्ति अपने सम्बन्धियों को लाभ पहुँचाने के लिए भी वैसा व्यवहार करते हैं। लेवोन्टिन नामक सामाजिक जीव वैज्ञानिक (1970) ने खरगोश के ऊपर अध्ययन करके यह दर्शाया कि एक खरगोश अपने सम्बन्धी खरगोश को लाभ पहुँचाने के लिए अपना

भोजन एवं आवास का बलिदान दे देता है। अपने सम्बन्धी व्यक्ति के प्रजनन में सहायता पहुँचाने के लिए अपने व्यकितगत प्रजनन में कटौती करना परोपकारिता या स्वार्थहीनता कहलाती है।

चरम सामाजिकता

जब कोई व्यक्ति किसी दूसरे सम्बन्धी व्यक्ति के प्रजनन को बढ़ाने के लिए अपनी जननीय सुविधा का परित्याग करता है, तब इसे चरम सामाजिकता कहा जाता है। मधुमक्खी का छत्ता इसका सही उदाहरण है। मधुमक्खी के छत्ते की सभी मधुमक्खियाँ रानी मधुमक्खी के प्रजनन को बढ़ाने के लिए अपनी-अपनी जनन-क्षमता का परित्याग कर देती हैं। वे सब अपनी जनन-क्षमता का बलिदान दे देती हैं। वे स्वयं बाँझ बनकर रहती हैं, लेकिन रानी मधुमक्खी के प्रजनन को बनाए रखने में पूर्ण सहयोग करती हैं।

सहयोग

सहयोग केवल मानव में ही नहीं वरन् अन्य पशु-पक्षियों में भी पाया जाता है। सम्बन्धी जानवर विपत्ति के समय एक-दूसरे की सहायता करते हैं। पक्षी एवं वानरों में सहयोगी शिशु-पालन पाया जाता है। भेड़िया जंगली कुत्ते, सील मछली, मगरमच्छ, वालरसों तथा अन्य परभक्षी जानवरों में सहयोगी शिकार किया जाता है। एक ही तरह के चिड़ियों का झुण्ड साँप को घेरकर मार देती हैं। बन्दरों द्वारा भी सामूहिक रूप से परभक्षियों का सामना किया जाता है। सहयोग एक सामूहिक क्रिया है, जिसमें पूरे समूह को लाभ मिलता है।

आदान-प्रदान

मानव में ही नहीं वरन् जानवरों में भी सहायता एवं सेवा का आदान-प्रदान होता है। एक स्वस्थ डॉल्फिन बीमार डॉल्फिन को पानी की सतह पर लाती है ताकि वह साँस ले सके। जब सेवा करने वाली डॉल्फिन

बीमार पड़ती है तब वह डॉल्फिन उसकी सहायता के लिए आ जाती है, जिसकी उसने सहायता की थी। बबून, लंगूर, जेब्रा तथा पक्षी भी अपने बच्चों को आदान-प्रदान द्वारा देख-रेख करते हैं।

स्वार्थ

स्वार्थ जैसे व्यवहार जानवरों में भी पाए जाते हैं। जानवर स्वार्थी भी होते हैं तथा बदला भी लेते हैं। स्वार्थी व्यवहार में प्रारम्भिक लाभ में रहता है तथा प्राप्य में घाटे में रहता है। लंगूर समूह में जब कोई नया लंगूर समूह के पुराने मुखिया को पराजित कर देता है और स्वयं मुखिया बन जाता है, तब वह मादाओं के दूध पर पल रहे सभी बच्चों की हत्या कर देता है। बच्चों की मृत्यु के बाद माता लंगूरों का दूध बन्द हो जाता है तथा वे डिंब का उत्सर्जन करने लगती हैं। अब दल का नया युवा मुखिया उनसे सहवास करके अपनी सन्तानों को जन्म देता है। यह एक स्वार्थपूर्ण व्यवहार है।

द्वेष

द्वेष एक प्रकार का सामाजिक व्यवहार है जिसमें दो व्यक्ति एक-दूसरे के साथ इतना बैर-भाव रखते हैं कि वे एक-दूसरे की जान का ख़तरा बन जाते हैं। उदाहरण के लिए दो भैंसों के बीच की लड़ाई।

उपरोक्त उदाहरणों से यह स्पष्ट हो जाता है कि सामाजिक जीव विज्ञान सामाजिक व्यवहारों को जैविक आनुवांशिक दृष्टिकोण से जानने का प्रयास करता है।

सामाजिक जीव विज्ञान (Sociobiology) का अध्ययन

जैसाकि पहले कहा जा चुका है कि सामाजिक जीव विज्ञान एक प्रकार का परीक्षण है, जिसके द्वारा सामाजिक व्यवहार के जैविक आधार का पता लगाया जाता है। सामाजिक व्यवहार के जैविक परीक्षण करने वाले मानव वैज्ञानिकों द्वारा सामाजिक जीव विज्ञान विषय की स्थापना की गई थी। सामाजिक व्यवहार के जैविक आधार का पता लगाने

के लिए रिश्तेदारवरण (kin selection), समूहवरण (group selection) तथा सम्मिलित योग्यता (inclusive fitness) जैसे उद्‌विकासीय अवधारणाओं का अनुसरण किया जाता है। सामाजिक जीव विज्ञान की स्थापना बीसवीं सदी के अन्त में हुई थी। हालांकि यह दृष्टिकोण एडवर्ड ओ॰ विल्सन की पुस्तक *सोशियो बॉयोलोजी : ए न्यू सिन्थेसिस* (1975) एवं रिचर्ड डॉकिंस की पुस्तक *सेल्फिश जीन* (1976) के प्रकाशन के पश्चात् ही विवादास्पद बन गयी थी। इसका सम्बन्ध डार्विनवाद एवं नव-डार्विनवाद से था जिससे सामाजिक जीवन की गुत्थियों को सुलझाने का प्रयास किया गया था।

डार्विन के प्राकृतिकवरण सिद्धान्त के अनुसार वैसी विविधता वाले व्यक्ति जो अपने आपको पर्यावरण के अनुकूल बना लेते हैं वे दूसरों की तुलना में ज्यादा प्रजनन करते हैं, यानि उन्हें प्रजननात्मक सफलता ज्यादा मिलती है। क्योंकि वे व्यक्ति दूसरे की तुलना में ज्यादा योग्यतम होते हैं। योग्यतम होने के कारण उनको प्रजनन का ज्यादा अवसर मिलता है। सामाजिक जीव वैज्ञानिकों के अनुसार मानव भी अन्य प्राणियों के समान एक प्राणी है। अतः मानव के ऊपर भी डार्विनवादी प्रक्रिया समान रूप से लागू होती है। मानवरूपी प्राणी में भी जो व्यक्ति अपनी विविधता को पर्यावरण के अनुकूल बना लेते हैं, वे व्यक्ति ज्यादा प्रजननात्मक सफलता प्राप्त करते हैं। उन्हें दूसरों की तुलना में प्रजनन करने में ज्यादा सफलता मिलती है।

लेकिन सामाजिक जीव वैज्ञानिक एडवर्ड ओ॰ विल्सन तथा रिचर्ड डॉकिंस द्वारा अपनी-अपनी पुस्तकों के प्रकाशन द्वारा मानव विज्ञान में सामाजिक जीव विज्ञान की स्थापना की गई थी। इन विद्वानों ने अपने सिद्धान्त में सामाजिक व्यवहारों को विशेष प्रकार के जीन्स से तथा उद्‌विकासीय प्रक्रिया से नियन्त्रित होते हुए दर्शाया था। इन विद्वानों द्वारा यह दर्शाने का प्रयास किया गया था कि प्रजनन सफलता भावी पीढ़ियों में विशेष प्रकार के जीन्स की आवृत्ति को बढ़ा देती है। प्रजनन के माध्यम से संवाहक जीन्स पीढ़ियों तक पहुँचते हैं।

एडवर्ड ओ॰ विल्सन हार्वर्ड विश्वविद्यालय के एक कीट वैज्ञानिक थे। उनका जन्म 1929 में हुआ था। वे आत्मबलिदान के ऊपर कार्य कर रहे थे। आत्मबलिदान या परोपकारिता एक सामाजिक समस्या थी। लेकिन क्या इस व्यवहार का कोई जैविक आधार भी होता है। आत्मबलिदान या परोपकारिता को विल्सन ने मधुमक्खी के छत्ते के अवलोकन के आधार पर समझने का प्रयास किया था। मादा मधुमक्खियाँ रानी मधुमक्खी को सुरक्षा प्रदान करने एवं प्रजनन में सहायता प्रदान करने में अपने आपको बलिदान देने के लिए सदा तैयार रहती हैं। इस प्रकार वे रानी मधुमक्खी की प्रजनन सफलता को बनाए रखने के लिए अपनी प्रजनन योग्यता को नष्ट कर लेती हैं। चींटी समूह में भी अन्य चींटियां रानी चींटी को प्रजनन सफलता प्रदान करने के लिए सदैव अपनी प्रजनन योग्यता को बलिदान दे देती हैं। अब समस्या यहाँ यह आई कि आत्मबलिदान की इन घटनाओं को डार्विनवादी सिद्धान्त के माध्यम से किस प्रकार विश्लेषित किया जाए। डार्विन का प्राकृतिक वरण सिद्धान्त मधुमक्खी रानी तथा चींटी रानी पर भी लागू होना चाहिए। लेकिन मधुमक्खी रानी तथा चींटी रानी के केस में ऐसी क्रिया का परिणाम उत्तरदाई जीन्स का रूपान्तरण अथवा निष्काषण के रूप में होना चाहिए। लेकिन इसके वावजूद बलिदान की घटना घटित होती रहती है।

आरम्भ में सामाजिक जीव वैज्ञानिकों द्वारा समूहवरण की चर्चा की गई थी। समूहवरण की घटना में एक व्यक्ति अपने समूह के कल्याण के लिए संहर्ष अपना बलिदान दे देता है। आत्मबलिदानी व्यक्ति को परोपकारी भी कहा जाता है। आत्मबलिदानी व्यक्ति से उसके अपने समूह को अप्रत्यक्ष ढंग से लाभ मिल जाता है। हालांकि यह प्रक्रिया कभी भी युक्तिसंगत नहीं थी।

1970 के दर्शक में कुछ आनुवंशिक वैज्ञानिकों ने रिश्तेदारवरण (kin selection) की चर्चा की थी। यही प्रक्रिया विल्सन की पुस्तकें *सोशियोबायोलॉजी : ए न्यू सिंथेसिस* (1976) में प्राप्त होती है। विल्सन ने आत्मबलिदान की समस्या का समाधान अस्तित्त्व के बाहर जाकर

करने का प्रयास किया था। उनके अनुसार बलिदान भी वास्तव में स्वार्थहीन नहीं होता। आत्मबलिदान या परोपकार भी एक स्वार्थी या स्वार्थयुक्त व्यवहार है। इसकी व्याख्या शामिल योग्यता या अनुकूल योग्यता को आधार पर की जानी चाहिए। विल्सन के अनुसार अधिकांश व्यवहारों का आनुवंशिक आधार मिल जाता है। वे सब जीन्स क्रियाओं के परिणाम होते हैं। आनुवांशिक ढंग से निर्मित रिश्तेदारों के बीच आम जीन्स की साझेदारी रहती है। इस तरह जो रिश्तेदार आत्मबलिदान करता है उसका जीन्स उसके रिश्तेदारों के बीच पहुँचा रहता है। इस तरह आत्मबलिदान के बावजूद उसका जीन्स उसके रिश्तेदारों में रहता है। आत्मबलिदान के कारण उसका जीन्स नहीं मरता, वह रिश्तेदारों में जारी रहता है। यहाँ आत्मबलिदान यह दर्शाता है कि यह एक स्वार्थ-रहित घटना नहीं है, यह एक-एक स्वार्थी या स्वार्थयुक्त व्यवहार होता है।

उपरोक्त व्याख्या के आधार पर सामाजिक जीव वैज्ञानिकों को कुनबापरस्ती का जीव विज्ञान (biology of nepotism) कहा जाता है। सामाजिक जीव वैज्ञनिकों के अनुसार जीन्स अपने रिश्तेदारों के पक्ष में अधिक व्यवहार करने के लिए उत्प्रेरित करता है। इतना ही नहीं यह हमें समीपस्थ रिश्तेदारों के पक्ष में अधिक तथा दूरस्थ रिश्तेदारों के पक्ष में कम व्यवहार करने के लिए बाध्य करता है। अतः एक व्यक्ति का व्यवहार नातेदारी समीपता तथा नातेदारी दूरी पर निर्भर करता है। एक व्यक्ति का ग़ैर-रिश्तेदारों की तुलना में रिश्तेदारों के पक्ष में अनुकूल व्यवहार ज्यादा दिखता है। ऐसे सभी व्यवहारों के पीछे स्वार्थी जीन्स काम करता है। रिचर्ड डॉकिंस ने अपनी पुस्तक *सेल्फिश जीन्स* में इस तरह के अनेक विचारों को शामिल किया है।

सामाजिक जीव वैज्ञानिकों के लिए एक व्यक्ति का जीवन युद्धनीतिक विकल्पों की एक श्रृंखला है, जिसमें व्यक्ति वैकल्पिक व्यवहारों में लाभ-हानि का मूल्यांकन करता है। वह अपने योग्यतम विकल्पों का चुनाव करता है। आनुवंशिक सम्बन्ध का परिमाणात्मक विवरण दिया जा सकता है। माता-पिता तथा सन्तानों के बीच 50

प्रतिशत जीन्स की साझेदारी रहती है। अर्द्धसन्तानों में 25 प्रतिशत जीन्स की साझेदारी रहती है। प्रथम सहोदरों में 12.5 प्रतिशत जीन्स की साझेदारी रहती है। इसी प्रकार जीन्स साझेदारी को नातेदारी समीपता या दूरी के आधार पर प्रदर्शित किया जा सकता हैं। सामाजिक जीव वैज्ञानिक पहले ऐसे व्यवहारों के सम्बन्ध में अनुमान लगाते हैं। उसके बाद अनुभवाश्रित तथ्यों के आधार पर उसकी तुलना करते हैं।

लेकिन ग़ैर-रिश्तेदारों के बीच भी बलिदान की घटना घटती है। ग़ैर-रिश्तेदारों के बीच आत्मबलिदान की घटना को रॉर्बट ट्रवर्स नामक सामाजिक जीव वैज्ञानिक ने पारस्परिक बलिदान (reciprocal altruism) की अवधारणा के आधार पर समझने का प्रयास किया था। इस अवधारणा के अनुसार ग़ैर-रिश्तेदारों के बीच बलिदान का आपसी आदान-प्रदान होता है। इसके द्वारा दोनों को लाभ होता है, लेकिन एक साथ नहीं। विभिन्न अवसरों पर ग़ैर-रिश्तेदार आत्मबलिदान का विनिमय कर लेते हैं।

सामाजिक जीव वैज्ञानिकों के लिए सबसे विवादास्पद मुद्दा मर्द और औरत के बीच अन्तर है। सामाजिक जीव वैज्ञानिकों के अनुसार मर्द और औरत अपनी-अपनी सम्मिलित योग्यता को बढ़ाने के लिए तत्पर रहते हैं। लेकिन मर्द और औरत अलग-अलग ढंग से अपनी अनुकूल योग्यता या सम्मिलित योग्यता को बनाए रखते हैं। स्तनपाई प्राणियों में मर्द अनेक पाञ्चल स्पर्म (sperm) को जन्म देता है, लेकिन मर्द स्वयं शिशु को जन्म नहीं देता। मादा बहुत कम संख्या में शान्त अण्डों को जन्म देती है, लेकिन गर्भधारण करके शिशु को जन्म देती है। इस जीव वैज्ञानिक अन्तर का प्रभाव व्यवहार पर भी पड़ता है। मर्द का वरण मादाओं के लिए किया जाता है। क्योंकि मर्द के लिए मादाएं प्रजनन ढंग से महत्त्वपूर्ण संसाधन होती हैं। मर्द की प्रजनन क्षमता मादाओं की संख्या पर निर्भर करती है जिन्हें वे निषेचित करती हैं। दूसरी तरफ मादाओं का वरण पुरुष की पहुँच रोकने के लिए किया जाता है। क्योंकि

एक बार निषेचित हो जाने के बाद वे शिशु के जन्म देने के बाद ही निषेचित होती हैं। मादाओं की प्रजनन क्षमता मर्द प्रेमी के गुण पर निर्भर करती है, परिणाम पर नहीं।

सामाजिक जीव वैज्ञानिकों को अनेक प्रकार की आलोचनाओं का सामना करना पड़ा था। सामाजिक जीव वैज्ञानिकों ने मर्दों को अविवेकी तथा महिलाओं को दुष्तोषणीय (choosey) बताकर स्वतः अपने विरुद्ध आलोचनाओं को आमन्त्रित कर लिया था। आलोचकों का कहना था कि सामाजिक जीव वैज्ञानिकों ने पश्चिम समाज की लिंग भूमिका को मान्यता प्रदान कर दी थी। मर्द तथा औरत विदेशियों की तुलना में अपनी जाति से ही सम्बन्ध स्थापित करने में प्राथमिकता देते हैं। सामाजिक जीव वैज्ञानिकों की आलोचना प्रजातिवादी एवं विदेशी द्वेषी के रूप में की जाती है।

विल्सन की पुस्तक का अधिकांश भाग कीट तथा ग़ैर-मानव व्यवहारों पर आश्रित था। पुस्तक के केवल अन्तिम भाग में होमो सैपियंस के व्यवहार के बारे में जानकारी मिलती है। मानव सामाजिक जीव विज्ञान की अवधारणा को मार्विन हैरिस तथा साहलिंस जैसे अमेरिकी मानव वैज्ञानिकों ने अस्वीकार कर दिया था। लेकिन नर वानर विज्ञान के अध्ययन में सामाजिक जीव विज्ञान को स्वीकार किया था।

7

संरचनात्मक मानव विज्ञान

मानव विज्ञान में संरचनात्मक मानव विज्ञान की स्थापना फ्रेंच मानव वैज्ञानिक क्लायड लेवी-स्ट्रॉस (Clyde Levi-Strauss) द्वारा की गई थी। वे फ्रेंच समाजशास्त्री एवं मानव वैज्ञानिक इमाईल दुर्खीम के शिष्य थे। साथ ही साथ वे इमाईल दुर्खीम के शिष्य मार्सेल मॉस के भी शिष्य रहे थे। अपने गुरु इमाईल दुर्खीम तथा मार्सेल मॉस के समान लेवी-स्ट्रॉस ने भी फ्रेंच बुद्धिवाद (French retionalism) नामक ज्ञानशास्त्र को अपनाया था तथा ब्रिटिश अनुभववाद नामक ज्ञानशास्त्र को अस्वीकार कर दिया था। लेवी-स्ट्रॉस का संरचनावाद सिद्धान्त बुद्धि एवं तर्क पर आधारित है, अनुभव पर नहीं। लेवी-स्ट्रॉस का मानना था कि मानव के पास एक तार्किक मस्तिष्क होता है। तर्कबुद्धि मानव मस्तिष्क का गुण है। यह गुण एक ही साथ मानव को दो विपरीत दिशाओं में सोचने तथा तर्क प्रस्तुत करने का अवसर प्रदान करता है। इसी दोहरेपन के कारण संरचना का निर्माण होता है। इस तरह संरचना मानव मस्तिष्क की सम्पत्ति होती है। यह विपरीत दिशाओं में सोच की गाँठ के रूप में उपस्थित रहती है। अतः संरचना की व्याख्या अनुभवाश्रित ढंग से न करके बुद्धिवादी ढंग से की जानी चाहिए।

लेवी-स्ट्रॉस

लेवी-स्ट्रॉस का जन्म सन् 1908 ई॰ में बेल्जियम में हुआ था। सन् 1927-32 तक वे पेरिस विश्वविद्यालय के छात्र रहे। यहाँ से उन्होंने कानून की डिग्री प्राप्त की। यहाँ पर उन्हें फ्रेंच समाज वैज्ञानिकों की पुस्तकों का अध्ययन करने का मौका मिला। उन्होंने साइमन, कॉम्टे, दुर्खीम तथा मार्सेल मॉस द्वारा लिखित पुस्तकों का गहन अध्ययन किया। सन् 1932-34 तक उन्होंने लायसी में एक शिक्षक के रूप में काम किया। सन् 1934-37 तक वे साओ पॉलो विश्वविद्यालय, ब्राजील में समाज विज्ञान के प्रोफेसर के रूप में काम किया। इस अवधि में उन्हें कई बार फ्रांस लौटने का मौका मिला। उन्होंने ब्राजील के सुदूर गाँवों में कई लघु यात्राएं की थीं।

अपनी सभी यात्राओं में उन्होंने एथनोग्राफिक आँकड़ों का संकलन किया था। कुल मिलाकर उन्होंने पाँच माह का क्षेत्र-कार्य किया था तथा एथनोग्राफिक आँकड़ों को प्राप्त किया था। सन् 1938-39 में उन्होंने साओ पॉलो विश्वविद्यालय, ब्राजिल से त्याग-पत्र दे दिया था।

इस अवधि में उन्हें फ्रेंच सरकार द्वारा मध्य ब्राजील के विस्तारपूर्वक अनुसन्धान करने के लिए आर्थिक सहायता प्रदान की गई थी। विस्तारपूर्वक अध्ययन एक कठिन कार्य था। लेकिन उन्हीं अनुभवों के आधार पर लेवी-स्ट्रॉस ने नामविकवारा तथा तुषी-कबाहिब भारतीयों के बारे में मानव जाति का वर्णन प्रस्तुत किया था। सन् 1939-40 में वे फ्रांस सैनिक सेवा में रहे। सन् 1941 में उन्हें न्यू स्कूल ऑफ़ सोशल रिसर्च, न्यूयार्क में काम करने के लिए आमन्त्रित किया गया। इस स्कूल को लेवी-स्ट्रॉस के लिए अमेरिकी मानव वैज्ञानिक रॉबर्ट लोवि, ई॰ मेट्रोस तथा मैक्स स्कोले द्वारा स्थापित किया गया था। सन् 1946-47 में उन्होंने यू॰एस॰ए॰ में फ्रेंच कल्चरल अटैची के रूप में काम किया। सन् 1950 में वे फ्रांस लौटकर पेरिस विश्वविद्यालय के सामाजिक मानव विज्ञान प्रयोगशाला के निदेशक बने थे। सन् 1959 में कॉलेज डी फ्रांस में मानव विज्ञान के प्रोफेसर के रूप में उनकी नियुक्ति

की गई थी। मानव विज्ञान में प्रोफेसर के अतिरिक्त उन्हें ग़ैर-शिक्षित लोगों के तुलनात्मक धर्म की कुर्सी पर भी आसीन होने का मौका मिला था। वे फ्रांस के एक वैज्ञानिक अनुसन्धान-पत्र के सम्पादक भी रहे थे।

लेवी-स्ट्रॉस सामाजिक मानव विज्ञान के प्रोफेसर के रूप में अपनी अलग अकादमिक पहचान बनाए हुए थे। वे विद्वान् जो अपने आपको सामाजिक मानव वैज्ञानिक मानते हैं उनको दो श्रेणियों में विभक्त किया जा सकता है। एक श्रेणी के आदि प्रारूप सर जेम्स फ्रेज़र एवं इमाईल दुर्खीम थे जिन्होंने बहुखण्डीय पुस्तक *गोल्डेन बाउल* की रचना की थी। वे एक अतिविशाल कार्य जानकारी रखने वाले व्यक्ति थे। हालांकि जिन आदिम लोगों के बारे में उन्हींने लिखा था उन लोगों के बीच जाकर अपनी आँखों से कभी नहीं देखा था। लेकिन वे एक सफल आर्मचेयर मानव वैज्ञानिक थे। उनकी तर्क-शक्ति एवं प्रस्तुतीकरण बड़ा ही बौद्धिक था। फ्रेज़र का मानना था कि वे विश्व स्तर पर मानव मनोविज्ञान के बारे में मौलिक सच्चाई को पता लगाने में सफल हो गए थे। इसके लिए उन्होंने विश्व स्तर की संस्कृतियों का तुलनात्मक अध्ययन किया था। दूसरे प्रकार के आदि प्रारूप ब्राउनिस लॉ कासर मैलिनोवस्की थे। जिन्होंने अपना पूरा जीवन एक छोटे से गाँव में चार वर्षों के क्षेत्र-कार्य से प्राप्त आँकड़ों के विश्लेषण में लगाया था। उनका लक्ष्य यह दर्शाना था कि किस प्रकार ट्रोब्रिएण्ड द्वीपवासी रूपी विदेशीय समुदाय एक सामाजिक व्यवस्था के रूप में काम कर रहा था। वह गाँव मलेनेशिया से भी काफी दूर था। मैलिनोवस्की ने यह भी दर्शाया था कि ट्रोब्रिएण्ड द्वीप के एक गाँव के निवासी जन्म से मरण तक अपनी संस्कृति को कैसे जीते हैं? मौलिनोवस्की की अभिरुचि संस्कृति की विविधता में थी, समग्र समानता में नहीं। इस तरह लेवी-स्ट्रॉस के सामने दो प्रकार के मानव वैज्ञानिक अनुसन्धान मॉडल उपलब्ध थे। एक मॉडल था फ्रेज़र तथा दुर्खीम के पुस्तकालय से प्राप्त आँकड़ों के आधार पर संस्कृति का विश्लेषण एवं व्याख्या करने का तथा दूसरा मॉडल था क्षेत्र-कार्य के आधार पर संस्कृति का वर्णन, व्याख्या एवं

विश्लेषण करने का। फ्रेज़र तथा दुर्खीम का मॉडल पुस्तकालय से प्राप्त आँकड़ों के बौद्धिक आर्मचेयर मानव वैज्ञानिक कल्पना पर आधारित था, जबकि मौलिनोवस्की का मॉडल अनुभवाश्रित ज्ञान पर आधारित था। लेकिन लेवी-स्ट्रॉस ने आर्मचेयर मानव वैज्ञानिक बुद्धिवादी मॉडल को स्वीकार किया था, जिसे फ्रेंच बुद्धिवाद या फ्रेंच तर्कणावाद के नाम से जाना जाता है। लेकिन लेवी-स्ट्रॉस परम्परा में दुर्खीमवादी तथा फ्रेज़रवादी थे, शैली में नहीं। लेवी-स्ट्रॉस का अन्तिम लक्ष्य उन तथ्यों को स्थापित करना था जो मानव मस्तिष्क के लिए सत्य थे। उनकी अभिरुचि किसी विशेष समाज के संगठन में नहीं थी। यही लेवी-स्ट्रॉस का मौलिक अन्तर था। आरम्भ से ही लेवी-स्ट्रॉस एक सीधे-साधे विद्वान् बुद्धिजीवी थे। मौलिनोवस्की की दृष्टि से देखा जाए तो लेवी-स्ट्रॉस का क्षेत्र-कार्य बहुत मामूली गुण वाला था। लेकिन उन्होंने जो कुछ भी फ्रेंच या अंग्रेज़ी भाषा में लिखा था वह आम लोगों की समझ से परे था। उनके सामाजिक वैज्ञानिक सिद्धान्त विस्मयकारी जटिलता एवं अत्यधिक विद्वता से ओत-प्रोत था। हालांकि उनकी आलोचना नहीं समझने योग्य भाषा के कारण ज्यादा की जाती है। उनकी फ्रेंच में लिखी गई पुस्तकों का अनुवाद भी उपलब्ध नहीं है। थोड़ा-बहुत जो भी उपलब्ध है वो प्रामाणिक नहीं है। लेकिन इसके वावजूद विद्वान् उनकी विद्वत्ता एवं विधि की प्रसंशा भी करते हैं। उनकी विधि जितनी मानव वैज्ञानिक थी उतनी ही भाषा वैज्ञानिक। उनकी विधि साहित्य, राजनीति विज्ञान, अर्थशास्त्र, पुरातन दर्शन, कला एवं धर्म विज्ञान के छात्रों एवं बुद्धिजीवियों को काफी उत्तेजित किया था।

लेवी-स्ट्रॉस का संरचनात्मक दृष्टिकोण अंशतः सैपिर (Sapir) एवं अंशतः ट्रोबेटज्कोय (Troubetzkoy) के भाषा वैज्ञानिक दृष्टिकोण पर आधारित था। ट्रोबेटज्कोय का मानना था कि संरचनात्मक भाषा विज्ञान की चार प्रक्रियाएं हैं, जो निम्नलिखित हैं :

- अचेतन भाषायी संरचना का अध्ययन।
- शब्दों को पृथक रूप में नहीं वरन् सम्बन्धों के समूह के रूप में व्यवहार।

- एक व्यवस्था की संरचना का अध्ययन।
- सामान्य नियमों की खोज।

उपरोक्त दृष्टिकोण के आधार पर लेवी-स्ट्रॉस ने संरचना को अनुभवाश्रित सच्चाई मानने से अस्वीकार कर दिया था। उनका मानना था कि संरचना अनुभवाश्रित सच्चाई से भिन्न होती है। सामाजिक सम्बन्ध भौतिक सामग्रियाँ प्रदान करते हैं जिसके द्वारा उस मॉडल का निर्माण किया जाता है, जिससे सामाजिक संरचना बनाई जाती है।

योगदान : पुस्तक लेखन के माध्यम से लेवी-स्ट्रॉस ने मानव विज्ञान में निम्नलिखित योगदान दिया था :

- 1949: *एलीमेण्ट्री स्ट्रक्चर ऑफ़ किनशिप*।
- 1963: *टोटेमिज्म*।
- 1965: *स्ट्रक्चरल एन्थ्रोपोलॉजी*।
- 1966: *सेवेज माइंड*।
- माइथोलॉजिक—चार खण्डों में 1964, 1966, 1968 एवं 1972।

मानव विज्ञान में लेवी-स्ट्रॉस के सैद्धान्तिक योगदानों को हम निम्नलिखित शीर्षकों में विभाजित करके प्रस्तुत कर सकते हैं—

- संरचनात्मक सिद्धान्त,
- संरचना एक मॉडल के रूप में,
- यान्त्रिक एवं सांख्यिकीय मॉडल,
- सम्प्रेषण संरचना पर योगदान,
- चेतन एव अचेतन मॉडल,
- संरचनात्मक भाषा विज्ञान पर योगदान,
- संरचनात्मक भाषा विज्ञान की विधि,
- भाषा एवं संस्कृति पर विचार,
- नातेदारी अध्ययन पर योगदान,
- टोटेमवाद पर विचार,
- आदिम मस्तिष्क पर योगदान,

- भोजन संरचना का अध्ययन,
- मिथक अध्ययन,
- संरचनावाद पर एडमण्ड लिच का विचार, एवं
- संरचनात्मक मार्क्सवाद।

अब यहाँ लेवी-स्ट्रॉस के उपरोक्त सभी योगदानों की चर्चा एक-एक करके नीचे प्रस्तुत की जा रही है।

संरचनावाद सिद्वान्त

लेवी-स्ट्रॉस का संरचनावाद सिद्धान्त मानव मस्तिष्क के विश्वव्यापी तर्क दोहरा प्रतिरोध (binary opposition) की अवधारणा पर आधारित है। लेवी-स्ट्रॉस ने दोहरा प्रतिरोध के बारे में ज्ञान संरचनात्मक भाषा विज्ञान से ग्रहण किया था। संरचनात्मक भाषा विज्ञान के प्रेग (Pregue) सम्प्रदाय के संस्थापक रोमन जैकोबसन (Roman Jacobson) थे। उनके द्वारा ध्वनिग्राम (phoneme) की अवधारणा का विकास किया गया था। संरचनात्मक भाषा विज्ञान में ध्वनिग्राम अल्पतम विरोधात्म युग्म होते है, जिनसे भाषायी अर्थ का निर्माण होता है। जैसे क, ख, ग ... .. *A*, *B*, *C*,..... । ध्वनिग्राम का आगे विभाजन नहीं हो सकता। क्योंकि फिर उनका कोई अर्थ नहीं रह जाएगा। इसका भाषायी अर्थ होता है, सामाजिक अर्थ नहीं। लेकिन जब ध्वनिग्राम मिलकर शब्द बना देते हैं, तब उनका सामाजिक-सांस्कृतिक अर्थ हो जाता है। शब्द मिलकर वाक्य, वाक्य मिलकर वाक्य खण्ड और तब जाकर कथन का अर्थ प्रकट होता है। संरचनात्मक मानव विज्ञान में दोहरा प्रतिरोध मानसिक निर्माण के होते हैं। दोहरे प्रतिरोध मानसिक निर्माण के विरोधात्मक युग्म होते हैं, जिनसे सामाजिक अर्थ का सृजन होता है। जीवन *बनाम* मृत्यु, स्वयम् *बनाम* अन्य एवं प्रकृति *बनाम* संस्कृति कुछ ऐसे दोहरे प्रतिरोध हैं जिनके बारे में लेवी-स्ट्रॉस ने संरचनात्मक मानव विज्ञान में विस्तारपूर्वक प्रकाश डाला है। दोहरे प्रतिरोध के साथ तत्त्वों के बीच सम्बन्ध उतने ही महत्त्वपूर्ण होते हैं जितने कि तत्त्व स्वयम् ही। इस

सम्बन्ध को मध्यस्थ (mediator) द्वारा बनाए रखा जाता है। उदाहरण के लिए नातेदारी समूहों के बीच दोहरे प्रतिरोध में नारी विनिमय को मध्यस्थ बनाया जाता है। नातेदारी समूहों के बीच दोहरा प्रतिरोध स्वयं *बनाम* अन्य के रूप में प्रकट होता है। संरचनात्मक मानव विज्ञान में दोहरे प्रतिरोध अर्थ से जुड़े रहते हैं तथा तार्किक व्यवस्था के अंग होते हैं। तार्किक व्यवस्था के माध्यम से दोहरे प्रतिरोधों को संरचनात्मक एवं अवधारणात्मक अर्थ प्रदान कर दिया जाता है। इस प्रकार से लेवी-स्ट्रॉस का संरचनावाद सिद्धान्त मानव की सोच की संरचना पर आधारित है। मानव की सोच में दोहरेपन (dualism) पाया जाता है। दोहरेपन को तार्किक व्यवस्था में शामिल करके मध्यस्थ के माध्यम से संरचनात्मक अवधारणा प्रदान किया जाता है। यह भाषायी मॉडल पर आधारित है। रैडक्लिफ-ब्राउन जैसे जैविक संरचनात्मक एवं संस्थात्मक मॉडल पर नहीं। लेवी-स्ट्रॉस का संरचनात्मक मॉडल अन्तर-सांस्कृतिक तुलना के लिए भी उपयुक्त था।

संरचना एक मॉडल के रूप में

लेवी-स्ट्रॉस के लिए सबसे मौलिक समस्या को मानव सोच-प्रक्रिया को अन्तर-सांस्कृतिक तुलना योग्य समझना था। उनका मानना था कि सोच की प्रक्रिया को अन्तर-सांस्कृतिक ढंग से तुलना की जा सकती है। यह सोच की प्रक्रिया का दोहरेपन (dualism) या दोहरा प्रतिरोध (binary opposition) है, जिसके द्वारा अन्तर-सांस्कृतिक तुलना किया जाना सम्भव है। उसी आधार पर संस्कृतियों का अन्तर-सांस्कृतिक विश्लेषण किया जा सकता है। उनके इस दृष्टिकोण को संरचनावाद नाम दिया गया था। लेकिन उनका संरचनावाद रैडक्लिफ-ब्राउन के संरचना प्रकार्य से बिल्कुल भिन्न है। लेवी-स्ट्रॉस का संरचनावाद अवधारणा, दृष्टिकोण एवं विधि में रैडक्लिफ-ब्राउन के संरचना प्रकार्यवाद से अलग है। लेवी-स्ट्रॉस रैडक्लिफ-ब्राउन से सहमत थे कि संरचना अंगों की क्रमिक व्यवस्था होती है। लेकिन रैडक्लिफ-ब्राउन ने अन्तर-वैयक्तिक सम्बन्ध के बिन्दु पर लेवी-स्ट्रॉस से अलग हो गए

थे। रैडक्लिफ-ब्राउन सामाजिक संरचना का परीक्षण सामाजिक प्रकार्य की खोज के लिए किया था। यह प्रकार्य सामाजिक समग्रता को बनाए रखने के लिए उपयोगी था। लेवी-स्ट्रॉस इस प्रकार के प्रकार्य से सम्बन्धित नहीं थे। लेवी-स्ट्रॉस संरचना से जुड़े हुए थे लेकिन अन्तर-वैयक्तिक सम्बन्ध के माध्यम से नहीं। वे संरचना के साथ मानव सोच-प्रक्रिया द्वारा जुड़े हुए थे। रैडक्लिफ-ब्राउन ने सामाजिक संरचना को अनुभवाश्रित बनाने का प्रयास किया था। वे सामान्य नियम ही खोज करने का विचार रखते थे। लेकिन उनका संरचनात्मक मॉडल केवल विवरणात्मक मॉडल बनकर रह गया था। उनके द्वारा सामान्य नियम की खोज कभी नहीं की गई थी।

लेवी-स्ट्रॉस के अनुसार संरचना को अनुभवाश्रित वास्तविकता से कोई मतलब नहीं है, वरन् इसका सम्बन्ध उन मॉडलों से है जिनसे संरचना प्रदर्शित होती है अथवा बनाई जाती हैं। इससे सामाजिक संरचना एवं सामाजिक सम्बन्ध की अवधारणाओं के बीच अन्तर भी स्पष्ट हो जाता है। सामाजिक सम्बन्ध भौतिक सामाग्रियां होती हैं जिनसे सामाजिक संरचना निर्माण करने वाले मॉडल्स विकसित किए जाते हैं। लेकिन सामाजिक संरचना को किसी भी तरह से सामाजिक सम्बन्ध के प्रतीक के रूप में बदला नहीं जा सकता। अतः सामाजिक संरचना एवं अन्य सामाजिक अध्ययनों में अपने क्षेत्र का दावा नहीं कर सकती। अतः सामाजिक संरचना को एक अध्ययन विधि के रूप में लिया जाना चाहिए जिसका प्रयोग किसी भी प्रकार के सामाजिक अध्ययनों में किया जा सकता है, जैसाकि दूसरे विषयों में संरचनात्मक विश्लेषण के लिए किया जाता है।

इस प्रकार लेवी-स्ट्रॉस के अनुसार संरचना एक मॉडल है जिसके द्वारा कुछ विशिष्ट मानकों की पूर्ति की जाती है। इसके द्वारा एक व्यवस्था की विशेषताओं को प्रदर्शित किया जा सकता है। यह भी दर्शाया जा सकता है कि व्यवस्था के एक अंग में बदलाव व्यवस्था के अन्य अंगों में बदलाव ला देता है। अतः एक दिए गए मॉडल के आधार पर शृंखलाबद्ध परिवर्तनों को व्यवस्था में लाया जा सकता है।

इस आधार पर उसी प्रकार के मॉडलों को एक समूह के रूप में प्राप्त किया जा सकता है। किस प्रकार मॉडल प्रतिक्रिया व्यक्त करेगा तथा उसके अंगों को कैसे बदला जाएगा इसके बारे में अनुमान लगाया जा सकता है।

यान्त्रिक एवं सांख्यिकीय मॉडल

लेवी-स्ट्रॉस के अनुसार एक घटना के पैमाने तथा उपयुक्त मॉडल के पैमाने के बीच एक सम्बन्ध पाया जाता है। लेवी-स्ट्रॉस का मानना था कि यान्त्रिक मॉडल वह मॉडल होता है, जिसके सभी तत्त्व उसी पैमाने पर पाए जाते है जिस पर घटनाएं स्वयं पाई जाती हैं। उसके अनुसार सांख्यिकीय मॉडल वह मॉडल होता है जिसके तत्त्व घटनाओं के समान अलग-अलग पैमानों पर पाए जाते हैं। यान्त्रिक मॉडल का उदाहरण आदिम समाजों में कानून का मॉडल या नातेदारी का मॉडल है। आदिम समाजों में काननू का मॉडल या नातेदारी का मॉडल जिसमें नियत एवं निषिद्ध संघों का निर्माण निश्चित रक्त-सम्बन्ध सिद्धान्त पर आधारित होता है। लेकिन आदिम समाज के विपरीत हमारे अपने समाज की नातेदारी को सांख्यिकीय मॉडल के आधार पर व्याख्या को जा सकती है। क्योंकि यहाँ आदेशित एवं निषिद्ध विवाहों का नियन्त्रण जनन कानूनों के एक समूह से नहीं होता। हमारे समाजों में विवाह का नियन्त्रण कई कारकों के हाथों में रहता है। जैसे अवसर, सामाजिक गतिशीलता, सामाजिक वर्ग, सामाजिक पद, सामाजिक प्रतिष्ठा तथा विशुद्ध मानसिक लगाव, इत्यादि। हालांकि लेवी-स्ट्रॉस यह नहीं स्पष्ट कर पाए थे कि पैमाने से वे क्या अर्थ लगाते थे।

पैमाने की समस्या को एडमण्ड लिच द्वारा सुलझाने का प्रयास किया गया था। लिच ने वैधिक नियम (jural rule) को यान्त्रिक मॉडल के रूप में प्रस्तुत किया था तथा सांख्यिकीय मानदण्डों को सांख्यिकीय मॉडल के रूप में प्रस्तुत किया था। लेकिन लिच द्वारा प्रस्तुत वैधिक नियम एवं सांख्यिकीय मानदण्ड यान्त्रिक मॉडल एवं सांख्यिकीय मॉडल को सुलझ पाने में असफल हो गए थे। वे और समस्या में उलझा गए

थे। हालांकि यान्त्रिक मॉडल व्यवहार के गुणात्मक नियम थे, जबकि सांख्यिकीय मॉडल व्यवहार के परिमाणात्मक नियम थे। परिवार गुणात्मक नियम समाज द्वारा स्वीकृत नियम थे, जबकि परिमाणात्मक नियम वैयक्तिक व्यवहारों का सांख्यिकीय औसत दर्शाते थे। लिच तथा लेवी-स्ट्रॉस दोनों ने मॉडल को अनुभवाश्रित सच्चाई के रूप में स्वीकार नहीं किया था। इन दोनों विद्वानों ने इसे अनुसन्धानकर्ता के "आदर्श प्रकार" पर छोड़ दिया था। ताकि वे स्वयं आदर्श प्रकार के मॉडल का निर्माण करें।

सामाजिक अध्ययनों को महत्त्वपूर्ण बनाने वाली संरचना होती है जो अपने आप में एक मॉडल होती है। यह मॉडल अनुभवाश्रित सच्चाई नहीं होती। यह मॉडल तर्क एवं बुद्धि पर आधारित होता है, अनुभवाश्रित ज्ञान पर आधारित नहीं। दो अमूर्त वर्गों के बीच सम्बन्ध उतना ही निराशाजनक होता है जितना सच्चाई एवं अमूर्त के बीच सम्बन्ध।

मॉडल के औपचारिक गुणों की तुलना अपने तत्त्वों के साथ स्वतन्त्र ढ़ंग से की जा सकती है। यहाँ एक संरचनावादी अनुसन्धानकर्ता का काम सच्चाई के स्तरों की पहचान करना तथा अलग करना होता है। इसके सामाजिक अध्ययन के लिए अनुकूल मूल्य होता है। सच्चाई के स्तरों की पहचान कुछ घटनाओं के समूह के रूप में किया जा सकता है। इस दृष्टि से प्रत्येक संरचनात्मक अध्ययन दूसरों से बिल्कुल स्वतन्त्र होता है। यहाँ एक ही क्षेत्र में कई दृष्टिकोणों का प्रयोग किया जा सकता है। दूसरी तरफ इन अध्ययनों का आवश्यक मूल्य मॉडलों का निर्माण करना होता है। उन मॉडलों की औपचारिक गुणों की तुलना तथा व्याख्या दूसरे स्तर के मॉडलों की औपचारिक गुणों के आधार किया जा सकता है। इसका मुख्य लक्ष्य अन्तर-विषयक दृष्टिकोण को बढ़ावा देना है।

लेवी-स्ट्रॉस के अनुसार मानव विज्ञान में यात्रिक मॉडलों का निर्माण किया जाता है जो समय-रहित, ग़ैर-संचयी तथा प्रतिवर्ती (reversible) होता है। दूसरी तरफ समाज विज्ञान एवं इतिहास में सांख्यिकीय मॉडलों का निर्माण किया जाता है। जो समयबद्ध, संचयी

एवं अप्रतिवर्ती होता है। इस तरह यान्त्रिक मॉडलों का सम्बन्ध आदिम सरल जनजातीय समाजों से है, जबकि सांख्यिकीय मॉडलों का सम्बन्ध आधुनिक जटिल समाजों से है।

सम्प्रेषण संरचना पर योगदान

लेवी-स्ट्रॉस द्वारा सम्प्रेषण संरचना (communication structure) का विकास रैडक्लिफ-ब्राउन द्वारा प्रतिपादित पहचान एवं विनिमय के बीच सेतु निर्माण के रूप में किया गया था। पहचान संरचना के कार्य करने की शैली से जुड़ी हुई थी, जबकि विनिमय आपसी आदान-प्रदान से जुड़ा हुआ था। वह प्रक्रिया जो सामाजिक संरचना को क्रियाशील बनाती है उसे लोगों, वस्तुओं, सेवाओं तथा विचारों के सम्प्रेषण के रूप में देखा जाना चाहिए। परिभाषा के अनुसार सम्प्रेषण मनमाने ढ़ंग से कार्य नहीं करता, वरन् यह एक नियम के अनुसार होता है। इस तरह सामाजिक सम्प्रेषण में जो गतिविधियाँ सम्पन्न होती हैं वे संरचित रहती हैं। इस प्रकार संरचनात्मक मानव विज्ञान सम्प्रेषण के लिए एक सहयोगी बन जाता है। यह एक औपचारिक विधि को भी जन्म देता है।

सामाजिक मानव विज्ञान, अर्थशास्त्र एवं भाषा विज्ञान सब मिलकर एक वृहत् सम्प्रेषण के क्षेत्र का निर्माण कर सकते हैं, जिसमें सम्प्रेषण के नियमों का अध्ययन किया जा सकता है। इसका सम्बन्ध उन व्यक्तिगत या सामूहिक प्रतिमानों से नहीं होगा जिसका निर्माण उन नियमों के बाद हुआ होगा।

यहाँ सामाजिक मानव वैज्ञानिक के लिए एक विशिष्ट वस्तु दिखाई पड़ती है वह है एक विषय का बिना स्वरूप वर्णन करना, लेकिन अन्तर्वस्तु का नहीं। यहाँ स्वाभाविक ढंग से तर्क दिया जाता है कि मॉडल्स निर्माण होते हैं। अनुभावाश्रित हस्ति या प्रक्रिया नहीं, लेवी-स्ट्रॉस के वृहत् संरचनात्मक सिद्धान्त कार्य-कारण ढंग से गणित के साथ जुड़ा हुआ था। यहाँ हम लोग पाते हैं कि प्रकार्य या पुनरावर्तक गतिविधि का मुख्य लक्ष्य समूह की संरचनात्मक निरन्तरता को बनाए रखना होता है। नातेदारी व्यवस्था, विवाह नियम तथा

वंशानुक्रम समूह एक संगठित समग्रता दर्शाते हैं। इसका मुख्य लक्ष्य रक्त-सम्बन्ध तथा विवाह-सम्बन्ध के माध्यम से सामाजिक समूह को स्थायित्व प्रदान करना होता है। उन्हे एक यन्त्रावली के ब्लूप्रिण्ट के रूप में स्वीकार किया जाना चाहिए जिसके द्वारा महिलाओं को रक्त समूह से निकालकर विवाह समूह में पुनर्वितरित कर दिया जाता है। इसका लक्ष्य नवीन रक्त समूह का सृजन कराना होता है। लेवी-स्ट्रॉस के अनुसार संरचनाएं स्थिर नहीं होती। उन पर बाहरी तथा भीतरी विकास का दबाव रहता है। अतः हम लोगों को अपनी संरचनात्मक मॉडल्स में ऐतिहासिक तत्त्वों को भी शामिल कर लेना चाहिए। हमारा यहाँ ज्यादा सम्बन्ध सामाजिक संरचना से होना चाहिए, नातेदारी संरचना से नहीं। अतः हमें सामाजिक संरचना तथा नातेदारी संरचना को अपने मॉडल्स में शामिल कर लेना चाहिए।

हम लोग एक संरचनात्मक मॉडल को दूसरी संरचनात्मक मॉडलों से तीन प्रक्रियाओं के माध्यम से जोड़ सकते हैं। पहली प्रक्रिया में हम लोग तथ्यों के माध्यम से पुनर्समूह निर्माण करते हैं। यह संरचनात्मक विश्लेषण की प्रथम प्रक्रिया होती है। दूसरी प्रक्रिया में घटनाओं को नई व्यवस्था से सम्बन्ध दर्शाया जाता है। तीसरी प्रक्रिया में हम लोग संरचना को निर्धारित करते हैं। परिवर्तनशीलता, व्यवस्था तथा चक्र जैसे कुछ परिमाणात्मक अवधारणाओं के आधार पर सामान्य प्रकार की सामाजिक संरचना का अध्ययन औपचारिक ढ़ंग से किया जा सकता है। यहाँ सम्प्रेषण और अधीनीकरण पूरी तरह से मिलकर एक हो जाते हैं। यहाँ खोज के क्षेत्र को वृहत् बनाया जा सकता है तथा एक दिए हुए समाज के लिए वास्तविक एवं सम्भावित प्रकार की व्यवस्थाओं को जोड़ा जा सकता है।

समाज की मानव वैज्ञानिक अवधारण व्यवस्था के रूप में प्रकट होती है। जैसे नातेदारी व्यवस्था, सामाजिक व्यवस्था, धार्मिक व्यवस्था, राजनीतिक व्यवस्था, ज्ञान-विज्ञान व्यवस्था, सांस्कृतिक व्यवस्था इत्यादि। व्यवस्थाओं की एक व्यवस्था भी दर्शाई जा सकती है, जिसमें कई उप-व्यवस्थाओं को शामिल किया जाता है। व्यवस्थाओं की

व्यवस्था से एक स्तरीकरण प्राप्त होता है, जिसे व्याख्या करते समय प्रस्तुत किया जाना चाहिए। ऐसे नेटवर्क का एकीकरण वैचारिक या अधिवैधिक व्यवस्था द्वारा किया जा सकता है, जिसमें धर्म, अनुष्ठान, विश्वास एवं पौराणिक कथाएं आती हैं। लेकिन ये सारी व्यवस्थाएं वास्तविक नहीं होती क्योंकि उनको वस्तुनिष्ठ ढंग से अनुभवाश्रित नहीं बनाया जा सकता। लेकिन किसी प्रकार से उनका महत्त्व कम नहीं होता। वे भी संरचना के काम करने तथा व्याख्या करने में अपना महत्त्वपूर्ण योगदान देती हैं। लेवी-स्ट्रॉस के अनुसार सामाजिक मानव विज्ञान को वास्तविक होना चाहिए। लेकिन यह तभी वास्तविक बनेगा जब यह उपयुक्त कार्य-प्रणाली को अपनाएगा। इस कार्य-प्रणाली को विस्तारपूर्वक पौराणिक कथा-कहानियाँ, टोटेमिक संगठन, नातेदारी निर्धारित एवं निषिद्ध नियम के माध्यम से प्रस्तुत किया जा सकता है। अपने शोधपत्र "सोशल स्ट्रक्चर" (1953) में लेवी-स्ट्रॉस सामाजिक संरचना के अमूर्त एवं सामान्य सिद्धान्त को प्रकाश में लाए थे। हालांकि इसके लिए उनकी आलोचना की गई थी। क्योंकि उनका मानना था कि संरचना विश्लेषण के लिए आवश्यक शर्त तथ्यों का संकलन करना एवं उनको व्यवस्थित करना होता है। लेकिन उन्होंने उन आधारों का उल्लेख नहीं किया, जिनके द्वारा तथ्यों का संकलन किया जा सकता है। जब तक तथ्यों के संकलन हेतु कोई स्वतन्त्र आधार न हो, तब तक यह कैसे सम्भव हो सकता है कि किसे शामिल किया जाए या किसे बाहर निकाला जाए।

लेवी-स्ट्रॉस ने इस आलोचना को निरस्त करने के लिए अवलोकन और प्रयोग के बीच अन्तर स्पष्ट करने का प्रयास किया था। उनके अनुसार तथ्यों का अवलोकन करना तथा उनसे मॉडल का निर्माण करना मॉडल के प्रयोग करने से अलग होता है। अवलोकन के आधार पर मॉडल का निर्माण किया जाता है, जबकि मॉडल के प्रयोग के आधार पर यह जानने का प्रयास किया जाता है कि मॉडल ठीक से काम कर रहा है या नहीं। अगर नहीं तब उसमें क्या-क्या बदलाव लाया जाना चाहिए। अनुसन्धान के नियमानुसार तथ्यों का संकलन

एवं अभिलेखन बिना किसी पूर्व ज्ञात उपकल्पना, कल्पना या सिद्धान्त के आधार पर किया जाना चाहिए। वरन् प्रयास यह होना चाहिए कि तथ्य अपने आप क्या कह रहे हैं तथा समग्रता के साथ उनका क्या सम्बन्ध है। प्रयोग यह बतलाता है कि अगर जाँच की जाएगी तब क्या होगा? क्या होगा? अगर एक दिया हुआ मॉडल को बदल दिया जाएगा? क्या होगा अगर हम कई मॉडलों के बीच तुलना करेंगे?

एथनोग्राफिक वर्णन के विस्तार एवं यथार्थता में प्रत्यक्ष सम्बन्ध होता है। मॉडल की वैधता एवं समानता में भी प्रत्यक्ष सम्बन्ध होता है। एक घटना के वर्णन के लिए अनेक मॉडलों का उपयोग किया जा सकता है। लेकिन सबसे अच्छे मॉडल की श्रेणी में वही आएगा जो कि सत्य तथा सत्य ही होगा।

चेतन एवं अचेतन मॉडल

लेवी-स्ट्रॉस ने मॉडल को दो श्रेणियों में विभाजित किया था, जिसे उन्होंने चेतन एवं अचेतन मॉडल कहा था। उनके अनुसार अचेतन मॉडल मौलिक होता है, जबकि चेतन मॉडल व्युत्पन्न होता है। हमारे अनेक व्यवहार अनजाने में प्रकट हो जाते हैं, क्योंकि वे आरम्भ से ही हमारे अचेतन मन-मस्तिष्क में विराजमान रहते हैं। प्रणाम करने के लिए हमारे हाथ जुड़ जाते हैं तथा सिर झुक जाता है। मन्दिर देखते ही हमारा सिर झुक जाता है, आँखे बन्द हो जाती हैं। ऐसे अनेक व्यवहार हैं जो बचपनावस्था से हमारे मन-मस्तिष्क में बैठे रहते हैं। वे अचेतन मन की भावनाएं होती हैं। दूसरी तरफ चेतन मॉडल वह होता है जो हमारा कृत्रिम व्यवहार दर्शाता है। उस कृत्रिम व्यवहार को हम चेतन मन से स्वीकार करते हैं। कृत्रिम व्यवहार हम स्कूल, कॉलेज, कार्यालय इत्यादि में सीखते हैं। लेकिन जो व्यवहार हम बचपन में सीखते हैं उसके सामाजिक-सांस्कृतिक अर्थ से हम परिचित भी नहीं रहते। उन्हें हम अचेतन मन से स्वीकार करते हैं। लेकिन पढ़-लिखकर जब हम कृत्रिम व्यवहार करने लगते हैं तब उसे चेतन मॉडल कहा जाता है। उदाहरण के लिए बाल-विवाह की संरचना अवचेतन मॉडल

को प्रस्तुत करता है। क्योंकि यह विवाह उस अवस्था में हो जाता है जब बच्चे विवाह के सामाजिक-सांस्कृतिक अर्थ को नहीं जानते। इससे होने वाले फायदे और नुकसान के बारे में वे उस वक्त नहीं जानते, जबकि आधुनिक युग के पढ़े-लिखे लड़का-लड़की के बीच विवाह चेतन मॉडल का उदाहरण है।

लेवी-स्ट्रॉस के अनुसार हमें सम्प्रेषण संरचना के आधार पर व्युत्पन्न एवं मौलिक या चेतन एवं अचेतन मॉडल का निर्माण करना चाहिए। क्योंकि सामाजिक संरचना को सम्प्रेषण संरचना जैसा समझना चाहिए। इसका सम्बन्ध अन्ततः संरचनात्मक भाषा विज्ञान तथा अंशतः संरचनात्मक सम्बन्ध से होना चाहिए।

संरचनात्मक भाषा विज्ञान पर योगदान

लेवी-स्ट्रॉस के अनुसार भाषा विज्ञान स्वतः एक सामाजिक विज्ञान है। अन्य सामाजिक विज्ञानों में इसको स्थान पूर्ण विज्ञान जैसा प्राप्त है। एक विषय जितना अधिक भाषा विज्ञान से समीपता दर्शाता है उतना ही उसको घनिष्ठ ढंग से उसके साथ सहयोग करना पड़ता है। उसके अनुसार जब से नातेदारी शब्दावली एवं नातेदारी संरचना के बीच अन्तर स्पष्ट हो गया था, तभी से सामाजिक मानव वैज्ञानिकों ने भाषा की संरचनात्मक पहलुओं को अध्ययन करना त्याग दिया था। अतः नातेदारी संरचना के वर्णन के लिए भाषा की संरचना को जानना आवश्यक होता है। उसी प्रकार कई क्षेत्र ऐसे हैं जहाँ भाषा वैज्ञानिक बिना मानव वैज्ञानिक आँकड़ों के प्रयोग में प्रगति नहीं कर सकता। उदाहरण के लिए ऐतिहासिक एवं समाज-भाषा विज्ञान। लेवी-स्ट्रॉस के अनुसार भाषा विज्ञान एवं मानव विज्ञान के बीच अंशतः एवं अवैज्ञानिक सहयोग को संरचनात्मक भाषा विज्ञान के माध्यम से आन्दोलन का रूप प्रदान किया गया था।

संरचनात्मक भाषा विज्ञान की विधि

लेवी-स्ट्रॉस के अनुसार, संरचनात्मक भाषा विज्ञान की विधियों को

चार मौलिक प्रक्रियाओं में परिवर्तित किया जा सकता है। ये प्रक्रियाएँ निम्नलिखित हैं–

- यह प्रक्रिया अपना ध्यान चेतन भाषायी घटनाओं के अध्ययन से अचेतन मूलभूत संरचना के अध्ययन की ओर ले जाती है।
- यह प्रक्रिया भाषायी शब्दों को पृथक् हस्ती नहीं मानती, वरन् उन्हें शब्दों के बीच सम्बन्ध के रूप में देखती है।
- यह प्रक्रिया व्यवस्था की धारणा का प्रयोग करती है।
- यह प्रक्रिया सामान्य नियम की खोज करती है।

लेवी–स्ट्रॉस के अनुसार नातेदारी व्यवस्था एवं अन्य व्यवस्थाओं के अध्ययन में एक सामाजिक–सांस्कृतिक मानव वैज्ञानिक संरचनात्मक भाषा–वैज्ञानिक के रूप में अपने आपको पाता है। ध्वनिग्रामों की तरह नातेदारी शब्द भी अर्थ के तत्त्व हैं। ध्वनिग्राम की तरह, नातेदारी शब्द भी व्यवस्था से जुड़े रहते हैं। ध्वनिग्रामिक व्यवस्था की तरह नातेदारी व्यवस्था भी मस्तिष्क के अचेतन सोच के परिणाम होते हैं। नातेदारी प्रतिमान, विवाह नियम, स्वीकृत एवं निषिद्ध नियम जैसे तत्त्वों का फैलाव सभी समाजों तक हुआ है। यह दर्शाता है कि सामाजिक–सांस्कृतिक मानव विज्ञान में भी संरचनात्मक भाषायी विज्ञान की तरह सामान्य नियम कार्य करता है। हालांकि नातेदारी व्यवस्था दूसरे स्तर की व्यवस्था होती है, लेकिन नातेदारी व्यवस्था संरचनात्मक भाषायी व्यवस्था के समान होती है। इस प्रकार से मानव विज्ञान एवं संरचनात्मक भाषा विज्ञान की विधियाँ एक समान लगती हैं। लेकिन दोनों की विधियों में कुछ सीमाएं होती हैं। अगर हमको नातेदारी शब्दों का अध्ययन तथ्य के रूप में करना हो तब हमें उस तथ्य को सभी तत्त्वों से अलग करना होगा। इसका परिणाम व्यवहार में सिद्धान्त से भी ज्यादा अमूर्त की प्राप्त के रूप में होगा। दूसरे शब्दों में कहा जा सकता है कि परिणाम में प्राप्त व्यवस्था अनुभवाश्रित आँकड़ों से भी जटिल होगी।

लेवी-स्ट्रॉस के अनुसार, नातेदारी शब्दावली की विशिष्ट विशेषताओं को ध्यान में रखकर उपरोक्त कठिनाई को दूर किया जा सकता है। परिभाषा के अनुसार नातेदारी शब्द भी वाणी के अंग हैं तथा उनका व्यवहार प्रत्यक्ष रूप से भाषा विज्ञान की विधियों से किया जा सकता है। भाषायी संरचनावाद का उपयोग प्रत्यक्ष रूप से नहीं किया जा सकता। क्योंकि उनका शब्द-भण्डार के स्तर पर आवश्यक सम्बन्ध नहीं पाया जाता। इसका अर्थ यह था कि नातेदारी शब्द शब्द-भण्डार तत्त्वों के रूप में संरचनात्मक व्यवहार के संशोधनीय नहीं होते। नातेदारी शब्दावली व्यवस्था मनेभावनाओं की व्यवस्था भी होती है, जिसमें आदर, श्रद्धा, अधिकार, कर्त्तव्य, स्नेह तथा अतिथि-सत्कार शामिल रहता है। व्यवहार में वे सब प्रकार्यात्मक ढ़ंग से जुड़े रहते हैं। लेवी-स्ट्रॉस का मानना था कि संरचनात्मक भाषाविज्ञान की औपचारिक विधि का भावनात्मक सिद्धान्त में उपयोग एक सिद्धान्त को सामान्यीकरण योग्य एवं विश्लेषणात्मक योग्य बना देता है। इसके बारे में लेवी-स्ट्रॉस ने विस्तारपूर्वक चर्चा अपने अनुसन्धान पत्र "स्ट्रक्चरल प्रिंसिपुल्स गवर्निंग द एवनकुलर रिलेशनशिप" में किया था।

लेवी-स्ट्रॉस के अनुसार मातुलेय सम्बन्धों की व्याख्या से अनेक अर्थ-भाषायी तत्त्व प्रकट होते हैं। सबसे पहले यह प्रकट होता है कि नातेदारी एक भाषा है। जैसाकि भाषा एक अर्थगत व्यवस्था है, उसी प्रकार नातेदारी, कला तथा संस्कृति के अन्य तत्त्व भाषा होते हैं तथा वे भी अर्थगत व्यवस्था के अधीन रहते हैं। भाषा के समान उनका भी अर्थगत प्रकार्य होता है। भाषा के समान नातेदारी, कला, तथा अन्य संस्कृति के तत्त्व सांकेतिक व्यवस्था होते हैं।

दूसरी महत्त्वपूर्ण बात यह है कि संरचनात्मक या व्याकरणात्मक व्यवस्था के समान नातेदारी, कला तथा अन्य सांस्कृतियों के तत्त्व वृहत् ढ़ंग से अचेतन होते हैं। लेकिन यह उनको सही विधि द्वारा समझाने से मना नहीं करता। इसका परिणाम यह होता है कि हम लोग दर्शा सकते हैं कि सामाजिक जीवन के सभी स्वरूप समान स्वभाव के होते हैं। चेतन एवं सभ्य स्तर पर इसका प्रक्षेपण सामान्

विश्वव्यापी नियम के रूप में होता है। विश्वव्यापी नियम मस्तिष्क के अचेतन क्रिया-कलापों का नियन्त्रण करता है।

भाषा एवं संस्कृति पर विचार

लेवी-स्ट्रॉस ने भाषा एवं संस्कृति के सम्बन्ध में निम्नलिखित विचार व्यक्त किए थे–

- भाषा और संस्कृति सदृश होती हैं।
- भाषा और संस्कृति समान होती हैं।
- भाषा और संस्कृति अनुरूप होती हैं।
- भाषा और संस्कृति सहसम्बन्ध दर्शाती है।

उपरोक्त विश्वासों को जन्म देने वाले तथा मजबूती प्रदान करने वाले आधार दो प्रकार के थे। पहला, दोनों संरचनात्मक व्यवहारों को स्वीकार करते हैं तथा दूसरा, दोनों ही क्रिया-कलाप के उत्पाद होते हैं, जो कि मूल रूप से समान होता है। इसका परिणाम दो प्रकार का होता है। पहला उनके कार्य करने का सिद्धान्त अचेतन होता है तथा दूसरा उनका नियन्त्रण विश्वव्यापी नियम से होता है। अतः कहा जा सकता है कि भाषा के समान नातेदारी, कला तथा संस्कृति के अन्य रूप सम्प्रेषणात्मक व्यवस्था होती हैं।

लेवी-स्ट्रॉस के अनुसार संस्कृति या समाज को भाषा के रूप में बदले बिना हम लोग सम्प्रेषण सिद्धान्त के शब्दों में समाज की समग्रता से व्याख्या कर सकते हैं। यह प्रयास हम लोग तीन स्तरों पर कर सकते हैं। पहला यह कि नातेदारी एवं विवाह कानून दो समूहों में महिला परिचालन (circulation) को सुनिश्चित करता है। इसका महिला परिचालन ठीक उसी तरह होता है जैसे आर्थिक कानून द्वारा वस्तु और सेवा का परिचालन होता है। तीसरा भाषायी नियम सूचनाओं का परिचालन सुनिश्चित करता है। इस प्रकार कला, धर्म, कथा-कहानी, अनुष्ठान, विश्वास इत्यादि की व्याख्या भाषा के सम्प्रेषण सिद्धान्त के अनुसार की जा सकती है। क्योंकि ये सभी सांस्कृतिक

तत्त्व भाषा के रूप में प्रकट होते हैं तथा सम्प्रेषणात्मक सिद्धान्त के अनुसार कार्य करते हैं।

लेवी-स्ट्रॉस के अनुसार इसमें दो प्रकार की समस्या प्रकट होती है। पहला यह कि अगर हम लोग सभी व्यवस्थाओं की व्याख्या सम्प्रेषणात्मक अर्थों में करते हैं तब हमें पता चलता है कि कोई भी प्रक्रिया को प्रक्रिया होने के कारण प्राकृतिक अर्थ में कुछ न कुछ सम्प्रेषणात्मक कार्य करना पड़ता है। लेकन यहाँ यह स्पष्ट करना युक्तिसंगत लगता है कि अर्थगत सम्प्रेषण को अर्थ की साझेदारी या स्थानान्तर के रूप में देखा जा सकता है, तब वह अपने आप में स्थानान्तरण यन्त्रावली से कुछ अलग होता है। वे हमेशा उसी गति विज्ञान का अनुसरण नहीं करते। क्योंकि कभी-कभी भाषा के प्रयोगकर्ता अपनी ही भाषा में सम्प्रेषण करते समय असफल हो जाते हैं। वे सही शब्द का उपयोग नहीं कर पाते, शब्द भूल जाते हैं, याद करने की कोशिश करते हैं या कुछ ऊटपटांग बोल देते हैं। इससे सम्प्रेषणात्मक असफलता की घटना घटित होती है।

दूसरी समस्या तब खड़ी होती है जब हम प्रश्न पूछते हैं कि क्या कला, नातेदारी, धर्म, विश्वास, अनुष्ठान, कथा-कहानी भाषा है? इस प्रश्न का उत्तर पाने के लिए हमें तीन चीजों पर ध्यान देना पड़ता है। पहला हमें यह पता करना पड़ता है कि कौन सी सांस्कृतिक प्रक्रियाएं भाषा है तथा कौन सी सांस्कृतिक प्रक्रियाएं भाषा नहीं हैं। दूसरा हमें यह पता करना पड़ता है कि किस प्रकार सांस्कृतिक भाषा स्वयं भाषा से अलग होती है? तथा तीसरा यह कि अगर ये सारी प्रक्रियाएं आन्तरिक संरचनात्मक क्षमता का प्रकटीकरण है तब हम लोग विशिष्ट अन्तर का पता कैसे लगा सकते हैं। ये सभी प्रश्न बड़े ही घनिष्ठ ढंग से जुड़े हुए हैं।

इन सभी प्रश्नों के ऊपर लेवी-स्ट्रॉस का मानना था कि ये सभी प्रश्न भाषायी स्वभाव के थे। लेवी-स्ट्रॉस के अनुसार भाषा कई कारणों से सांस्कृतिक घटना लगती है। पहला कारण, क्योंकि भाषा संस्कृति

का एक हिस्सा है। यह हमारी उन अनेक कौशलताओं या आदतों में से एक है जिसे हम बाह्य परम्परा के रूप में प्राप्त करते हैं। दूसरा कारण यह कि भाषा आवश्यक रूप से प्रभावशाली उपकरण है। यह एक विशेष साधन होता है जिसके द्वारा हम समूह की संस्कृति से घुलमिल जाते हैं, जुड़ जाते हैं तथा एक हो जाते हैं। तीसरा एवं अन्तिम सबसे महत्त्वपूर्ण कारण यह है कि भाषा उन सर्वश्रेष्ठ संस्कृति का प्रकटीकरण है, जो व्यवस्था का निर्माण करती है। अगर हमें धर्म, कला, पौराणिक कथा, विश्वास, अनुष्ठान, कानून इत्यादि को समझना है तब हमें उन्हें उच्चारित चिह्नों द्वारा निर्मित संकेत व्यवस्था के रूप में देखना होगा।

उपरोक्त विवरण से स्पष्ट हो जाता हे कि लेवी–स्ट्रॉस ने अपना महत्त्वपूर्ण कार्यप्रणालीय उपकरण को भाषा विज्ञान के ध्वनिग्राम विज्ञान से ग्रहण किया था। तथाकथित भाषा विज्ञान के प्रेग सम्प्रदाय से जुड़े भाषा वैज्ञानिक एन॰ ट्रोबेटज्कोय तथा रोमन जैकोबसन ने यह दर्शाया था कि भाषा की संरचना को केवल उसकी ध्वनियों की सूची के आधार पर नहीं पता लगाया जा सकता। यहाँ ध्वनियों के बीच सम्बन्ध का विशेष स्थान होता है। यह सम्बन्ध सामान्य रूप से बोलने वालों के मस्तिष्क में सचेतन ढ़ंग से नहीं पाए जाते। लेकिन उनके आधार पर अन्तर–सांस्कृतिक वैध नियम की खोज की जा सकती है।

नातेदारी अध्ययन पर योगदान

नातेदारी संगठन एवं विवाद नियम पर ध्यान केन्द्रित करते हुए लेवी–स्ट्रॉस ने उनके संघटक तत्त्वों के बीच संरचनात्मक सम्बन्धों का परीक्षण किया था। उन्होंने संघटक तत्त्वों को पृथक् नहीं माना था। वरन् उनमें आपसी सम्बन्ध को ढूँढ़ने का प्रयास किया था। लेवी–स्ट्रॉस से पहले नातेदारी व्यवस्था का अध्ययन पूर्व संरचनात्मक भाषा विज्ञान की विधि से किया जाता था। इस विधि में समूह को सबसे छोटी इकाइयों में तोड़ लिया जाता था। इसके बाद उन तत्त्वों के स्वभाव को अन्तर–वैयक्तिक सम्बन्ध या अन्य सामाजिक अर्थ एवं प्रकार्य के

साथ सम्बन्ध दर्शाकर अध्ययन किया जाता था। लेकिन लेवी-स्ट्रॉस ने नातेदारी वर्गीकरण एवं विवाह नियमों में निहित अचेतन तर्क को आधार बनाकर नातेदारी व्यवस्था एवं विवाह व्यवस्था को समझने का प्रयास किया था। नातेदारी व्यवस्था एवं विवाह नियमों के संघटक तत्त्वों के बीच सम्बन्ध पर विचार करते हुए उन्होंने नातेदारी व्यवस्था की व्याख्या अचेतन तर्क एवं सोच के आधार पर प्रस्तुत की थी। नातेदारी व्यवस्था के संघटक तत्त्वों के बीच सम्बन्ध विरोध एवं सहसम्बन्ध का था। तथा विनिमय एवं बदलाव का था। यहाँ सम्प्रेषण का विश्लेषण यान्त्रिक कार्यकरण सम्बन्ध के आधार पर नहीं वरन् तर्क के आधार पर किया गया था। चूँकि यह तर्क विश्वव्यापी था। इसलिए अन्तर-सांस्कृतिक अध्ययन तथा अन्तर-सांस्कृतिक तुलना सम्भव हो सकी थी।

अपनी पुस्तक *एलीमेण्ट्री स्ट्रक्चर ऑफ़ किनशिप* (1949) में लेवी-स्ट्रॉस ने अपने सिद्धान्त के लिए निकटाभिगमन निषेध या कौटुम्बिक व्यभिचार निषेध (incest taboo) को व्याख्यामक अस्त्र बनाया था। उनके अनुसार "इनसेस्ट टैबू" पूर्व श्रेणी नहीं था। क्योंकि अनुभवाश्रित ढंग से यह स्थापित हो चुका था कि यह निषेध सभी समाजों में पाया जाता था। लेकिन इससे जुड़े विशेष नियम एक समाज से दूसरे समाज में या एक संस्कृति से दूसरी संस्कृति में भिन्न थे। यह सही है कि इनसेस्ट टैबू का सामाजिक प्रकार्य था लेकिन जिन आदिम मानव जातियों ने उनका निर्माण किया था वे शायद ही इसके प्रकार्य को समझी थी। यानि उन लोगों ने इसे अचेतन अवस्था में निर्माण किया था। इनसेस्ट टैबू मानव मस्तिष्क को विपरीत दिशा में सोचने का परिणाम था। मानव मस्तिष्क का यह विरोधात्मक युग्म (binary opposition) स्वयं *बनाम* अन्य (self *versus* others) था। इस विरोधात्मक युग्म की मध्यस्थता नारी द्वारा की जा रही थी। मानव द्वारा मानव होने तथा संस्कृति विकसित करने का श्रेष्ठ द्विभाजन (dichotomy) स्वयं *बनाम* अन्य था। जब यह दोहरेपन या विरोध स्थापित हो गया तब अपनों और दूसरों के बीच सम्प्रेषण होना शुरू हो गया था। यह सम्प्रेषण पारस्परिक आदान-प्रदान या विनिमय से

जुड़ा हुआ था। यह सम्प्रेषणात्मक विनिमय तीन स्तरों पर आरम्भ हुआ था। पहला सूचनाओं का विनिमय, दूसरा वस्तुओं का विनिमय एवं तीसरा नारी का विनिमय।

लेवी-स्ट्रॉस के अनुसार इनसेस्ट टैबू का सम्बन्ध नारी विनिमय से था। जानवरों में सहवास का कोई नियम नहीं था। उनमें सहवास बेतरतीब था। उनमें रक्त सम्बन्धियों के बीच भी सहवास होता था। उनमें कामाचार या यौनाचार की अवस्था थी। इनसेस्ट टैबू द्वारा मानव को मानव जैविक मानव से सांस्कृतिक मानव बनाकर अन्य जानवरों से अलग किया था। इनसेस्ट टैबू ने प्रकृति और संस्कृति के बीच अन्तर को भी स्पष्ट किया था। नातेदारी व्यवस्था में स्वयं *बनाम* अन्य की मध्यस्थता नारी द्वारा की गई थी। इसके द्वारा नारी को अपने रक्त समूह से बाहर करके दूसरे रक्त समूह के साथ मध्यस्थता करने के लिए भेज दिया जाता था। यहाँ स्वयं *बनाम* अन्य का दोहरेपन प्रकट होता है। नातेदारी व्यवस्था में दूसरा दोहरापन प्रकृति और संस्कृति का है। रक्त एक प्राकृतिक वस्तु है लेकिन उसे विवाह सम्बन्ध द्वारा सांस्कृतिक बना दिया गया। रक्त सम्बन्धियों में विवाह नहीं होता। विवाह में हमेशा महिला को ग़ैर-रक्त सम्बन्धियों के यहाँ भेजा जाता है। यहाँ प्रकृति और संस्कृति के बीच मध्यस्थता का काम महिला द्वारा किया जाता है।

इस प्रकार उन्होंने अपनी पुस्तक *एलिमेण्ट्री स्ट्रक्चर ऑफ़ किनशिप* (1949) में नातेदारी की प्राथमिक संरचना को प्रकाशित किया। उनके अनुसार नातेदारी की प्राथमिक संरचना दो प्रकार के विरोधात्मक युग्मों को प्रकाश में लाती है। एक विरोधात्मक युग्म स्वयं *बनाम* अन्य है तथा दूसरा विरोधात्मक युग्म प्रकृति *बनाम* संस्कृति है। संरचना में विरोधात्मक युग्म को एक मध्यस्थ की आवश्यकता होती है। नातेदारी एवं विवाह नियम में स्वयं *बनाम* अन्य की मध्यस्थता नारी द्वारा की जाती है। मानव जब सम्बन्ध बनाता है तब सम्बन्ध को बनाए रखने के लिए उपहार देने की व्यवस्था बनाई गई है। अतीत काल में सम्बन्ध बनाने के लिए नारी से अच्छा कोई और उपहार नहीं था। नातेदारी नियम द्वारा महिला को अपने समूह से दूसरे समूह में

भेज दिया जाता है। इस तरह एक महिला दूसरे समूह के साथ जुड़कर दो परिवारों के सम्बन्ध को मजबूती प्रदान करती है। महिला को अपना गोत्र समूह में नहीं भेजा जाता। उसे हमेशा दूसरे गोत्र समूह में भेजा जाता है। विवाह के पहले महिला का गोत्र पिता का गोत्र होता है। लेकिन विवाह बाद महिला का गोत्र पति का गोत्र बन जाता है। इस तरह इसका काम रक्त सम्बन्ध को आगे बढ़ाते रहना है।

नातेदारी व्यवस्था के अन्तर्गत नारी विनिमय में चार प्रकार के सम्बन्ध उलझन पैदा करते हैं। ये सम्बन्ध हैं भाई-बहन, पिता-पुत्र पति-पत्नी एवं मामा-भांजा । भाई-बहन सहोदर कहे जाते हैं। उनका रक्त एक ही होता है। अतः वे आपस में विवाह नहीं कर सकते लेकिन उनसे उत्पन्न बच्चे जिन्हें सहोदरज कहा जाता है वे आपस में नारी विनिमय करेगे या नहीं इस पर जटिल संरचना प्रकट होती है। अधिकांश समाजों में सहोदरजों के बीच विवाह वर्जित रहता है, लेकिन बहुत सारे ऐसे समाज हैं जिनमें सहोदरजों के बीच विवाह सम्पन्न होता है। उसे सहोदरज विवाह कहा जाता है। यह दो प्रकार का होता है –

(1) समलिंग सहोदरज विवाह, तथा
(2) विलिंग सहोदरज विवाह।

समलिंग सहोदरज विवाह में दो भाईयों या दो बहनों की सन्तानें आपस में विवाह करती हैं। विलिंग सहोदर विवाह में भाईयों और बहनों की सन्तानें आपस में विवाह करती हैं।

दूसरा उलझन भरा सम्बन्ध नारी विनिमय की दृष्टि से पिता-पुत्र का है। पिता-पुत्र का सम्बन्ध नारी विनिमय की दृष्टि से जटिल होता है। कई समाजों में पिता को यह अधिकार प्राप्त है कि वह पुत्री विनिमय द्वारा आपकी दूसरी, तीसरी या अन्य पत्नियाँ ला सकता है। इस समाज में अगर पिता अपने ही विवाह के लिए सभी पुत्रियों का विनिमय कर लेगा तब पुत्र कुँवारा रह जाएगा। इस तरह के समाज में पिता-पुत्र के बीच सम्बन्ध अच्छा नहीं रह जाता। कुछ समाजों में पिता-पुत्र के

बीच सम्बन्ध अच्छा नहीं रह जाता। कुछ समाज में पत्नी पाने के लिए एक पुत्र को होने वाली पत्नी के घर में दास का काम भी करना पड़ जाता है। पिता जिस घर से अपने लिए पत्नी लाता है, उस समूह से पुत्र अपने लिए पत्नी नहीं ला सकता। अधिकांश समाजों में एक पुत्र को चचेरी, ममेरी, फुफेरी तथा मौसेरी बहनों के साथ विवाह करने पर रोक लगा दी गई है।

तीसरा उलझन भरा सम्बन्ध पति-पत्नी का खुद का है। कई समाज ऐसे हैं जहाँ एक पति को अधिकार प्राप्त होता है कि वह एक से अधिक नारियों के साथ विवाह कर सकता है। इसे बहु-पत्नी प्रथा के नाम से जाना जाता है। इस प्रथा में एक ही पुरुष कई बार विनिमय करके अपने लिए पत्नी ला सकता है। ठीक इसके विपरीत बहु-पति प्रथा है जिसमें एक ही महिला का विवाह कई पुरुषों के साथ होता है। इस परिस्थिति में नारी विनिमय करके बड़ा भाई लाता है और उसके सभी भाई उसके पति हो जाते हैं, लेकिन बच्चों को पिता का नाम सबसे बड़े भाई का ही मिलता है। बहुत समाजों में विधवा और विधुर को भी विवाह करने का अधिकार मिला होता है। लेकिन अनेक समाजों में यह अधिकार केवल विधुर को प्राप्त होता है, विधवाओं को नहीं। कई समाजों में भाभी विवाह का प्रचलन है, जबकि कई समाजों, में साली विवाह का प्रचलन पाया जाता है।

चौथा उलझन भरा सम्बन्ध नारी विनिमय की दृष्टि से मामा तथा भांजा का होता है। कई समाज मामा स्थानीय होता है। वहाँ विवाह के बाद भांजे को मामा के घर का सदस्य बनना पड़ता है। उसे विवाह के बाद मामा के घर पर रहना पड़ता है। वह उत्तराधिकार में मामा की सम्पत्ति को प्राप्त करता है। इस तरह के समाज में भांजा के लिए पत्नी खोजने तथा लाने का काम मामा द्वारा किया जाता है। उसके अपने माता-पिता की कोई भूमिका नहीं होती। यहाँ भांजे के लिए नारी विनिमय का काम मामा की इच्छा से होता है।

उपरोक्त विवरण से स्पष्ट होता है कि नारी विनिमय भी एक जटिल प्रक्रिया है। यह सरल प्रक्रिया नहीं है। इसमें सहयोग, प्रतिस्पर्धा, ईर्ष्या,

लड़ाई-झगड़ा, जैसी घटनाएं भी घटित होती हैं। इसमें कुछ रिश्तेदार खुश होते हैं तो कुछ रिश्तेदार नाराज भी हो जाते हैं।

लेवी-स्ट्रॉस ने नारी विनिमय के दो प्रमुख प्रकारों को प्रकाश नें लाए, जो निम्नलिखित हैं :

- सीमित विनिमय (restricted exchange)
- सामान्य विनिमय (general exchange)

उन्होंने विलिंग सहोदरों के बीच विवाह (cross-cousin marriage) को सीमित विनिमय का उदाहरण बतलाया था। यह एक प्रकार का सन्तुलित विनिमय है। इसमें भाई एवं बहन के लड़के-लड़की आपस में विवाह करते हैं। इस तरह यह विनिमय दो परिवारों के बीच होता है। सामान्य विनिमय दो से अधिक समूहों के बीच होता है। इसमें विनिमय रक्त सम्बन्धियों के बीच नहीं होता। इसमें एक समूह दूसरे समूह से लड़की लाता है तथा तीसरे समूह को अपनी लड़की देता है। ये सभी समूह आपस में रक्त-सम्बन्धी नहीं होते। लेवी-स्ट्रॉस के अनुसार सामान्य विनिमय सीमित विनिमय की तुलना में ज्यादा भाई-चारे का निर्माण करते हैं।

मातुलेय अधिकार की संरचनात्मक व्याख्या

मातुलेय परिवार की नातेदारी संरचना

लेवी-स्ट्रॉस ने मातुलेय अधिकार की संरचनात्मक व्याख्या करते हुए कहा कि इसकी संरचना में चार संकेत पाए जाते हैं। ये संकेत हैं–

भाई × बहन : पति × पत्नी
पिता × पुत्र : मामा × भांजा

उपरोक्त नातेदारी संकेतों में चार प्रकार के विरोधात्मक युग्म प्रकट होते हैं। इन चारों विरोधात्मक युग्मों में दो धनात्मक तथा दो ऋणात्मक सम्बन्ध पाए जाते हैं। ये दो धनात्मक तथा दो ऋणात्मक सम्बन्ध इस प्रकार हैं–

भाई × बहन : पति × पत्नी
धनात्मक ऋणात्मक
पिता × पुत्रः मामा × भांजा
धनात्मक ऋणात्मक

पितृवंशीय परिवार में नातेदारी संरचना

भाई × बहन : पति × पत्नी
ऋणात्मक धनात्मक
पिता × पुत्र : मामा × भांजा
धनात्मक ऋणात्मक

टोटेमवाद पर विचार

लेवी-स्ट्रॉस ने अपनी पुस्तक *टोटेमिज्म* (1962) में इस तथ्य को उजागर किया है कि आदिम जनजातीय समाज में टोटेमिक वस्तुओं को गोत्र, परिवार या वंश के संकेत के रूप में चुना गया था। उनका चयन सामाजिक संगठन के लिए इसलिए किया गया था क्योंकि वे सामाजिक सम्बन्ध को व्यवस्थित करने के लिए समूहों के बीच भाषायी एवं वर्गात्मक साधन थे। टोटेमवाद से प्रकृति *बनाम* संस्कृति विरोधात्मक युग्म भी प्रकट होता है। इस विरोधात्मक युग्म की मध्यस्थता सम्बन्ध निर्माण से की जाती है। पशु-पक्षियों तथा पेड़-पौधों के नाम पर अपने गोत्र, परिवार या वंश का नाम रखना तथा अपने आपको उनका वंशज बताना मानव मस्तिष्क को दो विपरीत दिशाओं में सोचने का ढंग प्रस्तुत करता है। इसमें एक तरफ प्रकृति है तो दूसरी तरफ संस्कृति। पेड़-पौधे तथा पशु-पक्षी प्राकृतिक वस्तुएँ हैं, लेकिन उनसे रिश्ता जोड़ना और सांस्कृतिक व्यवस्था में शामिल करना एक सांस्कृतिक प्रक्रिया है। प्रकृति *बनाम* संस्कृति की मध्यस्थता रक्त-सम्बन्ध से की जाती है। यहाँ स्वयं *बनाम* अन्य का दोहरेपन भी पाया जाता है। जो लोग एक ही पेड़, पशु, पक्षी या पौधे की सन्तान होते हैं वे स्वयं के अन्तर्गत आ जाते हैं। जब दूसरे पेड़, पौधे, पशु या

पक्षी की सब सन्तान अन्य की श्रेणी में आ जाते हैं। यहाँ स्वयं *बनाम* अन्य की मध्यस्थता नारी विनिमय या भोजन विनिमय द्वारा की जाती है। नारी विनिमय हमेशा अन्य के साथ होती है, स्वयं के साथ नहीं। कच्चे भोजन का विनिमय हमेशा स्वयं के साथ होता है, जबकि पक्के भोजन का विनिमय अन्य के साथ होता है।

टोटेमवाद अध्ययन की पुरातन परम्परा की आलोचना करते हुए लेवी-स्ट्रॉस ने कहा था कि एक प्रबल परम्परा टोटेम अध्ययन को बहिर्विवाही नियम से जोड़ने की रही थी। लेवी-स्ट्रॉस के अनुसार जब हम टोटेमवाद की चर्चा करते हैं तब हम दो तरह की समस्या से भ्रमित हो जाते हैं। पहली समस्या मानव जाति की पहचान पेड़-पौधों एवं पशु-पक्षियों से जुड़ी है। यह मानव और प्रकृति के बीच सम्बन्ध को दर्शाता है। दूसरी समस्या पशु-पक्षी एवं पेड़-पौधों के आधार पर समूह निर्माण से है। इस तरह टोटेमवाद मानव सम्बन्ध एवं समूह निर्माण से जुड़ा हुआ है। अतः टोटेमवाद दो तरह की व्यवस्थाओं का उदाहरण प्रस्तुत करता है।

लेवी-स्ट्रॉस के अनुसार पशुओं एवं वृक्षों को एक सामाजिक व्यवस्था को नाम देने के लिए क्यों चुना गया था तथा किस प्रकार का सम्बन्ध उन पशुओं/पक्षियों एवं सामाजिक व्यवस्था के बीच पाया जाता था? इन दोनों प्रश्नों का उत्तर देना यहाँ अनिवार्य लगता है। लेवी-स्ट्रॉस के अनुसार पशुओं या वृक्षों का नाम सामाजिक व्यवस्था के लिए इसलिए नहीं चुना गया था क्योंकि वे उनके पर्यावरण में पर्याप्त मात्रा में उपस्थित थे। वरन् पेड़ों/पशुओं/पक्षियों/पौधों का नामकरण सामाजिक व्यवस्था के लिए इसलिए चुना गया था क्योंकि वे मानव मस्तिष्क के सोच—विरोधात्मक युग्म—को दर्शाते थे। पेड़-पौधे तथा पशु-पक्षी प्रकृति के प्रतीक हैं जबकि सामाजिक व्यवस्था संस्कृति के प्रतीक हैं। यह मानव का प्रकृति *बनाम* संस्कृति का दोहरी सोच दर्शाता है। मनुष्य का प्रकृति के साथ सम्बन्ध एवं सामाजिक समूह के प्राकृतिक नामकरण मानव मस्तिष्क की दोहरी सोच व्यवस्था को दर्शाता है।

यहाँ संरचनात्मक विधि के प्रयोग से जुड़ी विधियों की व्याख्या कारकों के स्वभाव द्वारा की जा सकती है। संरचनात्मक विधि के प्रयोग द्वारा टोटेमवाद के अर्थगत क्षेत्र के सामान्य पहलुओं की व्याख्या वैज्ञानिक ढंग से की जा सकती है। इसे तीन प्रक्रियाओं के माध्यम से किया जा सकता है जो निम्नलिखित हैं–

- अध्ययन के अधीन तथ्यों को हम लोग दो या दो से अधिक वास्तविक या काल्पनिक नामों से परिभाषित कर सकते हैं।
- हम लोग उन शब्दों के बीच सम्भावित परिवर्तन के एक सारणी का निर्माण कर सकते हैं।
- परिणाम में प्राप्त सारणी को सामान्य वैज्ञानिक विश्लेषण के लिए लिया जा सकता है।

इस प्रकार, टोटेमवाद की अवधारणा दो क्रमों के बीच वैचारिक सम्बन्धों को शामिल करती है। एक क्रम को प्राकृतिक तथा दूसरे क्रम को सांस्कृतिक कहा जाता है। प्राकृतिक क्रम एक तरफ श्रेणियों तथा दूसरी तरफ विशेषता को रखता है। उसी तरह सांस्कृतिक क्रम एक तरफ समूह को तथा दूसरी तरफ व्यक्ति को रखता है। ये शब्द चार प्रकार से जुड़े रहते हैं–

	1	2	3	4
प्रकृति	श्रेणी	श्रेणी	विशेष	विशेष
संस्कृति	समूह	व्यक्ति	व्यक्ति	समूह

उपरोक्त प्रत्येक चारों संयोग का अपना अनुभवाश्रित प्रतिपक्ष होता है। प्रथम संयोग के लिए कुछ ऑस्ट्रेलियाई जनजातियों के सामाजिक एवं लैंगिक टोटेम को उदाहरण के रूप में लिया जा सकता है। जहाँ प्राकृतिक श्रेणी के पशु एवं सांस्कृतिक समूह के रूप में अर्द्धांश, शाखा, उपशाखा, सम्प्रदाय समूह, या समान लिंग के सहयोगी समूह के सदस्य पाए जाते हैं। उत्तरी अमेरिकन भारतीय जनजातियों के वैयक्तिक टोटेमवाद को द्वितीय संयोग का उदाहरण लेवी–स्ट्रॉस

ने माना था। इस टोटेमिक व्यवस्था में एक व्यक्ति अपनी पहचान को प्राकृतिक पेड़-पौधों या पशु-पक्षीयों से जोड़ता था। तीसरे प्रकार के संयोग का उदाहरण मोटा (बैन्ड द्वीप) के टोटेमवाद से प्रस्तुत किया गया था। इस टोटेमवाद में एक शिशु को उस पेड़-पौधे या पशु-पक्षी का अवतार माना जाता था जिसका सेवन माता द्वारा गर्भ धारण के समय किया गया था। चौथे प्रकार के संयोग का उदाहरण माओरिस को माना गया था जहाँ एक प्राकृतिक स्पेसिस को पूरे समूह का रक्षक माना जाता था।

लेवी-स्ट्रॉस के अनुसार केवल प्रथम दो उदाहरणो को टोटेमवाद का सही उदाहरण माना जा सकता है, जबकि अन्तिम दो उदाहरणों को टोटेमवाद की भ्रान्ति माना जा सकता है। इन अन्तिम दोनों उदाहरणों में अर्थगत क्षेत्र को तोड़-मरोड़कर प्रस्तुत किया गया था, जिसमें सच्चाई को गलत ढंग से विभाजित किया गया था। लेवी-स्ट्रॉस के अनुसार आरम्भिक टोटेमवादियों ने दो प्रकार की गलती की थी। पहली गलती यह थी कि उन्होंने मानव और टोटेम के बीच प्रत्यक्ष सम्बन्ध को माना था। दूसरी गलती यह थी कि वे लोग टोटेमवाद में वैयक्तिक एवं सामूहिक दोहरेपन को उपेक्षित किया था।

दोहरे अर्थ में टोटेमवादी सम्बन्ध को अभिभावक आत्मा (guardian spirit) के प्रकटीकरण के रूप में नहीं माना जा सकता। क्योंकि अभिभावक आत्मा प्रत्यक्ष देशज सिद्धान्त से जुड़ा हुआ था। यह हमें मानव एवं उसके गोत्र के मूल पुरुष के बीच मध्यस्थता करने वाले तथा बदलने वाले सम्बन्ध को अलग करने का मौका देता है। यह हमें यह भी जानने का मौका देता है कि प्रत्येक आरम्भिक मानव जातीय समूह किसी न किसी पेड़ या जानवर स्पेसिस से जुड़ा हुआ था। इस तरह आरम्भिक मानव समूह दो तरह से विभाजित था। एक तो वह विभिन्न समूहों में रक्त-सम्बन्ध के आधार पर विभाजित था तथा दूसरा वह पशु स्पेसिस के आधार पर विभाजित था। उसके विभाजन के आधार रक्त एवं स्पेसिस थे। इससे यह भी प्रकट होता है कि समूहों

की बाहुल्यता एवं स्पेसिस की बाहुल्यता थी। समूहों एवं स्पेसिस के बीच सहसम्बन्ध एवं विरोधात्मक सम्बन्ध थे।

अनेक परिस्थितियों में विश्व पाशविक जीवन को सामाजिक सम्बन्धों के साथ जोड़े जाने की परम्परा आरम्भ हुई थी। इस सामाजिक सम्बन्ध में मित्रता-शत्रुता, संघर्ष-सहयोग, एकता-विरोध जैसे दोहरेपन (duality) पाए जाते हैं। इन दोहरेपन चरित्रों की अन्तर-सांस्कृतिक ढंग से तुलना की जा सकती है तथा प्राप्त परिणाम का सामान्यीकरण किया जा सकता है।

उपरोक्त विवरण से स्पष्ट हो जाता है कि टोटेमवाद जानवर एवं पौधा जगत् के नाम पर निर्मित सामाजिक संगठन के नामकरण की व्यवस्था है। लेकिन यह सहसम्बन्ध एवं विरोधात्मक सम्बन्ध का संघ भी होता है। पशु या पौधे को सामाजिक संगठन के नामकरण के लिए इसलिए नहीं चुना जाता क्योंकि वे खाने में अच्छे लगते हैं। वरन् उनका चयन इसलिए किया गया था क्योंकि वे मानव मस्तिष्क की सोच में अच्छे थे। इससे यह भी प्रकट होता है कि आदिम मानव के मस्तिष्क में तार्किक एवं काल्पनिक शक्ति विद्यमान थी, जिसे अनुभवाश्रित अवलोकन में भी सत्य पाया गया था। उन्होंने टोटेमवाद की समस्या को कभी भी समाप्त नहीं किया था। वरन् उन्होंने टोटेमवाद को तार्किक बना दिया था। उनका टोटेमवाद मानसिक टोटेमवाद (mental totemism) था। वे ग़ैर-टोटेमवादी नहीं थे।

आदिम मस्तिष्क पर योगदान

अपनी पुस्तक *सेवेज माइण्ड* (1962) में लेवी-स्ट्रॉस ने संरचना के अचेतन पहलू के आधार पर मानव मस्तिष्क में पहुँचने का प्रयास किया था। उनका दृष्टिकोण भाषायी था, मनोवैज्ञानिक नहीं। उनका मानना था कि मानव मस्तिष्क का मौलिक गुण विरोधात्मक दिशा में सोच था। इस विरोधात्मक सोच के कारण सामाजिक संरचना जैसी अमूर्त व्यवस्था का जन्म हुआ। इसी विरोधात्मक सोच के कारण समाज की सांस्कृतिक, सामाजिक, आर्थिक, राजनीतिक, धार्मिक तथा बौद्धिक

व्यवस्थाओं का भी जन्म हुआ था। दोहरेपन या द्वैतवाद (dualism) भी अपने आप में कई उपभागों में विभाजित रहता है। इसके तत्त्व असमान होते हैं या विषम होते हैं। इनका तथ्यात्मक विभाजन एक-दूसरे से जुड़ा रहता है। इस प्रकार द्वैतवाद केवल आकर्षक शब्द नहीं हैं। मानव मस्तिष्क की दोहरी सोच संरचनात्मक स्वभाव की होती है। हालांकि यह आवश्यक नहीं है कि ऐसी सोच चेतन रही होगी, लेकिन यह सामाजिक तथ्यों की एक व्यवस्थात्मक संरचना प्रदान करती है। किसी भी तरह के दोहरेपन या द्वैतवाद के कारण नई व्यवस्था पनपती है तथा नई समस्या भी खड़ी होती है। इसके कारण समान सामाजिक संगठनों का निर्माण नहीं होता, लेकिन नए स्वरूपों का जन्म अवश्य होता है। मानव मस्तिष्क का सबसे महत्त्वपूर्ण काम इतिहास एवं पर्यावरण द्वारा प्रदत्त अनुभवरूपी सामग्रियों को संगठित करना रहा है, लेकिन संगठन का कानून सभी मानवों के लिए आम या सामान्य रहा है। इस प्रकार जब लेवी-स्ट्रॉस आदिम मस्तिष्क की चर्चा करते थे, तब उनका सम्बन्ध मानव जाति के विश्वव्यापी मस्तिष्क से रहा था।

उनकी प्रारम्भिक सोच यह थी कि मानव मस्तिष्क के पास एक भाषा होती है। एक स्तर पर यह भाषा मानव को सम्प्रेषण करने योग्य बनाती है और सामाजिक सम्बन्ध का विकास करती है। दूसरे स्तर पर मानव मस्तिष्क की भाषा सोचरूपी रहस्यात्मक प्रक्रिया का आवश्यक तत्त्व होती है जिसके आधार पर हम अपने पर्यावरण को श्रेणीबद्ध करते हैं तथा उन श्रेणियों को संकेतों (शब्दों) के माध्यम से व्यक्त करते हैं। शब्दों एवं संकेतों के माध्यम से सोच की प्रक्रिया व्यक्ति एवं पर्यावरण के बीच एक जटिल पारस्परिक क्रिया को जन्म देती है। यहाँ व्यक्ति द्वारा सोच को अंजाम दिया जाता है तथा पर्यावरण जिसके बारे में व्यक्ति सोचता है उसका वह सर्वेसर्वा भी होता है।

लेवी-स्ट्रॉस के अनुसार मानव मस्तिष्क के पास एक तार्किक सोच की क्षमता होती है। यह तार्किक सोच की क्षमता सभी मानव जातियों में होती है। चाहे वह आदिम समाज का हो या सभ्य समाज का। उनका मानना था कि प्रत्येक समाज के पास अपनी

अवधारणात्मक एवं श्रेणीकरणात्मक व्यवस्था पाई जाती है। यह व्यवस्था उसके ऊपर अनुभव एवं प्राकृतिक पर्यावरण द्वारा थोपी गई होती है। लेकिन प्राकृतिक पर्यावरण को अपनी सामाजिक-सांस्कृतिक व्यवस्था में अपनी सोच एवं अनुभव द्वारा स्थान प्रदान करना तथा अमूर्त रूप प्रदान करना किसी भी तरह से सभ्य मानव मस्तिष्क से कम नहीं दिखाई पड़ता।

पौराणिक कहानियों का संरचनात्मक विश्लेषण

फ्रेज़र के समय से ही पौराणिक कहानियों का अध्ययन मानव विज्ञान के लिए एक आकर्षक जाँच का विषय रहा है। लेकिन फ्रेज़र के समय से ही यह भ्रम भी व्याप्त रहा है कि पौराणिक कथाओं को किस दृष्टिकोण से व्याख्या की जाए या विश्लेषण किया जाए। प्रतियोगी विचारों के अनुसार पौराणिक कहानियाँ आदर्श एवं मौलिक मानव भावनाओं का प्रतिनिधित्व करती हैं। वे प्राकृतिक तथ्यों की व्याख्या होती हैं तथा वे समाज के अन्दर सामाजिक सम्बन्धों का बदला हुआ या छद्म विवरण होती हैं। वे हमें अलौकिक एवं चमत्कारिक विश्व का दर्शन भी कराती हैं। इन पौराणिक कथाओं के साथ कोई प्रमाण नहीं होते हैं, जिनके आधार पर उनके दावों को हम सत्य ठहरा सकें। पौराणिक कथा-कहानियों के अध्ययन में सबसे बड़ी कठिनाई परस्पर-विरोधी घटनाओं के कारण होती हैं। कथा-कहानी में सब कुछ ठीक-ठाक चलते-चलते उसमें अचानक ऐसा मोड़ आ जाता है जो पहले के कथानक को अचानक बिल्कुल बदलकर रख देता है। उसमें न कोई सच्चाई और ना ही कोई तर्क होता है। प्रत्येक कथा-कहानी के अपने-अपने पात्र तथा अपनी-अपनी अलौकिक घटनाएं होती हैं, जो अचानक पूरी परिस्थिति को बदलकर रखकर रख देती हैं। इसे करिश्माई घटना कहा जाता है। लेकिन इसके बावजूद अनेक कथा-कहानियों का रहस्यात्मक विषय विश्वव्यापी एवं स्थिर रहता है। अब इस विश्वव्यापकता एवं स्थिरता की व्याख्या कैसे की जाए? इस प्रश्न का समाधान लेवी-स्ट्रॉस ने संरचनात्मक मानव विज्ञान की विधि एवं दृष्टिकोण के आधार पर करने का प्रयास किया है।

लेकिन लेवी-स्ट्रॉस द्वारा प्रदत्त कथा-कहानियों के संरचनात्मक विश्लेषण प्रस्तुत करने के पहले यहाँ पौराणिक कथा-कहानियों की विशेषताओं को प्रस्तुत करना युक्तिसंगत लगता है। सबसे पहली विशेषता यह होती है कि पौराणिक कथा-कहानियाँ एक भाषा होती है या संकेत होती है। इसकी दूसरी विशेषता यह होती है कि पौराणिक कथा-कहानियाँ भाषा होती हैं, लेकिन प्रामाणिक रूप में वे वाणी क्रिया होती हैं, जिसे मौखिक क्रिया भी कहा जाता है। अतः यहाँ भाषा वैज्ञानिक सस्यूर द्वारा प्रस्तुत भाषा (language) तथा प्रतिज्ञा (parol) के बीच अन्तर को रखना अनिवार्य लगता है। भाषा के पास संरचना पाई जाती है तथा भाषा परिवर्तनशील भी है। लेकिन प्रतिज्ञा या वचन स्थिर एवं अपरिवर्तनशील होते हैं। पौराणिक कहानियों की एक तीसरी विशेषता भी पाई जाती है। इसमें घटना या भाव को समयरहित ढंग से वर्णन किया जाता है। यह समयरहित भाव आज भी रहता है, कल भी रहेगा तथा कल भी था। अतः इसमें वर्तमान, अतीत और भविष्य सब कुछ शामिल रहता है तथा समान रूप से लागू होता है। अगर दूसरे शब्दों में कहा जाए तब पौराणिक कहानियाँ भाषा विज्ञान के समान होती हैं। क्योंकि इसके पास भाषा के साथ-साथ प्रतिज्ञा या वचन भी होता है। लेकिन कथा-कहानियाँ भाषा से भिन्न होती हैं, क्योंकि वे ऐतिहासिक भी होती हैं। लेवी-स्ट्रॉस का मानना था कि हम लोग पौराणिक कथा को भाषायी अभिव्यक्ति के प्रतिबिम्ब (spectrum) के विपरीत छोर पर रखकर कविता से अलग कर सकते हैं। क्योंकि पौराणिक कहानियाँ कविताएं नहीं होती। कविताओं का अनुवाद नहीं किया जा सकता। लेकिन अगर कोई वैसा करता है तब कविता का विकृत रूप आ जाता है। लेकिन पौराणिक कथाओं को किसी भी भाषा में अनुवाद करने पर भी उसकी मौलिकता बची रहती है। इस तरह पौराणिक कथा-कहानियाँ कविताओं से बिल्कुल भिन्न होती हैं।

सबसे अन्त में लेवी-स्ट्रॉस ने पौराणिक कथा-कहानियों पर अपने विचार को शृंखलाबद्ध ढंग से प्रस्तुत किया था, जो निम्नलिखित है–

- पौराणिक कथाओं के जितने भी तत्त्व हैं जिनसे पौराणिक कथाओं का निर्माण हुआ है वे सभी तत्त्व एक-दूसरे से जुड़े रहते हैं।
- हालांकि पैराणिक कथा-कहानियाँ भाषा की ही श्रेणियों में आती हैं लेकिन वे अपनी रहस्यमयी व्यवहारों में भाषा से भिन्न दिखती हैं।
- पौराणिक कथा-कहानियों अन्य भाषायी अभिव्यक्तियों से ज्यादा जटिल होती हैं तथा वे सामान्य भाषा स्तर से ऊपर होती हैं।
- पौराणिक कथा-कहानियाँ का निर्माण भाषा के समान अन्य इकाइयों से हुआ है।
- पौराणिक कथा-कहानियों की इकाइयां भाषा की तुलना में ज्यादा उच्च एवं जटिल स्तर की होती हैं।

लेवी-स्ट्रॉस ने अचेतन मस्तिष्क के स्वभाव को जानने के लिए पौराणिक कथा-कहानियों का अध्ययन शुरू किया था। मानव मस्तिष्क की सभी गतिविधियों में पौराणिक कथा-कहानियों का निर्माण प्रकार्यात्मक आवश्यकताओं से जुड़ी हुई थीं तथा अचेतन मस्तिष्क के सबसे समीप थीं। नातेदारी व्यवस्था, विवाह नियम, ग्राम संगठन, इत्यादि सामाजिक जीवन की परिस्थितियों से विशेष रूप से प्रभावित होती थी, क्योंकि उन्हें उसके अनुसार जीना पड़ता था। लेकिन पौराणिक कथा-कहानियाँ ऐसे विचारों से मुक्त थीं। पौराणिक कथा-कहानी गढ़ने वाला मस्तिष्क अपने आन्तरिक सिद्धान्त के कारण तनावग्रसित हो जाता था, सामाजिक उपयोगिता के कारण नहीं। पौराणिक कथा-कहानियों का कोई प्रकट कार्य नहीं होता। लेकिन मानव मस्तिष्क पौराणिक कथा-कहानियों का प्रकार्यरहित लेकिन

संरचित क्षेत्र सिद्ध करता है। इस मानसिक क्रिया-कलाप के क्षेत्र के रूप में भी निश्चित किया जा सकता है।

लेवी-स्ट्रॉस ने पौराणिक कथा-कहानियों के अध्ययन की मौलिक विधि का विवरण अपने अनुसन्धान पत्र स्ट्रक्चरल स्टडी ऑफ़ मिथ (1963 : 206-31) में प्रस्तुत किया था। इस अनुसन्धान पत्र में लेवी-स्ट्रॉस ने उदाहरण के तौर पर मातृरति संकुल से जुड़ी कथा-कहानियों के कई अनुवादों को प्रस्तुत किया था। लेवी-स्ट्रॉस के अनुसार पौराणिक कथा-कहानियों को अध्ययन के लिए सर्वप्रथम उन कथा-कहानियों को पहचान योग्य इकाइयों में बाँट दिया जाना चाहिए या तोड़ दिया जाना चाहिए। कथा-कहानी की पहचान योग्य इकाइयों को लेवी-स्ट्रॉस ने माइथिम्स (mythems) कहा था। माइथिम्स को निम्न स्तर भाषायी इकाइयों से अलग कर लेना चाहिए। इसके बाद हमें माइथिम्स का सम्बन्ध वाक्य स्तर से दिखलाना चाहिए। इस तरह पौराणिक कथा-कहानियों का अध्ययन उसे यथासम्भव लघु-वाक्यों में तोड़कर किया जाना चाहिए। ताकि प्रत्येक लघु वाक्य एक विषय से जुड़े तथा प्रकार्य करते हुए लग सके। इस तरह प्रत्येक इकाई का सम्बन्ध एक विषय के साथ दर्शाया जा सके। दूसरे कदम के अन्तर्गत यह जानने का प्रयास किया जाना चाहिए कि पौराणिक कथा-कहानियों की इकाइयाँ पृथक् में नहीं है, वरन् वे सम्बन्ध के समूह के रूप में होते हैं। उनके बीच सम्बन्ध के समूह के आधार पर अर्थ की खोज की जानी चाहिए। अतः हमारा प्रथम प्रयास कथा-कहानियों से प्रकार्यात्मक वाक्यों को अलग कर लेने का होना चाहिए। इसके बाद उन प्रकार्यात्मक वाक्यों को समूह के रूप में व्यवस्थित किया जाना चाहिए। इसके बाद उन समूहों से अर्थ की खोज की जानी चाहिए। अतः पौराणिक कथा-कहानियों को मात्र कहानी के रूप में नहीं पढ़ना चाहिए। वरन् उन्हें लघु प्रकार्यात्मक वाक्यों या इकाइयों में तोड़कर तथा सम्बन्ध के समूहों में रखकर अर्थ जानने का प्रयास किया जाना चाहिए। उन्होंने प्रकार्यात्मक लघु इकाइयों या वाक्यों को माइथिम्स कहा था। अगर लघु प्रकार्यात्मक इकाइयों का परीक्षण किया जाए

तब वे प्रकृति-संस्कृति द्वैतवाद या दोहरेपन के बारे में जानकारी देते हैं।

अपनी चार खण्डीय पुस्तक *माइथोलॉजिक्स* (1964, 1966, 1968, तथा 1972) में लेवी-स्ट्रॉस ने पौराणिक कथा-कहानियों के संरचनात्मक विश्लेषण दृष्टिकोण को और सुस्पष्ट किया था। उनका कहना था कि पौराणिक कथा-कहानियों में अनेक प्रकार्यात्मक वाक्य होते हैं जो प्रकृति *बनाम* संस्कृति, स्वयं *बनाम* अन्य, जीवन *बनाम* मृत्यु, कृषि *बनाम* युद्ध जैसे दोहरेपन या द्वैतवाद को दर्शाते हैं। यह मानव मस्तिष्क की सोच को प्रदर्शित करता है। यही विरोधात्मक सोच या दोहरेपन सम्पूर्ण पौराणिक कथा-कहानियों की संरचना दर्शाती है। सम्पूर्ण पौराणिक कथा-कहानियाँ इन्हीं दोहरेपनों के इर्द-गिर्द घूमती है और अन्त होती है। उत्तरी अमेरिकन भारतीय जनजातियों के बीच प्रचलित "चालाक भेड़िया" नामक पौराणिक कथा-कहानी को लेवी-स्ट्रॉस ने उदाहरण के रूप में प्रस्तुत किया था। इस पौराणिक कथा की संरचनात्मक व्याख्या लेवी-स्ट्रॉस ने दो प्रकार के विरोधात्मक युग्मों के आधार पर किया था। ये विरोधात्मक युग्म थे कृषि *बनाम* युद्ध एवं जीवन *बनाम* मृत्यु। लेवी-स्ट्रॉस के अनुसार आखेट या शिकार कृषि एवं युद्ध के बीच मध्यस्थता का कार्य करता है। यहाँ आखेट मानव जीवन को बचाता है, लेकिन पशु-पक्षियों के जीवन को नष्ट कर देता है। भेड़िया नामक एक सफाई करने वाला पशु एक-दूसरा दोहरे प्रतिरोध की मध्यस्थता करता है। यह दोहरा विरोधात्मक युग्म तृण-भक्षी *बनाम* मांस-भक्षी एवं जीवन *बनाम* मरण था। यहाँ जीवित रहने के लिए भेड़ियों को चालाक होना जरूरी था।

पौराणिक कथाओं के बीच व्याप्त अन्तरों को सरल विरोधात्मक युग्मों के विश्लेषण द्वारा ताल-मेल बैठाने का काम किया गया था। इन सरल ताल-मेलों में प्रकृति *बनाम* संस्कृति विरोधात्मक युग्म काफी प्रभावशाली रहा था। इसके माध्यम से यह दर्शाना सम्भव हुआ कि पौराणिक कथाओं में व्याप्त अन्तरों के बावजूद विरोधात्मक युग्मों में समानता पाई जाती है। अतः जितनी भी पौराणिक कथा-कहानियों

के तत्त्व हैं वे समान मानसिक संरचना-विरोधात्मक युग्म दर्शाते हैं। इसी आधार पर पौराणिक कथाओं का अनुवाद किया जाता है, तथा फिर से रचना की जाती है। ये सब आम आधार पर होता है। यद्यपि लेवी-स्ट्रॉस ने इसे बड़ा ही परिष्कृत एवं वाक्पटुता से किया था, लेकिन परिवर्तन अक्सर मनगढ़न्त एवं आकर्षण से बहुत दूर होते थे। चूँकि मधु हमेशा कच्चा ही प्रयोग किया जाता है। यह प्रकृति का प्रतिनिधिक होता है, लेकिन मधु हमेशा लुभावना एवं प्रलोभक होता है। अतः जितनी भी मनमोहक एवं लुभावनी कहानियाँ होती हैं, वे सबके सब मधु के समान होती हैं। उसकी संरचनात्मक स्थिति भी मधु के समान होती है। राख की उत्पत्ति आग से होती है। अग्नि मनुष्य का आरम्भिक आविष्कारों में से एक है। इसका प्रयोग अस्त्र के रूप में भी होता है। राख का उपयोग खेत से उत्पादकता अधिक लेने तथा कीड़े-मकौड़े भगाने के लिए होता है। अतः आग और राख दोनों संस्कृति के प्रातिनिधिक होते हैं। बीड़ी-सिगरेट को जलाने के लिए आग की आवश्यकता होती है। सुअर के मांस को बिना पकाए नहीं खाया जा सकता। इस तरह बीड़ी-सिगरेट तथा जंगली सुअर की उत्पत्ति-सम्बन्धी पौराणिक कथाओं में हम अग्नि, राख, पकाई, धुँआ तथा जलाई का सम्बन्ध पाते हैं।

लेवी-स्ट्रॉस का मानना था कि मस्तिष्क के अचेतन तर्क का महत्त्व पौराणिक कथा-कहानियों की विषय-वस्तु विश्लेषण से अधिक महत्त्व रखता था। इसीलिए उन्होंने पौराणिक कथा-कहानियों या नातेदारी या टोटेमिक विश्वास को अभाषिक ढंग से मूर्त अनुभवाश्रित सच्चाई से अलग रखने का प्रयास किया था। लेकिन वे बिना सामाजिक अर्थ की संरचना से सन्तुष्ट नहीं थे। उन्होंने यह अनुभव किया था कि इंसेस्ट टैबू का उपयोग कतिपय सामाजिक लाभ के लिए किया गया था। तथा कला या पौराणिक कथा-कहानियाँ मस्तिष्क की अचेतन संरचना के अतिरिक्त भी कुछ प्रतिबिम्बित करती हैं। इन पहलुओं की चर्चा करने में लेवी-स्ट्रॉस मानव विज्ञान के कोर के समीप दिखाई देते हैं वे यहाँ ज्यादा बौद्धिक और सृजनशील लगते हैं। जहाँ फ्रांज बोआस

ने अपने द्वारा 700 से अधिक संग्रहीत अमेरिकी भारतीय पौराणिक कथा-कहानियों के बारे में नहीं बतला सके थे कि वे उनको किस ढंग से व्याख्या करेंगे, लेवी-स्ट्रॉस ने दर्शाया कि प्रत्येक कथा-कहानी अपने पर्यावरण को प्रतिबिम्बित करती हैं तथा अपने पर्यावरण में अभिरुचि रखती हैं। वे सामाजिक स्तर पर यथार्थ एवं अर्थपूर्ण होती हैं। जब लेवी-स्ट्रॉस पौराणिक कथा-कहानियों का विश्लेषण कर रहे थे, तब उन्होंने पाया कि प्रत्येक पौराणिक कथा-कहानी की अपनी पारिस्थितिक एवं सामाजिक सांस्कृतिक सन्दर्भ होता है। उन्होंने यह भी पाया था कि प्रत्येक पौराणिक कथा-कहानी का व्याख्यात्मक प्रकार्य होता है। इसे पहले के विद्वानों द्वारा अनुभव नहीं किया गया था। लेकिन इस प्रकार की व्याख्या के लिए मस्तिष्क की अचेतन संरचना को समझना जरूरी होता है।

हालांकि लेवी-स्ट्रॉस का संरचनात्मक विश्लेषण विधि को संज्ञानात्मक (cognitive) तथा मानव जाति विज्ञान (ethno science) से सम्बन्धित नहीं किया गया है, जो लोक वर्गीकरण की बौद्धिकता की चर्चा करते हैं तथा सामाजिक तथ्यों से जोड़ते हैं।

भोजन संरचना का अध्ययन

लेवी-स्ट्रॉस ने अपनी पुस्तक *रॉ एण्ड कुक्ड* (1969) में भोजन की संरचनात्मक अवधारणा को प्रकाश में लाया था। कच्चे भोजन एवं पक्के भोजन की संरचना का विरोधात्मक युग्म दर्शाता है। यह दोहरेपन प्रकृति *बनाम* संस्कृति को भी प्रदर्शित करता है। साथ ही साथ यह स्वयं *बनाम* अन्य का दोहरेपन भी प्रस्तुत करता है। कच्चा भोजन प्रकृति का प्रतिनिधिक है जबकि पक्का भोजन संस्कृति का प्रतिनिधित्व करता है। कच्चा भोजन अपने लोगों को कराया जाता है, जबकि पक्का भोजन ग़ैर-रिश्तेदारों या अन्य लोगों को दिया जाता है। कच्चे भोजन में चावल, दाल, सब्जी आती है। पक्के भोजन में रोटी, पराठा, पूरी, पुआ, मिठाई, इत्यादि आते हैं।

संरचनावाद पर एडमण्ड लिच का विचार

लेवी-स्ट्रॉस के संरचनावाद सिद्धान्त का समर्थन ब्रिटिश मानवशास्त्री एडमण्ड लिच द्वारा किया गया था। लिच ने धर्म का संरचनात्मक अध्ययन प्रस्तुत किया था। लिच के अनुसार धर्म की उत्पत्ति जीवन *बनाम* मरण रूपी दोहरेपन या विरोधात्मक युग्म की मध्यस्थता करने के लिए हुआ था। लिच के अनुसार जन्म तथा मरण के बीच मध्यस्थता करने के लिए धर्म के माध्यम से दूसरे विश्व की अवधारणा का जन्म दिया गया था। मृत्यु के बाद दूसरे विश्व की धारणा जन्म तथा मृत्यु के बीच उत्पन्न खाई को पाट देती है।

आलोचना

लेवी-स्ट्रॉस की संरचनावाद सिद्धान्त की आलोचना घटना-क्रिया वैज्ञानिकों द्वारा की गई है। घटना-क्रिया वैज्ञानिकों के अनुसार जालसाजी, ठगी, धोखाधड़ी, छल-प्रपञ्ची, बुरबकाही, ठगहारी जैसी घटना-क्रिया हर समाज में घटित होती हैं। ऐसी घटना-क्रिया को सामाजिक स्वीकृति नहीं है, लेकिन ऐसी घटना-क्रियाएं घटित होती रहती हैं। हमारे धर्म शास्त्रों में भी ऐसी घटनाओं का उल्लेख हुआ है

ऐसी घटना-क्रियाओं के बारे में अनेकों कथा-कहानियाँ तथा लोकवार्ताएं समाज में प्रचलित रहती हैं। क्या ऐसी घटना-क्रियाओं का अध्ययन लेवी-स्ट्रॉस की संरचनात्मक विधि द्वारा किया जा सकता है। क्योंकि लेवी-स्ट्रॉस ने तो पौराणिक कथा-कहानियों का विश्लेषण संरचनात्मक विधि द्वारा प्रस्तुत किया गया था। इस विधि में विरोधात्मक युग्मों को पहले पता लगाया जाता है तथा उन विरोधात्मक युग्मों तथा उनकी मध्यस्थता के आधार पर पौराणिक कथाओं का विश्लेषण प्रस्तुत किया जाता है। इसमें शामिल व्यक्तियों के अपने विचार, भावना, चेतना, मनोवृत्ति, मनोभावों, अनुभूतियों, इत्यादि का परित्याग कर दिया गया था। उनके द्वारा मानव मस्तिष्क की संरचना को अचेतन अवस्था के विरोधात्मक युग्म के रूप में सोच तथा उनके बीच मध्यस्थता को विश्लेषण का आधार बनाया गया था। उनकी संरचना के तत्त्व

विरोधात्मक युग्म तथा मध्यस्थ थे। इन्हीं भाषायी तत्त्वों के आधार पर संरचना को प्रदर्शित किया गया था। लेकिन मानव जाति की भावना, भाव, अनुभूति, मनोवृत्ति जैसे मनोवैज्ञानिक तत्त्वों पर ध्यान नहीं दिया गया था। इसी आधार पर घटना-क्रिया वैज्ञानिकों द्वारा लेवी-स्ट्रॉस की संरचनावाद की आलोचना की गई थी। घटना-क्रिया वैज्ञानिकों द्वारा संरचना की चर्चा करते समय मनोवैज्ञानिक तत्त्वों को भी शामिल करने पर जोर दिया गया था। क्योंकि जो धोखाधड़ी के शिकार हुए हैं उनके विचार, भावना, मनोवृत्ति को भी घटना-क्रिया की व्याख्या एवं विश्लेषण में शामिल किया जाना चाहिए।

संरचनात्मक मार्क्सवाद (Structural Marxism)

फ्रेंच संरचनात्मक मानव विज्ञान की एक प्रमुख सैद्धान्तिक शाखा संरचनात्मक मार्क्सवाद है। 1970 के दशक में लेवी-स्ट्रॉस से प्रभावित होकर संरचनात्मक मार्क्सवाद सिद्धान्त को स्थापित किया गया था। संरचनात्मक मार्क्सवाद सिद्धान्त के आधार पर मार्क्सवाद को अमूर्त रूप प्रदान किया गया था। मार्क्स के द्वन्द्वात्मक भौतिकवाद सिद्धान्त को द्वन्द्वात्मक आदर्शवाद विचारधारा की संरचना द्वारा फिर से स्थापित करने का प्रयास किया गया था। द्वन्द्वात्मक आदर्शवाद की अवधारणा ब्रिटिश दार्शनिक हेगेल द्वारा विकसित की गई थी। हेगेल के अनुसार आदर्शवाद में थेसिस तथा एण्टीथेसिस के बीच द्वन्द्व होता है, जिसके फलस्वरूप सिन्थेसिस का जन्म होता है। मार्क्स तथा एंगल्स ने हेगेलियन सिद्धान्त की सवारी की थी। लेकिन उन्होंने हेगेल के द्वन्द्वात्मक आदर्शवाद को द्वन्द्वात्मक भौतिकवाद से बदल दिया था। लेकिन संरचनात्मक मानव-वैज्ञानिकों द्वारा पुनः द्वन्द्वात्मक आदर्शवाद सिद्धान्त को स्थापित किया गया था। संरचना मार्क्सवादियों द्वारा विचारधारा को मार्क्सवादी वर्ग चेतना एवं सामाजिक सम्बन्ध से सूचित किया गया था। वर्ग चेतना एवं सामाजिक सम्बन्ध को उत्पादन के साधन में निहित दर्शाया गया था। इसी को विस्तारपूर्वक संरचना मार्क्सवादियों द्वारा प्रस्तुत किया गया था।

संरचनात्मक मार्क्सवाद का नेतृत्व मौरिस गुडेलियर (Maurice Gudelier) द्वारा किया गया था। संरचनात्मक मार्क्सवाद का विकास 1960 के दशक में आर्थिक रूढ़िवादियों (formalists) तथा आर्थिक यथार्थवादियों (substantivists) के बीच वाद-विवाद के कारण हुआ था। आर्थिक रूढ़िवादियों के अनुसार पश्चिमी समाज की आर्थिक अवधारणाएं ग़ैर-पश्चिमी समाजों के अर्थशास्त्र पर भी लागू होती हैं। इसके विपरीत आर्थिक यथार्थवादियों के अनुसार पश्चिमी समाज की आर्थिक अवधारणाएं ग़ैर-पश्चिमी समाजों के अर्थशास्त्र पर लागू नहीं होती।

स्टॉक कुक (Stock Cook) जैसे आर्थिक रूढ़िवादी के अनुसार अर्थशास्त्र की परम्परागत पश्चिमी परिभाषा दुर्लभ संसाधनों की असीमित आवश्यकताओं में बँटवारा ग़ैर-पश्चिमी अर्थशास्त्र पर भी लागू होता है। लेकिन जॉर्ज डाल्टन (George Dalton) कार्ल पोनानी (Karl Ponani) तथा मार्शल साहलिंस (Marshal Sahlins) जैसे आर्थिक यथार्थवादियों ने आर्थिक रूढ़िवादियों के विचारों को खण्डित किया था। इन आर्थिक यथार्थवादियों के अनुसार पश्चिमी आर्थिक अवधारणाएं ग़ैर-पश्चिमी अर्थशास्त्र पर लागू नहीं होती। इन विद्वानों ने आर्थिक रूढ़िवादियों को मानव जाति केन्द्रिक बतलाया था। आर्थिक यथार्थवादियों के अनुसार पूँजीवादी अर्थव्यवस्था वहाँ नहीं लागू हो सकती, जहाँ बाज़ार का अभाव होता है तथा राज्यरूपी राजनीतिक संगठन नहीं है। आर्थिक रूढ़िवादियों के अनुसार आदिम संस्कृति में लोग नातेदारी व्यवस्था में जीवन जीते हैं। उसी व्यवस्था से नियन्त्रित होते हैं। वे लोग अस्तित्त्व अभिमुख अर्थव्यवस्था में जीते हैं। उनके पास आपसी श्रम विनिमय होता है। पारस्परिकता एवं अतिथि सरकार तथा खातिरदारी में जीते हैं। उनका उत्पादन, उपभोग, वितरण, विनिमय, हाट-बाज़ार सब कुछ अपना होता है। अतः पश्चिमी समाज की पूँजीवादी एवं भौतिकवादी अवधारणाएं उन ग़ैर-पश्चिमी आदिम समाजों पर लागू नहीं होती। क्योंकि उनके बीच उत्पादन का महत्त्व लाभ कमाना नहीं वरन् सामाजिक महत्त्व देना है। वे भौतिकवादी

के समान व्यवहार नहीं करते तथा अधिक से अधिक लाभ के लिए कोई रणनीति नहीं बनाते। कुछ यथार्थवादियों के अनुसार आर्थिक शोषण तब तक अस्तित्त्व में नहीं आता, जब तक कि लोग सोचने न लगे कि उनका शोषण किया जा रहा है। इस विचार को आगे बढ़ाते हुए जोनाथन फ्रायडमैन (Jonathan Friedman) ने इसे अप्रत्यक्ष संरचना (hidden structure) नाम दिया था। इसे ही द्वन्द्वात्मक संरचना (dialectical structure) नाम दिया गया था। फ्रायडमैन के अनुसार पूँजीवादी अर्थव्यवस्था की संरचना पूँजीवाद के लिए पूजित वस्तु थी। जबकि ग़ैर-पूँजीवादी अर्थव्यवस्था की संरचना सामाजिक एवं धार्मिक होती है।

साहलिंस ने अपनी पुस्तक *आइसलैण्ड ऑफ़ हिस्ट्री* (1987) में संरचना की अवधारणा को और आगे बढ़ाया था। उनके अनुसार संरचना ऐतिहासिक रूप से सांस्कृतिक व्यवस्था का वस्तुनिष्ठ सम्बन्ध है। संरचनात्मक मार्क्सवाद का मुख्य उद्देश्य द्वन्द्वात्मक भौतिकवाद सिद्धान्त को द्वन्द्वात्मक आदर्शवाद सिद्धान्त में परिणत करना था। उनको यह भी बतलाना था कि आर्थिक निष्पादन संरचना की उत्पत्ति विचारधारा की संरचना से हुई है।

8

नूतन मानव जाति वर्णन

नूतन मानव जाति वर्णन सम्प्रदाय की स्थापना मानव विज्ञान में द्वितीय विश्व-युद्ध के पश्चात् की गई थी। द्वितीय विश्व-युद्ध के पश्चात् मानव विज्ञान की विभिन्न शाखाओं—सामाजिक-सांस्कृतिक मानव विज्ञान, जैविक मानव विज्ञान, प्रागैतिहासिक पुरातात्त्विक मानव विज्ञान तथा भाषायी मानव विज्ञान के मानव वैज्ञानिकों द्वारा अपनी अध्ययन तकनीक, विधि तथा दृष्टिकोण का मूल्यांकन किया गया था। उनके द्वारा नवीन दृष्टिकोण को विकसित करने का चेतन प्रयास किया गया था। उनके द्वारा मानव विज्ञान की विभिन्न शाखाओं के बीच अन्तर-सम्बन्ध स्थापित करने का प्रयास किया गया था। जैविक मानव वैज्ञानिकों द्वारा नूतन जैविक विज्ञान की स्थापना की गई थी। जिसमें जैविक मानव विज्ञान को सामाजिक-सांस्कृतिक मानव विज्ञान, प्रागैतिहासिक पुरातात्त्विक मानव विज्ञान तथा भाषायी मानव विज्ञान के समीप लाने का प्रयास किया गया था। उसी प्रकार प्रागैतिहासिक पुरातात्त्विक मानव विज्ञान को जैविक मानव विज्ञान, सामाजिक-सांस्कृतिक मानव विज्ञान तथा भाषायी मानव विज्ञान के समीप लाने का प्रयास किया गया था। उसी प्रकार भाषायी मानव विज्ञान को जैविक मानव विज्ञान, सामाजिक-सांस्कृतिक मानव विज्ञान तथा प्रागैतिहासिक पुरातात्त्विक

मानव विज्ञान के समीप लाने का प्रयास किया गया था। इस तरह नूतन मानव वैज्ञानिक दृष्टिकोणों, विधियों तथा तकनीकों को मानव विज्ञान की शाखाओं के मानव वैज्ञानिकों ने अपनाया था तथा उपयोग किया था। उनके द्वारा मानव विज्ञान की विभिन्न शाखाओं को जोड़ने का प्रयास किया गया था। ताकि मानव जाति को जैविक, सांस्कृतिक प्रागैतिहासिक तथा भाषायी ढंग से समझा जा सके। डब्ल्यू॰ टेलर (1948) द्वारा नूतन प्रागैतिहासिक पुरातात्त्विक मानव विज्ञान की स्थापना की गई थी, जिसमें प्रागैतिहासिक पुरातात्त्विक स्थलों से प्राप्त अवशेषों को मानव जाति एवं उनकी संस्कृति से जोड़ा गया था। उसी प्रकार एस॰ वासबर्न (1951) द्वारा नूतन जैविक मानव विज्ञान की स्थापना की गई तथा जैविक मानव विज्ञान को सांस्कृतिक मानव विज्ञान से जोड़कर जैवकृत मानव विज्ञान की स्थापना की गई थी। इसके अन्तर्गत चिकित्सात्मक मानव विज्ञान, मानव आचारशास्त्र, व्यवहारात्मक आनुवंशिकी तथा सामाजिक जीव विज्ञान की स्थापना की गई थी। जीवित नर वानरों के ऊपर अध्ययन करके पर्यावरण के साथ उनके व्यवहार एवं अनुकूलन को समझने का प्रयास किया गया था।

उसी तरह सामाजिक-सांस्कृतिक मानव वैज्ञानिकों द्वारा भाषा विज्ञान की तकनीक, विधि एवं दृष्टिकोण को अपनाया गया था। भाषा वैज्ञानिकों द्वारा सांस्कृतिक मानव विज्ञान की तकनीक, विधि तथा दृष्टिकोण को अपनाया गया था। इस प्रकार सामाजिक-सांस्कृतिक मानव विज्ञान में अन्तर-विषयक दृष्टिकोण को अपनाने का सुझाव व्यक्त किया गया, ताकि संस्कृति का वर्णन, व्याख्या तथा विश्लेषण और सुस्पष्ट ढंग से किया जा सके। इस तरह मानव विज्ञान में द्वितीय विश्वयुद्ध के पश्चात् एक आन्दोलन की शुरुआत की गई थी। इसका उद्गम स्थल अमेरिका का येल विश्वविद्यालय था। लेकिन शीघ्र ही इसका प्रसार अमेरिका के विभिन्न विश्वविद्यालयों में विभिन्न नामों से हो गया था। जैसे नवमानव जाति वर्णन (new ethnography), एथनो साइंस, एथनोलिंग्विस्टिक्स तथा एथनोसिमेण्टिक्स। इस आन्दोलन का मुख्य लक्ष्य सांस्कृतिक तथ्यों का विश्लेषण सुस्पष्ट ढंग से करना

था तथा मानव विज्ञान में सांस्कृतिक आदर्शवाद की परम्परा को आगे बढ़ाना था।

उपरोक्त विवरण से स्पष्ट हो जाता है कि नूतन मानव जाति वर्णन के अन्तर्गत सामाजिक-सांस्कृतिक मानव विज्ञान में भाषा विज्ञान की अनुसन्धान कार्य-प्रणाली को अपनाया गया था। इसके आधार पर अन्तर-सांस्कृतिक अनुसन्धान एवं अध्ययन पर जोर दिया गया था। अन्तर-सांस्कृतिक तुलना के आधार पर सांस्कृतिक सार्वभौम की खोज करने का प्रयास किया गया था। सांस्कृतिक मानव वैज्ञानिकों द्वारा महसूस किया गया कि संस्कृति नमनशील होती है तथा उसमें अन्तर भी देखने को मिलता है। लेकिन संस्कृति के अस्तित्त्व की कुछ आम पृष्ठभूमि भी होती है।

हैरिस का नूतन मानव जाति वर्णन

किस प्रकार वैयक्तिक संस्कृतियों का अध्ययन सार्वभौमिक संस्कृति के बारे में महत्त्वपूर्ण सूचना प्रदान करता है? इस प्रश्न का उत्तर नूतन मानव जाति वर्णनकर्ता एवं मानव वैज्ञानिक हैरिस ने अपनी पुस्तक *द नेचर ऑफ़ कल्चरल थिंग्स* (1963) में देने का प्रयास किया था। उन्होंने इस प्रश्न के समाधान के लिए रैडक्लिफ-ब्राउन द्वारा प्रस्तुत नियमात्मक मानव विज्ञान (nomothetic anthropology) तथा विवरणात्मक मानव विज्ञान (ideographic anthropology) के बीच अन्तर को प्रकाशित किया था। रैडक्लिफ-ब्राउन के अनुसार नियमात्मक मानव विज्ञान सांस्कृतिक अध्ययन में सामान्य नियम की खोज करता है तथा उसी आधार पर सामान्यीकरण करता है। ठीक इसके विपरीत विवरणात्मक मानव विज्ञान खास ढंग से एक संस्कृति का अध्ययन करके उसकी विशिष्ट विशेषताओं को प्रकाश में लाता है। यह सामान्यीकरण से सम्बन्धित नहीं होता। यह विशिष्टीकरण से सम्बन्धित होता है। यह विश्लेषणात्मक नहीं होता, यह विवरणात्मक होता है। नूतन मानव जाति वर्णन में हैरिस विवरणात्मक अध्ययन के स्थान पर नियमात्मक अध्ययन का समर्थन करते थे। उन्होंने विवरणात्मक

अध्ययन की समाप्ति के लिए कोई वकालत नहीं की थी। लेकिन उनका मानना था कि सूचनाओं का संकलन इस ढंग से किया जाना चाहिए ताकि उनका अन्तर-सांस्कृतिक ढंग से तुलना की जा सके। लेकिन यहाँ इस बात पर ध्यान नहीं दिया जा सका कि तत्त्व, संस्था तथा भूमिका का निर्माण किस प्रकार से होता है।

अपनी पुस्तक *नेचर ऑफ़ कल्चरल थिंग्स* (1963) में हैरिस ने शारीरिक अंगों की गति के अवलोकन की इकाई माना था। शरीर की गति अशाब्दिक व्यवहार प्रस्तुत करती है। इस अशाब्दिक सांकेतिक व्यवहार को संस्कृति अध्ययन में महत्त्वपूर्ण स्थान प्राप्त है। अशाब्दिक संकेतों में निहित अर्थ को प्रकट करना पड़ता है। जब मानव अशाब्दिक संकेतों का व्यवहार अपने शरीर के अंगों—हाथ, मुँह, नाक, अंगुली, सिर, गर्दन, चेहरा, पैर, कमर, भौंह—से करता है तब उसमें छिपे अर्थ को जानने की आवश्यकता होती है। उन अंगों को संकेत के रूप में काम करते देखकर तथा उस समय उसे मुख से निकली आवाज के संकेत को समझकर अशाब्दिक संकेतों के अर्थ को जाना जा सकता है। हैरिस संस्कृति के स्पष्ट एवं अवैयक्तिक विचार को जानना चाहते थे। चूँकि भाषा सन्दिग्ध होती है, अतः हैरिस उसकी सत्यता की पुष्टि भाषायी जांच एवं सूचनादाता द्वारा दी गई व्याख्या के आधार पर करना चाहते थे।

जहाँ अमेरिकी मानव वैज्ञानिक क्लूखोन (Klukhon) का मानना था कि एक मानव वैज्ञानिक का प्रथम दायित्व लोगों द्वारा स्वयं देखी गई घटनाओं को अभिलेखित करना होता है, लेकिन हैरिस ने (1964 : 93) स्पष्टरूप से क्लूखोन के मत को अस्वीकार कर दिया था। हैरिस के अनुसार क्लूखोन द्वारा प्रदत्तकर्ता अनुकूल (actor-oriented) दृष्टिकोण कई प्रकार की भ्रान्तियों को जन्म देता है। भ्रान्तियाँ केवल इसलिए उत्पन्न नहीं होती कि भाषा अस्पष्ट तथा सन्दिग्ध होती है, वरन् इसलिए क्योंकि अनेक व्यवहारों का अर्थ व्यक्ति या सूचनादाता स्वयं ठीक से नहीं जानता जिनका वह प्रयोग अक्सर ही करता है। इस प्रकार व्यक्ति सूचनादाता या कर्ता अनुकूल दृष्टिकोण मानव

विज्ञान को और उलझा देता है। कर्ता अनुकूल दृष्टिकोण के स्थान पर हैरिस ने अवलोकन अनुकूल (observation-oriented) दृष्टिकोण अपनाने का सुझाव दिया था। हैरिस के अनुसार एक मानव वैज्ञानिक का प्रथम कार्य अपनी आँखों द्वारा देखी गई घटनाओं को क्रमबद्ध ढंग से जानना तथा समझना होता है।

पहले के मानव वैज्ञानिकों द्वारा संस्कृति के अध्ययन में प्रयुक्त तत्त्व, संकुल, रीति-रिवाज़, अनुष्ठान तथा विश्वास जैसे शब्द हैरिस के नूतन मानव जाति वर्णनात्मक अध्ययन के लिए अप्रासंगिक हो गए थे। अतः हैरिस ने नूतन शब्द-भण्डार का विकास करने पर जोर दिया था, जिसके माध्यम से व्यवहारात्मक वर्गों को व्यक्त किया जा सकता था। हैरिस ने व्यवहार की सबसे लघु इकाइयों को एक्टोंस (actons) कहा था। एक्टोंस दृश्य व्यवहार होते हैं। वे एक्टोंस जो पुनरावर्तक होते हैं उन्हें एक्टोनेम्स (actonemes) कहा जाता है। बाईस एक्टोनेम्स में से दो एक्टोनेम्स का उदाहरण निम्नलिखित है :

एक्टोनेम	शारीरिक अंग	शारीरिक गति	पर्यावरणात्मक प्रभाव
1. उठना	हाथ	हाथ का उठना तथा अंगुलियों को पकड़ना	वस्तु को उठा लिया जाता है
2. पीना	मुँह	मुँह का खुलना	द्रव का मुख के अन्दर प्रवेश

इस व्यवहार की मौलिक इकाइयों से अधिक जटिल श्रेणी के व्यवहारों के वर्गों का निर्माण किया जा सकता है। पुनरावर्तक व्यवहार एक-दूसरे का एक क्रम में अनुसरण करते हैं तथा एक्टोन श्रृंखला का निर्माण करते हैं। जटिलता के क्रम में वे प्रसंग, उलझन, पानिक श्रृंखला, दृश्य, सेरियल्स, पैराग्रुप्स, नोमोक्लोनिक टाइप, परमैक्लोनिक टाइप, परमैक्लोनिक सिस्टम तथा परमैक्लोनिक सुपर सिस्टम का निर्माण करते हैं। अगर उपरोक्त क्रियाओं का वर्णन किया जाए तब हमें संस्कृति के बारे में जानकारी प्राप्त हो जाती है (हैरिस 1964 : 168)।

हैरिस अच्छी तरह से अवगत थे कि व्यवहार में ऐसे सांस्कृतिक व्यवहारों का विस्तार से विश्लेषण असम्भव था। क्योंकि इसमें अच्छा-खासा खर्चा भी शामिल था तथा समय भी ज्यादा लगना था। अतः एक्टोनेमिक अध्ययन एक खर्चीला और समय लगने वाला अध्ययन था। लेकिन हैरिस के विचार का सैद्धान्तिक महत्त्व आवश्यक था। उन्होंने यह दर्शाने में सफलता प्राप्त की थी कि सांस्कृतिक वर्गीकरण विज्ञान में वैज्ञानिक दृष्टिकोण को सही ढंग से लागू करना सम्भव था। लेकिन संस्कृति के विषयपरक अर्थ में यह कीमत आर्थिक कीमत से भी बड़ी थी।

एमिक एवं एटिक (Emic and Etic)

अस्पष्ट रूप से अपनी पुस्तक *द नेचर ऑफ़ कल्चरल थिंग्स* (1963) तथा स्पष्ट रूप से अपनी पुस्तक *राइज़ ऑफ़ एन्थ्रोपोलॉजिकल थ्योरी* (1968) में हैरिस ने एमिक तथा एटिक दृष्टिकोणों के बीच व्याप्त विरोध को प्रकाशित किया था। एटिक तथा एमिक शब्द को प्रकाश में लाने वाले व्यक्ति भाषा वैज्ञानिक केनेथ पाइक (Kenneth Pike, 1954) थे। हैरिस फोनेमिक तथा फोनेटिक शब्दों के अन्तिभागों—एमिक और एटिक—को अलग करके दृष्टिकोण के रूप में व्यवहार में लाए। इस प्रकार एमिक और एटिक शब्दों के जन्मदाता भाषा वैज्ञानिक केनेथ पाइक थे। भाषा विज्ञान में फ़ोनेटिक्स में मानव के वाक् अंगों द्वारा उच्चारित सभी प्रकार की आवाजों या ध्वनियों का वर्णन किया जाता है, जबकि फोनेमिक्स के अन्तर्गत उन आवाजों या ध्वनियों में से सुस्पष्ट या सुव्यक्त ढंग से अन्तर दर्शाने वाली आवाजों या ध्वनियों को चुनकर अलग कर लिया जाता है। फोनेटिक व्यवस्था एक विश्वव्यापी व्यवस्था है, क्योंकि प्रत्येक स्थान के मानव के पास समान वाक् अंग होते हैं। लेकिन फोनेमिक व्यवस्था विश्वव्यापी नहीं होती। यह व्यवस्था प्रत्येक भाषा के लिए अलग होती है। जितनी भाषाएं होंगी उतनी फोनेमिक व्यवस्थाएं होंगी। क्योंकि प्रत्येक भाषायी समूह के आवाज-संयोग या ध्वनि-संयोग दूसरे भाषायी समूह से सुस्पष्ट ढंग

से पृथक् होते हैं। सांस्कृतिक व्यवहार के शब्दों में एटिक श्रेणियों का एक वैसा समूह प्रदान करता है जो सभी आँकड़ों को एक व्यवस्था के अन्तर्गत वर्गीकृत करने की क्षमता रखता है, जबकि एमिक्स विशिष्ट संस्कृतियों की अर्थपूर्ण संरचना की खोज करता है। हैरिस के अनुसार एटिक्स वर्गात्मक एवं ग़ैर-संरचनात्मक होता है, जबकि एमिक्स विशिष्ट सांस्कृतिक व्यवस्थाओं के आन्तरिक संरचनात्मक सम्बन्धों को दर्शाता है। एटिक्स एमिक्स की दासी होती है, (पाइक 1954 : 8-9)।

यहाँ हैरिस का विचार बिल्कुल भिन्न एवं उल्टा था। उन्होंने एटिक को एमिक के ऊपर प्रश्रय दिया था। उनके अनुसार फोनेटेक एवं एटिक विश्लेषण को विशुद्ध ढंग से अवलोकन द्वारा प्राप्त किया जा सकता है। यहाँ अर्थ तस्वीर में प्रवेश नहीं करता। यह हैरिस के एक्टोनेमिक अनुसन्धान के समान था। जबकि फोनेमिक एण्डएमेक विशिष्टवादी है। पाइक का स्पष्ट ढंग से मानना था कि एमिक इकाइयाँ कर्ताओं के उद्देश्यों एवं अर्थों से जुड़ी रहती हैं। अगर कोई व्यवहार को वैसा अध्ययन करना चाहता है जैसे वह सचमुच में काम करता है, तब विश्लेषणकर्ता को उद्देश्य के स्वभाव एवं अर्थ की उपस्थिति की जाँच करना आवश्यक होगा (पाइक 1954 : 80)।

लेकिन ज्यों ही अर्थ एवं उद्देश्य तस्वीर में प्रवेश कर जाते हैं, त्योंही वैयक्तिक कर्ताएं शामिल हो जाते हैं तथा वैज्ञानिक शुद्धता धूमिल हो जाती है। हैरिस के अनुसार एमिक अध्ययन का सम्बन्ध अन्तर-मनोवैज्ञानिक अवस्थाओं से होता है तथा इसमें यह मान लिया जाता है कि सूचनादाताकर्ता अपनी आन्तरिक अवस्था को अवलोकनकर्ता की तुलना में बहुत अच्छे ढंग से जानता है। लेकिन इसके बावजूद अवलोकनकर्ता को सूचनादाताकर्ता की आन्तरिक अवस्था को जानना भी आवश्यक होता है। लेकिन यह असम्भव लगता है, क्योंकि सूचनादाताकर्ताओं का अर्थ सामाजिक अर्थ से मेल नहीं खाता तथा संस्कृति की आवश्यक संरचनात्मक विशेषताएं सूचनादाताकर्ताओं को ज्ञात नहीं होता।

लेकिन यह भी सत्य है कि मानव सोच कभी-कभी बुद्धिसंगत एवं तार्किक होती है। कभी-कभी मानव सोच अविवेकी एवं अतार्किक तथा

कुतार्किक होती है। पुनः मानव सोच कभी-कभी चेतन, अचेतन एवं पूर्वचेतन होती है। अतः आन्तरिक मनोवैज्ञानिक अवस्थाएं कमजोर एवं अविश्वसनीय गाइड होती हैं। अतः एमिक अनुसन्धान हमें अवैज्ञानिक अनुसन्धान परिणाम की ओर ले जाता है। एमिक अनुसन्धान के परिणाम अवैज्ञानिक के अलावा विवरणात्मक, आदर्शवादी तथा विशिष्टवादी होते हैं। दूसरी तरफ एटिक अनुसन्धान वैज्ञानिक, भौतिकवादी, सामान्यवादी एवं वैज्ञानिक होते हैं।

इस प्रकार मानव वैज्ञानिक अनुसन्धान की समग्र स्थिति सन्देह के घेरे में आ जाती है। एटिक अनुसन्धान अधिक खर्चीला है तथा बोझिल भी है। जबकि एमिक अनुसन्धान व्यर्थ लगता है। लेकिन हैरिस का मानना था कि एमिक व्यवहार तथा एटिक व्यवहार दोनों ही सांस्कृतिक व्यवस्था की अनुकूलित प्रक्रिया का हिस्सा होते हैं, लेकिन उनको कभी भी भ्रमित नहीं किया जाना चाहिए, क्योंकि प्रत्येक एमिक व्यवहार और एटिक व्यवहार एक-दूसरे से बिल्कुल भिन्न प्रकार के विश्लेषण का नेतृत्व करते हैं।

हैरिस द्वारा एमिक और एटिक की परिभाषा

हैरिस के अनुसार एमिक कथन तार्किक-अनुभवाश्रित व्यवस्था का उल्लेख करता है जिससे असाधारण विभेदों का निर्माण विरोध एवं अन्तर के कारण होता है ये विरोध अन्तर को कर्ता सूचनादाताओं द्वारा अपने आप महत्त्वपूर्ण, अर्थपूर्ण वास्तविक, सत्य एवं उपयुक्त बतलाया जाता है। एमिक कथन को झूठा साबित किया जा सकता है अगर वे कर्ता सूचनादाताओं द्वारा दिए गए कथन से मेल नहीं खाते। अगर सूचनादाताकर्ता उन्हें बेकार, असत्य, अर्थहीन, अनुपयुक्त मान लें, तब उन्हें स्वीकार नहीं किया जा सकता। इसमें अन्तिम न्यायाधीशकर्ता सूचनादाता होता है।

एटिक कथन की वैधता की जाँच अवलोकनर्ता वैज्ञानिक अनुसन्धानकर्ता द्वारा किया जाता है। एटिक कथन को झूठा नहीं बतलाया जा सकता अगर कोई कर्ता सूचनादाता उसे महत्त्वहीन,

असत्य, अर्थहीन तथा अनुपयुक्त बतला दे। क्योंकि यहाँ अन्तिम न्यायाधीश अवलोकनकर्ता वैज्ञानिक होता है। यहाँ जो अवलोकनकर्ता वैज्ञानिक सही कहता है उसे ही सही मान लिया जाता है। एटिक कथन को दूसरे वैज्ञानिक अनुसन्धानकर्ता द्वारा भी अपने अवलोकन के आधार पर उसकी वैधता की जाँच की जा सकती है। एटिक सिद्धान्त द्वारा लिखे गए एथनोग्राफी लोगों के वर्गों के व्यवहार के भविष्यवाणी का समूह होता है। भविष्य कथन में असफलता सम्भावनाओं को फिर से सूत्रबद्ध करने के लिए कहती है।

एमिक आवश्यक रूप से एटिक से कम अनुभवाश्रित नहीं है

सिद्धान्त में एक एमिक एथनोग्राफी को न तो ज्यादा और ना ही कम अनुभवाश्रित, वैज्ञानिक, अन्तर-आत्मपरक या व्यक्तिपरक मान सकते है। ऐतिहासिक ढंग से एमिक अतिसूक्ष्म ज्यादा प्रचलित रहे हैं, एटिक की तुलना में। करीब-करीब सभी परम्परागत एथनोग्राफी पूर्णरूप से एमिक दृष्टिकोण के प्रति झुकाव दर्शाते थे। कोई कारण नहीं दिखता है कि क्यों एमिक कथन को अन्तर-आत्मपरकता या व्यक्तिपरकता और सत्यापनीयता, के उच्च स्तर प्राप्ति के बिन्दु तक नहीं संचालित किया जा सकता। आजकल एमिक घटनाओं को वैज्ञानिकता तथा अन्तर-व्यक्तिपरकता के स्तर से जाँचने और परखने पर ज्यादा जोर दिया जा रहा है।

सूचनादाता एमिक और एटिक दोनों ही प्रकार से सूचना देते हैं

यहाँ एटिक सन्दर्भ एवं एमिक सन्दर्भ के बीच सम्बन्ध की चर्चा करना युक्तिसंगत लगता है। एटिक सन्दर्भ में अनुसन्धानकर्ता की निर्भरता सूचनादाता पर नहीं बनी रहती, लेकिन एमिक दृष्टिकोण में अनुसन्धानकर्ता की निर्भरता सूचनादाताओं पर बनी रहती है। एटिक कथन पर आधारित एथनोग्राफी को असंगत नहीं माना जा सकता अगर सूचनादाता को उस सूचना तक पहुँचना हो जिसके बारे में उसका अनुसन्धानकर्ता के साथ शाब्दिक विनिमय हुआ हो। वहाँ

आलोचनात्मक विषय यह है कि दी गई सूचना एमिक है या एटिक दी गई सूचना एमिक सूचना बन जाती है अगर सूचनादाताओं के स्थानीय विभेद महत्त्व एवं अर्थ उसके और एथनोग्राफर के बीच सम्प्रेषण को अर्थगत आधार प्रदान करता है। एथनोग्राफी के एमिक विषय को अधिकतम रूप प्रदान करने के लिए प्रयोग में लाए जाने वाला एक उदाहरण डुआना मेटगर एवं गेराल्ड विलियम (Duana Methger and Gerald William, 1963) का है। इस विधि में एक सूचनादाता को अनुसन्धानकर्ता द्वारा लम्बी अवधि तक प्रशिक्षित किया जाता था ताकि वह एमिक शब्दों में अनुसन्धानकर्ता को शिक्षण प्रदान कर सके। इस विधि को अपनाकर अनुसन्धानकर्ता उपयुक्त ढंग से एमिक शब्दों में सोचने की क्षमता विकसित कर लेता था। इस विधि को स्वस्पष्ट शोधविधि (eliciting heurestics) कहा जाता है। उसी प्रकार सूचनादाता को भी एटिक शब्दों में सोचने के लिए लम्बी अवधि तक शिक्षित एवं प्रशिक्षित अनुसन्धानकर्ता द्वारा किया जाता है। उदाहरण के लिए अनुसन्धानकर्ता सूचनादाताओं को घरों को गिनने, मवेशियों को गिनने, फसल का बोझा गिनने, फसल के तौलने, अतीत की घटनाओं का वर्णन करने, वर्तमान की परिस्थिति को बतलाने, सदस्यों को गिनने इत्यादि। जब एक-एक सूचनादाता को एटिक रूप से प्रयोग किया जाता है तब वह अवलोकनकर्ताओं के समुदाय का प्रतिभागी बन जाता है। वह एथनोग्राफर का सहायक बन जाता है वह उसके दल का सदस्य हो जाता है तथा कम समय में अधिक से अधिक सूचनाओं को प्रदान कर देता है।

एमिक का रूपान्तरण एटिक में नहीं हो सकता

पाइक द्वारा प्रस्तुत एटिक की अनेक श्रेणियों में एक श्रेणी ग़ैर-संरचनात्मक वर्गीकरण थी। यह श्रेणी एमिक और एटिक का मिश्रण प्रस्तुत करता है। वैसी व्यवहार की इकाइयाँ जो व्यक्तिगत व्यवस्थाओं से अमूर्त रूप प्राप्त की थी, उन्हें उद्देश्यपूर्ण मानव व्यवहार के लिए

वर्गीकृत किया जा सकता है, ताकि अर्थ या उद्देश्य तत्त्वों को एटिक वर्गीकरण के समूह के रूप में प्रस्तुत किया जा सके।

उपरोक्त प्रकार का एटिक वर्णन एक प्रकार का अपवाद होना है जिसका कोई ज्ञानशास्त्रीय औचित्य नहीं है। वैसी इकाइयाँ जो एमिक और एटिक दोनों साथ-साथ हैं उनको हम एमिक स्थिति में रख सकते हैं। यही भ्रम स्टुर्टीवैण्ट (Sturtevant, 1964) को ऐतिहासिक ढंग से गलत दावा पेश करने के लिए बाध्य किया था कि क्रोबर द्वारा प्रस्तुत (1909) नातेदारी का अर्थगत विस्तार नातेदारी सांख्यिकी से सम्बन्धित प्रामाणिक अनुसन्धान-पत्र था। लेकिन वास्तव में क्रोबर के अनुसन्धान-पत्र को मॉर्गन के नातेदारी शब्दों के भाषायी व्यवहार को बदलने के लिए उपयोग में लाया गया था। इस अनुसन्धान-पत्र में क्रोबर द्वारा प्रस्तुत नातेदारी को आठ श्रेणियों या सिद्धान्तों में सैकड़ों या हजारों बदलते सम्बन्धों को भाषाओं के माध्यम से प्रस्तुत किया गया था (क्रोबर, 1952 : 176)।

अगर एक से अधिक संस्कृतियों में एक ही अर्थगत भेद पाए जाते हैं तब इसका अर्थ यह नहीं हुआ कि ऐसे भेद अर्थगत स्वभाव के नहीं हैं। पितृत्व, आक्रामकता, क्षेत्रीयता, स्वामित्व, सम्बन्ध, धर्म, एकरेखीय वंशानुक्रम समूह इत्यादि का उपयोग अनेक अन्तर-सांस्कृतिक सन्दर्भों में किया जाता है। लेकिन ये एमिक अवधारणाएं हैं या एटिक अवधारणाएं, इसका निर्धारण संज्ञानात्मक प्रक्रियाओं के तार्किक-अनुभवाश्रित सम्बन्धों पर निर्भर करता है। अगर एक एथनोग्राफिक कथन उचित संज्ञानात्मक पर्याप्तता का सामना करता है तब उसका सम्बन्ध एमिक श्रेणियों से होता है। यह महत्त्व नहीं रखता कि कितनी संस्कृतियाँ उनका सामना करती हैं। समान एमिक श्रेणियों की पहचान केवल यह स्थापित करती है कि श्रेणियाँ अन्तर-सांस्कृतिक ढंग से वैध है तथा उनका तार्किक-अनुभवाश्रित अमूर्तिकरण सही है। यह उनको एटिक ढंग से व्युत्पन्न तथ्यों में बदल नहीं सकता। जैसा कि हम लोग देख चुके हैं कि सामाजिक-सांस्कृतिक मानव वैज्ञानिक के

आँकड़ों की भाषा एमिक तथा एटिक परम्परा का मिश्रण प्रस्तुत करता है। इसे दूर करने में अनेकों पीढ़ियाँ खप जाएंगी।

नातेदारी एमिक और एटिक का मिश्रित प्रभाव क्षेत्र

नातेदारी का प्रभाव क्षेत्र एमिक तथा एटिक घटना क्रियाओं के बीच व्याप्त भ्रम से बच नहीं पाया था। फ्लोयाड लौंसबरी (1965 : 19) इस तथ्य को प्रकाश में लाए कि अनेक समाजों में अर्थगत भेद के आधार पर निर्मित नातेदार प्रकार (kin types) ऐतिहासिक ढंग से सत्य नहीं हैं। वंशावली निर्धारण मानव विज्ञान द्वारा नहीं आविष्कृत किया गया था। सहवास, प्रजनन एवं वंशावली ढाँचा जैसी व्याप्त सफलता की प्राप्ति स्पष्ट श्रेणीकरण द्वारा हुआ था। ये श्रेणीकरण विरोधात्मक विश्लेषण के अधीन थे तथा इनका आधार एटिक था। सहवास, प्रजनन एवं वंशावली सम्बन्धों का सुस्पष्ट जैविक आधार एवं अर्थ भी होता है। एथनोग्राफिक सहवास, प्रजनन एवं वंशावली ढाँचा एमिक तथा एटिक श्रेणियों का घातक मिश्रण होते हैं। जैविक वैज्ञानिकों के लिए सभी उपजाऊ सहवास वंशावली सम्बन्ध को दर्शाने के लिए समान रूप से महत्त्वपूर्ण होते हैं। लेकिन नातेदारी मानव जाति अर्थ वैज्ञानिक के लिए केवल वही सहवास और वंशावली सम्बन्ध वैध थे जो विवाह के माध्यम से अस्तित्त्व में आए थे।

नातेदारी के बारे में प्रश्नों को सुलझाने के लिए एक एथनोग्राफर को सर्वप्रथम विशेष प्रकार के सहवास को अन्तर-सांस्कृतिक ढंग से व्याख्या करना होगा जिसको अंग्रेज़ी में मैरिज तथा हिन्दी में विवाह कहा जाता है। विवाह तथा शादी के सम्बन्ध में स्थानीय लोगों की धारणा भी अलग-अलग थी। लेकिन आदिम विवाह में भी कई स्वरूप प्रचलित थे। जैसे कामाचार की अवस्था, समूह विवाह, बहु-पति प्रथा, बहु-पत्नी प्रथा तथा एक स्त्री-पुरुष विवाही प्रथा। अतः आदिम समाजों में विवाह का कोई एक स्तर नहीं था। कामाचार, समूह विवाह, बहु-पति प्रथा जैसे केसों में पितृत्व का निर्धारण कठिन था। लेकिन जैविक पिता के स्थान पर सामाजिक पिता की अवधारणा प्रचलित थी। इनकी

भी व्याख्या उचित ढंग से जरूरी होती है। अमेरिकी मानव वैज्ञानिक जॉर्ज पीटर मर्डोक (1949 : 1) ने परिवार को परिभाषित करते हुए उन सहवासित युग्मों की चर्चा की थी जिन्होंने बच्चों को जन्म दिया था तथा उनका पालन-पोषण किया था। इस प्रकार शिशु जन्म देना, उनका पालन-पोषण करना, भोजन-वस्त्र तथा आवास की व्यवस्था करना जैसी एटिक घटना क्रियाओं का अवलोकन सम्भव है। लेकिन उनको सामाजिक ढंग से स्वीकृत नियमों के अनुसार करना एमिक घटना क्रिया कहलाती है।

इस प्रकार लौंसबरी का नातेदार प्रकार एमिक तथा एटिक का मिश्रण था। वह एमिक तथा एटिक का मिश्रित रूप था। गुड एनफ़ (Good Enough, 1964 : 10-11) का मानना था कि नातेदारी अध्ययन के पहले विकसित फोनेटिक धारणा केवल जैविक ढाँचे के लिए सत्य होती है, लेकिन उनका उपयोग नातेदारी के एमिक पहलू के लिए नहीं किया जा सकता। जॉन बेट्टी एवं डेविड सिण्डर (John Beattie and David Schinder, 1965: 196) का मानना था कि नातेदारी का एक अन्तर-सांस्कृतिक ढंग से स्थापित परिभाषा दी जानी चाहिए जो जैविक अवधारणा से बिल्कुल भिन्न हो। हालांकि उनके द्वारा नातेदारी की कोई ऐसी परिभाषा प्रदान नहीं की गई थी। बेट्टी ने इस सवाल का हल बड़े ही सुझावी फैशन में देने का प्रयास किया था। उनका मानना था कि जहाँ तक मानव वैज्ञानिक नातेदारी का सम्बन्ध है यह उन तमाम सामाजिक सम्बन्धों को दर्शाता है जिसके बारे में लोग नातेदारी सन्दर्भ में सोचते हैं। भले ही उनकी सामाजिक-सांस्कृतिक विषय-वस्तु कुछ भी हो (Beattie 1965 : 123)।

जैविक उत्पादन ढाँचे की दृष्टि से नातेदारी प्रकार की विषय-वस्तु एटिक होती है तथा तब तक एटिक रहेगी जब तक अवलोकनकर्ता यह निश्चित नहीं कर लेता कि कौन सा व्यवहार विवाह एवं वंशानुक्रम को लघुतम परिभाषा प्रदान करेगा। यह कहना गलत होगा कि नातेदारी अध्ययन में एमिक तथा एटिक तत्त्वों की छीना-झपटी एक तत्त्व को दूसरे तत्त्व में मिला देती है। जहाँ तक अमेरिकी सांस्कृतिक मानव

विज्ञान का प्रश्न है, वहाँ इसके कार्य-कारण सम्बन्ध में अनेक प्रकार की भ्रान्तियां एवं गलत धारणाएं व्याप्त हैं। अब तक विवाह एवं नातेदारी का कोई स्थिर एटिक व्यवहार स्थापित करने का प्रयास नहीं किया गया था।

परिभाषा से एटिक दृष्टिकोण एमिक दृष्टिकोण के क्षेत्र पर ध्यान नहीं देता। अतः एटिक दृष्टि से अर्थ, उद्देश्य, लक्ष्य, प्रेरणा, इत्यादि का अध्ययन नहीं किया जा सकता, क्योंकि अवलोकन के माध्यम से उन तक नहीं पहुँचा जा सकता है। लेकिन एटिक को एमिक से अलग करना यह नहीं दर्शाता है कि एक का वैज्ञानिक महत्त्व दूसरे की तुलना में ज्यादा है या कम है।

एमिक तथा एटिक दोनों प्रकार के आँकड़ों का अन्तर-सांस्कृतिक ढंग से अध्ययन किया जा सकता है

यह तो स्पष्ट हो जाता है कि एमिक घटना-क्रियाओं का अध्ययन अन्तर-सांस्कृतिक ढंग से किया जा सकता है। लेकिन क्या एटिक घटना-क्रियाओं का अध्ययन अन्तर-व्यक्तिपरकता की दृष्टि से किया जा सकता है। यह प्रश्न कि क्या पितृरेखीय वंशावली नियम अन्य समाजों में प्रतिबिम्बित होता है, इसको एमिक तथा एटिक विभेद से कुछ भी लेना-देना नहीं है। यहाँ अन्तर-व्यक्ति-सापेक्ष स्तरों में समानता एवं विभिन्नताओं को स्थापित करने से जुड़ा हुआ है। एमिक और एटिक दोनों ही प्रकार की घटना-क्रियाओं के अनेक उदाहरण कहीं भी व्यवहारों में मिल जाते हैं। लेकिन उनसे आन्तरिक अर्थ के अध्ययन की चेतन एवं प्रत्यक्ष वचनबद्धता जुड़ी रहती है। मानसिक जटिलता भी जुड़ी रहती है। इस स्थिति में सामाजिक-सांस्कृतिक समानताओं और विविधताओं की वैज्ञानिक व्याख्या किस प्रकार की जाए। नूतन मानव जाति वर्णन के केस में ऐतिहासिक एवं अऐतिहासिक नियमितताओं को भी शामिल किया गया है। हैरल्ड कोकलिन (1964 : 26) ने उन तीन श्रेणियों का उल्लेख किया है जिसके आधार पर एथनोग्राफिक कथनों का मूल्यांकन किया जा सकता है। वे निम्नलिखित हैं–

- पूर्वानुमान की उपयुक्तता,
- परीक्षणीयता, और
- अर्थव्यवस्था।

अनेक मानव वैज्ञानिकों ने अपने आपको इस प्रश्न से जोड़कर देखा था कि क्या उनका अध्ययन मॉडल उस ढंग से प्रतिनिधित्व कर रहा था जिस ढंग से आदिम लोग सोचते थे। इसी बीच कुछ एथनोग्राफरों द्वारा मानव जाति वर्णनात्मक विवरण से महत्त्वपूर्ण को महत्त्वहीन से कैसे अलग किया जाए इस प्रश्न पर विचार किया जाने लगा था। उनके अनुसार एक महत्त्वपूर्ण एथनोग्राफिक वर्णन वह होता है जो केवल सत्य, परिष्कृत तथा कम खर्च वाला हो। वैज्ञानिक एथनोग्राफिक मॉडल उन सिद्धान्तों से जुड़ा हुआ रहता है जो ऐतिहासिक एवं अऐतिहासिक समानताओं और विविधताओं की व्याख्या करते हैं। यह हमेशा सम्भव नहीं होता। हम पहले ही जान जाएं कि इस प्रकार का सम्बन्ध हम प्राप्त कर लेंगे। लेकिन एथनोग्राफिक अध्ययन में ऐतिहासिक ढंग से ऐसी अनेक घटना-क्रियाओं को पाया जाता है जिनके बारे में लोग अवगत नहीं रहते।

एमिक *बनाम* एटिक तथा आदर्श *बनाम* यथार्थ

आभाषी ढंग से ऐसा प्रतीत होता है कि आदर्श व्यवहार *बनाम* यथार्थ व्यवहार या आदर्श संस्कृति *बनाम* वास्तविक संस्कृति जैसे भेद एमिक *बनाम* एटिक भेद के समान है। लेकिन सच्चाई में ऐसा नहीं है। सच्चाई में दोनों भेदों के बीच बहुत अन्तर होता है। उनमें कुछ भी आम तत्त्व शामिल नहीं रहते। दोनों का ज्ञानशास्त्रीय आधार बिल्कुल अलग-अलग होता है। आदर्श *बनाम* यथार्थ विभेद इस आधार पर नहीं स्थापित किए गए हैं कि सांस्कृतिक वस्तुएं वे हैं जिनके बारे में एथनोग्राफर हमें बतलाता है। वरन् यह केवल इतना बतलाता है कि आदर्श ढंग से लोग क्या करते हैं या उन्हें क्या करना चाहिए। इसके बारे में नियमित प्रतिमान पाए जाते हैं। उसी प्रकार दूसरा स्थापित नियमित प्रतिमान है कि लोग वास्तविक ढंग से क्या करते हैं

या क्या करना चाहते हैं। आदर्श *बनाम* वास्तविक को आमने-सामने होने पर विशेष प्रकार के प्रचलनों का पता लगाना कठिन होता है कि लोग वास्तविकता में क्या करते हैं। लेकिन एमिक और एटिक के आमने-सामने होने पर यह मौलिक समस्या होती है। एमिक एटिक विभेद का ज्ञानशास्त्रीय महत्त्व उसके वर्णन में निहित रहता है। संस्कृति का किन-किन श्रेणियों एवं किन-किन सम्बन्धों से वर्णन किया जा रहा है। यहाँ जो सूचनादाता कर्ता के लिए आदर्श या वास्तविक होता है, वही अनुसन्धानकर्ता के लिए आदर्श या वास्तविक नहीं हो सकता। यह सूचनादाताकर्ता तथा अनुसन्धानकर्ता की सोच पर निर्भर करता है। इस तरह एथनोग्राफी के आँकड़ों की भाषा स्वतन्त्र ढंग से एमिक तथा एटिक का वर्णन करता है। वास्तविक एवं यथार्थ व्यवहार को एमिक तथा एटिक ढंग से प्रयोग में लाया जा सकता है। एक सूचनादाताकर्ता क्या देख रहा है तथा क्या सोच रहा है, वह एक अवलोकनकर्ता क्या देख रहा है तथा क्या सोच रहा है उसी परिस्थिति में आवश्यक रूप से एक समान नहीं हो सकता।

सांस्कृतिक मानव विज्ञान अपनी एथनोग्राफिक विरासत से आसानी से मुक्त नहीं हो सकता। वास्तविक व्यवहार को एमिक तथा एटिक क्षेत्र में प्रवेश अचेतन एवं अभविष्यवाची फैशन के रूप में समझा जा सकता है। एमिक तथा एटिक विभेद में कमी के कारण कई विश्वव्यापी वास्तविक व्यवहारों को स्थानीय आदिम समाजों से प्राप्त सूचनाओं के आधार पर खण्डित किया गया है। मैलिनोवस्की का कुला विनिमय इस सम्बन्ध में एक पुरातन उदाहरण है।

द्विअर्थक कथन एवं भाषा वैज्ञानिक मॉडल

हालांकि हैरिस द्वारा सूचनादाताओं के मस्तिष्क तक पहुँचने में असमर्थता व्यक्त की गई थी, लेकिन अनेक आधुनिक मानव वैज्ञानिकों द्वारा सूचनादाताओं के मस्तिष्क तक पहुँचने तथा उनके मस्तिष्क में क्या चल रहा है इसको जानने का प्रयास किया गया था। उदाहरण के लिए फ्रेक (Frake, 1964: 133) द्वारा एटिक के स्थान पर एमिक

दृष्टिकोण को प्राथमिकता प्रदान की गई थी। फ्रेक को एथनो साइण्टिस्ट कहा जाता है। उन्होंने भी अपना सुराग भाषा से ग्रहण किया था। उन्होंने आन्तरिक मनोवैज्ञानिक अवस्थाओं का परीक्षण नहीं किया था। उनके द्वारा भाषायी श्रेणियों अथवा वर्गों में व्यक्त संज्ञान (cognition) के ऊपर ध्यान केन्द्रित किया गया था। उदाहरण के लिए नातेदारी विश्लेषण में उन्होंने विशेष विशिष्ट नातेदारी व्यवस्थाओं के ज्ञानात्मक ढंग से आमने-सामने वाले तत्त्वों की पहचान की थी तथा उन्हें खुद निकाला था। इसकी सबसे सफल विधि तात्त्विक विश्लेषण (componential analysis) विधि थी। इस विधि को व्यवहार में लाने वाले मानव वैज्ञानिक गुड एनफ (1956) थे। इस विधि में नातेदारी को मानव जाति केन्द्रिक शब्दों को नहीं चुना जाता। उदाहरण के लिए सहोदर (cousin) या चाचा (uncle) क्योंकि वे रिश्तेदार जिन्हें हम चाचा कहते हैं उनको अन्य समाजों में कुछ अन्य नातेदारी नामों से जाना जाता है। गुड एनफ ने अपनी तात्त्विक विश्लेषण विधि या अंगीय विश्लेषण विधि में सभी नातेदारी शब्दों को उम्र, लिंग, पीढ़ी, रेखीयता, समपार्श्वता, वैवाहिकता तथा अन्य सांस्कृतिक ढंग से व्यक्त श्रेणियों के आधार पर विश्लेषण करने का प्रयास किया था। इनके सहारे एक रेखाचित्र खींचा जा सकता था जिसके सहारे नातेदारी व्यवस्था में व्याप्त औपचारिक संज्ञानात्मक नियमों को दर्शाया जा सके। उन औपचारिक संज्ञानात्मक नियमों पर आधारित नातेदारी शब्दों का उपयोग समाज के सदस्य प्रयोग में लाते हैं। इस तरह से एक अनुसन्धानकर्ता यह पता लगा सकता है कि सूचनादाताकर्ता के मस्तिष्क में क्या चल रहा है। यह प्रक्रिया चेतन या अचेतन हो सकती है। इस प्रकार अंगीय विश्लेषण विधि या तात्त्विक विश्लेषण विधि के सहारे एक अनुसन्धानकर्ता सूचनादाताओं के मस्तिष्क की सोच एवं व्यवहार को जानने का प्रयास करता है।

तात्त्विक या अंगीय विश्लेषण विधि इससे भी आगे चली गई थी जिसमें केवल सम्बन्धियों की पहचान तक ही इसे सीमित नहीं रखा गया था। वरन् इस विधि के सहारे समग्र नातेदारी व्यवस्था के

सम्बन्धियों के बीच संरचनात्मक सम्बन्ध का वर्णन वैज्ञानिक ढंग से किया जा सकता था।

इस प्रकार एथनोसाइंस का मुख्य लक्ष्य एक संस्कृति के सदस्यों द्वारा प्रयुक्त सूचनाओं को भाषायी श्रेणियों में जानना, समझना तथा वर्णन करना होता है। इसके माध्यम से सांस्कृतिक तत्त्वों एवं सांस्कृतिक सम्बन्धों को जाना जा सकता है। सूचना अपने आप में सांस्कृतिक ढंग से महत्त्वपूर्ण व्यवहारों से सम्बन्धित होती है तथा उस स्थिति को दर्शाती है जिसके अधीन वे व्यवहार निर्मित होते हैं तथा कार्य करते हैं। इस प्रकार के अनुसन्धान का सबसे अच्छा उदाहरण हेरल्ड कोंकलिंस (Herald Konklins, 1965) का अध्ययन है। हेरल्ड कोंकलिंस का अध्ययन नातेदारी व्यवस्था से सम्बन्धित नहीं था। उन्होंने फिलीपींस के होनुनू के मध्य वर्ण श्रेणीकरण (colour categorisation) का अध्ययन किया था। उन्होंने पाया था कि फिलीपींस के मध्यम रंगों का श्रेणीकरण पश्चिम आधुनिक समाजों के रंगों के वर्गीकरण से बिल्कुल भिन्न था। दोनों समाजों में एक ही रंग का अलग-अलग ढंग से वर्गीकरण किया जाता है। पश्चिमी समाज के लोग रंगों के श्रेणीकरण के लिए रंग, चमकीलापन तथा संतृप्तीकरण का उपयोग करते हैं, जबकि होनुनू समाज में रंगों को आर्द्रता, सतहगामी तथा हल्केपन के आधार पर कई वर्गों में बाँटा जाता है।

इसी प्रकार का एक मानव जाति वैज्ञानिक (ethno-scientific) अध्ययन वेन फ्रैंक (Vein Frank) द्वारा दक्षिण फिलीपींस में मिदानियो के सुबानम पर किया गया था। फ्रैंक ने यह जानने का प्रयास किया था कि सुबानम किस प्रकार अपने रोगों एवं उनसे जुड़े उपचारों का वर्गीकरण करते हैं। सुबानम का रोग वर्गीकरण संज्ञान पश्चिमी समाज के रोग वर्गीकरण संज्ञान से बिल्कुल भिन्न था। सुबानम अपने रोगों एवं उपचारों को सांस्कृतिक आधार पर वर्गीकरण करते थे, जबकि आधुनिक पश्चिमी समाज के लोग रोग को जैविक आधार पर वर्गीकरण करते थे।

अन्य मानव जाति विज्ञान (ethno-science) के अध्ययनों का निष्कर्ष दर्शा रहा था कि लोग अपने-अपने विश्व को अपनी-अपनी भाषा में संरचित करते हैं, जिसके कारण संज्ञानात्मक क्षेत्र अलग-अलग पाए जाते हैं। कला, भोजन, स्वाद, पशु-पक्षी, पेड़-पौधे, नदी-झरना, पहाड़-पहाड़ी, ज़मीन, अलौकिक शक्तियां, दिन-रात, फसल, मौसम, साग-सब्जी, बीमारी, उपचार, विचलन, अपराध तथा अन्य सांस्कृतिक श्रेणियों को भिन्न-भिन्न संस्कृतियाँ भिन्न-भिन्न ढंग से अपनी भाषा में संरचित करते हैं। लोक-वर्गीकरण के अध्ययन के लिए अनेक मानव वैज्ञानिक अनुसन्धान क्षेत्र अस्तित्त्व में आ गए थे, जो अपने साथ एथनो शब्द जोड़कर अपनी अलग पहचान बनाने का प्रयास करते थे। जैसे—एथनोसाइंस, एथनोसिमेण्टिक्स, एथनो-लिंग्विस्टिक्स, एथनोजूलॉजी, एथनो-बॉटनी, एथनो-साइकोलॉजी, एथनो-आर्कियोलॉजी, एथनो-इकोलॉजी, एथनो-मेडिसिन, एथनो-फोकलोर तथा अन्य। इस समय तक संज्ञानात्मक मानव विज्ञान की विधि, तकनीक, दृष्टिकोण तथा कार्य-प्रणाली का विकास नहीं हो पाया था। इसीलिए विद्वान् अपने-अपने अध्ययन विषय के पहले एथनो शब्द जोड़कर उसका वर्गात्मक अध्ययन करते थे। उन विद्वानों द्वारा अमेरिकी मानव विज्ञान के जनक फ्रांज बोआस द्वारा प्रतिपादित सांस्कृतिक सापेक्षवाद सिद्धान्त का समर्थन किया गया था। लेकिन बाद में चलकर जब संज्ञानात्मक मानव विज्ञान का पूर्ण रूप से विकास हो गया, तब न्यू एथनोग्राफी, एथनोसाइंस, एथनोलिग्विष्टिक्स, एथनो-सिमेण्टिक्स, जैसे विषयों को संज्ञानात्मक मानव विज्ञान के अन्तर्गत शामिल कर लिया गया था।

9

संज्ञानात्मक मानव विज्ञान

संज्ञानात्मक मानव विज्ञान (cognitive anthropology) की स्थापना एक मानव वैज्ञानिक सिद्धान्त के रूप में अमेरिका में 1960 के दशक में हुई थी। इस सम्प्रदाय के संस्थापक एडवर्ड सैपिर, वेन फ्रेंक, गुड एनफ, हैरल्ड कोंकलिन, डब्ल्यू॰ टेलर, तथा अन्य अमेरिकी मानव वैज्ञानिक थे। जैसाकि पहले वर्णन किया जा चुका है कि येल विश्वविद्यालय, अमेरिका में सर्वप्रथम मानव विज्ञान में एक आन्दोलन का जन्म हुआ था। जिसके फलस्वरूप नूतन मानव जाति वर्णन का जन्म हुआ। इस आन्दोलन के कारण मानव विज्ञान की चारों शाखाओं में सहयोग स्थापित किया गया तथा उन्हें नूतन रूप प्रदान किया गया। इस आन्दोलन के कारण नूतन जैविक मानव विज्ञान, नूतन प्रागैतिहासिक पुरातात्त्विक मानव विज्ञान, नूतन भाषायी मानव विज्ञान एवं नूतन सामाजिक-सांस्कृतिक विज्ञान का उदय हुआ। इस आन्दोलन के कारण मानव विज्ञान की चारों शाखाओं का नूतन जन्म हुआ जो चारों के बीच आपसी सहयोग पर आधारित था तथा नवीन विधि, तकनीक, दृष्टिकोण एवं कार्य-प्रणाली का भी विकास प्रत्येक मानव विज्ञान की शाखाओं में हुआ था।

सामाजिक-सांस्कृतिक मानव विज्ञान में भाषा विज्ञान की तकनीक, विधि, दृष्टिकोण को अपना गया था, तथा उसे अन्तर-विषयक बनाया गया था। उसी प्रकार भाषा वैज्ञानिकों ने भी सांस्कृतिक मानव विज्ञान की तकनीक, विधि, दृष्टिकोण तथा कार्य-प्रणाली को अपने अनुसन्धान में प्रयोग किया था। सामाजिक-सांस्कृतिक मानव विज्ञान में सर्वप्रथम येल विश्वविद्यालय में यह अन्तर-विषयक एवं नूतन आन्दोलन का नामकरण नव-मानव जाति वर्णन (new ethrography) के रूप में किया गया था। लेकिन धीरे-धीरे यह आन्दोलन पूरे अमेरिकी विश्वविद्यालयों में एथनोसाइंस, एथनोलिंग्विस्टिक्स, एथनोसिमेण्टिक्स इत्यादि नाम से फैल गया था। इस आन्दोलन का मुख्य लक्ष्य संस्कृति के सुस्पष्ट तस्वीर को प्रकाश में लाना तथा आदर्शवाद की परम्परा को आगे बढ़ाना था। आरम्भ में नूतन मानव जाति वर्णन की तकनीक, विधि, दृष्टिकोण एवं कार्य-प्रणाली का विकास नहीं हुआ था। यही कारण था कि उन्हें सभी अमेरिकी विश्वविद्यालयों में अलग-अलग नामों से जाना जाता था। लेकिन जब नूतन मानव जाति वर्णन के नूतन तकनीक, विधि, दृष्टिकोण एवं कार्य-प्रणाली इतने विकसित हो गए तब नूतन मानव जाति वर्णन, एथनोसाइंस, एथनोलिंग्विस्टिक्स, तथा एथनोसिमेण्टिक्स को जोड़कर एक आम मानव विज्ञान का नाम दिया गया जिसे अब संज्ञानात्मक मानव विज्ञान के नाम से पूरे विश्व में जाना जाता है। संज्ञानात्मक मानव विज्ञान का मुख्य लक्ष्य संस्कृति की सुस्पष्ट तस्वीर का चित्रण करना तथा भौतिकवाद के स्थान पर आदर्शवाद की परम्परा को आगे बढ़ाना है। संज्ञानात्मक मानव विज्ञान को अमेरिका में फ्रांज बोआस के सांस्कृतिक सापेक्षवाद सिद्धान्त के समर्थन एवं विरोध के रूप में जाना जाता है। एटिक के ऊपर एमिक को प्राथमिकता प्रदान करने वाले मानव वैज्ञानिक फ्रांज बोआस के सांस्कृतिक सापेक्षवाद के समर्थक बतलाए जाते हैं। चूँकि संज्ञानात्मक मानव वैज्ञानिक एटिक दृष्टिकोण के ऊपर एमिक दृष्टिकोण को प्राथमिकता प्रदान करते हैं। अतः संज्ञानात्मक मानव विज्ञान को फ्रांज बोआस के सांस्कृतिक

सापेक्षवाद सिद्धान्त का समर्थक माना जाता है। उदाहरण के लिए एडवर्ड सैपिर।

दूसरी तरफ कुछ मानव वैज्ञानिकों का एक ऐसा समूह भी है जो एमिक के ऊपर एटिक को प्राथमिकता देता है। ऐसे मानव वैज्ञानिक फ्रांज बोआस के सांस्कृतिक सापेक्षवाद सिद्धान्त का समर्थन नहीं करते हैं। उदाहरण के लिए मार्विन हैरिस जो एमिक के ऊपर एटिक को प्राथमिकता प्रदान करते थे।

संज्ञानात्मक मानव विज्ञान की विषय-वस्तु की चर्चा हम निम्नलिखित ढंग से कर सकते हैं–

- एटिक के ऊपर एमिक की प्राथमिकता,
- सैपिर-व्होर्फ परिकल्पना,
- लोक वर्गीकरण,
- अंगीय विश्लेषण,
- स्किमा सिद्धान्त,
- संज्ञानात्मक मानव विज्ञान का आधुनिक क्षेत्र, और
- आलोचना।

अब यहाँ उपरोक्त संज्ञानात्मक मानव विज्ञान की सभी विशेषताओं को एक-एक करके नीचे प्रस्तुत किया जा रहा है।

एटिक के ऊपर एमिक की प्राथमिकता

जैसा कि ऊपर वर्णन किया जा चुका है कि संज्ञानात्मक मानव विज्ञान का सैद्धान्तिक पक्ष एटिक के विपरीत एमिक है। अगर सत्य कहा जाए तब संज्ञानात्मक मानव विज्ञान की जड़ अमेरिकी मानव विज्ञान के संस्थापक मानव वैज्ञानिक फ्रांज बोआस के सांस्कृतिक सापेक्षवाद सिद्धान्त में निहित है। लेकिन संज्ञानात्मक मानव विज्ञान की व्याख्या के लिए सूत्र मानव वैज्ञानिक भाषा विज्ञान से लिया गया है। इसका सैद्धान्तिक पक्ष एमिक था, एटिक नहीं। मानव विज्ञान में एमिक और एटिक के बीच विपरीतार्थक भेद 1950 के दशक में उत्पन्न हुआ था।

यह विपरीतार्थक भेद मानव विज्ञान में भाषा विज्ञान (linguistics) से ग्रहण किया गया था।

एमिक और एटिक के बीच अन्तर सर्वप्रथम भाषा वैज्ञानिक केनेथ पाइक द्वारा प्रस्तुत किया गया था। उन्होंने भाषा विज्ञान में प्रचलित इन दोनों व्यवस्थाओं—एटिक व्यवस्था तथा एमिक व्यवस्था—को ढूँढ निकाला था। उन्होंने इन दोनों भाषायी व्यवस्थाओं को एक-दूसरे के विपरीत काम करते हुए पाया था। उन्होंने फोनेमिक व्यवस्था तथा फोनेटिक व्यवस्था पर विस्तारपूर्वक एवं गहराई से अपना पक्ष रखा था। भाषा विज्ञान में फोनेमिक्स (ध्वनिग्राम विज्ञान) के अन्तर्गत भाषायी अर्थ (linguistic meaning) का अध्ययन किया जाता है, जबकि फोनेटिक्स (स्वर विज्ञान) के अन्तर्गत भाषायी ध्वनियों (linguistic sounds) या स्वरों का अध्ययन किया जाता है।

भाषा वैज्ञानिक भाषा का अध्ययन वाणी समुदाय (speech community) की सहभागिता एवं अवलोकन के आधार पर करते हैं। भाषा वैज्ञानिकों को वाणी समुदाय के सदस्य अध्ययन सामग्रियाँ प्रदान करते हैं। वाणी समुदाय की कौन-कौन सी वाणियां महत्त्वपूर्ण हैं इसको पता लगाने के लिए वाणी समुदाय की सहभागिता पर निर्भर होना पड़ता है। क्योंकि इसका पता तो बोलने वालों के सहयोग से ही लगाया जा सकता है।

भाषा विज्ञान में फोनेटिक्स एक वैज्ञानिक या अवलोकनकर्ता का दृष्टिकोण प्रस्तुत करता है। यहाँ भाषा वैज्ञानिक भाषा बोलने वाला नहीं होता, वह भाषा का अध्ययन करने वाला होता है। वह भाषा समुदाय का सदस्य नहीं होता। वह भाषा समुदाय के लिए बाहरी व्यक्ति होता है। अतः वह अपने अवलोकन द्वारा भाषा के बाह्य पक्ष को प्रस्तुत करता है। यहाँ भाषा वैज्ञानिक वाणी समुदाय के वाक् अंगों, शारीरिक अंगों तथा उनसे भेजे जाने वाले ध्वन्यात्मक या ग़ैर-ध्वन्यात्मक संकेतों का अवलोकन करता है तथा उच्चारण व्यवस्था एवं सांकेतिक व्यवस्था के ऊपर प्रकाश डालता है। यह व्यवस्था भाषा विज्ञान की विश्वव्यापी वाणी समुदाय की व्यवस्था होती है।

दूसरी तरफ भाषा विज्ञान में फोनेमिक्स स्थानीय वाणी समुदाय की व्यवस्था होती है। यह व्यवस्था एक संस्कृति से दूसरी संस्कृति में अलग होती है। इसमें स्थानीय भाषा की विशेषता शामिल रहती है। यह एक वाणी समुदाय के सदस्यों का दृष्टिकोण होता है। यहाँ भाषा वैज्ञानिक एक अवलोकनकर्ता नहीं वरन् उस वाणी समुदाय का सहभागी होता है। यहाँ भाषा वैज्ञानिक बाहरी नहीं वरन् वाणी समुदाय द्वारा स्वीकृत एक सदस्य के रूप में होता है।

भाषा वैज्ञानिक फोनेटिक्स से एटिक्स शब्द को अलग करके तथा फोनेमिक्स से एमिक्स शब्द को हटाकर उन्हें विपरीतार्थक दृष्टिकोण तथा प्रणाली के रूप में देखा था। उन्होंने एमिक्स तथा एटिक्स के अन्दर प्रचलित अन्तर को मानव वैज्ञानिक क्षेत्रकार्य की सहभागी अवलोकन (participant observation) तकनीक के उदाहरण से समझाने का प्रयास किया था। उन्होंने यह दर्शाने का प्रयास किया था कि मानव वैज्ञानिक अनुसन्धान तकनीक सहभागी अवलोकन की व्याख्या भाषा वैज्ञानिक तकनीक एमिक्स तथा एटिक्स के आधार पर की जा सकती है। पाइक के अनुसार सहभागी (participant) का सम्बन्ध एमिक तकनीक से है। क्योंकि इसका लक्ष्य मानव वैज्ञानिकों को स्थानीय लोगों के अनुसार सोचने तथा व्यवहार करने योग्य बनाना था। दूसरी तरफ अवलोकन का सम्बन्ध एटिक्स से है क्योंकि इसका लक्ष्य वैज्ञानिक अवलोकनकर्ता को समुदाय के लोगों से अलग करके रखना है। ताकि वह स्वतन्त्र तथा निष्पक्ष ढंग से अपना अवलोकन कर सके। पाइक के अनुसार एमिक दृष्टिकोण में चीजों और घटनाओं को स्थानीय लोगों के अनुसार वर्गीकृत एवं विश्लेषित किया जाता है, जबकि एटिक दृष्टिकोण में चीजों एवं घटनाओं का वैज्ञानिक अनुसन्धानकर्ता के अनुसार व्याख्या की जाती है। एमिक दृष्टिकोण से अन्तर-सांस्कृतिक समझ बढ़ती है तथा मानव जाति केन्द्रीयता को समाप्त करने में मदद मिलती है। सांस्कृतिक सापेक्षवाद सिद्धान्त के अनुसार संस्कृतियों को किसी एक मूल्य या गुण के आधार पर नहीं मापा या मूल्यांकन किया जा सकता है। इसी आधार पर भाषायी सापेक्षवाद (linguistic relativism) की

अवधारणा का विकास किया गया था। भाषायी सापेक्षवाद की अवधारणा के अनुसार भाषाओं को संस्कृतियों के समान किसी एक गुण या मूल्य के आधार पर नहीं मापा जा सकता या मूल्यांकन किया जा सकता। प्रत्येक भाषा अपने-आप में समग्र होती है। हालांकि पाइक एमिक तथा एटिक दृष्टिकोण की वकालत करते थे, लेकिन उन्होंने एटिक दृष्टिकोण के स्थान पर एमिक दृष्टिकोण को प्राथमिकता प्रदान किया था। पाइक के समान संज्ञानात्मक मानव वैज्ञानिकों ने भी संस्कृति को व्याख्या एमिक दृष्टिकोण के आधार पर प्रस्तुत किया था। उनके द्वारा भी एटिक दृष्टिकोण के स्थान पर एमिक दृष्टिकोण को प्राथमिकता प्रदान की गई थी।

सैपिर-व्होर्फ परिकल्पना

एडवर्ड सैपिर एक अमेरिकी मानव वैज्ञानिक थे। वे अमेरिकी मानव विज्ञान के संस्थापक फ्रांज बोआस के शिष्य थे। उन्होंने फ्रांज बोआस के सांस्कृतिक सापेक्षवाद सिद्धान्त के समान भाषायी सापेक्षवाद की अवधारणा का विकास किया था। उनके द्वारा अपनी पुस्तक *लैंग्वेज* का प्रकाशन किया गया था। वे रूथ बेनेडिक्ट तथा मार्गरेट मिड के भी सहयोगी थे। उनका प्रशिक्षण बोआसियन परम्परा के अनुकूल हुआ था। साथ ही साथ वे एक कवि भी थे। उनके कैरियर का अधिकांश समय भाषा के ऊपर अनुसन्धान, अध्ययन एवं अध्यापन में बीता था। वे पहले कनाडा, फिर शिकागो तथा अन्त में येल विश्वविद्यालय में अध्यापन कार्य किया था। उनके द्वारा येल विश्वविद्यालय में मानव विज्ञान विभाग की स्थापना की गई थी।

बेंजामिन ली व्होर्फ (Benjamin Lee Whorf) हालफोर्ड नामक इंश्योरेंस कम्पनी में काम करते थे। यह स्थान येल विश्वविद्यालय से ज्यादा दूर नहीं था। यहीं पर उनकी भेंट एडवर्ड सैपिर से हुई थी। सैपिर के सम्पर्क में आने के बाद व्होर्फ का झुकाव मानव विज्ञान की ओर हुआ था। उनकी अभिरुचि भाषा एवं संस्कृति के बीच सम्बन्ध को जानने, समझने तथा व्याख्या करने में जागृत हो गई थी। भाषा

और संस्कृति के बीच सम्बन्ध को दर्शाने के लिए सैपिर तथा व्होर्फ द्वारा एक परिकल्पना का सूत्रीकरण किया गया था जिसे सैपिर व्होर्फ परिकल्पना के नाम से जाना जाता है।

सैपिर तथा व्होर्फ की परिकल्पना के अनुसार भाषा तथा संस्कृति की मानसिक संरचना में सह सम्बन्ध पाया जाता है। भाषा की संरचना संस्कृति को प्रभावित करती है। सैपिर तथा व्होर्फ संस्कृति के ऊपर भाषा के प्रभाव में अभिरुचि रखते थे। संस्कृति के ऊपर भाषा के प्रभाव को समझाने के लिए उन्होंने होपी जनजाति का उदाहरण प्रस्तुत किया था। इस भाषा की अन्तर-सांस्कृतिक तुलना उन्होंने स्टैण्डर्ड एवरेज यूरोपियन (SAE) से की थी। जब इन दोनों भाषाओं का अन्तर-सांस्कृतिक ढंग से तुलना किया गया था तब सैपिर तथा व्होर्फ ने पाया कि दोनों भाषाओं के प्रयोगकर्ता लोग अपनी-अपनी संस्कृति में चीजों एवं घटना क्रियाओं की अभिव्यक्ति अलग-अलग ढंग से करते थे। दोनों ही समाजों के पास चीजों और घटना क्रियाओं को अभिव्यक्त करने के लिए अपनी-अपनी श्रेणियाँ थीं जिनके माध्यम से वे उन्हें व्यक्त करते थे। अतः कोई भी भाषा दूसरी भाषा की तुलना में ज्यादा या कम महत्त्व की नहीं थी। प्रत्येक भाषा वाणी समुदाय के प्रयोगकर्ताओं के लिए उतना ही महत्त्व रखती थी। अतः कोई भाषा न तो बड़ी है और न छोटी, न कोई भाषा सम्पन्न है और ना ही कोई भाषा विपन्न, न कोई भाषा विकसित है और ना ही अविकसित थी। अतः भाषा की व्याख्या भाषा सापेक्ष ढंग से होनी चाहिए। अतः यह नहीं कहा जा सकता कि SAE (Standard Average European) भाषा शिष्ट, सम्पन्न तथा विकसित है और होपी भाषा अशिष्ट, विपन्न एवं अविकसित है। इसे ही सैपिर एवं व्होर्फ ने भाषायी सापेक्षवाद (linguistic Relativism) कहा था। यह ठीक उसी प्रकार का सिद्धान्त था जैसा कि फ्रांज बोआस का सांस्कृतिक सापेक्षवाद सिद्धान्त। केवल अन्तर था तो भाषा और संस्कृति शब्द का। इसे ही व्होर्फ-सैपिर परिकल्पना के नाम से जाना जाता है।

अपने अध्ययन में सैपिर तथा व्होर्फ ने पाया था कि SAE भाषा में समय की अवधारणा को वस्तुनिष्ठ ढंग से (objectively) व्यक्त किया

जाता है। इसे वस्तुनिष्ठ परिमाणात्मक ढंग से व्यक्त किया जाता है, जिसे मापा या तौला जा सके। जैसे 10 दिन, 15 दिन, 20 दिन, एक माह, 6 माह, एक वर्ष, दो वर्ष, इत्यादि। लेकिन होपी जनजाति में समय को व्यक्तिनिष्ठ ढंग से व्यक्त किया जाता है। जैसे कुछ समय बाद, कुछ दिन बाद, थोड़ा देर में, अभी नहीं, कब आएगा, कब जाएगा, इत्यादि। होपी भाषा में समय को परिमाणात्मक ढंग से अभिव्यक्त नहीं किया जाता है। इसे गुणात्मक ढंग से व्यक्त किया जाता है। यहाँ समय का अर्थ एक व्यक्ति द्वारा देर किए जाने से है। उसने देर कर दिया। SAE भाषा में परिमाणात्मक संज्ञाओं का खूब प्रयोग किया जाता है। जैसे एक गिलास पानी, एक प्लेट नाश्ता, एक किलो तेल, इत्यादि। लेकिन होपी भाषा में प्रत्येक संज्ञा का उपयोग व्यक्ति विशेष या विषय विशेष को ध्यान में रखकर किया जाता है। जैसे खाना लाओ, नाश्ता कराओ, पानी पिलाओ, इत्यादि। इस तरह SAE भाषा में परिमाणात्मकता एवं वस्तुनिष्ठता पाई जाती है, वहीं होपी भाषा में व्यक्तिनिष्ठता एवं ग़ैर-परिमाणात्मकता पाई जाती है।

SAE भाषा में आकाश की अभिव्यक्ति वस्तुनिष्ठ ढंग से की जाती है, जबकि होपी भाषा में आकाश की अभिव्यक्ति व्यक्तिनिष्ठ ढंग से की जाती है। यहाँ आकाशीय रूपान्तरण की व्याख्या वस्तुनिष्ठ ढंग से वाक्पटुता के आधार पर की जाती है। जैसे यह आकाशीय घटना विचारणीय है। होपी भाषा के प्रयोगकर्ता आकाश को विशेष वाणी का अंग मानते हैं। विशेष अंग की वाणी द्वारा ये लोग आकाश को व्यक्तिनिष्ठ बनाते हैं। SAE प्रयोगकर्ता के लिए आकाश वस्तु समान है जबकि होपी भाषा के प्रयोगकर्ताओं के लिए आकाश एक व्यक्ति है, जिसे वाणी अंगों द्वारा बुलाया जा सकता है।

होपी भाषा तथा SAE भाषा में प्रचलित अन्तर को उन दोनों भाषाओं की संरचना में प्रचलित भेद के आधार पर समझा जा सकता है। SAE भाषा में हम वस्तुनिष्ठता पाते हैं, जबकि होपी भाषा में हम व्यक्तिनिष्ठता पाते हैं।

लोक वर्गीकरण एवं अर्थगत क्षेत्र

लोक वर्गीकरण एवं अर्थगत क्षेत्र का संज्ञानात्मक मानव विज्ञान के अन्तर्गत अध्ययन हैरल्ड कोंकलिन, चार्ल्स वेन फ्रैंक एवं डब्ल्यू॰ टेलर द्वारा स्थापित किया गया था। लोक वर्गीकरण तकनीक का उपयोग करके संज्ञानात्मक मानव वैज्ञानिकों द्वारा लोक समाज की भाषा में उपलब्ध चीजों एवं घटना-क्रियाओं के वर्गीकरण को ज्ञानबोध का आधार बनाया गया था। लोक समाज में प्रचलित चीजों एवं घटना-क्रियाओं का भाषायी वर्गीकरण मात्र वर्गीकरण नहीं होता, वरन् उस वर्गीकरण में उस समाज का ज्ञान छिपा रहता है जो पीढ़ी दर पीढ़ी जारी रहता है। सभ्य समाज की दृष्टि से वह भले ही अर्थहीन या महत्त्वहीन लगे, लेकिन सरल एवं आदिम समाज की दृष्टि से वे बड़े ही ज्ञानपूर्ण, महत्त्वपूर्ण एवं व्यवहारपूर्ण साबित होते हैं। इस तरह प्रत्येक संस्कृति अपने आप में विचित्र होती है।

मानव विज्ञान में लोक वर्गीकरण विज्ञान एवं अर्थगत क्षेत्र की धारणा को जीव विज्ञान से ग्रहण किया गया था। जीव वैज्ञानिक लिनेइस के वर्गीकरण विज्ञान को सभी प्राणी एवं वनस्पति वैज्ञानिक स्वीकार करते हैं। उन्होंने सभी प्राणियों एवं वनस्पतियों को वैज्ञानिक विधि से दो नामों द्वारा वर्गीकृत किया था। एक था जीनस एवं दूसरा था स्पेसिस। सम्पूर्ण पशु जगत् एवं वनस्पति जगत् को उन्होंने फाइलम, सबफाइलम, ऑर्डर, सब-ऑर्डर, जीनस तथा स्पेसिस तक विभाजित किया था। चूँकि उन्होंने प्रत्येक प्राणी या पौधे को जीनस तथा स्पेसिस दो नाम रखे थे, अतः उनकी वर्गीकरण पद्धति को द्विनाम वर्गीकरण पद्धति के नाम से जाना जाता है। पश्चिमी जीव जगत् के वैज्ञानिक लोकवर्गीय पद्धति को अवैज्ञानिक बताकर अस्वीकार कर देते हैं। लेकिन संज्ञानात्मक मानव वैज्ञानिक लोक वर्गीकरण पद्धति को स्वीकार करते हैं। संज्ञानात्मक मानव वैज्ञानिकों के लिए लोक वर्गीकरण पद्धति उतनी ही महत्त्वपूर्ण है जितनी कि जीव वैज्ञानिकों के लिए लिनेइस वर्गीकरण पद्धति। संज्ञानात्मक मानव विज्ञान के लिए लोक वर्गीकरण पद्धति लोक समाज के मस्तिष्क में

व्याप्त वर्गात्मक ज्ञान को समझने की पद्धति है। लोक समाज में चीजों एवं घटना-क्रियाओं के बारे में प्रचलित वर्गों में उस समाज के सञ्चित ज्ञान छिपे होते हैं, जो पीढ़ियों से उनके बीच भाषा के माध्यम से प्रचलित हैं। संज्ञानात्मक मानव वैज्ञानिक वर्गीकरण में व्याप्त ज्ञान की खोज करके व्याख्या प्रस्तुत करता है। उदाहरण के लिए पश्चिमी आधुनिक समाजों में शरीर के रंग को श्वेत, पीला तथा श्याम वर्ण में विभाजित किया जाता है, जबकि ग़ैर-पश्चिमी सरल समाजों में शरीर के रंग को दूधिया, गेहुँआ, भूरा, करिया जैसे श्रेणियों में विभाजित किया जाता है।

हैरल्ड कोंकलिन नामक संज्ञानात्मक मानव वैज्ञानिक (1955) ने फिलीपींस के होनुनू के मध्य प्रचलित रंगों के वर्गों का पता लगाया था। उन्होंने अपने अध्ययन में पाया था कि होनुनू रंग को आर्द्रता, ज़मीन की सतह तथा हल्केपन के आधार पर वर्गों में बाँटते हैं, जबकि पश्चिमी समाज में रंग को चमकीलापन तथा संतृप्ति के आधार पर वर्गों में बाँटा जाता है।

संज्ञानात्मक मानव वैज्ञानिक वेन फ्रैंक ने दक्षिण फिलीपींस में मिडानियो के सुबानुम के बीच रोग के बारे में प्रचलित वर्गों को प्रकाश में लाने का प्रयास किया था। उन्होंने अपने अध्ययन में पाया कि सुबानुम अपने शारीरिक रोगों को मौसम, उम्र, महिला, पुरुष, घटना दुर्घटना जैसे सांस्कृतिक आधारों पर वर्गों में विभाजित करते हैं तथा उसी के अनुसार उपचार करते हैं। ये लोग रोग को प्राकृतिक तथा ईश्वरीय घटना मानते हैं तथा उपचार भी प्राकृतिक तथा ईश्वरीय विधि से करते हैं।

संज्ञानात्मक मानव वैज्ञानिक एस० टेलर ने अपनी पुस्तक *कंसेप्ट एण्ड थ्योरी ऑफ़ नॉलेज* (1966) में लोक वर्गीकरण का उदाहरण प्रस्तुत किया था। उन्होंने बतलाया था कि अमेरिकी लोगों के लिए बूँद, ओला, बर्फ के अर्थ अलग-अलग होते थे, लेकिन दक्षिण भारत की कोया जनजाति बूँद, ओला तथा बर्फ के लिए एक ही शब्द मंकु का प्रयोग करते थे। कोया जनजाति के लोग बाँस को आठ वर्गों में

विभाजित करते थे, जबकि अमेरिकी लोग सभी प्रकार के बाँस के लिए एक शब्द बम्बू (bamboo) का प्रयोग करते हैं। अमेरिकियों के लिए आठ प्रकार के बाँस का महत्त्व नहीं होता, लेकिन कोया जनजाति के लिए आठों प्रकार के बाँस महत्त्व रखते थे। कोया जनजाति के लोग चार प्रकार के सहोदरों (cousins) का प्रयोग करते थे, जिसे वे लोग चचेरा, फुफेरा, मौसेरा तथा ममेरा कहते थे। अमेरिकी आधुनिक समाज के सदस्य केवल एक शब्द कज़न का प्रयो़ग उन चार प्रकार के सहोदरों के लिए करते थे। इस तरह प्रत्येक संस्कृति में प्रत्येक वस्तु एवं घटना की एक मानसिक संरचना पाई जाती है। संस्कृति मात्र इन घटनाओं का संकलन नहीं होती। वरन् वे उस संस्कृति का वर्गीकरण सिद्धान्त होते हैं। मानव वैज्ञानिक वर्गीकरण की मानसिक संरचना का अध्ययन करते हैं। भाषा वह साधन है जिसके द्वारा मानसिक संरचना का अध्ययन किया जा सकता है। प्रत्येक चीजों और घटनाओं को वर्गों में बाँटने की प्रक्रिया मानसिक संरचना में पाई जाती है। ये वर्ग सम्मिलन एवं विरोध पर आधारित होते हैं। एक स्तर पर वस्तुएं समान लगती हैं, लेकिन दूसरे स्तर पर वे एक-दूसरे के विपरी़त लगती हैं। इसे सम्मिलित (inclusive) तथा विरोधात्मक प्रक्रिया कहा जाता है।

टेलर ने सम्मिलित एवं विरोधात्मक श्रेणीकरण को समझाते हुए अंग्रेज़ी शब्द फर्नीचर (furniture) का प्रयोग किया था। फर्नीचर एक सम्मिलित शब्द है, जिसमें कुर्सी, टेबल, सोफासेट, पलंग, ड्रेसिंग टेबल, खटिया, स्टूल, अलमारी, इत्यादि आते हैं। इससे पता चलता है कि इन सभी वस्तुओं में कुछ समान तत्त्व पाए जाते हैं जिसके चलते उन्हें एक ही समूह फर्नीचर में शामिल किया जाता है। लेकिन अंग्रेज़ी भाषा के ज्ञान रखने वाले लोग भली-भाँति जानते हैं कि टेबल कुर्सी से अलग है, स्टूल बेंच से अलग है, सोफासेट डाइनिंग सेट से अलग है, ड्रेसिंग टेबल रीडिंग टेबल से भिन्न है, पलंग खटिया से अलग है, इत्यादि। इस प्रकार संज्ञानात्मक मानव वैज्ञानिक चीजों एवं घटनाओं के सम्मिलित वर्गों एवं विरोधात्मक वर्गों का पता भाषा के माध्यम से प्राप्त करते हैं। यहाँ देशज लोगों के वर्गों का अर्थ जानने का प्रयास

किया जाता है ताकि उनके मस्तिष्क में निहित जो संज्ञान है उसका पता चल सके। आखिर कोई समाज जब वर्गों का प्रयोग करता है तब उसके मस्तिष्क में एक ज्ञान रहता है, जिसके आधार पर वर्गों को संज्ञान में लाया जाता है।

लोक वर्गीकरण का यह महत्त्वपूर्ण अध्ययन हैरल्ड कोंकलिन (1955) द्वारा फिलीपींस के होनुनू का वर्ण व्यवस्था है। अपने अध्ययन में कोंकलिन ने होनुनू के चार रंग से जुड़े चार वर्गों का पता लगाया था। प्रत्येक वर्ग के साथ मा॰ उपवर्ग का प्रयोग होनुनू करते थे। उदाहरण के लिए –

- मा॰ बिरू – अँधेरा या कालापन
- मा॰ लागरी – हल्कापन या उजलापन
- मा॰ रारा – लालीपन
- मा॰ लाटु – हरापन

होनुनू के रंग वर्गों को अंग्रेज़ी में रेड, ब्लू, ऑरेंज, येलो, आसमानी, व्हाइट, ग्रीन के नाम से जाना जाता है। लेकिन होनुनू जब मा॰ बिरू वर्ग का प्रयोग करते हैं तब उसमें केवल काला रंग ही शामिल नहीं रहता। वरन् काला दिखने वाले गहरा नीला, भूरा, हरा, बैंगनी रंग भी शामिल रहते हैं। उसी तरह मा॰ लागरी वर्ग के अन्तर्गत केवल उजला रंग नहीं रहता है वरन् उन सभी रंगों को शामिल किया जाता है जो हल्के रंग के होते हैं। मा॰ बिरू तथा मा॰ लागरी एक-दूसरे के विपरीतार्थक वर्ग हैं। उसी तरह मा॰ रारा तथा मा॰ लाटु भी एक-दूसरे के विपरीतार्थक वर्ग हैं। मा॰ रारा केवल लाल रंग के वर्ग को नहीं दर्शाता है, वरन् इसके अन्दर वे सारे रंग आते हैं जिसमें लालीपन रहता है। मा॰ लाटु केवल हरे रंग के वर्ग का प्रतिनिधिक नहीं होता है, वरन् इसके अन्दर वे सारे रंग रहते हैं जिनमें हरापन पाया जाता है। इस तरह चार वर्गों के माध्यम से होनुनू रंग की चर्चा करते हैं।

संज्ञानात्मक मानव विज्ञान में एक दूसरा महत्त्वपूर्ण अध्ययन चार्ल्स फ्रेंक द्वारा किया गया था। चार्ल्स फ्रेंक ने दक्षिण फिलीपींस की

सुबानुम संस्कृति का अध्ययन रोगों के वर्गों को जानने के लिए किया था। सुबानुम दक्षिणी फिलीपींस के निवासी हैं। वे अपनी संस्कृति में शारीरिक रोगों को वर्गों के माध्यम से व्यक्त करते हैं। सुबानुम की संस्कृति में चर्म रोग को नुका, प्रमाद तथा पासुर में विभाजित करके वर्ग बनाया जाता है। नुका का अर्थ सभी प्रकार के चर्म रोगों से होता है, जैसे पुगु (खुजली), मेनगेवेगर (जलन), बेलहुत (फोकचा) तथा बुनी (रिंगवॉर्म)। फोकचा को पुनः गहरेपन तथा हल्केपन के आधार पर विभाजित किया जा सकता है। पुनः कठोरता के आधार पर नरम या कठोर में विभाजित किया जा सकता है। एक बाह्य अवलोकनकर्ता के लिए ये सारे चर्म रोग की श्रेणी में आते हैं। लेकिन स्थानीय सुबानुम के लिए वे सभी रोग अलग-अलग होते हैं। यही कारण है कि उन्हें अलग-अलग नामों से पुकारा जाता है। सुबानुम समाज में रोग निदान अपने आप में अन्त नहीं है। वरन् यह सांस्कृतिक रूप से रोग निदान की दिशा में संज्ञानात्मक कदम होता है। इसी संज्ञानात्मक कदम के द्वारा वे उपचार की दिशा में आगे बढ़ते हैं तथा देहाती दवा का उपयोग करते हैं। रोग को जानकर ही वे दवा का विकल्प खोजते हैं। उस दवा को वे प्राकृतिक उपहार के रूप में ग्रहण करते हैं। पश्चिमी चिकित्सा विज्ञान के लिए सुबानुम का रोग वर्गीकरण एक अध्ययन एवं अनुसन्धान का शोधपत्र हो सकता है, लेकिन सुबानुम समाज के लिए यह संज्ञानात्मक आधार एवं अर्थगत क्षेत्र होता है, जो संज्ञानात्मक मानव विज्ञान की विषय-वस्तु है।

अंगीय या तात्त्विक विश्लेषण

संज्ञानात्मक मानव विज्ञान में अंगीय या तात्त्विक विश्लेषण (componential analysis) तकनीक को मानव वैज्ञानिक अध्ययन में शामिल कराया गया था। इस तकनीक को विशिष्ट विशेषता विश्लेषण विधि (distinctive feature analysis) भी कहा जाता है। इस विधि में नातेदारी शब्दावलियों का अंगीय विश्लेषण किया जाता है। संज्ञानात्मक मानव वैज्ञानिक गुड एनफ द्वारा इस विधि का उपयोग नातेदारी

अध्ययन में किया गया था। उन्होंने आयु और लिंग को नातेदारी अध्ययन के लिए चुना था, उदाहरण के लिए दादा और पोती। दादा एक वृद्ध पुरुष का तथा पोती एक युवती का प्रतिनिधित्व करती है। साथ ही साथ दादा-पोती आयु विरोध के अतिरिक्त लिंग प्रतिरोध की भी अभिव्यक्ति करते हैं। दादा-पोती शब्दों में दो प्रकार के विरोधात्मक युग्म आयु तथा लिंग पर आधारित होते हैं। लिंग पर आधारित विरोध पुरुष (दादा) तथा महिला पोती है। आयु पर आधारित विरोधी युग्म दादा (वृद्ध पुरुष) तथा पोती (युवती) है। इस प्रकार के नातेदारी शब्दों में दोहरे प्रतिरोध (binary opposition) कहा जाता है। नातेदारी शब्दों का इस प्रकार का विश्लेषण संस्कृति के लिए विचित्र या विशिष्ट होता है। लेकिन कज़न शब्द लिंग-भेद नहीं दर्शाता। इसलिए अंगीय विश्लेषण में कज़न जैसे नातेदारी शब्दों को अलग कर दिया जाता है।

स्किमा सिद्धान्त

अपने उत्पत्ति काल से लेकर अब तक संज्ञानात्मक मानव विज्ञान में कई नवीन अवधारणाओं को शामिल किया गया था। 1980 के दशक में संज्ञानात्मक मानव विज्ञान में स्किमा सिद्धान्त (Schema Theory) को स्थान प्राप्त हुआ था। इसका सम्बन्ध संस्कृति की मानसिक घटना क्रियाओं एवं संरचनाओं को समझने से है। स्किमा एक अमूर्त अवधारणा है जिसका सम्बन्ध व्यक्तियों के अचेतन व्यवहार से है। यह एक प्रकार का अध्ययन मॉडल है जो समुदाय के सदस्यों के साझा अनुभव एवं समझ से जुड़ा हुआ है। उदाहरण के लिए लेखन स्किमा। एक बच्चा, एक शिक्षक, एक लेखक, एक कलाकार तथा एक व्यंग्यकार की लेखन स्किमा अलग-अलग होती है, हालांकि सबके सब लेखन से सम्बन्धित हैं।

संज्ञानात्मक मानव विज्ञान का आधुनिक क्षेत्र

1990 के दशक में भावना, अभिरुचि, स्वास्थ्य, धार्मिक संकेत एवं कम्प्यूटर आधारित संवाद विश्लेषण को संज्ञानात्मक मानव विज्ञान में आधुनिक क्षेत्र के रूप में शामिल किया गया है।

आलोचना

संज्ञानात्मक मानव विज्ञान संस्कृति एवं मस्तिष्क के प्रकार्य के बीच सेतु निर्माण का कार्य करता है। यह लोगों के संज्ञान को प्रकाश में लाता है जिसे लोग अपने दैनिक जीवन में उपयोग में लाते हैं। संज्ञानात्मक वर्गों को लोग जीते हैं। उनका उपयोग अपने जीवन की अनेक समस्याओं के समाधान के लिए करते हैं। संज्ञान ही तो वह आधार प्रदान करता है, जिसके सहारे लोग वर्गों को सम्मिलित समूह या विरोधी समूह में रखते हैं। लोक समाज के सदस्य संज्ञानात्मक मानव विज्ञान के अध्ययन में सहायक होते हैं। लोक समाज के सदस्यों द्वारा व्यवहृत वर्ग समूह सोच, ज्ञान तथा व्यवहार के बारे में जानकारी प्रदान करते हैं। आजकल संज्ञानात्मक मानव विज्ञान का उपयोग पशु-पालन, कृषि, मत्स्य-पालन, मुर्गी-पालन, स्वास्थ्य सेवा, रोग पहचान तथा अन्य प्रकार की समस्याओं को जानने तथा सुलझाने के लिए किया जाता है।

उपरोक्त सभी प्रकार की विशेषताओं के बावजूद संज्ञानात्मक मानव विज्ञान को आलोचना का शिकार भी होना पड़ा है। यह मानव विज्ञान भाषा के अशाब्दिक व्यवहार को अपने अध्ययन से अलग करता है। यही इस मानव विज्ञान की सबसे बड़ी कमजोरी है। हैरिस के अनुसार यह मानव विज्ञान सांस्कृतिक अधिकार को अस्वीकार करता है। मानव विज्ञान में कविता, कला, साहित्यिक आलोचना, युगान्त विज्ञान, परम्परागत दर्शनशास्त्र तथा धर्म विज्ञान की उपेक्षा मानव विज्ञान में नहीं किया जा सकता। लेकिन संज्ञानात्मक मानव विज्ञान में उन्हें उपेक्षित होना पड़ा था।

संज्ञानात्मक मानव विज्ञान को सूचनादाताओं पर निर्भरता तथा एमिक दृष्टिकोण पर अति आश्रितता के कारण भी आलोचना का शिकार होना पड़ा था। यह भी सम्भव है कि कोई व्यक्तिगत सूचना किसी घटना के प्रति भेदभाव भी रखता है।

संज्ञानात्मक मानव विज्ञान की उद्‌विकास विरोधी एवं प्रसार विरोधी होने के कारण भी आलोचना की गई है।

लेकिन उपरोक्त सभी आलोचनाओं के बावजूद संज्ञानात्मक मानव विज्ञान का अपना महत्त्व रहा है। यह संस्कृति के अर्थगत क्षेत्रों एवं वर्गात्मक क्षेत्रों को प्रकाश में लाया है। यह मानव विज्ञान संस्कृति एवं मानसिक संरचना के बीच सम्बन्ध स्थापित किया है तथा एटिक के स्थान पर एमिक को प्राथमिकता प्रदान किया है।

10

मानव विज्ञान में मैक्स वेबर की विरासत

चूँकि सांकेतिक मानव विज्ञान, व्याख्यात्म मानव विज्ञान एवं उत्तर-आधुनिकतावाद पर मैक्स वेबर के सिद्धान्तों का व्यापक प्रभाव पड़ा था, इसलिए मैक्स वेबर के सिद्धान्तों की मानव विज्ञान में पुनर्खोज की गई थी। फ्रांस के एक सामाजिक वैज्ञानिक इमाईल दुर्खीम ने जैविक अनुरूपता का प्रयोग सामाजिक समूहों के बीच एकता को समझने के लिए किया था। कार्ल मार्क्स ने जीवन की भौतिक शर्तों को मानव इतिहास को आगे ले जाने वाला इंजन बतलाया था। दुर्खीम तथा मार्क्स का मानना था कि व्यक्ति के बाहर जो बल मनोसामाजिक एवं द्वन्द्वात्मक क्रियाशील रहते हैं उन्हीं के द्वारा सामाजिक अर्थ का निर्माण होता है तथा सामाजिक सम्बन्ध की संरचना बनाई जाती है। दुर्खीम तथा मार्क्स दोनों ने अपने-अपने सिद्धान्तों में व्यक्ति की सृजनात्मक क्षमता को स्वीकार नहीं किया था। उन दोनों की दृष्टि में एक व्यक्ति की सृजनात्मक एजेंसी के रूप में कोई भूमिका नहीं थी। इन दोनों विद्वानों ने व्यक्ति को मस्तिष्क रहित तथा सोच रहित बतलाया था। मार्क्स तथा दुर्खीम के सिद्धान्तों में व्यक्ति आदेशपालक थे, सृजनकर्ता नहीं। आदेशपालक होने के नाते उनके सारे हितों की रक्षा उन बाह्य

बलों द्वारा की जाती थी। इस प्रकार व्यक्ति बाह्य बल–मनोसामाजिक एवं द्वन्द्वात्मक के आदेशों का पालनकर्ता था।

दुर्खीम तथा मार्क्स दोनों सिद्धान्तकारों के विपरीत मैक्स वेबर ने व्यक्ति को सामाजिक–सांस्कृतिक स्वरूपों के सृजनकर्ता, आदेशदाता तथा प्रवर्तक के रूप में प्रस्तुत किया था। उनके सिद्धान्त से व्यक्ति एक शक्तिशाली, ज्ञानवान, सृजनशील, आदेशदाता, प्रवर्तक एवं एजेंसी के रूप में प्रकट हुआ था। इसीलिए मैक्स वेबर के कार्य को आदर्शवादी एवं विज्ञानवादी दोनों ही रूपों में स्वीकार किया जाता है। मैक्स वेबर का आदर्शवाद सिद्धान्त अपने समकालीन मार्क्स के भौतिकवाद सिद्धान्त से बिल्कुल भिन्न था। मार्क्स के अनुसार मानव अस्तित्त्व के साधन मानव की विचारधाराओं का निर्माण करता है। इसे ही भौतिकवाद के रूप में मार्क्स ने प्रस्तुत किया था। इसके विपरीत वेबर का मानना था कि मानव की विचारधारा मानव के अस्तित्त्व के साधन का निर्माण करती है। इसे ही आदर्शवाद के रूप में स्वीकार किया जाता है। भौतिकवाद के अनुसार मानव अस्तित्त्व मानवीय चेतना का निर्धारण करता है, जबकि आदर्शवाद के अनुसार मानवीय चेतना मानव अस्तित्त्व का निर्धारण करती है। लेकिन इस प्रकार का लक्षण विवरण भ्रामक लगता है, क्योंकि कोई भी समाज में उत्पादन एवं प्रजनन सम्बन्ध का आधार कोई सृजनात्मक एजेंसी (creative agency) नहीं होता। लेकिन वेबर ने आदर्शवाद एवं भौतिकवाद के विरोधात्मक बलों का संश्लेषण बड़ा ही प्रभावशाली ढंग से किया था।

सम्पूर्ण बीसवीं सदी के मानव वैज्ञानिक लेखन में मैक्स वेबर का गहरा प्रभाव पड़ा था। राजनीतिक अर्थशास्त्र या आलोचनात्मक मानव विज्ञान तथा उत्तर–आधुनिकतावाद के आगमन के पश्चात् मैक्स वेबर की विरासत की खोज पुनः आरम्भ कर दी गई थी। उनकी विरासत का लाभ उठाया गया था।

योगदान : पुस्तक प्रकाशन के रूप में मैक्स वेबर के योगदान निम्नलिखित थे–

- 1920: *प्रोटेस्टेण्ट एथिक्स एण्ड स्पिरिट ऑफ़ कैपिटलिज्म*।
- 1922: *द सोसियोलॉजी ऑफ़ रिलीजन*।

उद्विकासवाद पर योगदान

मैक्स वेबर की अभिरुचि समय के साथ-साथ समाज के उद्विकास में थी। इसीलिए उन्हें उद्विकासवादी कहा जाता है। लेकिन टायलर एवं मॉर्गन के समान वे एकरेखीय उद्विकासवादी नहीं थे। उन्होंने अपनी उद्विकासीय योजना को ऐतिहासिक सन्दर्भ में प्रस्तुत किया था। उनकी उद्विकासीय योजना का सम्बन्ध विशेष ऐतिहासिक सन्दर्भ से था, सामान्य ऐतिहासिक सन्दर्भ से नहीं। वे एक बहुरेखीय उद्विकासवादी थे। उनकी उद्विकासीय योजना विश्वास एवं संरचना से जुड़ी हुई थी। वेबर की उद्विकासवादी योजना मानव जीवन की विविधताओं एवं जटिलताओं को प्रकाश में लाई थी। उन्होंने अपने उद्विकासवाद सिद्धान्त को ब्रिटिश मूल्य एवं मापदण्ड पर नहीं रखा था।

वेबर के अनुसार जटिल समाज की उत्पत्ति प्रगतिशील विशिष्टीकरण एवं श्रम तीव्रीकरण के कारण हुई थी। विशिष्टीकरण एवं श्रम तीव्रीकरण के कारण अनेक सामाजिक एवं आर्थिक वर्गों का निर्माण हुआ। इन वर्गों के बीच भौतिक असमानता उत्पन्न हुई। भौतिक असमानता के कारण जटिलता का जन्म हुआ। शासक वर्ग तथा सैन्य वर्ग को विशेष वर्ग के रूप में मान्यता प्राप्त हुई। लेकिन कारीगर एवं व्यापारी वर्ग सामान्य श्रेणी के अन्दर रह गए। धीरे-धीरे कारीगर एवं व्यापारी वर्ग सामाजिक एवं राजनीतिक शक्ति से कटते चले गए। उनके बीच आर्थिक सीमान्तीकरण की धारणा घर कर गई थी। विश्व की ओर अनुभव एवं आशा द्वारा अशुभ या ईशशास्त्र (theology) का जन्म दिया गया था। वेबर ने ईशशास्त्र की धारणा को ईसाई धर्म विज्ञान से ग्रहण किया था। ईशशास्त्र के आधार पर ही वेबर ने इस

संसार में ईश्वर के साथ बुरा और नुकसानदेह जैसी अवधारणा को जुड़ा हुआ पाया था। ईश्वर के साथ जुड़ा हुआ बुरा तथा नुकसान को वेबर ने न्यायोचित माना था।

धर्म पर योगदान

वेबर ने धर्म को समाज को आगे ले जाने वाला इंजन बतलाया था। उनके अनुसार धर्म के द्वारा ही समाज में परिवर्तन का मार्ग खुलता है तथा आम लोग उसे स्वीकार करते हैं। कारीगर एवं व्यापारी वर्ग में व्याप्त निराशा एवं असन्तोष ने संसार में भय का वातावरण निर्मित किया था। अगर कोई इस विश्व में शुभ और शक्तिशाली देवी-देवता की शरण में रहता है तथा सभी अनुष्ठानों को नियमपूर्वक पालन करता है, तथापि वह इतना कष्ट क्यों प्राप्त करता है? विश्व में नियमित रूप से देवी-देवताओं की पूजा की जाती है तथा उनसे जुड़े सभी अनुष्ठानों का पालन किया जाता है, तथापि इस विश्व में इतनी समस्या क्यों है? यह विश्व इतना संकटग्रस्त क्यों हैं? इस प्रकार के दोहरे व्यवहार ने विश्व में एक मजबूत संकल्प की मांग की होगी। वेबर ने इस मजबूत संकल्प को मोक्ष में निहित पाया था। इस प्रकार के ईश्वर के प्रति दोहरे व्यवहार से तंग होकर लोग मुक्ति का मार्ग ढूँढ़ने लगे थे तथा उन्हें मुक्ति का मार्ग मोक्ष में दिखाई पड़ा था। इस तरह सांसारिक दुःखों से मुक्ति पाने के लिए लोग मोक्ष प्राप्ति की दिशा में आगे आए थे। परिवर्तन के इस सूत्र को अपनाकर लोग मोक्ष प्राप्त करने लगे थे। मोक्ष में सुख-दुःख से मुक्ति मिल जाती है। इस मोक्षरूपी सूत्र से विश्व मौलिक संरचना में बदलाव को आचारशास्त्र स्वीकृति प्रदान करता है। उसे आचारशास्त्रीय विचारों एवं व्यवहारों में शामिल कर लिया जाता है। इस प्रकार लोग नए-नए विचारों को जन्म देते हैं तथा स्वीकार करते हैं। इसके कारण समाज में परिवर्तन लाए जाते हैं।

वेबर के अनुसार आन्तरिक सांसारिक तपस्या इस प्रक्रिया की केन्द्रीय प्रवृत्ति होती है। क्योंकि यह प्रक्रिया लोगों को सांसारिक भ्रष्ट आचरण से दूर रखती है तथा घर-गृहस्थी चलाने में मदद करती है।

वेबर के अनुसार आन्तरिक सांसारिक तपस्या बाह्य सांसारिक तपस्वी (योगी, योगिन) का विरोध करती है। बाह्य सांसारिक योगी-योगिन, तपस्वी-तपस्विनी सामाजिक विश्व एवं उसके प्रभाव क्षेत्र से अलग हो जाते हैं। उनका वास-स्थान मठ, मन्दिर, गुफ़ा, पहाड़, जंगल, इत्यादि स्थानों पर होता है। वे अपने घर, परिवार तथा सांसारिक मोह-माया के बन्धन से मुक्त हो जाते हैं। उन स्थानों तथा उन पर सांसारिक मोह-माया का नियन्त्रण नहीं रह जाता। लेकिन भ्रष्ट आचरण से मुक्त होकर अन्तर-सांसारिक तपस्वी भी पवित्र जीवन यापन करते हैं। उन्हें सदाचारी कहा जाता है। जुडेव ईसाई धर्म में सांसारिक ग़ैर-भ्रष्ट आचरण अपनाकर सदाचारी जीवन बिताने पर जोर दिया गया था। निर्णायक ढंग से पश्चिमी समाज की भौतिक सम्पन्नता को केवल इससे दूर रखा गया था। इसको ईश्वरीय इच्छा बतलाई गई थी।

वेबर के अनुसार ऊपर व्यक्त पुनर्सूत्रीकरण (reformation) तथा नवीकरण (innovation) केवल रचनात्मक व्यक्तियों (creative individuals) द्वारा ही सम्भव था। रचनात्मक व्यक्तियों को करिश्माई भविष्यवक्ता कहा गया था। ऐसे रचनात्मक व्यक्तियों द्वारा विश्वास एवं क्रिया को पुनः स्थापित किया जाता है। इन्हीं के प्रयासों से उन विश्वासों एवं क्रियाओं को नवीन रूप प्रदान किया जाता है। ऐसा विश्वास किया जाता है कि रचनात्मक करिश्माई भविष्यवक्ताओं को ईश्वरीय सत्य का दर्शन होता है। ये लोग देवदूत के रूप में अवतरित हुए हैं तथा मानवता की मनोवैज्ञानिक समरसता को बनाए रखते हैं। सृजनशील व्यक्ति के रूप में उनकी भूमिका अत्यन्त महत्त्वपूर्ण होती है।

प्रोटेस्टेण्ट एथिक्स एण्ड स्पिरिट ऑफ़ कैपिटलिज्म

सृजनशील व्यक्ति या एजेंसी का साकार रूप कैलवेनवादी प्रोटेस्टैण्ट धर्म है। यह नगरीय व्यापारी वर्ग का धर्म था। इस धर्म के माध्यम से लोग एवम् ईश्वर के बीच नवीन सम्बन्धों की बुद्धिसंगत व्याख्या की गई थी। एक फ्रेंच ईसाई धर्म वैज्ञानिक जॉन कैलविन (1509-64) को देवदूत की संज्ञा प्रदान की गई थी। कैलविन ने मानव जीवन

को नवीन दृष्टि प्रदान की थी। ईश्वर द्वारा प्रकटित प्रतिज्ञा-पत्र में कैलविन ने यह प्रस्तुत किया था कि ईश्वर ने लोगों को इस धराधाम को अपने-अपने कर्मों द्वारा रोचक और आनन्दायक बनाने के लिए भेजा है। लोग अपने-अपने कर्म से इस धराधाम को स्वर्गधाम बनाने की क्षमता रखते हैं। इस विचार को धर्मशास्त्र सम्मत तथा ईश्वरीय आदेश का पालन बतलाया गया। इस नूतन मॉडल में मध्यम वर्ग कारीगर एवं व्यापारी को श्रेष्ठ वर्ग के रूप में प्रस्तुत किया गया। अब कारीगर एवं व्यापारी वर्ग के ऊपर शासक तथा सैन्य-बल का शासन नहीं रह गया था। क्योंकि व्यापारी और कारीगर ने आचारशास्त्रीय ढंग से श्रेष्ठ वर्ग के रूप में अपनी पहचान बना ली थी। नगरीय व्यापारी एवं कारीगर वर्ग अपने आपको विश्वासी मानने लगे। विश्वासी आस्तिक को कहा जाता। वे लोग अपने आचारशास्त्रीय मत के अनुसार एकजुट हो गए। उनके विश्वासी व्यवहार ने उनको भौतिक ढंग से पुरस्कृत तथा भावनात्मक ढंग से सन्तुष्ट जीवन प्रदान किया। व्यापारी तथा कारीगर लोग अपनी भौतिक सम्पन्नता को ईश्वर का वरदान मानते हैं। वे लोग विपन्नता को ईश्वर का अभिशाप मानते हैं।

इस प्रकार उन्नीसवीं सदी के पुनर्जागरण में व्यापार संस्कृति की संसार में क्रिया-कलापों की रूपरेखा बनी थी। इसके अनुसार, अगर लोग ईश्वर में विश्वास रखते हैं तथा ईश्वर-सम्मत व्यवहार करते हैं, तब उन्हें भौतिक सम्पन्नता आवश्यक रूप से प्राप्त होती है। उनकी भौतिक सम्पन्नता को ईश्वर द्वारा न्यायोचित ठहराया जाता है। अन्ततोगत्वा इसी विचारधारा के कारण औद्योगिक पूँजीवाद की वैश्विक विजय हुई।

अधिकारी वर्ग सिद्धान्त (Bureaucratic Theory)

मैक्स वेबर ने अधिकारी वर्ग की अवधारणा को सृजनात्मक एजेंसी के साथ जोड़ा था। उनके अनुसार अधिकारी वर्ग का निर्माण भगवान तथा संस्कृति द्वारा नहीं किया गया। वरन् इसका निर्माण शिक्षा एवं शासकीय ज्ञान के आधार पर किया गया। शासक वर्ग

देश पर शासन करता है। वे कानून का निर्माण करते हैं, तथा उन्हें लागू करते हैं। इस देश की सरकार को चलाने में नौकरशाही वर्ग महत्त्वपूर्ण भूमिका निभाते हैं। नौकरशाह सृजनात्मक एजेंसी का एक महत्त्वपूर्ण उदाहरण माना जाता है। ये लोग सामाजिक व्यवस्था का निर्माण करते हैं, उसका पालन करवाते हैं तथा पालन नहीं करने वालों को दण्डित भी कराते है। नौकरशाही व्यवस्था में कई व्यक्ति कई स्तर में अपनी-अपनी विशेषज्ञता द्वारा जुड़े रहते हैं। अपनी विशेषज्ञता के अनुसार वे अपना काम करते हैं। लेकिन खण्डित अर्थ में शासक वर्ग का अर्थ शक्ति का अक्षम ढंग तथा अनुचित ढंग से प्रयोग के रूप में भी लगाया जाता है। शासक वर्ग की आलोचना के बावजूद इसका कोई भी विकल्प नहीं दिया जा सका। लेकिन आजकल सहभागिता आधारित नौकरशाही की बात उठाई जाती है।

मानव विज्ञान में वेबर की विचारधाराओं का परीक्षण तथा वैलेस का अध्ययन

सबसे प्रभावशाली व्यक्तित्त्व जिन्होंने वेबर के सिद्धान्तों का प्रयोग मानव वैज्ञानिक अनुसन्धान में किया था उनका नाम एन्थोनी पी॰सी॰ वैलेस (Anthony P.C. Wallace) था। वैलेस ने ईराक्वीस अमेरिकी भारतीय जनजाति के ऊपर प्रभावशाली मानव जाति वैज्ञानिक (ethnological) अध्ययन को ऐतिहासिक ढंग से प्रस्तुत किया था। उन्होंने अपनी पुस्तक *द डेथ एण्ड रिबर्थ ऑफ़ सिनेका* (1972) में ईराक्वीस अमेरिकी भारतीय जनजाति की एथनोग्राफी को ऐतिहासिक ढंग से लिपिबद्ध किया था। उनका ईराक्वीस अमेरिकी भारतीय जनजाति पर लिखित एथनोग्राफ सामान्य ऐतिहासिक नहीं था, वरन् इसका सम्बन्ध विशेष ऐतिहासिक विवरण से था। उन्होंने ईराक्वीस के मानव जाति वर्णन (एथनोग्राफी) में वेबर के सिद्धान्तों के आधार पर विवरण प्रस्तुत किया था। उनका मानना था कि ईराक्वीस भारतीय जनजाति ने उद्विकास की कई रेखाओं का अनुसरण किया था। उनके अध्ययन से बहुरेखीय उद्विकास की अवधारणा सत्य साबित हुई थी। उन्होंने अपनी पुस्तक

डेथ एण्ड रिनर्थ ऑफ़ सिनेका में यह प्रस्तुत किया था कि एक वृद्ध व्यक्ति की मृत्यु पुनर्जन्म के लिए होती है। बुढ़ापे में मृत्यु सभी कष्टों से मुक्ति दे देती है तथा पुनर्जन्म उसे नया रूप एवं नया जीवन प्रदान करता है। इस प्रकार जीवन *बनाम* मरण की मध्यस्थता पुनर्जन्म से की जाती थी।

वैलेस ने अपनी पुस्तक *रिलिजन : एन एन्थ्रोपोलॉजिकल मिथ* (1966) में वेबर द्वारा प्रतिपादित चमत्कारी भविष्यवक्ता की अवधारणा को ईराक्वीस भारतीय जनजातियों के सन्दर्भ में परीक्षित किया था। वैलेस ने अपने अध्ययन में पाया कि ईराक्वीस अमेरिकी भारतीय जनजाति के लोगों को करिश्माई देवदूत के अस्तित्त्व में पूरा भरोसा था। उनका मानना था कि जब सारे रास्ते बन्द हो जाते हैं तब ईश्वर द्वारा करिश्माई रास्ता खोल दिया जाता है तथा मानवता की रक्षा की जाती है। उनके बीच भी करिश्माई भविष्यवक्ता प्रकट होते हैं तथा ईश्वरसम्मत मार्ग अपनाने के लिए सन्तोषप्रद धार्मिक विश्व दर्शन को बौद्धिक ढंग से प्रस्तुत करते हैं। यह विश्व दर्शन नवीन तथा ज्यादा सन्तुष्ट करने वाला होता है। इस प्रकार के विश्वदर्शन पाकर ईराक्वीस भारतीय अपने अनेक प्रकार के संकटों से मुक्त हो जाते थे। करश्मिाई भविष्यवक्ता उनके लिए संकटमोचक, पथप्रदर्शक, पालनहार, तथा मुक्तिदाता थे। इस प्रकार वैलेस ने अपने अध्ययन में वेबर द्वारा प्रतिपादित सृजनशील व्यक्ति या एजेंसी की अवधारणा को अपने अध्ययन द्वारा सत्यापित किया था।

वार्सलेय का अध्ययन

एक-दूसरे मानव वैज्ञानिक पीटर वार्सलेय (Peter Worsley) ने अपनी पुस्तक, *द ट्रम्पेट शैल साउंड* (1968) में वेबर द्वारा प्रतिपादित करिश्भाई भविष्यवक्ता की अवधारणा का परीक्षण किया था। उन्होंने सृजनात्मक व्यक्ति के रूप में करिश्माई भविष्यवक्ता की अवधारणा का परीक्षण इण्डोनेशिया तथा मलेशिया की जनजातियों के सन्दर्भ में किया था। वार्सलेय ने अपने अध्ययन में पाया था कि

इण्डोनेशिया तथा मलेशिया के जनजातीय समाज में करिश्माई भविष्यवक्ता तुरही बजाकर भविष्य के बारे में सकारात्मक सन्देश देते हैं। मलेशिया तथा इण्डोनेशिया के जनजातीय समाज में तुरही-वादन तथा श्रवण को बहुत ही शुभ माना जाता है। क्योंकि उनके करिश्माई भविष्यवक्ता तुरही बजाकर ही शुभ संकेत देते हैं।

तुरही बजाने एवं सुनने का अर्थ होता है कि संकट समाप्त हो गया है या समाप्ति के कगार पर है। अब नवीन समय आने वाला है जो सारी विपत्तियों को दूर कर सन्तोषप्रद एवं अच्छा जीवन लाएगा। तुरही वादन सुनकर इण्डोनेशिया तथा मलेशिया की जनजातियाँ तनावमुक्त हो जाती हैं। तुरही या नरसिम्हा एक प्रकार का वादन यन्त्र होता है जिसे बजाकर करिश्माई भविष्यवक्ता समाज के लोगों को सुखद संकेत भेजते हैं।

वैलेस तथा वार्सलेय दोनों मानव वैज्ञानिकों के अध्ययन में समानता थी। इन दोनों मानव वैज्ञानिकों द्वारा वैसे सामाजिक-आर्थिक सन्दर्भ का परीक्षण किया गया था, जिसमें उपनिवेशवादीय शक्ति द्वारा स्थानीय सामाजिक-सांस्कृतिक व्यवस्था को तोड़ा जा रहा था। इसके कारण स्थानीय जनजातीय समाजों को सामाजिक, सांस्कृतिक, राजनीतिक तथा आर्थिक कठिनाइयों का सामना करना पड़ रहा था। स्थानीय समाज पूर्ण रूप से तनावग्रस्त थे। उन्हें पता नहीं चल रहा था कि अब क्या होगा। लेकिन उसी वक्त ईसाई धर्म प्रचारकों का उनके बीच आगमन हुआ, जो अपने करिश्माई बौद्धिक दर्शन से स्थानीय लोगों को तनाव मुक्त कर रहे थे। उन्हें बतलाया जा रहा था कि जो कुछ भी हो रहा है वह ईश्वर की इच्छा से भले के लिए हो रहा है। भविष्य बड़ा ही सन्तोषप्रद एवं सुखद है। इस तरह से ईसाई धर्मगुरुओं द्वारा उपनिवेशवादी प्रभाव को अच्छा तथा भविष्य के लिए उचित बतलाया जा रहा था। इसका सकारात्मक प्रभाव भी स्थानीय लोगों पर पड़ा। ईसाई मिशनरीज़ उनके बीच करिश्माई भविष्यवक्ता के रूप में प्रकट हुए तथा अपनी बौद्धिक चतुराई से उन्हें अपना

अनुयायी बना रहे थे तथा उपनिवेशवाद को बढ़ावा दे रहे थे। ईसाई मिशनरियों द्वारा ईसाई धर्म के अनुकूल आचरण करने का सुझाव दिया जा रहा था। यह बतलाया जा रहा था कि जो नियम-सम्मत व्यवहार नहीं करेंगे उन्हें सुख, शान्ति, सम्पन्नता, तथा स्वास्थ्य की प्राप्ति इस लोक में नहीं होगी। साथ ही दूसरे लोक में भी उनको मुक्ति नहीं मिलेगी।

कैमारॉफ का अध्ययन

एक तीसरे मानव वैज्ञानिक जीन एवं जॉन कुमारौफ (Jean and John Kumaroff) ने अपनी पुस्तक *रिविलेशन एण्ड रिवोल्यूशन* (1991) में दक्षिण अफ्रीका की जनजातियों पर उपनिवेशवाद के प्रभाव का विश्लेषण प्रस्तुत किया था। उन्होंने भी करिश्माई भविष्यवक्ता के माध्यम से दक्षिण अफ्रीकी जनजातीय समाज को शान्ति तथा सन्तोष प्राप्त करते हुए दर्शाया था। उपनिवेशवादियों के आगमन से दक्षिण अफ्रीकी जनजातीय समाज घोर संकट से गुज़र रहा था। क्योंकि उनकी सामाजिक, आर्थिक, राजनीतिक तथा सांस्कृतिक व्यवस्था ध्वस्त हो रही थी।

उन्हें अपने अधीन, दास तथा गुलाम बनाया जा रहा था। उनके जंगलों, खदानों, पर्वतों, नदियों तथा ज़मीनों पर उपनिवेशवादी अपना अधिकार और प्रभुत्व स्थापित कर रहे थे। इस घोर संकट से उबरने के लिए उनके द्वारा आन्दोलन तथा विद्रोह का रास्ता भी अपनाया गया। लेकिन सैन्य-बल द्वारा उनके विद्रोह को जबरदस्ती कुचल डाला गया। ऐसी स्थिति में जनजातीय लोगों के जीवन में अँधेरा चारों ओर दिखाई दे रहा था। इसी वक्त उनके बीच ईसाई धर्मगुरु करिश्माई भविष्यवक्ता बनकर प्रकट हुए। वे लोग अपने ईश्वरीय दर्शन एवं चमत्कारी वाणी से भोले-भाले आदिवासियों को अपने ईसाई धर्म की ओर आकर्षित किए थे। आदिवासियों को बतलाया गया कि अब अच्छा समय आ गया है। उपनिवेशवाद की स्थापना उन लोगों के जीवन को सुखद बनाने के लिए किया गया है। अब शीघ्र ही चारों ओर उजाला ही उजाला

होगा। संकट के बादल स्वतः छंट जाएंगे। बस उन्हें ईश्वर का विश्वासी बनना होगा उनमें आस्था जगानी होगी तथा उनके अनुसार सद्मार्ग पर चलना होगा। इस तरह ईसाई धर्मगुरुओं द्वारा उन्हें सुखद भावी जीवन का दर्शन कराया गया। उनके विश्वास को बदला गया तथा उन्हें ईसाई बनाया गया। इस प्रकार उनके आन्दोलन को समाप्त किया गया तथा सुखद भविष्य को प्रस्तुत किया गया।

11

मार्क्सवाद की विरासत

मानव विज्ञान में मार्क्सवाद का व्यापक प्रभाव नूतन उद्‌विकासवाद सिद्धान्त, नूतन पारिस्थितिकीय मानव विज्ञान, सांस्कृतिक भौतिकवाद एवं मानव भौतिकवाद सिद्धान्तों पर पड़ा था। अतः मानव विज्ञान में मार्क्सवाद की विरासत भौतिकवाद के रूप में प्रचलित है। अतः यहाँ मार्क्सवाद को प्रस्तुत करना युक्तिसंगत लगता है।

जैसे-जैसे फ्रेंच क्रान्ति के तत्त्वावधान में उन्नीसवीं सदी प्रगति के पथ पर अग्रसर हुई, वैसे-वैसे यूरोप का मध्यम वर्ग प्रगति की ओर बढ़ता गया। लेकिन उसी वक्त मज़दूर वर्ग बेचैन हो गए और अपना आन्दोलन शुरू कर दिया। इंग्लैण्ड में औद्योगिक क्रान्ति आई, बड़े-बड़े उद्योगों को स्थापित किया जा रहा था। लेकिन मजदूर वर्ग बेचैन होकर आन्दोलन करने लगे। उग्र बुद्धजीवियों द्वारा श्रमिक आन्दोलन को अपना समर्थन दिया गया। मज़दूरों का सबसे उग्र समर्थन कार्ल मार्क्स तथा फ्रेडरिच एंगल्स द्वारा प्रदान किया गया था। इन दोनों विद्वानों द्वारा द्वन्द्वात्मक भौतिकवाद (dialectical materialism) सिद्धान्त का प्रतिपादन किया गया था। इसी सिद्धान्त को द्वन्द्वात्मक भौतिकवाद सिद्धान्त के नाम से जाना जाता है। प्रत्यक्ष विश्व की राजनीति में मार्क्सवाद का व्यापक प्रभाव पड़ा। इसके प्रभाव

से मानव विज्ञान भी अछूता नहीं रहा। तर्क के आधार पर मार्क्स की विचारधारा को मानव वैज्ञानिक सिद्धान्तों में महत्त्वपूर्ण स्थान प्राप्त हुआ था। ऐसा उन मानव वैज्ञानिकों द्वारा भी किया गया किसी भी प्रकार से मार्क्सवादी नहीं थे। मार्क्सवाद से प्रभावित होकर मानव वैज्ञानिक भी वर्ग संघर्ष, शोषण, उत्पीड़न तथा वंचन का अध्ययन करने लगे।

कार्ल मार्क्स (Karl Marx, 1818-1883)

कार्ल मार्क्स का जन्म जर्मनी के प्रुशिया नामक स्थान में हुआ था। उन्होंने बर्लिन विश्वविद्यालय से दर्शनशास्त्र की पढ़ाई की थी। इसके बाद उन्होंने बॉन विश्वविद्यालय से विधिशास्त्र का अध्ययन किया था। उनकी अभिरुचि अर्थशास्त्र एवं राजनीतिशास्त्र के बीच सम्बन्धों में जागृत हुई थी। उन्होंने आदर्श प्रकार के समाजवाद (ideal type of socialism) में पूर्ण आस्था व्यक्त किया था। आरम्भ में उन्होंने स्वीकार किया था कि आदर्श प्रकार का समाजवाद प्रभावहीन था। इसे वैज्ञानिक बनाकर प्रभावशाली बनाया जा सकता है।

फ्रेडरिच एंगल्स (Friedrich Engles, 1820-1895)

एंगल्स जर्मनी के एक वस्त्र उत्पादक व्यापारी के पुत्र थे। उन्होंने इंग्लैण्ड के मानचेस्टर एवं लिवरपूल नगर में कई वर्ष तक का समय व्यतीत किया था। वे उन नगरों में वस्त्र विक्रेताओं के एजेण्ट के रूप में काम करते थे। उसी समय इंग्लैण्ड में श्रमिक आन्दोलन ने उग्र रूप धारण कर लिया था। श्रमिक आन्दोलन के समाधान के लिए संवैधानिक उपायों की चर्चा आरम्भ हो गई थी। उसी समय एंगल्स ने अपनी पुस्तक *द कण्डिशन ऑफ़ वर्किंग क्लास इन इंग्लैण्ड* (1844) का प्रकाशन कराया था। इस पुस्तक के माध्यम से उन्होंने श्रमिक वर्ग की दयनीय स्थिति को प्रकाशित किया था। इसके बाद एंगल्स ने मार्क्स के सहयोग से *साम्यवादी घोषणा-पत्र* (*communist manifesto*) का प्रकाशन पुस्तक के रूप में सन् 1848 में किया था।

द्वन्द्वात्मक भौतिकवाद (Dialectical Materialism)

द्वन्द्वात्मक भौतिकवाद सिद्धान्त के आवश्यक तत्त्वों की जानकारी हमें *साम्यवादी घोषणा पत्र* (1848) नामक पुस्तक में प्राप्त होती है। यह पुस्तक मार्क्स तथा एंगल्स द्वारा प्रकाशित की गई थी। लेकिन इस सिद्धान्त की विस्तारपूर्वक जानकारी मार्क्स द्वारा लिखित पुस्तक *दास कैपिटल* (1867) से मिलती है। मार्क्स तथा एंगल्स ने भौतिकवाद सिद्धान्त की शुरुआत इस विश्वास के साथ की थी कि मानवीय अस्तित्त्व मानवीय चेतना का निर्धारण करता है। इन दोनों विद्वानों का मानना था कि मानवीय विचारधाराओं, क्रियाओं एवं संस्थाओं का नियन्त्रण उत्पादन के साधनों के साथ सम्बन्ध पर आधारित होता है। यह सम्बन्ध सदैव परिवर्तन के अधीन रहता है। क्योंकि उत्पादन के साधन हमेशा बदलते रहते हैं। मानव विज्ञान से ज्ञान अर्जित करके मार्क्स तथा एंगल्स ने दर्शाया था कि प्रागैतिहासिक काल में लोग ऐसी सामाजिक-आर्थिक व्यवस्था में रहते थे, जिसमें सामूहिक सम्पत्ति की अवधारणा प्रचलित थी। निजी सम्पत्ति की अवधारणा का विकास उस युग में नहीं हुआ था। जब मानव सभ्यावस्था में प्रवेश किया था तब धन के मौलिक स्रोत ज़मीन पर शक्तिशाली व्यक्तियों द्वारा कब्ज़ा कर लिया गया था। इस प्रकार सामन्तवाद और दास दो वर्गों का निर्माण हुआ। आदिम साम्यवाद के स्थान पर सामन्त (feudal lords) तथा दास (slaves) दो असमान वर्गों का उदय हुआ। असमान वर्ग व्यवस्था के कारण शोषण, उत्पीड़न, वंचन की घटनाएं समाज में होने लगे। शक्तिशाली वर्ग द्वारा शक्तिहीन वर्ग को सताया जाने लगा। मार्क्स तथा एंगल्स का मानना था कि असमान वर्ग व्यवस्था आधुनिक समाजों का आधार बन गया। इन असमान वर्गों को चर्च द्वारा भी न्यायोचित ठहराया गया। शासक वर्ग के आधिपत्य को चर्च ने भी स्वीकार किया। इसी वर्ग द्वारा उत्पादन के साधनों पर नियन्त्रण स्थापित कर लिया गया। यह वर्ग धनी के साथ-साथ शक्तिशाली भी था। जैसे-जैसे उत्पादन के साधनों में विकास होते जा रहा था, वैसे-वैसे उत्पादन के साधनों

को संगठित करने वाले वर्ग के स्वभाव में भी बदलाव आता गया। अन्त में उत्पादन के साधन अपने संगठन के स्वरूप से ज्यादा विकसित हो गया था। सामाजिक क्रान्ति की स्थिति में इसी को बदल दिया गया था।

फ्रेडरिक हेगेल (Fridrick Hegel, 1770-1831)

फ्रेडरिक हेगेल एक ब्रिटिश अति आदर्शवादी थे। उनका आदर्शवाद एक द्वन्द्वात्मक आदर्शवाद (dialectical idealism) था। हेगेल ने मानव इतिहास में द्वन्द्वात्मक वैचारिक परिवर्तन के कारण शक्ति को उदय होते हुए पाया। हेगेल के अनुसार द्वन्द्वात्मक आदर्शवाद में पहले एक विचार को स्थापित किया जाता है। उस आरम्भिक विचार को थेसिस कहा जाता है। पुनः उस थेसिस के विपरीत एक दूसरा विचार स्थापित किया जाता है, जिसे एण्टिथेसिस कहा जाता है। अब सबसे अन्त में थेसिस तथा एण्टिथेसिस के बीच सन्धि या संश्लेषण स्थापित किया जाता है। इस प्रकार हेगेल के आदर्शवादी दर्शन ने द्वन्द्वात्मक स्वरूप ग्रहण किया। इसे ही उन्होंने द्वन्द्वात्मक आदर्शवाद कहा। हेगेल के अनुसार मानवीय चेतना मानव अस्तित्त्व का निर्धारण करता है। मार्क्स तथा एंगल्स हेगेल के सिद्धान्त से बहुत प्रभावित थे। उन्होंने हेगेलियन सिद्धान्त पर सवारी करते हुए ही द्वन्द्वात्मक भौतिकवाद की ओर अग्रसर हुए थे। मार्क्स तथा एंगल्स ने द्वन्द्वात्मक आदर्शवाद को ज्ञानशास्त्रीय ढंग से पलट दिया। मार्क्स तथा एंगल्स द्वारा मानव इतिहास में शक्ति को उत्पादन के साधन से प्रकट होते हुए दर्शाया गया। उनका मानना था कि मानव अस्तित्त्व मानवीय चेतनाओं का निर्धारण करता है। इस प्रकार मार्क्स के भौतिकवादी दर्शन ने द्वन्द्वात्मक स्वरूप ग्रहण किया। मार्क्स के द्वन्द्वात्मक भौतिकवाद को ऐतिहासिक भौतिकवाद (historical materialism) भी कहा जाता है। मार्क्स तथा एंगल्स द्वारा हेगेलियन सिद्धान्त को पुनर्जीवित करने का उद्देश्य यह जानना था कि विश्व इतिहास में कौन-कौन सी घटनाएं घटित हुईं तथा साम्यवादी क्रान्ति के कारण कौन-कौन सी घटनाएं भविष्य में घटित होंगी।

साम्यवाद का उद्विकास

हालांकि मार्क्स तथा एंगल्स प्रागैतिहास, प्राचीन इतिहास तथा ग़ैर-पश्चिमी इतिहास से पूर्ण अवगत थे, लेकिन इन विद्वानों ने मध्ययुगीन सामन्तवादी व्यवस्था (feudal system) से अपने सैद्धान्तिक विवरण की शुरुआत की थी। सामन्तवादी व्यवस्था कृषि अर्थव्यवस्था से सम्बन्धित थी। इस व्यवस्था में केवल दो वर्ग थे – एक सामन्त (feudal lords) तथा दूसरा कृषि दास (agricultural slaves)। सामन्तवादी व्यवस्था से ही पूँजीवादी व्यवस्था का जन्म हुआ था। इसी के साथ पूँजीपति वर्ग अस्तित्त्व में आए। पूँजीपतियों की शक्ति मुद्रा पर आश्रित थी, कृषि भूमि पर नहीं। उत्पादन के लिए पूँजीवादी साधनों का काम सामानों का उत्पादन करना था। यह उत्पादन-कर्म कृषि-कर्म से श्रेष्ठ था। अन्त में कृषि अर्थव्यवस्था को औद्योगिक अर्थव्यवस्था से बदल दिया गया। मार्क्स तथा एंगल्स के अनुसार सामन्तवाद (feudalism) के ऊपर पूँजीवाद (capitalism) की विजय ही फ्रेंच क्रान्ति थी। इस क्रान्ति के बाद सामन्त तथा दास दोनों बेकार हो गए। उनके स्थान पर मध्यम वर्ग या बुर्जुआ (burgeoisie) तथा श्रमजीवी वर्ग या सर्वहारा वर्ग (proliteriat) का जन्म हुआ। मध्यम वर्ग शासक वर्ग बन गया तथा नगरीय श्रमिक वर्ग श्रमजीवी वर्ग बन गया।

मार्क्स तथा एंगल्स ने सामन्तवादी व्यवस्था से पूँजीवादी व्यवस्था में परिवर्तन को लेकर चिन्तित नहीं थे। उनकी चिन्ता पूँजीवाद से उत्पन्न होने वाली साम्यवादी व्यवस्था में थी। उनका विश्लेषण श्रम मूल्य सिद्धान्त (labour value theory) पर आधारित था। यह सिद्धान्त इस भौतिकवादी अवधारणा पर आधारित था कि वस्तुओं और सेवाओं का मूल्य निर्धारण उत्पादन में लगे श्रम के आधार पर होना चाहिए इस सिद्धान्त के अनुसार किसी वस्तु के उत्पादन में लगा श्रम सीधे उस वस्तु के मूल्य से जुड़ा हुआ रहता है। शोषण तब होता है जब पूँजीपति इस मूल्य के कुछ अंश को अपने लाभ के रूप में ले लेते हैं। इसके

अतिरिक्त पूँजीपतियों द्वारा श्रम की खरीद-बिक्री वस्तु के समान की जाती है। पूँजीपति श्रम को बाज़ार भाव पर भी खरीद-बिक्री करते हैं। इसका परिणाम यह होता है कि श्रमिक को श्रम उत्पाद से बिल्कुल अलग कर दिया जाता है।

दास कैपिटल (1867) नामक पुस्तक का मुख्य केन्द्र पूँजीवाद का विघटन था। मार्क्स ने इस पुस्तक में यह दर्शाया था कि आरम्भिक अवस्था में पूँजीवाद प्रगतिशील था। इसके माध्यम से नवीन बाज़ारों की उत्पत्ति की गई थी। नवीन बाज़ारों की स्थापना के कारण अधिक से अधिक वस्तुओं का उत्पादन किया जाने लगा। लेकिन बाद में पूँजीवाद अधोगामी बन गया। उत्पादकों के बीच प्रतियोगिता में कमी के कारण यह धीरे-धीरे कम सक्षम बन गया। इसके कारण आर्थिक शक्ति कुछ ही लोगों के हाथ में केन्द्रित हो गई। इस प्रकार एकाधिकार का विकास आवश्यक रूप से हो गया। मार्क्स के अनुसार, प्रतियोगिता के कारण विजेता एवं पराजित दोनों अस्तित्त्व में आते हैं। लेकिन एकाधिकार व्यवस्था में ऐसा नहीं होता। एकाधिकार (hegemony) व्यवस्था के कारण आरम्भिक प्रगतिशील पूँजीवाद व्यवस्था खत्म हो गई। धनी एकाधिकारी अपने-अपने लाभ को दिन दोगुना रात चौगुना बढ़ाने लगे। वे और धनी बन गए। गरीब श्रमिक और गरीब होते चले गए। सर्वहारा वर्ग दिनोंदिन कंगाल बनता चला गया। क्योंकि उनकी मजदूरी से लाभ एकाधिकारी द्वारा ले लिया जाता रहा। छोटे-छोटे व्यवसाय में लगे छोटे-छोटे व्यापारी पूँजीपति अपना व्यापार छोड़ने पर विवश हो गए। वे भी कंगालों की कतार में खड़े हो गए। श्रम बाज़ार में श्रमिकों की भरमार हो गई। इसके कारण मज़दूरी में कमी एवं गिरावट आ गई थी। इस परिस्थिति में महागरीबी का जन्म हुआ। सस्ते श्रम के कारण बड़े-बड़े पूँजीपतियों को अच्छा-खासा लाभ हुआ। कुछ समय तो लाभ को पुनः उत्पादन में लगाया जाता था। इसके कारण अधिक से अधिक वस्तुओं का उत्पादन होने लगा। लेकिन उन वस्तुओं के खरीददार घट गए। इस अधोगामी कुण्डलित घटनाओं के कारण आर्थिक मन्दी, अवनति तथा श्रमिक असन्तोष का जन्म हुआ था।

इस प्रकार पूँजीवादी विश्व में क्रान्ति की पृष्ठभूमि तैयार हो गई।

पूँजीवाद की प्रौढ़ावस्था में ही कुछ स्थानों पर उत्पादन का केन्द्रीकरण हो गया। अब श्रमिक कर्मचारी आसानी से उसको अपने अधीन ले सकते थे। उन स्थानों पर कर्मचारियों-श्रमिकों का शासन स्थापित किया जा सकता था। साथ ही साथ एक राष्ट्र का विकास किया जा सकता था। क्रान्ति की प्रथम अवस्था में श्रमजीवियों की अस्थायी तानाशाही रही होगी। इसका उद्देश्य बुर्जुआ (मध्यम वर्ग) को समाप्त करना रहा होगा। साथ ही साथ उनका लक्ष्य निजी सम्पत्ति को समाप्त करके उसे आम जनता के लिए बनाना रहा होगा। इसी आधार पर वर्गरहित समाज का निर्माण करना उनका उद्देश्य रहा होगा। इसमें चर्च तथा राज्य कुछ पूँजीपतियों की हितों की रक्षा कर रही होंगी। यही संस्था बाद में चलकर लोगों की एजेण्ट बन गई होगी।। अन्ततोगत्वा राज्य कमजोर हो गए होंगे। अन्तिम अवस्था में साम्यवाद का उदय हुआ होगा। साम्यवादी अवस्था में कर्मचारी अपनी योग्यता के अनुसार काम करेंगे तथा मज़दूरी का भुगतान पाएंगे। साम्यवाद की अन्तिम अवस्था में औद्योगिक युग शिल्प विज्ञान के साथ आदिम साम्यवाद की अवस्था में आ जाएंगे।

बीसवीं सदी की सोवियत एवं चीनी क्रान्तियों में मार्क्सवाद की विजय हुई। इन क्रान्तियों के फलस्वरूप रूस तथा चीन में मार्क्सवाद की स्थापना हुई।

12

सांकेतिक मानव विज्ञान

सांकेतिक मानव विज्ञान (symbolic anthropology) नामक मानव वैज्ञानिक सम्प्रदाय की स्थापना ग्रेट ब्रिटेन में की गई थी। इस सम्प्रदाय की स्थापना ब्रिटिश मानव वैज्ञानिक विक्टर टर्नर (Victor Turner) द्वारा की गई थी। यह सम्प्रदाय इस मत का प्रतिपादन करता है कि सामाजिक एकता का कारण तार्किक व्यवस्था है जो संकेतों के माध्यम से लोगों को अनुष्ठान के अवसर पर एक समूह में बाँधे रखती है।

1960 तथा 1970 के दशकों में मानव वैज्ञानिकों द्वारा मैक्स वेबर के सिद्धान्तों की खोज की गई थी। वेबर के सिद्धान्त के अनुसार संस्कृति की उत्पत्ति, सृजन तथा नवीकरण में व्यक्ति की भूमिका महत्त्वपूर्ण होती है। अतः संस्कृति वस्तुनिष्ठ न होकर व्यक्तिनिष्ठ होती है। वेबर के इस दृष्टिकोण को अपनाते हुए मानव वैज्ञानिकों ने संस्कृति को औपचारिक व्यवस्था बतलाया था तथा संस्कृति को व्यक्तियों की मानसिक संरचना में निहित दर्शाया था। वेबर के सिद्धान्त की पुनर्स्थापना से मानव विज्ञान में अर्थ के महत्त्व तथा सृजनशील व्यवहार के ऊपर विशेष ध्यान दिया गया। हालांकि सांकेतिक मानव विज्ञान इस मत से सहमत है कि संस्कृति मनोवैज्ञानिक एवं मानसिक घटना है, लेकिन सांकेतिक मानव

विज्ञान एथनोसाइंस तथा संज्ञानात्मक मानव विज्ञान से बिल्कुल भिन्न है। एथनोसाइंस तथा संज्ञानात्मक मानव विज्ञान लोक वर्गीकरण तथा एमिक दृष्टिकोण पर आधारित है। यहाँ लोक समाज द्वारा वर्गीकरण के लिए प्रयुक्त भाषायी श्रेणियों का अर्थगत विश्लेषण किया जाता है तथा लोक समाज के ज्ञान तक पहुँचा जाता है। लेकिन सांकेतिक मानव विज्ञान में ग़ैर-शाब्दिक संकेतों का अध्ययन किया जाता है जो तार्किक व्यवस्था के अंग होते हैं तथा अनुष्ठान के अवसर पर समाज के लोगों को एक समूह में बाँधे रहते हैं।

सांकेतिक मानव विज्ञान के अनुसार संकेत अर्थों की बाह्य व्यवस्था होते हैं तथा लोगों के मस्तिष्क में बन्द नहीं रहते। इस मानव विज्ञान का मुख्य लक्ष्य लोगों के समझने का तरीके का अध्ययन करना होता है। इसमें यह जानने का प्रयास किया जाता है कि लोग किस ढंग से अपने पर्यावरण के बारे में सोचते हैं, उसे कैसे समझते हैं, समाज के लोगों के क्रिया-कलापों एवं उच्चरित एवं ग़ैर-उच्चरित संकेतों को कैसे समझते हैं? क्योंकि संकेत ही तर्क के आधार पर सम्बन्ध स्थापित करते हैं तथा लोगों को जोड़े रहते हैं।

सांकेतिक मानव विज्ञान द्वारा संरचनात्मक सिद्धान्त को स्वीकार नहीं किया गया। क्योंकि इस सिद्धान्त के अनुसार संस्कृति लोगों को नियन्त्रित करती है, यह लोगों की सेवा नहीं करती। इसके अनुसार लोग केवल सामाजिक तथा मनोवैज्ञानिक संरचना के संवाहक होते हैं। सांकेतिक मानव विज्ञान ऐतिहासिक विशिष्ट मुक्तिवाद से भी सन्तुष्ट नहीं था। क्योंकि ऐतिहासिक विशिष्ट मुक्तिवाद संकीर्णता से जुड़ा हुआ था तथा इसका कोई सिद्धान्त भी नहीं था। ऐसी स्थिति में समाज एवं संस्कृति की व्याख्या हेतु एक नवीन विधि की आवश्यकता थी। यह विधि संरचनावाद, मनोवैज्ञानिक संरचना तथा ऐतिहासिक पक्षपात से भिन्न थी। इस विधि के अन्तर्गत सांकेतिक भाषा के ऊपर ध्यान केन्द्रित किया गया। अब संकेतों में निहित अर्थों के आधार पर संस्कृति एवं समाज की व्याख्या आरम्भ की गई।

सांकेतिक मानव विज्ञान के परम्परागत क्षेत्र—धर्म, ब्रह्माण्ड विज्ञान, अनुष्ठान व्यवहार, नातेदारी, राजनीतिक संगठन, पौराणिक कथा तथा कला रहे हैं। लेकिन अब सांकेतिक मानव विज्ञान में संकेतों के सांस्कृतिक अर्थ पर ध्यान दिया जाता है। इसमें यह जानने का प्रयास किया जाता है कि किस प्रकार संकेत किसी समाज, क्षेत्र या पर्यावरण के लोगों का जीया हुआ आम अनुभव दर्शाता है। क्योंकि लोग सांकेतिक नेटवर्क से जुड़कर सामूहिक जीवन जीते हैं। इस प्रकार संकेत लोगों का जीया हुआ अनुभव होता है। समाज के लोग जन्म से मरण तक संकेतों में ही जीवन यापन करते हैं। अतः सांकेतिक मानव विज्ञान के अन्तर्गत संकेतों का जीया हुआ अर्थ जानने का प्रयास किया जाता है।

विक्टर टर्नर (Victor Turner, 1920-1989)

विक्टर टर्नर सांकेतिक मानव विज्ञान के संस्थापक थे। वे एक ब्रिटिश नूतन मानव वैज्ञानिक थे। वे फ्रेंच सामाजिक वैज्ञानिक इमाईल दुर्खीम से काफी प्रभावित थे। इमाईल दुर्खीम ने सामाजिक भाईचारा या सामाजिक एकता की अवधारणा का प्रतिपादन किया था। सामाजिक भाईचारा की अवधारणा से टर्नर बहुत अधिक प्रभावित थे। उन्होंने यह जानने का प्रयास किया था कि किस प्रकार संकेत किसी समाज में क्रियाशील रहते हैं। संरचना प्रकार्यवादियों ने यह दर्शाने का प्रयास किया था कि जैविक एकता संस्थाओं के माध्यम से बनी रहती है। संस्थाओं द्वारा समाज में औपचारिक सम्बन्धों का जन्म दिया जाता है। लेकिन टर्नर ने संरचना-प्रकार्यवादियों के विपरीत दुर्खीम द्वारा प्रतिपादित सामाजिक भाईचारा या एकता (social solidarity) की अवधारणा को स्वीकार किया था। दुर्खीम के अनुसार सामाजिक एकता सांकेतिक तार्किक व्यवस्था का प्रकार्य है, जिसके द्वारा सामाजिक भाईचारा बना रहता है। टर्नर ने अपने सांकेतिक मानव विज्ञान में दुर्खीम की इस अवधारणा को पूर्ण रूप से स्वीकार किया था। टर्नर लेवी-स्ट्रॉस के संरचनावाद से भी प्रभावित थे। इस प्रकार टर्नर के

सांकेतिक मानव विज्ञान के ऊपर फ्रेंच संरचनावाद का काफी प्रभाव पड़ा था। लेवी-स्ट्रॉस के अनुसार विरोधात्मक प्रतिरोध तथा वैषम्य एवं अनुकूलता सार्वभौमिक मानसिक संरचना होती है। इन्हीं के द्वारा संस्कृतियों का निर्माण किया जाता है। लेकिन टर्नर के अनुसार सामाजिक एकता स्थायी नहीं होती। सामाजिक एकता सन्दिग्ध रहती है। यह किसी विशेष अवसर पर संगठित होती है तथा अवसर समाप्त होने पर उस तरह की एकता नहीं दिखाई पड़ती। पुनः किसी दूसरे अवसर पर एकता दिखाई पड़ती है। समाज के लिए एकता प्रदर्शित करने का सबसे अच्छा अवसर अनुष्ठान सम्पन्नता है। अनुष्ठान सम्पन्न के अवसर पर संकेतों के माध्यम से लोग जुड़कर उसे सफल बनाते हैं। इस तरह लोग अपने सामाजिक जीवन को संगठित एवं संरचित रखने के लिए संकेतों का उपयोग करते हैं। संकेत प्राथमिक वाहन होते हैं, जिनके माध्यम से एकता स्थापित की जाती है। संकेतों को लोग अपने-अपने उद्देश्यों की प्राप्ति हेतु उपयोग में लाते हैं। इस तरह संकेतों के माध्यम से सामाजिक एकता का जन्म होता है।

दुर्खीम के अतिरिक्त टर्नर ऑरनाल्ड वान गेनेप से प्रभावित थे। गेनेप ने अपनी पुस्तक *द राइट ऑफ़ पैसेज* (1959) में इस मत का प्रतिपादन किया था कि संकेत व्यक्तियों को जीवन की एक अवस्था से दूसरी अवस्था तक की यात्रा कराते हैं। इस याद की तीन प्रमुख अवस्थाएँ होती हैं, जो निम्नलिखित हैं–

- समूह से अलगाव,
- नवीन अवस्था में प्रवेश, और
- संस्थापन तथा पुनर्संस्थापन।

गेनेप से प्रभावित होकर टर्नर ने संकेतों को प्रक्रिया सिद्धान्त के रूप में व्याख्यापित किया था। टर्नर का यह सिद्धान्त अल्पतम (liminal) के समान है। टर्नर के अनुसार अनुष्ठान सम्पन्न करते समय अल्पतम अवधि (liminal period) की अवधारणा शामिल रहती है। क्योंकि उस अल्पतम अवधि में किया गया अनुष्ठान शुभ फल लाता है। इस अल्पतम

अवधि में सामाजिक संरचना की सभी अवधारणाएं खत्म हो जाती हैं। उदाहरण के लिए इसे नरबलि तथा दीक्षा अनुष्ठान के समय देखा जा सकता है। उसी तरह ऐसे अल्पतम अवधि—जन्म अनुष्ठान, विवाह अनुष्ठान, मृत्यु अनुष्ठान, त्यौहारिक अनुष्ठान, प्राण-प्रतिष्ठा अनुष्ठान तथा अन्य प्रकार के अनुष्ठानों—के समय भी प्रकट होती है। इस अल्पतम अवधि में राजा आम आदमी की तरह एक यजमान रह जाता है तथा नौकर समान पुरोहित के हर आदेश का पालन करता है। एक महिला पुरुष के समान प्रकट होती है। तथा एक पुरुष महिला के समान प्रकट होता है। पुरोहित तथा नाई जैसे विशेषज्ञ जैसे कहते हैं यजमान को वैसा ही करना पड़ता है। इस तरह अल्पतम की अवस्था थोड़े समय के लिए सामाजिक संरचना को उलट-फेर करके रख देती है। इस अल्पतम की अवस्था में दैनिक संरचना की सभी सीमाएं समाप्त हो जाती हैं। दैनिक संरचना के सभी पद और भूमिका अल्पतम अवधि में समाप्त हो जाती हैं। इस अवधि में नवीन सृजनात्मक सम्भावनाओं का जन्म होता है। लेकिन इस अल्पतम की अवस्था में भी लोग संकेतों के माध्यम से अपनी संरचनात्मक एकता को बनाए रखते हैं। साथ ही अपनी संरचनात्मक एकता में पूर्ण आस्था व्यक्त करते हैं। नव-स्थापित अल्पतम की अवस्था भी सामाजिक भाईचारे को तोड़ती नहीं है वरन् और मजबूती प्रदान करती है। इस तरह अनुष्ठान सामाजिक ढंग से जीया हुआ अनुभव होता है तथा अनुष्ठान के अवसर पर प्रयुक्त सभी संकेतों का जीया हुआ अर्थ होता है। क्योंकि समाज के लोग उसी को जीते हैं। वे संकेत उनके जीवन का अभिन्न अंग बन जाते हैं। टर्नर के अनुसार संकेत संस्कृति के संचालक होते हैं। सामाजिक प्रक्रिया के संचालन में उनकी भूमिका महत्त्वपूर्ण रहती है। संकेत भौतिक तत्त्वों का आकर्षण केन्द्र नहीं होते, वरन् वे साझेदारी अर्थों की व्यवस्था होते हैं। यही मानवीय सम्बन्धों का केन्द्र होता है। इस प्रकार संकेत मानवीय सम्बन्धों को बनाए रखने तथा समाज को गतिमान रखने में अपना योगदान देते हैं। उन्होंने अपनी पुस्तक *द रिचुअल प्रोसेस स्ट्रक्चर एण्ड एण्टी-स्ट्रक्चर* (1969) में इसका वर्णन किया है।

सामाजिक नाटक

टर्नर के अनुसार संकेत समाज के संचालक होते हैं। वे अपनी व्यवस्था तथा सन्दर्भ द्वारा सामाजिक परिवर्तन उत्पन्न करते हैं टर्नर ने सामाजिक निरन्तरता एवं परिवर्तन के द्वन्द्वात्मक अध्ययन हेतु सामाजिक नाटक (social drama) की अवधारणा का विकास किया था टर्नर के अनुसार सामाजिक नाटक सामाजिक प्रक्रिया की एक इकाई है। यह मानव समाज की सभी व्यक्तियों की सच्चाई है। इस नाटक को चार प्रक्रियाओं के माध्यम से समझा जा सकता है।

सामाजिक नाटक की चार प्रक्रियाएं निम्नलिखित हैं–

- दरार (breach),
- संकट (crisis),
- सुधार (redress), और
- पुनर्एकीकरण (Reunification)।

टर्नर ने चारों प्रक्रियाओं की व्याख्या इस प्रकार की है–

- **दरार** : यह प्रथम प्रक्रिया है जिसके माध्यम से सामाजिक सम्बन्धों में दरार आ जाती है। इससे सामाजिक सम्बन्धों का विच्छेद हो जाता है।
- **संकट** : सामाजिक सम्बन्ध टूटने से सामाजिक संकट आ जाता है। तब संकट का समाधान ढूँढा जाता है।
- **सुधार** : यह तीसरी प्रक्रिया है जिसमें सामाजिक सम्बन्ध में सुधार लाने का प्रयास किया जाता है।
- **पुनर्एकीकरण** : यह सामाजिक नाटक की चौथी और अन्तिम अवस्था होती है। इस प्रक्रिया द्वारा टूटे रिश्तों को फिर से जोड़कर एक कर दिया जाता है। सामाजिक नाटक वैसे समूहों में सम्पन्न होता है जिसके सदस्य आम मूल्यों की साझेदारी करते हैं।

योगदान : टर्नर द्वारा पुस्तक लेखन के माध्यम से मानव विज्ञान में निम्नलिखित योगदान दिए गए थे।

- 1967: *द फोरेस्ट ऑफ़ सिम्बल्स : एसपेक्ट्स ऑफ़ एण्डेबुरिचुअल*।
- 1969: द रिचुअल प्रोसेस : स्ट्रक्चर एण्ड एण्टी-स्ट्रक्चर।

13

व्याख्यात्मक मानव विज्ञान

व्याख्यात्मक मानव विज्ञान (interpretative anthropology) नामक नूतन मानव वैज्ञानिक सम्प्रदाय की स्थापना अमेरिका में की गई थी। इस सम्प्रदाय के संस्थापक मानव वैज्ञानिक क्लीफोर्ड ग्रीट्ज (Cliford Greetz) थे। यह सिद्धान्त इस मत का प्रतिपादन करता है कि संस्कृति समुदाय के रूप में जीया हुआ अनुभव होता है। यह जीया हुआ अनुभव समुदाय के लोगों को संकेतों के माध्यम से जोड़ता है तथा उनकी दुनिया को बोधगम्य बनाता है। अतः संस्कृति की व्याख्या संकेतों के आधार पर की जानी चाहिए। यह मानव विज्ञान सांस्कृतिक मानव विज्ञान को व्याख्यात्मक विज्ञान मानता है, प्राकृतिक विज्ञान नहीं। क्योंकि प्राकृतिक विज्ञान सांस्कृतिक जीवन के अध्ययन के लिए उपयुक्त नहीं होता। इसका कारण यह होता है कि सांस्कृतिक जीवन का एक अर्थ होता है। सांस्कृतिक जीवन के अर्थ को व्यक्तिनिष्ठता द्वारा जीए हुए अनुभव के रूप में समझा जा सकता है। इस तरह सांस्कृतिक जीवन के अध्ययन द्वारा व्यक्तिनिष्ठ व्याख्या प्रस्तुत किया जा सकता है। इसमें वस्तुनिष्ठता एवं सामान्यीकरण का कोई स्थान नहीं होता। संकेत संस्कृति के संवाहक (vehicle) होते हैं। संकेतों के माध्यम से संस्कृति समाज के सदस्यों तक पहुँचती है तथा एक

पीढ़ी से दूसरी पीढ़ी तक गमन करती है। संस्कृति वाह्य संकेतों के माध्यम से व्यक्त होती है। समाज संकेतों को व्यवहार में लाता है, उसे अपने मस्तिष्क में बन्द नहीं रखता। समाज संकेतों के माध्यम से अपनी दुनिया, लौकिकता, मूल्य, मापदण्ड तथा अन्य सांस्कृतिक पहलुओं को व्यक्त करने का प्रयास करता है। संकेतों की व्याख्या पृथकता में नहीं की जानी चाहिए। वरन् संकेतों की व्याख्या समग्रता में की जानी चाहिए। संकेत हमें उन अर्थों तक ले जाते हैं जिनका प्रयोग समाज में किया जाता है। समाज के सदस्य संकेतों के बारे में तथा उनके सामाजिक उपयोग के बारे में पूर्ण रूप से अवगत रहते हैं। अतः उनमें सूचनाओं का सांकेतिक विनिमय आसानी से हो जाता है। एक व्याख्यात्मक मानव वैज्ञानिक का काम उन संकेतों के अर्थ को जानकर संस्कृति की व्याख्या जीए हुए अनुभव के रूप में करना होता है। उसको उन संकेतों को देखना पड़ता है तथा उनके अर्थों को समझना पड़ता है।

उदाहरण के लिए थाली बजाने का संकेत समाज में सन्तान के जन्म से लगाया जाता है। कपाल छिलवाने का संकेत किसी व्यक्ति की मृत्यु है। स्त्रियों द्वारा मांग में सिन्दूर लगाना विवाहित होने का संकेत है। इसी प्रकार समाज में अनेकों प्रकार के संकेत हैं जिनका सांस्कृतिक अर्थ जानकर उसकी व्याख्या की जा सकती है।

हमारे शरीर के अंग भी संकेत भेजने में पीछे नहीं रहते। हाथ, आँख, नाक, भौंह, दाँत, ओंठ, गर्दन, सिर, अंगुली, मुट्ठी, हथेली, कमर, पैर जैसे अंग संकेत उत्पन्न करते हैं तथा सूचनाओं को समाज के सदस्यों के पास भेजते हैं। व्याख्यात्मक मानव वैज्ञानिक को उन संकेतों को देखना पड़ता है तथा जो देखा उसका अर्थ ढूँढना पड़ता है। इस तरह यहाँ अवलोकन तथा अवलोकनकर्ता के बीच अर्थ छिपा रहता है। एक अवलोकनकर्ता ने क्या देखा तथा उसका क्या अर्थ है यह जानना यहाँ महत्त्वपूर्ण है। उदाहरण के लिए ताली बजते सुनना तथा ताली बजते देखने में अन्तर होता है। ताली बजते सुनकर हम सही अर्थ नहीं लगा सकते कि ताली खुशी में बजाई जा रही है, या

किसी को सचेत करने के लिए बजाई जा रही है या यह ताली खैनी बनाने और खाने वालों की है। बिना देखे केवल ताली की आवाज सुनकर हम सही अर्थ नहीं लगा सकते।

क्लीफोर्ड ग्रीट्ज (Clifford Greetz)

ग्रीट्ज एक अमेरिकी नूतन मानव वैज्ञानिक थे। वे व्याख्यात्मक मानव विज्ञान के संस्थापक थे। उनके अनुसार मानव विज्ञान एक प्राकृतिक विज्ञान नहीं है, वरन् मानव विज्ञान एक व्याख्यात्मक विज्ञान है। अतः संस्कृति की व्याख्या की जानी चाहिए, सामान्य नियम की खोज नहीं। यह व्याख्यात्मक मानव विज्ञान की विषय-वस्तु है, नियमात्मक मानव विज्ञान की नहीं। क्योंकि संस्कृति समुदाय में व्यक्तियों का जीया हुआ अनुभव होता है। यह अनुभव संकेतों के रूप में मानव समुदाय के पास उपलब्ध रहते हैं। ये संकेत मानव समुदाय को एक सूत्र में बाँधे रहते हैं तथा उनकी दुनिया को बोधगम्य बनाते हैं। संकेत को देखकर लोग संज्ञान में आ जाते हैं कि उसका क्या अर्थ है? संकेत अन्तर-व्यक्तिनिष्ठ होते हैं। क्योंकि समाज के सभी लोग उसके अर्थ से अवगत रहते हैं। इसमें समाज के सदस्यों के बीच अर्थ की साझेदारी रहती है। ग्रीट्ज ने संस्कृति के लक्षण वैज्ञानिक (semiotic theory) सिद्धान्त का प्रतिपादन किया था।

संस्कृति की व्याख्या (Interpretation of Culture)

ग्रीट्ज ने अपनी पुस्तक *द इंटरप्रिटेंशन ऑफ़ कल्चर* (1973) में संस्कृति की व्याख्या के लिए एथनोग्राफिक विधि का विकास किया है। उन्होंने अपनी एथनोग्राफिक विधि में सघन वर्णन (thick description) तकनीक एवं बारीक तकनीक (thin description) का उल्लेख किया है। ग्रीट्ज के अनुसार एक एथनोग्राफर संस्कृति की व्याख्या में संकेतों के अर्थ को समझकर अनोखा योगदान दे सकता है। इस तकनीक द्वारा संस्कृति के मूल पाठ को जाना जा सकता है तथा तैयार किया जा सकता है।

सघन तथा बारीक तकनीक के बीच अन्तर को स्पष्ट करने के लिए ग्रीट्ज ने ब्लिंक (blink) तथा विंक (wink) का उदाहरण प्रस्तुत किया था। ब्लिंक बारीक व्याख्या तथा विंक सघन व्याख्या से सम्बन्धित उदाहरण हैं। ब्लिंक अनजाने में आँख मटमटाने की क्रिया को कहा जाता है। विंक जान-बूझकर आँख मटमटाने की क्रिया को कहा जाता है। इन दोनों ही घटना क्रियाओं में आँख की गति समान रहती है। लेकिन दोनों तरह के व्यवहारों का अर्थ अलग-अलग रहते हैं। लगातार आँख मटमटाने की घटना-क्रिया दर्शाती है कि व्यक्ति कोई आँख रोग से पीड़ित है। इसलिए उस व्यक्ति की पलकें बार-बार उठती-गिरती रहती हैं। लेकिन जानबूझकर कनखी मारने का अर्थ संकेत भेजने से है। यह संकेत प्यार के इजहार से हो सकता है, मित्र को कहीं चलने के लिए इशारा करने से होता है या चुप रहने का संकेत भी होता है। दो युवक एवं युवती कनखी के सहारे प्यार का सन्देश भेजते हैं, दो मित्र कनखी के सहारे कहीं जाने का संकेत साझा करते हैं, किसी शत्रु को देखकर कनखी मारने का अर्थ चुप हो जाने से है। शारीरिक अंगों की गतियों के इस तरह के अर्थगत अन्तर को एक अवलोकनकर्ता ही ढूँढ़कर बाहर ला सकता है। क्योंकि एक एथनोग्राफर अवलोकनकर्ता के रूप में अवलोकन (observation) एवं अवलोकित (observed) के बीच अर्थ को समझ सकता है। लेकिन इसके लिए उसे सघन तकनीक का सहारा लेना पड़ता है—

ग्रीट्ज के अनुसार सघन वर्णन तकनीक के निम्नलिखित लक्ष्य होते हैं—

- सामाजिक-सांस्कृतिक मानवशास्त्र एथनोग्राफी पर आधारित होता है।
- एथनोग्राफी संस्कृति के अभिलेखन तथा वर्णन को कहा जाता है।
- संस्कृति संकेतों पर आधारित एक बाह्य व्यवस्था होती है।
- संकेत सामुदायिक व्यवहारों को नियन्त्रित करते हैं।

- संकेत सामुदायिक जीवन का जीए हुए अर्थ होते हैं।
- संकेत अपनी भूमिका से अर्थ प्राप्त करते हैं।
- संकेत सामाजिक सांस्कृतिक व्यवस्था को बनाए रखने में अपना योगदान देते हैं।
- संकेत और व्यवहार संस्कृति से घनिष्ठ रूप से जुड़े रहते हैं। अतः उनका अध्ययन पृथकता में नहीं वरन् समग्रता में किया जाना चाहिए।
- उपरोक्त तकनीकों की मदद से संस्कृति का सघन विवरण प्रस्तुत किया जा सकता है।
- सघन वर्णन एक प्रकार की सांस्कृतिक व्याख्या है। इसमें अनुसन्धानकर्ता सघन ढंग से संकेतों एवं व्यवहारों को देखकर तथा अर्थ समझकर व्याख्या प्रस्तुत करता है।
- सघन वर्णन व्याख्यात्मक मानव विज्ञान की विधि, तकनीक, दृष्टिकोण, कार्य-प्रणाली द्वारा किया जा सकता है।

प्रागैतिहासिक पुरातात्त्विक मानव विज्ञान में व्याख्यात्मक सन्दर्भ

प्रागैतिहासिक पुरातात्त्विक मानव विज्ञान में व्याख्यात्मक सन्दर्भ की शुरुआत 1980 के दशक में हुई थी। इसके अन्तर्गत वैसे प्रागैतिहासिक पुरातात्त्विक मानव वैज्ञानिक शामिल थे, जो लेवीस बिनफोर्ड के नियमात्मक प्रागैतिहासिक पुरातात्त्विक मानव विज्ञान से पूर्णतः असन्तुष्ट थे। बिनफोर्ड का प्रागैतिहासिक पुरातात्त्विक मानव विज्ञान वस्तुनिष्ठता तथा कार्टेलियन बुद्धिवाद से सम्बन्धित था। ग़ैर-बिनफोर्डियन के पुरातात्त्विक मानव विज्ञान विज्ञान से कम सम्बन्धित था। यह विज्ञान इतिहास से ज्यादा घनिष्ठ था। चूँकि इतिहास मानवतावादी था। अतः उनके लिए फ्रांज बोआस का ऐतिहासिक विशिष्ट मुक्तिवाद ज्यादा उपयुक्त था। बिनफोर्ड का नियमात्मक प्रागैतिहासिक पुरातात्त्विक मानव विज्ञान उनके लिए उपयुक्त नहीं था। उनके द्वारा इस दृष्टिकोण को स्वीकार किया गया कि विज्ञान सर्वोत्कृष्टवादियों की सृष्टि है। फ्रेंच संरचनावादियों तथा संरचनात्मक मार्क्सवादियों के समान उन विद्वानों

ने भी स्वीकार किया कि भौतिक संस्कृति का सांकेतिक विस्तार भी है। चेतना द्वारा संस्कृति में बदलाव भी लाया जाता है। हस्तकृतियाँ सामाजिक सम्बन्ध के साथ-साथ पर्यावरण के साथ अनुकूलन भी दर्शाती हैं। 1980 दशक के मध्य में ब्रिटिश प्रागैतिहासिक पुरातात्त्विक मानव वैज्ञानिक आई ईयान होड्डर ने इन विचारों का नामकरण सन्दर्भिक पुरातत्त्व विज्ञान (contextual archaeology) के रूप में किया था। उन्होंने इन विचारों का नामकरण पोस्ट-प्रोसेसुएल आर्कियोलॉजी (post-processual archaeology) के रूप में भी किया था। होड्डर के अनुसार कलाकृतियाँ सांस्कृतिक प्रबन्ध या निबन्ध होती हैं। वे एक-दूसरे के साथ जाल के रूप में जुड़ी रहती हैं। इससे सामाजिक सम्बन्ध की पुष्टि होती है तथा शक्ति समूह की सुविधा बढ़ती है।

पोस्ट-प्रोसेसुएलिस्ट प्रागैतिहासिक पुरातात्त्विक मानव वैज्ञानिकों द्वारा वैज्ञानिक वस्तुनिष्ठता तथा नियमात्मक प्रागैतिहासिक मानव विज्ञान की आलोचना की गई थी तथा प्रागैतिहासिक पुरातात्त्विक मानव विज्ञान को व्याख्यात्मक बनाने का प्रयास किया गया था। हालांकि इनको ग़ैर-वैज्ञानिक एवं विज्ञान-विरोधी साबित किया गया था।

14

घटना-क्रिया वैज्ञानिक मानव विज्ञान

घटना-क्रिया वैज्ञानिक मानव विज्ञान (phenomenological anthropology) मानव विज्ञान का वह सम्प्रदाय है जिसमें समाज में घटित होने वाली घटना-क्रियाओं का मानव वैज्ञानिक विश्लेषण एवं व्याख्या प्रस्तुत की जाती है। ऐसा कहा जाता है कि संस्कृति सामाजिककरण प्रक्रिया द्वारा एक व्यक्ति को सामाजिक प्राणी बनाया जाता है। सामाजिक प्राणी बनाने का अर्थ है उसमें सामाजिक गुणों का विकास करना। दया, मित्रता, सहयोग, सत्य, ईमानदारी, अहिंसा, विनम्रता जैसे सामाजिक गुणों को व्यक्ति के अन्दर विकास करना संस्कृति का दायित्व होता है। संस्कृति इस कार्य को सामाजिककरण प्रक्रिया के माध्यम से करती है। इन कार्यों के लिए समाज को सकारात्मक स्वीकृति (positive social sanction) रहती है। लेकिन यह भी सत्य है कि प्रत्येक संस्कृति में छल-कपट, छल-प्रपञ्च, धोखाधड़ी, जालसाजी, धूर्तबाजी, फरेबी भ्रष्टाचार जैसी घटना क्रियाएं भी घटित होती रहती है। इन घटना क्रियाओं को नकारात्मक सामाजिक स्वीकृति (negative social section) रहती है। संस्कृति और समाज ऐसे छल-प्रपञ्च से जुड़ी घटना-क्रियाओं को नियन्त्रण में रखने का प्रयास करता है, लेकिन कुछ व्यक्ति इसके अपवाद हो जाते हैं। वे सामाजिक, लोक-लाज,

शर्म, हया, नैतिकता का परित्याग कर ऐसे भ्रष्ट आचरण में लिप्त हो जाते हैं। ऐसी बात नहीं है कि समाज का प्रत्येक व्यक्ति छल-प्रपञ्ची, धोखेबाज, जालसाज, बेईमान, फरेब, भ्रष्टाचारी होते हैं। लेकिन इस प्रकार की व्यक्तिगत घटनाएं प्रत्येक समाज में घटित होती हैं। यह सोची-समझी तथा प्रभावशाली घटना-क्रिया होती है। ऐसी घटनाओं का वर्णन धर्मशास्त्रों में भी मिलता है।

आज पत्र-पत्रिका के माध्यम से हम लोग नित्य ऐसी घटना क्रियाओं के बारे में अवगत होते रहते हैं। आज पति-पत्नी, पिता-पुत्र, माता-पुत्र, भाई-भाई, बहन-भाई, मित्र-मित्र के बीच छल-प्रपञ्च की घटनाएं घटित हो रही हैं। व्यापारी-ग्राहक के बीच छल-प्रपञ्च की घटना प्रकाश में आती हैं। राजनीतिक पार्टियां भी चुनाव जीतने के लिए छल-प्रपञ्च का सहारा लेती हैं। एक देश दूसरे देश को नुकसान पहुँचाने के लिए छल-प्रपञ्च रचता है। आजकल तो अमीर, गरीब, डॉक्टर, इंजीनियर, प्रोफेसर तथा अन्य महत्त्वपूर्ण पदों पर आसीन व्यक्ति छल-कपट में लिप्त पाए जाते हैं। वकील लोग तो छल-कपट के विशेषज्ञ ही होते हैं। छल-कपट से ज़मीन, मकान, दुकान, हड़प ली जाती है। छल-कपट से हत्या की घटना को भी अंजाम दिया जाता है। शादी-विवाह, पढ़ाई-लिखाई, व्यवसाय, पेशा तथा अन्य कार्यों में भी छल-बल का सहारा लिया जाता है। छल द्वारा जो अपराधी है उसे छुड़ा लिया जाता है और जो अपराधी नहीं है उसे जेल में सड़ा दिया जाता है। इस तरह छल-प्रपञ्च ऐसा व्यवहार है जिसका उपयोग अपनी सफलता तथा आत्मस्वार्थ के लिए एक अस्त्र के रूप में किया जाता है।

अब प्रश्न यह उठता है कि छल-प्रपञ्च जैसी घटना-क्रियाओं का मानव वैज्ञानिक अध्ययन किस प्रकार किया जाए। इसका वैज्ञानिक वस्तुनिष्ठ ढंग से अध्ययन किया जाए या व्याख्यात्मक व्यक्तिनिष्ठ ढंग से घटना-क्रिया वैज्ञानिक मानव वैज्ञानिकों का मानना था कि घटना-क्रियाओं का सम्बन्ध व्यक्तिगत व्यवहारों से है। अतः इसका अध्ययन व्यक्तिनिष्ठ ढंग से किया जाना चाहिए। इसका अध्ययन

प्राकृतिक विज्ञान के समान सामान्य नियम, सामान्यीकरण तथा वस्तुनिष्ठ ढंग से नहीं किया जाना चाहिए। क्योंकि छल-कपट एक मानसिक घटना भी है। यह छल-कपट करने की सोच से भी जुड़ी हुई है। इसका अध्ययन लेवी-स्ट्रॉस के विरोधात्मक युग्म (binary opposition) की अवधारणा के आधार पर भी नहीं किया जाना चाहिए। क्योंकि लेवी-स्ट्रॉस के विरोधात्मक युग्म में भावना, मनोवृत्ति प्रेरणा जैसे तत्त्वों को शामिल नहीं किया गया था। वहाँ तो केवल प्रकृति *बनाम* संस्कृति, स्वयं *बनाम* अन्य, जीवन *बनाम* मृत्यु जैसे भाषायी दोहरेपन के आधार पर संरचना को दर्शाने का प्रयास किया गया था। दोहरे प्रतिरोध के बीच मध्यस्थ को भी लाया गया था। जैसे जीवन *बनाम* मृत्यु जैसे दोहरेपन को पुनर्जन्म से मध्यथता की गई थी। लेकिन लेवी-स्ट्रॉस ने पौराणिक कथा-कहानियों में व्यक्तिगत भावना, मुख्य, चेतना, प्रेरणा, इत्यादि को बिल्कुल अलग कर दिया था। उनके द्वारा कथा-कहानियों, नातेदारी, भोजन जैसी संरचनाओं को व्यक्ति से अलग करके विरोधात्मक सोच के आधार पर दर्शाया गया था। उन्हें उन व्यक्तियों का जीए हुए अनुभव के रूप में नहीं प्रस्तुत किया था।

घटना-क्रिया वैज्ञानिक मानव विज्ञान में एथनोग्राफी का लेखन-कार्य करते समय उन व्यक्तियों के विचार, भावना अनुभव, प्रेरणा तथा चेतना को भी शामिल करने पर जोर दिया गया जो छल-प्रपञ्च घटना-क्रिया के भुक्तभोगी थे। क्योंकि उन व्यक्तियों ने छल-कपट को अपने जीवन में जीया था। अतः एक एथनोग्राफर को छल-प्रपञ्च की व्याख्या करते समय या विश्लेषण करते समय उन व्यक्तियों के विचारों, भावनाओं, मनोवृत्तियों, अवस्थाओं तथा सोचों को भी शामिल करने पर जोर दिया गया था जो छल-प्रपञ्च, धोखेबाजी, छल-कपट के भुक्तभोगी थे।

छल-प्रपञ्च एक व्यक्तिगत व्यवहार के साथ-साथ एक बौद्धिक व्यवहार भी है। छल-प्रपञ्च करने वाला व्यक्ति योजनाबद्ध ढंग से छल-प्रपञ्च करता है। छल-प्रपञ्च करने में वह अपनी बुद्धि का प्रयोग

करता है तथा उस तरह की चाल चलकर अपने छल-प्रपञ्च से दूसरे व्यक्ति को फंसा देता है। छल-प्रपञ्च एक सोची-समझी रणनीति का परिणाम होता है। छल-प्रपञ्च का अध्ययन वस्तुनिष्ठ ढंग से नहीं किया जा सकता। इसका अध्ययन व्यक्तिनिष्ठ ढंग से किया जाता है क्योंकि यह एक व्यक्ति की सोच एवं व्यवहार दर्शाता है। पूरे समाज का नहीं। छल-प्रपञ्च पर एथनोग्राफी के मूल पाठ तैयार करते समय व्यक्तिनिष्ठता पर ध्यान देना चाहिए तथा उस व्यक्ति के विचार, भावना, मनोवृत्ति, प्रेरणा को उसमें दर्शाया जाना चाहिए। छल-प्रपञ्च जैसी घटना-क्रिया का सामान्यीकरण भी नहीं किया जा सकता। उसके सम्बन्ध में किसी सामान्य नियम की खोज भी नहीं की जा सकती। घटना-क्रियाओं से सम्बन्धित केस का अध्ययन किया जा सकता है तथा उसका गुणात्मक वर्णन एथनोग्राफिक मूल पाठ में किया जाना चाहिए। घटना-क्रियाओं का परिमाणात्मक अध्ययन सम्भव नहीं है।

घटना-क्रिया वैज्ञानिक मानव विज्ञान लेवी-स्ट्रॉस के संरचनात्मक दृष्टिकोण के आधार पर तैयार मूल पाठ को अस्वीकार करते हैं। उनके अनुसार संरचनात्मक दृष्टिकोण विरोधात्मक युग्म के आधार पर एथनोग्राफी के मूल पाठ को तैयार करने पर जोर देता है। लेकिन इस तरह के मूल पाठ में लोगों की भावना का कोई स्थान नहीं होता। यह दृष्टिकोण लोगों को मूल पाठ से अलग कर देता है। लेकिन घटना-क्रिया वैज्ञानिक मानव विज्ञान एथनोग्राफी के मूल पाठ में लोगों के विचार, भावना, मनोवृत्ति, प्रेरणा जैसे तत्त्वों को शामिल करता है। घटना-क्रिया वैज्ञानिक मानव विज्ञान एथनोग्राफिक लेखन में व्यक्तिनिष्ठता एवं व्यक्ति की भावना को शामिल करने का सुझाव व्यक्त करता है। इस मानव विज्ञान के प्रयास से व्यक्तिनिष्ठ एथनोग्राफी लेखन प्रकाश में आया।

घटना-क्रिया वैज्ञानिक मानव विज्ञान की उत्पत्तिमूलक जड़ को विल्हेल्म डिल्थे तथा अन्य के नवकान्त दर्शन से जोड़कर दर्शाया जा सकता है। नवकान्त दर्शन के अनुसार प्राकृतिक विज्ञान सामाजिक विज्ञान से भिन्न है। प्राकृतिक विज्ञान वस्तुनिष्ठता एवं सामान्यीकरण

पर आधारित होता है। लेकिन सामाजिक विज्ञान व्यक्तिनिष्ठता एवं विशिष्टीकरण पर आधारित होता है। सामाजिक विज्ञान के सन्दर्भ में किसी एक सामान्य नियम की खोज नहीं की जा सकती। अमेरिकी मानव विज्ञान के संस्थापक फ्रांज बोआस का मानना था कि सामाजिक विज्ञान का एक मानसिक अस्तित्त्व भी होता है। यह मानसिक अस्तित्त्व व्यक्ति एवं समूह के लिए अनोखा होता है। प्राकृतिक विज्ञान एवं सामाजिक विज्ञान के बीच इस अन्तर में घटना-क्रिया वैज्ञानिक तथा दार्शनिक हर्सेल ने अपना अवलोकन जोड़ते हुए कहा कि प्राकृतिक विज्ञान सांस्कृतिक जीवन के अध्ययन के लिए उपयुक्त नहीं है। क्योंकि सांस्कृतिक जीवन जिन्दगी का अर्थ होता है। इस अर्थ को व्यक्तिनिष्ठता द्वारा जीवन जीया हुआ अनुभव के रूप में समझा जा सकता है।

इस प्रकार घटना-क्रिया वैज्ञानिक मानव विज्ञान सांस्कृतिक जीवन के अर्थ को व्यक्तिनिष्ठता ढंग से जीवन जीया हुआ अनुभव के आधार पर जानने का प्रयास करता है। घटना-क्रिया वैज्ञानिक मानव-विज्ञान घटना-क्रिया को वैयक्तिक ढंग से अध्ययन करता है। इसका मानना है कि व्यक्ति संस्कृति के निर्माता, प्रवर्तक, नवीकरणकर्ता तथा परिवर्तनवाहक होता है। घटना-क्रिया वैज्ञानिक भी व्यक्ति की चतुराई, बुद्धिसम्पन्नता, बुद्धिसंगतता, बौद्धिकता तथा सृजनशीलता के महत्त्व को कम नहीं आँकता। यह भी व्यक्ति को बुद्धिमान, नीतिकार, कलाकार तथा सृजनशील मानता है। लेकिन यह वैसी-वैसी घटना-क्रियाओं को अपने अध्ययन में शामिल करता है जो धोखा, बेईमानी, झूठ, फरेब, धूर्तता, विश्वासघात, छल-प्रपञ्च, भ्रष्टाचार, आचरणहीन, जैसे सामाजिक घटनाओं से सम्बन्ध रखते हैं। इसमें एक ऐसा व्यक्ति शामिल रहता है जो चतुर-चालाक बनकर दूसरे व्यक्ति को छल से हरा देता है, सम्पत्ति छीन लेता है, बेदखल कर देता है, हत्या कर देता है, भ्रष्ट आचरण से समाज में गन्दगी फैलाता है तथा अटूट धन कमा लेता है, बेनामी सम्पत्ति बना लेता है, इत्यादि। इस तरह एक व्यक्ति छल-प्रपञ्च करने वाला होता है तथा दूसरा व्यक्ति

छल-प्रपञ्च का भुक्तभोगी होता है। इस तरह की सांस्कृतिक घटनाओं का वर्णन व्यक्तिनिष्ठता के आधार पर ही सम्भव है। छल-प्रपञ्चकर्ता तथ छल-प्रपञ्च भुक्तभोगी व्यक्ति होते हैं। हर छल-प्रपञ्च के कारण भी अलग-अलग होते हैं तथा उनके तरीके भी अलग-अलग होते हैं। यह भी सत्य है कि छल-प्रपञ्च के कारण व्यक्तिगत विघटन एवं सामाजिक विघटन की घटनाएं होती रहती हैं। घटना-क्रिया वैज्ञानिकों एवं दार्शनिकों से प्रभावित होकर मानव वैज्ञानिकों ने एथनोग्राफिक तथा एथनोलॉजिकल अध्ययनों को व्यक्ति-निष्ठ ढंग से जीया हुआ अनुभव एवं चेतना के रूप में लिपिबद्ध किया था। एथनोग्राफिक लेखन में उन सब ने वस्तुनिष्ठता का परित्याग कर दिया था।

घटना-क्रिया वैज्ञानिक मानव विज्ञान के विशेषज्ञ विद्वान् पॉल रिकोइर (Paul Recoeur) ने लेवी-स्ट्रॉस द्वारा प्रतिपादित संरचनात्मक दृष्टिकोण एवं विधि में जीया हुआ अनुभव शामिल नहीं किए जाने के कारण अस्वीकार कर दिया था। उनका मानना था कि लेवी-स्ट्रॉस की संरचनात्मक विधि पौराणिक कथाओं के अध्ययन एवं एथनोग्राफिक लेखन में लोगों की भावना को शामिल नहीं करती। लेवी-स्ट्रॉस की संरचनात्मक विधि दोहरे प्रतिरोध तथा मध्यस्थ के आधार पर पौराणिक कथा-कहानियों का एथनोग्राफिक लेखन का सुझाव देती है। इसमें उन लोगों की भावना, विचार, मनोवृत्ति तथा चेतना का समावेश नहीं होता, जिनके द्वारा कथा-कहानी रची गई थी, सुनाई गई थी। लेवी-स्ट्रॉस ने एथनोग्राफी के मूल पाठ लेखन में लोगों के प्रत्यक्ष एवं वास्तविक अनुभव को स्थान नहीं दिया था। लेकिन रिकोइर के अनुसार एथनोग्राफी के मूल पाठ लेखन में लोगों के मूल भाव, विचार, प्रेरणा तथा प्रत्यक्ष अनुभव को शामिल किया जाना चाहिए। बिना लोगों के विचार, भावना तथा अनुभव को समझे जीए हुए यथार्थ अनुभव तक नहीं पहुँचा जा सकता।

सामाजिक धरातल सिद्धान्त (Social Grounding Theory)

घटना-क्रिया वैज्ञानिक मानव विज्ञान के अनुसार सिद्धान्त का निर्माण सामाजिक धरातल सच्चाई के आधार पर किया जाना चाहिए। मानसिक तथा भाषायी दोहरेपन एवं मध्यस्थता के आधार पर नहीं। कोई घटना-क्रिया के बारे में सामाजिक ज़मीनी सच्चाई का पता तो उन्हीं लोगों के सहयोग से तथा उनके विचार एवं भावनाओं को जानकर ही लगाया जा सकता है, जो उस घटना-क्रिया के भुक्तभोगी रहे हैं या जो घटना-क्रिया को अंजाम तक पहुँचाए हैं। घटना-क्रिया के बारे में कोई सिद्धान्त लोगों पर ऊपर से नहीं थोप दिया जाना चाहिए। वरन् सामाजिक ज़मीनी हक़ीक़त को लोगों द्वारा जीए हुए अनुभव से प्राप्त कर उसी आधार पर सामाजिक सिद्धान्त का निर्माण किया जाना चाहिए। घटना-क्रिया वैज्ञानिक मानव वैज्ञानिकों ने इसे सामाजिक ज़मीनी सिद्धान्त (social grounding theory) कहा है। यह सिद्धान्त संरचनात्मक सिद्धान्त का विरोध करता है।

सत्य भाष्य वैज्ञानिक सिद्धान्त (True Hermeneutic Theory)

घटना-क्रिया वैज्ञानिक मानव वैज्ञानिकों के अनुसार मानव विज्ञान में सिद्धान्त का निर्माण कल्पना तथा मानसिक उड़ान के आधार पर नहीं किया जाना चाहिए। समुदाय या लोग एक ज़मीनी हक़ीक़त होते है जो धरातल में रहकर अपना जीवन जीते हैं तथा अनुभव प्राप्त करते हैं। समुदाय या लोगों के पास कल्पना की उड़ान नहीं होती। वे तो सीधे-साधे सरल ढंग से जीवन जीने वाले होते हैं। लेकिन समुदाय में रहने के कारण उनके पास सामाजिक-सांस्कृतिक जीवन का जीया हुआ अनुभव होता है, जो ज़मीनी हक़ीक़त होता है। अतः मानव विज्ञान में सिद्धान्त का निर्माण ज़मीनी स्तर के अनुभव के आधार पर किया जाना चाहिए। इसे ही घटना-क्रिया वैज्ञानिक मानव वैज्ञानिकों ने सामाजिक ज़मीन आधरित सिद्धान्त (social grounding theory) कहा था। यह सिद्धान्त भी व्यक्तिनिष्ठता पर ध्यान केन्द्रित करता है।

घटना-क्रिया वैज्ञानिक मानव वैज्ञानिकों ने एक और सिद्धान्त निर्माण पर अपना जोर दिया था जिसे सत्य भाष्य वैज्ञानिक सिद्धान्त (true hermeneutic theory) के नाम से जाना जाता है। सत्य भाष्य वैज्ञानिक सिद्धान्त सत्य व्याख्या पर जोर देता है। सामाजिक घटना-क्रियाओं का वर्णन संरचनात्मक विरोधी युग्मों एवं मध्यस्थता के द्वारा सत्यभाष्य वैज्ञानिक ढंग से नहीं किया जा सकता। सत्य भाष्य वैज्ञानिक ढंग से घटना-क्रियाओं का टिप्पणी लेखन काम तो लोगों के जीए हुए जीवन अनुभव के आधार पर ही सम्भव है। घटना- क्रिया में शामिल तथा घटना-क्रिया के जीने वाले व्यक्ति के अनुभव को जानकर ही सत्य भाष्य वैज्ञानिक टिप्पणी लिखी जा सकती है। यह सिद्धान्त भी व्यक्तिनिष्ठता पर ध्यान केन्द्रित करता है। भाष्य वैज्ञानिकों के अनुसार किसी भी सामाजिक-सांस्कृतिक विषय पर सही ढंग से टीका-टिप्पणी लिखने के पहले उन व्यक्तियों के जीए हुए अनुभव जान लेना जरूरी होता है। भुक्तभोगी व्यक्तियों के अनुभव, विचार, भावना, मनोवृत्ति को समझे बिना सत्य भाष्य वैज्ञानिक सिद्धान्त की स्थापना सम्भव नहीं है।

15

आलोचनात्मक मानव विज्ञान

आलोचनात्मक मानव विज्ञान (critical anthropology) नामक मानव वैज्ञानिक सिद्धान्त की स्थापना 1970 के दशक में हुई थी। इस सम्प्रदाय के मानव वैज्ञानिकों द्वारा वैश्विक पूँजीवाद के स्थानीय सांस्कृतिक प्रभाव को अपनी विचारधारा की विषय-वस्तु बनाया गया। इस सम्प्रदाय के मानव वैज्ञानिकों द्वारा वैश्विक पूँजीवाद को स्थानीय संस्कृति के लिए ख़तरा बतलाया गया।

उन मानव वैज्ञानिकों की दृष्टि में वैश्विक पूँजीवाद स्थानीय संस्कृति को नकारात्मक ढंग से प्रभावित कर रहा था। चूँकि यह सम्प्रदाय वैश्विक पूँजीवाद की आलोचना करता है, इसलिए इस सम्प्रदाय को आलोचनात्मक मानव विज्ञान के नाम से जाना जाता है। चूँकि इस सम्प्रदाय का सम्बन्ध वैश्विक पूँजीवाद के राजनीतिककरण से भी है। इसलिए इस सम्प्रदाय को राजनीतिक अर्थव्यवस्था (political economy) के नाम से भी जाना जाता है।

1950 के दशक से ही मानव वैज्ञानिक मानव विज्ञान विषय में आदिम, समग्र, समयरहित समाजों के अध्ययन से सन्तुष्ट नहीं दिख रहे थे। अमेरिका के मानव वैज्ञानिक रॉबर्ट रेडफील्ड द्वारा महान् परम्परा (great tradition) तथा लघु परम्परा (little tradition) के बीच

सैद्धान्तिक अन्तर को प्रकाश में लाया गया। उनके अनुसार महान परम्परा साक्षर, धार्मिक एवं नगरीय समाज की परम्परा है, जबकि लघु परम्परा ग़ैर-साक्षर, जादुई एवं ग्रामीण समाज की परम्परा होती है। इस ग्रामीण-नगरीय विभेद को प्रकाश में आ जाने के बावजूद एक दशक बाद तक विकसित विश्व एवं अविकसित विश्व सिद्धान्त निर्माण के अधीन रहा था।

आलोचनात्मक मानव वैज्ञानिक सम्प्रदाय की उत्पत्ति को प्रभावशाली अर्थशास्त्री एण्ड्रे गुण्डर फ्रैंक (Andre Gunder Frank) के लेखन से मानी जा सकती है। 1960 के दशक में ही फ्रैंक ने आधुनिक कार्यक्रम की आलोचना प्रारम्भ कर दी थी। गुण्डर फ्रैंक ने अपने स्पष्ट शब्दों में वैश्विक पूँजीवाद को स्थानीय संस्कृति का हितैषी कम तथा अहितकर ज्यादा बतलाया था। उनके अनुसार वैश्विक पूँजीवादी व्यवस्था के माध्यम से स्थानीय संस्कृतियों को सैटेलाइट आधारित बना दिया गया था। स्थानीय संस्कृतियों से श्रम को कम कीमत पर खरीदे गए तथा उन्हें गरीब बना दिया गया। फ्रैंक के शब्दों में स्थानीय लोगों के पिछड़ा होने का कारण स्थानीय पारिस्थितिकी नहीं, वरन् वैश्विक पूँजीवादी शोषण था। फ्रैंक के अनुसार विकसित देश अविकसित देश के अन्दर अपनी वैश्विक पूँजीवादी व्यवस्था के माध्यम से पहुँच गए थे। वे अविकसित देश के लोगों को अधिक से अधिक शोषण करके ज्यादा से ज्यादा पूँजी बढ़ाए थे।

एक इतिहासकार ईमानुएल वालेरस्टीन (Immamuel Walerstein) ने अर्थशास्त्री फ्रैंक के विचारों का पूर्ण रूप से समर्थन किया था। उन्होंने यूरो-अमेरिकी वैश्विक अर्थव्यवस्था की ऐतिहासक उत्पत्ति पर प्रकाश डाला था। इस यूरो-अमेरिकी वैश्विक अर्थव्यवस्था में यूरो-अमेरिकी मध्यमवर्गीय पूँजीपतियों द्वारा विकासशील देशों के सर्वहारा वर्ग का शोषण करके खूब धनोपार्जन किया गया था। फ्रैंक के समान वालेरस्टीन द्वारा भी विकासशील देश के सर्वहारा वर्ग को असमान विनिमय व्यवस्था में शामिल दर्शाया गया था। इस प्रकार, वैश्विक पूँजीवादी अर्थव्यवस्था द्वारा यूरो-अमेरिकी समाज विकासशील

देशों के स्थानीय समुदायों के बीच पहुँच गया था। उनके द्वारा विकासशील देशों की स्थानीय जनसंख्या को आर्थिक रूप से अधीन बना लिया गया था तथा उनका खूब शोषण किया। शोषण के कारण विकासशील देशों के स्थानीय लोग पिछड़ गए थे।

राजनीतिक अर्थव्यवस्था के कारण उस काल में वृहत् बौद्धिक वातावरण का निर्माण हुआ था। इसके परिणामस्वरूप सम्पूर्ण पश्चिमी समाजों में वृहत् पैमाने पर मुक्तिदायक आन्दोलनों का जन्म हुआ था। उदाहरण के लिए संस्कृति विरोधी आन्दोलन, महिला सशक्तिकरण आन्दोलन, उपनिवेशवाद विरोधी आन्दोलन, इत्यादि। इन मुक्तिदायक आन्दोलनों का बौद्धिक-दार्शनिक आधारों का निर्माण भी बौद्धिक जगत द्वारा ही किया गया था। इसका प्रभाव तत्कालीन बौद्धिक विचार-धाराओं पर भी पड़ा था।

सामाजिक-सांस्कृतिक मानव वैज्ञानिकों के लिए यह अवधि आत्म-विश्लेषण करने की थी। क्योंकि सामाजिक-सांस्कृतिक मानव विज्ञान पश्चिमी उपनिवेशवाद एवं आर्थिक साम्राज्यवाद के पड़ने वाले वैश्विक प्रभावों की व्याख्या करने में विफल रहा था। सामाजिक-सांस्कृतिक मानव वैज्ञानिकों द्वारा मानव वैज्ञानिक ज्ञान के उत्थान तथा उपनिवेशिक मिलन के बीच सम्बन्ध को भी उपेक्षित किया गया था। प्रायः सभी एथनोग्राफिक अध्ययनों के मूल पाठ (text) का लेखन तथा प्रकाशन राजनीतिक तथा सैनिक सत्ता के अधीन किया गया था। एथनोग्राफिक स्थानीय समुदाय सैनिक सत्ता के अधीन भययुक्त वातावरण में रह रहे थे। सभी एथनोग्राफिक समुदाय कैदी थे। उनके एथनोग्राफ का लेखन कार्य श्वेत मानव वैज्ञानिकों द्वारा किया गया था। कैदी, वैश्विक पूँजीवाद एवं सैनिकवाद पर आश्रित एथनोग्राफिक समुदाय की संस्कृति के मूल पाठ का लेखन कार्य श्वेत विद्वानों द्वारा किया गया था। ऐसी स्थिति में वस्तुनिष्ठ एथनोग्राफी पर भी प्रश्नचिह्न खड़ा होने लगा।

सामाजिक-सांस्कृतिक मानव वैज्ञानिकों द्वारा जो वैज्ञानिक वस्तुनिष्ठ तथा निरपेक्ष एथनोग्राफी के मूल पाठ का लेखन कार्य किया

गया था, उसे भी सन्देह की दृष्टि से देखा जाने लगा था। भय के साथ मानव वैज्ञानिक भी इस तथ्य से परिचित हुए कि उनका विषय मानव विज्ञान जाने-अनजाने में उपनिवेशीय उद्यम का सह-अपराधी रहा था। उन्होंने भी इस तथ्य को स्वीकार किया कि यह विषय उस एथनोग्राफिक समुदाय के शोषण, उत्पीड़न तथा वंचन से बढ़ा है जो सैनिक सत्ता, जेल तथा वैश्विक पूँजीवाद के अधीन जीवन-यापन करने को विवश थे। इस तरह बौद्धिक एथनोग्राफर के रूप में मानव वैज्ञानिकों को भी उस परिस्थिति के लिए आत्मग्लानि उत्पन्न हुई थी।

आचार्यशास्त्रीय धर्म संकट से भयभीत होकर मानव-वैज्ञानिकों द्वारा सामाजिक-सांस्कृतिक सिद्धान्तों के रूढ़िवादी दृष्टिकोणों को अस्वीकार किया जाने लगा था। इस कार्य के लिए फ्रैंच सामाजिक वैज्ञानिक इमाईल दुर्खीम की संरचना या जैविक अनुरूपता सिद्धान्त को आधार बनाया गया था। इसी आधार पर फ्रैंच तथा ब्रिटिश मानव वैज्ञानिकों के सिद्धान्तों की आलोचना आरम्भ की गई थी। उसके बाद मानव वैज्ञानिक ज्ञान तथा मूल्य से सम्बन्धित अनेक अवधारणाओं की आलोचना प्रारम्भ की गई। आरम्भिक मानव वैज्ञानिकों द्वारा आदिम जनजातीय समुदाय को आदिम, समयरहित, अपरिवर्तनशील तथा आत्मनिर्भर जैविक समुदाय माना गया। उसी आधार पर उनका एथनोग्राफिक मूल पाठ का लेखन और प्रकाशन किया गया। लेकिन वे एथनोग्राफिक मूल पाठ उन मानव वैज्ञानिकों की कल्पनाओं पर आधारित थे। ऐसा तर्क दिया गया कि मानव समाज का गहनतापूर्वक अध्ययन पश्चिमी बुर्जुआ संस्कृति की कार्टेजियन अवधारणा के सन्दर्भ में किया जाना चाहिए। इस अवधारणा के अनुसार इसमें सन्देह नहीं है कि कभी आदिम, समयरहित, अपरिवर्तनशील तथा आत्मनिर्भर समुदाय रहे होंगे, लेकिन बाद में वे लोग भी भौतिक रूप से सम्पन्न, साक्षर, सभ्य तथा औद्योगिक समाज के सम्पर्क का लाभ अवश्य अर्जित किए होंगे। इस प्रकार मस्तिष्क एवं बात, शरीर एवं आत्मा, तथा व्यक्ति एवं वस्तु के बीच मौलिक दोहरेपन पाया जाता है। इस दोहरेपन के कारण बहुत दिनों से चली आ रही अनुभवाश्रित

अनुसन्धान की अवधारणा पर भी प्रश्नचिह्न लगने लगा था। ऐसा माना जाने लगा कि इस विश्व को अधैर्यपूर्वक तथा सुगमता से देखने का प्रयास किया गया। इसके कारण एथनोग्राफिक मूल पाठ के लेखक भी पक्षपातरहित, वैज्ञानिक तथा वस्तुनिष्ठ नहीं रह पाए थे।

इन कालदोषीय वस्तुनिष्ठ एवं व्यक्तिनिष्ठ दृष्टिकोण के स्थान पर अनेक मानव वैज्ञानिकों द्वारा वर्ग संघर्ष अभिरुचि तथा वैश्विक पूँजीवादी इतिहास में छिपी हुई शक्ति एवं आश्रितता को दर्शाने का प्रयास किया गया था। इस इतिहास के निर्माण ने मानव विज्ञान में भी महत्त्वपूर्ण अपना योगदान दिया था। इस तरह सामाजिक प्रक्रिया, शक्ति संघर्ष एवं सत्तावादी ज्ञान के इन उत्तर-संरचनावादी सन्दर्भ में (post-structuralist) आलोचनात्मक मानव विज्ञान अथवा राजनीतिक अर्थव्यवस्था नामक सम्प्रदाय का जन्म हुआ था। यह सम्प्रदाय संस्कृति को धन तथा शक्ति की असमानता के आधार पर स्वरूप प्राप्त करते हुए प्रस्तुत करता है। यह एक नई विचारधारा थी, जिस पर मार्क्स तथा एंगलस का ऐतिहासिकता का प्रभाव पड़ा था। आलोचनात्मक मानव वैज्ञानिकों के अनुसार संस्कृति स्थानीय न होकर अन्तर-स्थानीय है। संस्कृति असमान भौतिक साधन एवं शक्ति के सम्पर्क में आकर आकार ग्रहण करती है तथा उसी से निर्देशित होती है। यह मानव विज्ञान भी कार्टेज़ियन विचारधारा से प्रभावित था, क्योंकि देखा गया (observed) तथा देखने वाला (observer) के बीच सैद्धान्तिक अन्तर दर्शाया गया था।

विचारधारा विचारों द्वारा निर्मित प्रणाली होती है। अतः उन पर सिद्धान्तकारों की अभिरुचि का प्रभाव पड़ता है। इस सम्प्रदाय के विद्वानों की अभिरुचि इसमें थी कि एक समुदाय किस प्रकार कार्य करता है तथा किस प्रकार दूसरे समुदाय से अपने आपको अलग करता है। यह सम्प्रदाय अपने आपको आयु, लिंग, मानवजातीयता, सामाजिक-आर्थिक आधार पर एक-दूसरे से अलग करता है। जो वर्ग धन के उत्पादन के साधनों का नियन्त्रण करता है, जब विश्व-सम्बन्धी ज्ञान पर प्रश्नचिह्न लग जाता है, तब विचारधारा अपनी स्वेच्छाचारिता

खो देती है। इस स्थिति में इसे प्रकृति के रूप में देखा जाता है। उस समय विचारधारा किसी एक समाज की अभिरुचि में शामिल नहीं होती। उस समय विचारधारा समाज का प्रबल सन्दर्भ बन जाती है। इस स्थिति में विचारधारा शक्ति-सम्पन्न तथा शक्तिहीन दोनों द्वारा स्वीकार कर ली जाती है। चुनौतीविहीन वैश्विक पूँजीवाद जैसी प्रबल विचारधारा एक ही साथ आर्थिक एवं राजनीतिक अभिरुचि को कुछ समय के लिए पुनरावर्तक कर देती है। यह शक्ति सम्बन्ध की अवधारणा को मूढ़ साबित कर देती है। राजनीतिक अर्थशास्त्री इसे आधिपत्य (hegemony) कहते हैं। आधिपत्य की अवधारणा के अनुसार एक सामाजिक समूह दूसरे सामाजिक समूह के ऊपर अपना विश्वास तथा आर्थिक एवं राजनीतिक शक्ति सौंप या थोप देता है।

राजनीतिक अर्थशास्त्र के अन्तर्गत संस्कृति की अवधारणा के ऊपर पुनर्विचार किया गया था। इस पुनर्कल्पना के अनुसार अभौतिक एवं आधिभौतिक संस्कृति के सम्बन्ध में कोई भी विचारधारा वस्तुनिष्ठ तथा मूर्त व्यवस्था नहीं हो सकती। अतः संस्कृति को श्रेणीरहित एवं एकीकृत नहीं माना जा सकता।

आधुनिक सिद्धान्तकारों द्वारा संस्कृति के अस्तित्त्व को ही अस्वीकार कर दिया गया है। उनके अनुसार संस्कृति सन्दिग्ध होती है। किस सामाजिक एवं ऐतिहासिक परिस्थिति में कोई अभिरुचि या क्रिया-कलाप अस्तित्त्व में आते हैं, किस प्रकार वे नए-नए अर्थ प्राप्त करते हैं, किस प्रकार वे नए व्यवहार पाते हैं। उनके प्रति दूसरों द्वारा क्या-क्या प्रतिक्रिया व्यक्त की जाती है, किस प्रकार उन्हें प्राप्त किया जाता है, किस प्रकार स्वीकृति प्रदान की जाती है, तथा किस प्रकार उनमें परिवर्तन लाया जाता है। इन सभी प्रश्नों का उत्तर राजनीतिक अर्थशास्त्र सम्प्रदाय के विद्वानों द्वारा दिया जाता है। इस सिद्धान्त से प्रभावित होकर मानव वैज्ञानिकों ने व्यवहार में मानव विज्ञान को परम्परागत समुदाय अध्ययन की पीढ़ी से ऊपर उठाया था। समुदाय अध्ययन पीढ़ी के मानव वैज्ञानिक संस्कृति को समयरहित, अपरिवर्तनशील, आदिम तथा स्वतन्त्र समुदाय के रूप

में देखते थे। लेकिन 1970 तथा 1980 दशक के मानव वैज्ञानिकों ने स्थानीय संस्कृति के ऊपर वृहत् क्षेत्रीय, राष्ट्रीय तथा अन्तर्राष्ट्रीय राजनीतिक आर्थिक प्रभावों का अध्ययन करना आरम्भ कर दिया था। इसके कारण वैश्वीकरण (globalization) प्रक्रिया पर विशेष बल दिया गया था। एरिक वोल्फ (Eric Wolf), सिडनी मिंज (Sidney Minz) तथा विलियम रोज़बेरी (William Rosebery) ने राजनीतिक अर्थव्यवस्था पर अपना विशेष योगदान दिया था।

वैश्विक एवं स्थानीय संस्कृति को एक-दूसरे में समाहित हो जाने के कारण संस्कृति का परिवर्तनशील चरित्र प्रकाश में आया था। लेकिन अनेक मानव वैज्ञानिकों के लिए यह एक प्रश्न भी लेकर आया था। अगर अन्य संस्कृति (other culture) का एथनोग्राफिक प्रतिनिधित्व पश्चिमी समाज की वस्तुनिष्ठ सच्चाई, मानदण्ड, मूल्य एवं कल्पना द्वारा किया गया, तब नूतन पीढ़ी के मानव वैज्ञानिक अपने आपको सांस्कृतिक पक्षपात से कैसे मुक्त कर पाएंगे। इस परिस्थिति में यथार्थ एवं अर्थपूर्ण संस्कृति का विवरण देना सम्भव नहीं है। क्योंकि अन्य संस्कृति यूरोपीय तथा अमेरिकी संस्कृति से बिल्कुल भिन्न हैं। उन्हें सभ्य बनाने की आवश्यकता है।

आलोचनात्मक मानव विज्ञान को भी मार्क्सवादी दर्शन से प्रभावित होने के कारण मानवजातीय पक्षपात से ऊपर नहीं माना जा सकता। क्योंकि इस मानव विज्ञान का भी मानना है कि संस्कृति भौतिकवादी शक्ति संघर्ष की उपज है। यह आश्चर्यजनक ढंग से पश्चिमी समाज का सांस्कृतिक विश्लेषण था। अब मानव वैज्ञानिक यह प्रश्न करने लगे थे कि क्या यह जरूरी है या आचारशास्त्रीय ढंग से ठीक है। किसी एक कारण या कारणों के प्रतिमान को औद्योगिक पूँजीवाद, उपनिवेशवाद, वैज्ञानिक प्रगति, उत्तर-ज्ञानोदय विचारधारा एवं संस्कृति के बीच सम्बन्धों के लिए उत्तरदाई माना जाए। इस प्रश्न का विशेष महत्त्व था, क्योंकि इन प्रश्नों से यह पता चल जाता है कि मानव वैज्ञानिक क्या करना चाहते हैं? यह एक ऐसा मॉडल प्रस्तुत करता है,

जिससे यह पता चल जाए कि लोग किस प्रकार एक-दूसरे के साथ तथा विश्व से सम्बन्ध बनाए रखते हैं। अधिकांश मानव वैज्ञानिकों का मानना था कि मानव विज्ञान को आधुनिकतावादी विरासत से बाहर निकाला जाना चाहिए।

16

आधुनिकतावाद सिद्धान्त

आधुनिकतावाद (modernism) सम्प्रदाय की स्थापना मानव विज्ञान में दुर्खीम, कार्ल मार्क्स, मैक्स वेबर, उल्रिक बेक, जॉर्ज रिटज़र, सिगमन्ट बोमैन, पीटर हैमिल्टन, ल्योटार्ड एवं जुगरेन हैबरमास के द्वारा की गई थी। आधुनिकतावाद (modernism) एक विचारधारा के रूप में बौद्धिक प्रगति, पूँजीवाद, औद्योगिक क्रान्ति, धर्मनिरपेक्षीकरण, प्रजातन्त्र एवं आधुनिक शिक्षा के प्रभावों के बारे में अपना मत प्रकट करता है।

इतिहास की दृष्टि से आधुनिक काल एक ऐतिहासिक काल है। इस काल का आगमन मध्ययुग के बाद हुआ है। इस काल में यूरोप तथा अमेरिका में बौद्धिक प्रगति हुई, ज्ञानोदय हुआ, वैज्ञानिक क्रान्ति आई, पूँजीवाद का विकास हुआ, औद्योगीकरण, धर्मनिरपेक्षीकरण एवं आधुनिकीकरण का प्रचार-प्रसार पूरे विश्व में होना आरम्भ हुआ। इन सभी घटनाओं के साथ-साथ यूरोप तथा अमेरिका आधुनिक युग में प्रवेश कर गए। उनके द्वारा ग़ैर-यूरो-अमेरिकन समाजों में इन आधुनिक तत्त्वों को ले जाया गया था।

विश्व में एक समय ऐसा था जब धर्म को ही सब कुछ मान लिया जाता था। विश्व तथा मानव समाज में घटित होने वाली सभी

घटनाओं की व्याख्या ईश्वर को केन्द्र में रखकर की जाती थी। ईश्वर को प्रसन्न करने के लिए नर-बलि प्रथा भी प्रचलित थी। धर्म तथा राज्य एक-दूसरे के पूरक बन गए थे। लेकिन धीरे-धीरे समय बदला। यूरोप-अमेरिका में बौद्धिक प्रगति हुई तथा अन्धविश्वासों को तोड़ा जाने लगा। तर्क एवं ज्ञान के आधार पर अनेक परम्पराओं पर विराम लगा दिया गया। लोग अन्धविश्वासों को अस्वीकार करने लगे। सभी घटनाओं को ज्ञान के आधार पर समझा जाने लगा। सामन्तवाद को बदलकर पूँजीवाद स्थापित किया गया। पूँजीवाद के कारण वैज्ञानिक क्रान्ति आई तथा औद्योगीकरण आरम्भ हुआ। इसके साथ ही धर्मनिरपेक्षीकरण एवं प्रजातान्त्रिक मूल्यों का विकास आरम्भ हुआ। आधुनिक धर्मनिरपेक्ष शिक्षा का विकास हुआ। अब सामाजिक सम्बन्ध का राष्ट्रीय एवं अन्तर्राष्ट्रीय आधार मिलना शुरू हो गया था। इसी समय उपभोक्तावाद एवं बाज़ारवाद की अवधारणा विकसित हुई थी। साथ ही साथ उपनिवेशवाद एवं साम्राज्यवाद का विकास भी हुआ था। उपनिवेशवाद एवं आर्थिक प्रतियोगिताएं आपस में जुड़ गई थीं। अब गाँवों का विकास उपनगरों, उपनगरों का विकास नगरों एवं नगरों का विकास महानगरों के रूप में होना शुरू हो गया था। इस तरह वैश्विक समाज ने आधुनिक युग में प्रवेश किया था। आधुनिक युग ने बुद्धिजीवियों को अपने-अपने विचार व्यक्त करने के लिए कई महत्त्वपूर्ण आधार प्रदान किए थे।

आधुनिकतावादी विचारक

आधुनिक युग के आगमन पर कई आधुनिकतावादी विचारधाराओं को जन्म देने वाले विचारक अस्तित्त्व में आए थे। वे निम्नलिखित थे–

- इमाईल दुर्खीम,
- मैक्स वेबर,
- जॉर्ज सिम्मेल,
- जॉर्ज रिटजेल,

- जुगरेन हैबरमास,
- उलरिक बेक,
- जिगमेण्ट वौमैन, और
- एन्थोनी गिडेन

अब उपरोक्त सभी आधुनिकतावादी विचारकों की विचारधाराओं को एक-एक करके नीचे प्रस्तुत किया जा रहा है।

इमाईल दुर्खीम का आधुनिकतावाद सिद्धान्त

एक फ्रैंच सामाजिक वैज्ञानिक इमाईल दुर्खीम ने अपनी पुस्तक *डिविजन ऑफ़ लेबर इन सोसायटी* (1893) में परम्परागत एवं आधुनिक समाज के बीच अन्तर को प्रकाशित किया था। उन्होंने सामाजिक एकीकरण या भाईचारा (solidarity) को सामाजिक विशेषताओं का आधार बनाया था। उन्होंने समाज में दो प्रकार की एकता को प्रकाशित किया था। उनके अनुसार परम्परागत समाजों में यान्त्रिक एकता (mechanical solidarity) पाई जाती है, जबकि आधुनिक समाज में जैविक एकता (organic solidarity) पाई जाती है। दुर्खीम का मानना था कि परम्परागत समाज से ही आधुनिक समाज की उत्पत्ति हुई थी। इसलिए दुर्खीम को उद्‌विकासवादी भी माना जाता है।

दुर्खीम के अनुसार परम्परागत समाज वर्गरहित समाज होता है। इस समाज में स्तरीकरण नहीं पाया जाता। इसके सदस्य एक ही प्रकार के जीवन जीते हैं। वे सब एक ही मूल्य से नियन्त्रित होते हैं। सभी सदस्य परम्परा का पालन करना आपना दायित्व समझते हैं। परम्परा का तोड़ना अपराध माना जाता है। इस समाज में परम्परा यन्त्र के रूप में काम करती है। इस समाज में परम्परा यन्त्र के रूप में काम करती हुई लोगों को जोड़े रहती है। दुर्खीम ने परम्परा द्वारा स्थापित एकता को यान्त्रिक एकता बतलाया था।

दुर्खीम के अनुसार जैसे-जैसे परम्परागत समाज आधुनिक समाज में बदलने लगा, वह अपना परम्परागत स्वरूप त्यागने लगा। अब वह

समतामूलक तथा वर्गरहित समाज नहीं रह गया था। अब उसमें श्रम का विभाजन विशेषज्ञता एवं कौशलता के आधार पर होने लगा था औद्योगीकरण तथा मशीनीकरण प्रक्रियाओं द्वारा स्तरीकरण को और बढ़ावा दिया गया। इसके परिणामस्वरूप समाज में कई वर्ग अस्तित्त्व में आ गए। वे वर्ग अपनी विशेषज्ञता एवं कौशलता के आधार पर समाज में अपनी सेवा प्रदान करने लगे। वे वर्ग समाज के लोगों की जरूरतों को पूरा करने के लिए अपनी-अपनी सेवा प्रदान करते थे। इस तरह सरल परम्परागत समाज का रूपान्तरण जटिल आधुनिक समाज के रूप में हो गया था। विशेषज्ञता एवं कौशलता के आधार पर बने वर्गों द्वारा स्थापित एकता को दुर्खीम ने जैविक एकता बतलाया था। जैविक एकता आधुनिक समाज की एकता होती है। यह आधुनिक समाज की एकता को तोड़ती नहीं है, वरन् समाज की एकता को बनाए रखने में अपना महत्त्वपूर्ण योगदान देती है।

दुर्खीम ने आधुनिक समाज की उत्पत्ति के साथ-साथ उसकी एकता पर भी प्रकाश डाला था। उनके द्वारा आधुनिकीकरण प्रक्रिया का समर्थन किया गया था।

मैक्स वेबर का आधुनिकतावादी सिद्धान्त

एक जर्मन सामाजिक वैज्ञानिक मैक्स वेबर ने अपने आधुनिकतावादी सिद्धान्त को स्वतन्त्रता के आधार पर समझाने का प्रयास किया था। उनके अनुसार मानव तर्क एवं बुद्धिवाद के द्वारा अपने आपको परम्परा से मुक्त कर पाया था। तर्क एवं बुद्धि को आधार बनाकर मानव परम्परागत विचारों के स्थान पर आधुनिक विचारों को जन्म दिया था तथा उसे व्यवहार में भी स्वीकार किया था। उनके अनुसार आधुनिकता को मानव समाज तर्क एवं सृजनशीलता के आधार पर स्वीकार किया था। जैसे-जैसे समाज के लोगों में बुद्धि सम्पन्नता तथा वैज्ञानिक सोच का विकास होता गया, वैसे-वैसे लोग अपनी परम्परा से मुक्त होते गए। परम्परा से मुक्त होने के बाद ही लोग आधुनिकता को अपना सके थे।

इस प्रकार आधुनिक समाज की विशेषता तर्क, बुद्धि एवं वैज्ञानिकता है। वेबर के अनुसार आधुनिक समाज की निम्नलिखित विशेषताएं होती हैं–

- तर्क,
- वैज्ञानिक ज्ञान,
- बुद्धिवादिता,
- पूँजीवाद,
- वर्ग स्तरीकरण,
- सृजनशीलता, और
- राजनीतिक विचारधारा।

मैक्स वेबर ने उपरोक्त आधुनिक समाज की विशेषताओं को धर्म का समर्थन प्राप्त करते हुए प्रस्तुत किया था। उनके अनुसार केल्विनवादी ईसाई धर्म द्वारा आधुनिकता को समर्थन दिया गया था।

मैक्स वेबर का आधुनिकतावाद सिद्धान्त कार्ल मार्क्स के आधुनिकतावाद सिद्धान्त से भिन्न था। मार्क्स के अनुसार पूँजीवाद के कारण आधुनिक मध्यम वर्ग अस्तित्त्व में आया था। मध्यम वर्ग ही पूँजीपति बना था तथा पूँजीवाद का समर्थन किया था। उत्पादन के साधन पर मध्यम वर्ग का एकाधिपत्य स्थापित हो गया। मध्यम वर्ग श्रमिक सर्वहारा वर्ग का श्रम खरीदने लगा। इस प्रकार पूँजीवाद एवं श्रम की खरीद-बिक्री आधुनिक समाज की पहचान बनी। लेकिन वेबर ने बाज़ारवाद के आधार पर पूँजीवाद की व्याख्या की थी।

वेबर के अनुसार बाज़ार पूँजीवाद के माध्यम से लोगों के जीवन में अनेक प्रकार के अवसर प्रदान करते हैं। ये अवसर अमीर और गरीब दोनों वर्गों को समान रूप से बाज़ार में उपलब्ध होते हैं। इस प्रकार वेबर ने मार्क्स के वर्ग अवधारणा के स्थान पर बाज़ार की अवधारणा को प्रकाश में लाया था। उनकी पूँजीवाद से जुड़ा बाज़ारवाद (marketism) मार्क्स की पूँजीवाद से जुड़े वर्गवाद की अवधारणा से भिन्न है। बाज़ार

वर्ग से भिन्न होता है। वर्ग उम्र, लिंग, पेशा, मानव जातीयता, योग्यता इत्यादि के आधार पर बनता है। मार्क्स की वर्ग व्यवस्था में सर्वहारा श्रमिक वर्ग श्रम बेच रहा था तथा मध्य बुर्जुआ वर्ग श्रम खरीद रहा था। मार्क्स की वर्ग व्यवस्था में श्रम की खरीद-बिक्री हो रही थी। लेकिन वेबर के बाज़ारवाद में मध्यम वर्ग एवं सर्वहारा वर्ग दोनों वस्तुओं की खरीद-बिक्री कर रहे थे। इस प्रकार वेबर ने तर्क, बुद्धि तथा वैज्ञानिक ज्ञान को आधुनिक समाज के निर्माण के लिए उत्तरदायी माना था।

जॉर्ज सिम्मेल का आधुनिकतावादी सिद्धान्त

जॉर्ज सिम्मेल नामक सामाजिक वैज्ञानिक ने आधुनिकता एवं मुद्रा के बीच सम्बन्ध को आधार बनाते हुए अपने आधुनिकतावाद सिद्धान्त की स्थापना की थी। सिम्मेल ने अपनी पुस्तक, *फिलोसफी ऑफ़ मनी* में आधुनिकता एवं मुद्रा के बीच सकारात्मक सम्बन्ध को निम्नलिखित ढंग से प्रस्तुत किया था–

- मुद्रा आधुनिक विनिमय का साधन है। इसके द्वारा लोग बाज़ारों से वस्तुओं की खरीद-बिक्री करते हैं।
- मुद्रा लोगों को शक्ति-सम्पन्न बनाता है। उन्होंने मुद्रा की इस शक्ति को प्रभु प्रकाश (epiphony) बतलाया था।
- मुद्रा के कारण ही सामन्तवादी समाज का रूपान्तरण पूँजीवादी समाज में हुआ है।
- पूँजीवादी व्यवस्था में लोग खुशी से जीने लगे हैं।
- पूँजीवाद के कारण अलगाववादी प्रवृत्ति का विकास हुआ है। इसके कारण कुछ व्यक्ति राष्ट्र की मुख्य धारा से अलग हो गए।
- मुद्रा द्वारा दो प्रकार की संस्कृति का विकास हुआ है (i) दुःखद संस्कृति (tragedy culture) तथा (ii) वैज्ञानिक संस्कृति (scientific culture)।

- अलगाववादी प्रवृत्ति के कारण पूँजीवाद दुःखद संस्कृतियों का जन्म भी दिया है। इसके कारण समाज में तरह-तरह की दुःखद घटनाएं घटित होती हैं, जैसे अलगाववाद, आतंकवाद। ये संस्कृति के नकारात्मक प्रभाव दर्शाते हैं।
- पूँजीवाद के कारण वैज्ञानिक प्रगति हुई है, जिसके कारण मानव जीवन में सुगमता और आसानी आई है। मानव जीवन सुखद, सम्पन्न तथा आनन्दायक बन गया है।
- आरम्भ में मुद्रीकरण का प्रभाव महानगरों, नगरों तथा उपनगरों तक ही सीमित था, लेकिन धीरे-धीरे इसका फैलाव ग्रामीण क्षेत्रों तक भी हो गया था।

जॉर्ज रिटज़र का आधुनिकतावादी सिद्धान्त

जॉर्ज रिटज़र नामक एक सामाजिक वैज्ञानिक ने मैक्स वेबर के बुद्धिवादी सिद्धान्त को परिवर्तित रूप में प्रस्तुत किया था। रिटज़र के अनुसार तर्क, बुद्धि और ज्ञान एक ही प्रकार के नहीं होते। वे अलग-अलग प्रकार के हो सकते हैं। उदाहरण के लिए अमेरिकीवाद, मैक्डोनाल्डवाद, एवं अतिबुद्धिवाद। उन्होंने वेबर के समान बुद्धिवादिता को आधुनिक समाज का मूल मन्त्र बतलाया था। लेकिन बुद्धिवादिता के स्थान पर अतिबुद्धिवादिता (hyper rationality) को आधुनिकतावाद का व्याख्यात्मक अस्त्र बनाया था।

वेबर ने अपने बुद्धिवाद सिद्धान्त को चार भागों में विभाजित किया था, जो निम्नलिखित हैं–

- औपचारिक बुद्धिवाद,
- यथार्थ बुद्धिवाद,
- सैद्धान्तिक बुद्धिवाद, और
- व्यावहारिक बुद्धिवाद

नौकरशाही और नेतृत्व औपचारिक बुद्धिवाद के उदाहरण हैं। यथार्थ बुद्धिवाद का तात्पर्य प्रक्रिया के माध्यम से प्राप्त बुद्धि और ज्ञान

से है। चूँकि ये ज्ञान और बुद्धि प्रक्रिया से प्राप्त किए जाते हैं, अतः ये यथार्थ बुद्धिवाद के उदाहरण बनते हैं। सैद्धान्तिक बुद्धिवाद सैद्धान्तिक प्रक्रिया से प्राप्त किया जाता है। व्यावहारिक बुद्धिवाद दैनिक क्रिया द्वारा प्राप्त बुद्धि से सम्बन्धित है। इन चारों प्रकार के बुद्धिवाद में वेबर ने औपचारिक बुद्धिवाद को आधुनिकता का मूल मन्त्र बतलाया था।

रिटज़र ने वेबर के बुद्धिवाद सिद्धान्त को अतिबुद्धिवाद सिद्धान्त से बदल दिया था। रिटज़र के अनुसार अति बुद्धिवाद में वेबर के चारों प्रकार के बुद्धिवाद शामिल होते हैं। उन्होंने अतिबुद्धिवाद को स्पष्ट करने के लिए मैक्डोनाल्डीकरण एवं अमेरिकीकरण का उदाहरण प्रस्तुत किया था। मैक्डोनाल्ड एक अमेरिकी फूड कम्पनी है। इसका फैलाव विश्व के सभी स्थानों पर देखा जाता है। यह कम्पनी गुणयुक्त भोजन सामग्रियों को ग्राहक तक कम से कम समय में आपूर्ति कर देती है। इसमें चारों प्रकार के बुद्धिवाद शामिल रहते हैं। इसलिए मैक्डोनाल्ड कम्पनी अतिबुद्धिवाद का उदाहरण है।

रिटज़र ने अमेरिकीकरण का उदाहरण भी अतिबुद्धिवाद के रूप में प्रस्तुत किया है। क्योंकि फास्ट फूड, एटीम कार्ड, क्रेडिट कार्ड तथा डब्ल्यू डब्ल्यू डब्ल्यू के माध्यम से विश्व के सभी देशों का अमेरिकीकरण हो गया है।

जुगरैन हैबरमास का आधुनिकतावाद सिद्धान्त

हैबरमास एक आधुनिकतावादी सिद्धान्तकार थे। हालांकि वे एक मार्क्सवादी थे, लेकिन उन्होंने पूँजीवाद का समर्थन किया था। उनका मानना था कि वर्तमान आधुनिक युग में पूँजीवाद का कोई विकल्प नहीं है। मार्क्स द्वारा पूँजीवाद की दो कमजोरियों को प्रकाश में लाया गया। पहला मन्दी तथा दूसरा शोषण और अलगाववाद। हैबरमास ने पूँजीवाद के साथ सरकारी क्षेत्र को भी शामिल किया था। उनके अनुसार रूढ़िवादी प्रजातन्त्र सफल नहीं हुआ था। अतः इसमें सरकारी क्षेत्र को भी शामिल किया जाना चाहिए। प्रजातान्त्रिक संगठन के साथ-साथ निर्णय निर्माण के लिए सरकारी क्षेत्र का भी होना अनिवार्य

होता है। आधुनिक समाज में परिवर्तन प्रजातान्त्रिक सरकार के माध्यम से लाना चाहिए। सरकार के साथ-साथ आधुनिक युग में मीडिया की भूमिका भी बढ़ गई है। लेकिन प्रत्येक स्थान पर समान रूप से मीडिया की भूमिका उपलब्ध नहीं होती। अतः आधुनिकता अभी पूर्ण रूप से नहीं आ पाई है। आज के समाज का अधिकांश भाग दुःख, विपत्ति तथा त्रादसी झेल रहा है। जब तक सभी लोग मुख्य धारा में नहीं आ जाते तब तक आधुनिकतावाद के बारे में समान ढंग से नहीं सोच पाते। जो अस्तित्त्व के लिए संघर्ष कर रहे होते हैं, उनके लिए बुद्धिवाद और आधुनिकतावाद का कोई स्थान नहीं होता। अतः सरकार द्वारा सुधार लाकर आधुनिकतावाद को सही ढंग से आगे बढ़ाया जा सकता है।

उल्रिक बेक का आधुनिकतावाद सिद्धान्त

उल्रिक बेक एक आधुनिकतावादी सिद्धान्तकार थे। उन्होंने अपने आधुनिकतावाद सिद्धान्त की व्याख्या जोखिम (risk) के आधार पर की थी। उन्होंने स्वीकार किया था कि बिना तर्क, ज्ञान एवं बुद्धि के समाज में सुख-शान्ति सम्पन्नता की स्थापना नहीं की जा सकती। लेकिन तर्क, बुद्धि तथा ज्ञान से प्राप्त सम्पन्नता एवं आधुनिकता समाज में जोखिम को भी जन्म देती है। आधुनिक समाज में लोगों को तरह-तरह के जोखिमों का सामना करना पड़ रहा है। वे सभी जोखिम आधुनिकतावाद के कारण उत्पन्न हुए हैं। आज इस आधुनिक युग में कुछ लोग ऐसे हैं जो ऐशो-आराम का जीवन जी रहे हैं। लेकिन अधिकांश लोग अपना जीवन जोखिम के अधीन जी रहे हैं। पूँजीवाद एवं औद्योगीकरण के कारण वस्तुओं का उत्पादन अधिक मात्रा में हो रहा है। लेकिन इसके कारण मलिन बस्तियों का जन्म हो रहा है। वायु, जल, भूमि तथा ध्वनि प्रदूषण का ख़तरा दिनों-दिन बढ़ता ही जा रहा है। इस प्रकार आधुनिकतावाद हमें एक ओर सुख, सुविधा, सम्पन्नता दे रहा है, तो दूसरी ओर हमें तरह-तरह के जोखिमों में जीने के लिए बाध्य कर रहा है। हम तरह-तरह की नई-नई बीमारियों के जोखिम से जूझने के लिए बाध्य हो गए हैं।

बेक ने आधुनिक समाज को जोखिम भरा समाज बतलाया था। उन्होंने अपनी पुस्तक *रिस्क सोसायटी* (1992) में जोखिम समाज (risk society) की अवधारणा का विकास किया है। इस पुस्तक में बेक ने तीन प्रकार के सामाजिक जोखिम को प्रकाशित किया है। वे निम्नलिखित हैं–

- उत्पाद–सम्बन्धी जोखिम (manufacturing risk),
- स्वास्थ्य–सम्बन्धी जोखिम (health risk),
- असमानता–सम्बन्धी (unequality risk)।

सामाजिक जोखिम को बैक ने निम्नलिखित ढंग से व्याख्या की थी–

- **उत्पादन-सम्बन्धी जोखिम :** पहले मानव समाज प्राकृतिक जोखिम का सामना करता था, जैसे बाढ़, भूकम्प, सुनामी, आगजनी, महामारी, सुखाड़, अकाल, इत्यादि। लेकिन आधुनिक समाज में हमें उद्योगों एवं मशीनों के लग जाने से जोखिम का सामना करना पड़ रहा है। औद्योगीकरण एवं मशीनीकरण के कारण आस–पास की भूमि, जलस्रोत, वायु तथा ध्वनि प्रदूषित हो रही है। रासायनिक खाद तथा कीटनाशक के प्रयोग के कारण अनाज, फल, सब्जी, साग, फूल जैसे खाद्य पदार्थ भी प्रदूषित हो जा रहे हैं। इन सभी प्रकार के प्रदूषणों का नकारात्मक प्रभाव हमारे स्वास्थ्य पर पड़ रहा है। अतः उत्पादन–सम्बन्धी आधुनिक साधनों के चलते हमें तरह–तरह के उत्पादन जोखिमों का सामना करना पड़ रहा है।
- **स्वास्थ्य से जुड़े जोखिम :** आधुनिक उत्पादन के लिए शिल्प विज्ञान उद्योगों एवं मशीनों हमें अधिक से अधिक मात्रा में वस्तुओं का उत्पादन ही नहीं दिया है, वरन् हमें अधिक मात्रा में स्वास्थ्य जोखिम भी प्रदान किए हैं। आज हम लोग प्रदूषित हवा में साँस ले रहे हैं, प्रदूषित जल पी रहे हैं, प्रदूषित

भोज्य पदार्थ ग्रहण कर रहे हैं, तथा प्रदूषित ध्वनि में रह रहे हैं। इसका प्रत्यक्ष प्रभाव हमारे स्वास्थ्य पर पड़ता है। हम तरह-तरह के रोगों का शिकार हो रहे हैं। जो रोग पहले बुढ़ापे में आते थे वे अब बचपन तथा युवावस्था में हो रहे हैं। अतः आज के समाज में हम स्वास्थ्य जोखिम को झेलने के लिए बाध्य हैं।

- **असमानता-सम्बन्धी जोखिम :** आधुनिक समाज के आर्थिक साधन पूँजीवाद समाज को दो वर्गों—अमीर और गरीब में बाँट दिया है। लेकिन अमीर और गरीब दोनों वर्गों को जोखिम का सामना करना पड़ रहा है। यह सत्य है कि गरीब लोग ज्यादा जोखिम भरा जीवन जी रहे हैं तथा अमीर लोग थोड़ा कम जोखिम भरा जीवन जी रहे हैं।

इस प्रकार बेक ने अपने आधुनिकतावाद सिद्धान्त को जोखिम या खतरे के आधार पर प्रस्तुत किया था। उनके द्वारा यह भी दर्शाया गया था कि अमीर देशों द्वारा गरीब देशों के पर्यावरण को प्रदूषित कर दिया जा रहा है। अमीर देश अपने यहाँ के कूड़े-कचरे को गरीब देशों की समुद्री सीमा में फेंक दे रहे हैं। इससे गरीब देशों के समक्ष पर्यावरण का ख़तरा उत्पन्न हो गया है। गरीब देशों के लोगों को अपने जीवन में ज्यादा जोखिम उठाना पड़ रहा है। गरीब देश के लोग जोखिम में जन्म ले रहे हैं, जोखिम में ही पल-बढ़ रहे हैं, जोखिम में ही काम-काज कर रहे हैं तथा जोखिम में ही मृत्यु को प्राप्त हो रहे हैं।

बेक ने आधुनिक समाज को प्रतिबिम्ब समाज (reflex society) भी कहा था। आज का समाज केवल जोखिम समाज ही नहीं वरन् प्रतिबिम्ब समाज भी है। इस समाज का व्यक्ति परम्पराओं से मुक्त हो गया है। सामाजिक सम्बन्ध का निर्धारण समाज से न होकर व्यक्ति से हो रहा है। आज किससे सम्बन्ध बनाना है, किससे सम्बन्ध रखना

है, किससे सम्बन्ध तोड़ना है, किससे सम्बन्ध जोड़ना है, इन सभी तरह का निर्णय समाज नहीं लेता, वरन् व्यक्ति स्वयं इन सभी प्रश्नों के बारे में निर्णय लेता है। इस तरह व्यक्तिवादिता प्रतिबिम्ब समाज का केन्द्र बन गया है तथा प्रतिबिम्ब समाज का आधार जोखिम बन गया है। आधुनिक समाज का जोखिम तथा व्यक्तिवादिता समय एवं स्थान से परे है। हालांकि जोखिम धन से भी जुड़ा हुआ है। क्योंकि धनी लोग गरीब लोगों की तुलना में कम जोखिम का सामना करते हैं। यह भी सही है कि अमीर लोग रिस्क बेचते हैं तथा गरीब लोग रिस्क खरीदते हैं। धनी लोग रिस्क बेचकर और धनी बनते हैं जबकि गरीब लोग रिस्क खरीदकर अपने अस्तित्त्व को बचाने का प्रयास करते हैं। इस तरह आधुनिक समाज तर्क, बुद्धि तथा ज्ञान-विज्ञान के आधार पर रिस्क की खरीद-बिक्री करता है।

जिगमेण्ट बाउमैन का आधुनिकतावाद सिद्धान्त

बाउमैन एक आधुनिकतावादी सिद्धान्तकार थे। उन्होंने अपने आधुनिकतावाद सिद्धान्त की व्याख्या हेतु विनाश (destruction) को व्याख्यात्मक अस्त्र बनाया। बाउमैन के अनुसार आधुनिक समाज के ज्ञान-विज्ञान, तर्क तथा बुद्धिवाद ने विनाश का सृजन किया है। पहले हम प्राकृतिक विनाश का सामना करते थे। बाढ़, सुनामी, तूफान, आगजनी, भूकम्प, अकाल तथा महामारी जैसी प्राकृतिक आपदाएं हमारे समाज को तहस-नहस करके छोड़ देती थीं। हम प्राकृतिक विनाशलीला को भोगने के लिए विवश थे। ये प्राकृतिक विनाश लीलाएं आज भी समय-समय पर जारी रहती है। लेकिन आधुनिक समाज की विनाशलीला बुद्धि, तर्क एवं ज्ञान-विज्ञान का परिणाम होती है। इसमें सोची-समझी बुद्धि, तर्क और ज्ञान शामिल रहता है। इसमें आधुनिकतम हथियार एवं शिल्प विज्ञान शामिल रहते हैं। यह विनाश योजनाबद्ध ढंग से लाया जाता है। युद्ध में लाखों सैनिकों का बलिदान दे दिया जाता है। यह अचानक नहीं होता। इसमें सोची-समझी योजना और

रणनीति शामिल रहती है। बाउमैन ने जर्मनी के नाजी का उदाहरण प्रस्तुत किया था। दूसरे विश्वयुद्ध में नाजियों द्वारा यहूदियों की निर्मम हत्या की गई थी। यहूदियों को गैस भट्टी में डालकर जला दिया गया था। यह एकमात्र निर्दयी क्रिया नहीं थी। वरन् यह सोची-समझी युद्ध नीति का परिणाम था। अतः आधुनिकतावाद की व्याख्या विनाश के आधार पर की जानी चाहिए। इस प्रकार आधुनिकतावाद तर्क, बुद्धि तथा ज्ञान के नकारात्मक प्रभाव से भी जुड़ा हुआ है।

एन्थोनी गिडेंस का आधुनिकतावाद सिद्धान्त

एन्थोनी गिडेंस भी एक आधुनिकतावादी सिद्धान्तकार थे। उन्होंने अपने आधुनिकतावाद सिद्धान्त की व्याख्या भगौड़ा समाज (runaway society) की अवधारणा के आधार पर की है। गिडेंस के अनुसार तर्क, बुद्धि एवं ज्ञान ने आधुनिक समाज को जन्म दिया है, लेकिन आधुनिक समाज को भगौड़ा समाज के रूप में स्थापित भी किया है। आधुनिक समाज ज्ञान आधारित समाज बन गया है। विशेष प्रकार के ज्ञान अर्जित करके आधुनिक समाज के सदस्य कई प्रकार की विशेषज्ञता, कौशलता एवं क्षमता हासिल कर रहे हैं। आधुनिक समाज में तरह-तरह के ज्ञान आधारित पेशेवर बन गए हैं। जैसे वकील, डॉक्टर, इंजीनियर, मैनेजर तथा तरह-तरह के तकनीकी विशेषज्ञ। पेशेवर वर्ग आज हमेशा ज्यादा से ज्यादा धन कमाने के लिए अपना स्थान और कम्पनी बदलते रहते हैं। जहाँ अच्छी नौकरी और तनख्वाह की गुंजाइश होती है, ये लोग पहली नौकरी और जगह छोड़कर दूसरी नौकरी और जगह में चले जाते हैं। ये नौकरीपेशा वाले लोग केवल देश में ही नहीं वरन् विदेश में भी भ्रमण करते हैं। इस तरह आज के आधुनिक ज्ञान ने भगौड़ा रूपी आधुनिक समाज को जन्म दिया है। गिडेंस ने अपने आधुनिकतावादी सिद्धान्त की व्याख्या अपनी पुस्तक, *कैपिटलिज्म एण्ड मॉडर्न सोशल थ्योरी* (1973) तथा *कंसीक्वेंसिस ऑफ़ मोडर्निटी* (1990) में विस्तारपूर्वक की है। गिडेंस के अनुसार भगौड़ा समाज के निर्माण में निम्नलिखित कारकों का योगदान रहा है–

- असमान स्थान एवं समय,
- असमान सामाजिक व्यवस्था,
- समाज की निजवाचकता,
- आधुनिकता के संस्थागत पहलू,
- आधुनिकता का वैश्वीकरण, और
- उत्तर-परम्परागत समाज।

अब आधुनिक समाज की उपरोक्त विशेषताओं को विस्तारपूर्वक नीचे प्रस्तुत किया जा रहा है।

- **असमान समय एवं स्थान :** परम्परागत समाजों में स्थान तथा समय दोनों साथ-साथ चलते थे। लेकिन आधुनिक समाज में कार्यस्थल और वासस्थल अलग-अलग होने के कारण समय को नए ढंग से देखने की आवश्यकता महसूस की गई थी। अब समय और स्थान समान न होकर असमान हो गए थे। परम्परागत समाज में लोग साथ-साथ रहते हैं, साथ-साथ काम करते हैं, साथ-साथ उत्पादन में भाग लेते हैं तथा साथ-साथ सुख-दुःख काटते हैं। उन्हें अलग कार्यस्थल एवं समय की आवश्यकता नहीं थी। आधुनिक समाज के सभी सदस्य अलग-अलग जगहों पर काम करते हैं, अलग-अलग घरों में रहते हैं तथा अलग-अलग पेशे से बँधे होते हैं। काम की खोज में वे विदेश तक जाते हैं। एक ही जगह तथा एक ही प्रकार के काम से वे सन्तुष्ट नहीं होते। एक जगह नौकरी पाते हैं दूसरी जगह नौकरी तलाशने लगते हैं। इस तरह स्थान और समय की असमानता के कारण वे भगौड़ा बनने को बाध्य हो जाते हैं।
- **असमान सामाजिक व्यवस्था :** आधुनिक समाज की व्यवस्था में हम असमानता पाते हैं। परम्परागत समाज में हम समानता पाते हैं। परम्परागत समाज की सामाजिक व्यवस्था एक जैसी होती है। लेकिन अब परम्परागत समाज भी आधुनिक समाज

के सम्पर्क में आ गया है। आज परम्परागत समाज के लोग भी पढ़-लिखकर तरह-तरह के विशेषज्ञ बन रहे हैं। विशेषज्ञ होने के नाते उनमें भी मुद्रा कमाने की लालसा बढ़ गई है। वे भी देश-विदेश की विभिन्न जगहों पर काम खोजने और करने के लिए जाते हैं। आज उनके लिए भी मुद्रा सम्पन्नता का प्रतीक बन गई है। पढ़ाई, लिखाई, डिग्री, विशेषज्ञता हासिल करके आधुनिक समाज भगौड़ा समाज बन रहा है। इसके कारण भगौड़ा संस्कृति का विकास हुआ है।

- **आधुनिक समाज की निजवाचकता:** आधुनिक समाज निजवाचक समाज बन गया है। यह मात्र एक प्रतिबिम्ब समाज बनकर रह गया है। प्रतिबिम्ब समाज के निर्माण में जनसंचार व्यवस्था का योगदान बहुमूल्य रहा है। आजकल व्यक्ति अपनी इच्छानुसार कार्य करते हैं। वे समाज की इच्छानुसार काम नहीं करते। वह वही करता है जो मीडिया कहता है। वह वही पहनता है जो मीडिया पहनवाता है। वह वही खाता है जो मीडिया खिलाता है। वह वही दवा खरीदता है जो मीडिया कहता है। वह वही साबुन तथा सौन्दर्य प्रसाधन का उपयोग करता है जो मीडिया उसे कहता है। वह उसी समाचार पर भरोसा करता है जो मीडिया उन्हें परोसता है। इस तरह मीडिया ने हमें निजवाचक बना दिया है। निजवाचकता के कारण ही आज का समाज भगौड़ा समाज बन जाता है।
- **आधुनिकता के संस्थागत पहलू :** आधुनिक समाज की चार प्रमुख संस्थाएं होती हैं, जो निम्नलिखित हैं–

1. पूँजीवाद,
2. उद्योगवाद,
3. प्रबन्धन शक्ति, और
4. सैन्य शक्ति।

आधुनिक समाज का नियन्त्रण इन्हीं चार संस्थाओं के पास रहता है। ये चारों संस्थाएं परस्पर आश्रित, एक-दूसरे से सम्बन्धित तथा एक-दूसरे की पूरक होती हैं। इन संस्थाओं द्वारा आन्दोलन को भी जन्म दिया जाता है। इसके कारण सामाजिक वानिकी आन्दोलन, सांस्कृतिक आन्दोलन, मानवाधिकार आन्दोलन, महिला सशक्तिकरण आन्दोलन, पिछड़ा वर्ग आन्दोलन, दलित आन्दोलन, आदिवासी आन्दोलन इत्यादि अस्तित्व में आए हैं। ये सभी संस्थाएं लोगों को एक स्थान से दूसरे स्थान तक जाने के लिए बाध्य कर देती हैं।

- **आधुनिकता का वैश्वीकरण :** आधुनिक समाज में आधुनिकता का वैश्वीकरण हो गया है। शिल्प वैज्ञानिक विकास के कारण अब कोई जगह दूर नहीं रह गई और कहीं बात करने में समय नहीं लगता। अब समय और दूरी की नई वैश्विक परिभाषा दी गई है। इस तरह आधुनिक समाज वैश्विक समाज बन गया है।
- **उत्तर-परम्परागत समाज :** आज के आधुनिक समाज को उत्तर परम्परागत समाज कहा जाता है। लेकिन परम्परागत समाज को उत्तर-परम्परागत समाज बनाने का काम आधुनिकता द्वारा किया गया है। फिर भी आधुनिक समाज परम्परा से मुक्त नहीं हो पाया है। क्योंकि पारम्परिकता के साथ नैतिकता जुड़ी रहती है तथा आधुनिक होने पर भी नैतिकता का परित्याग करना सम्भव नहीं होता। यह सत्य है कि परम्परा को तोड़ा नहीं जा सकता, लेकिन उसको नई चीज से जोड़कर आधुनिक रूप दिया जा सकता है। आधुनिकता को अपनाने से परम्परा आधुनिक रूप में आ जाती है तथा अपने अस्तित्त्व को बचा पाने में सफल होती है। परम्परा में निरन्तरता और परिवर्तन दोनों शामिल रहते हैं। परिवर्तन के कारण लोग गाँव से उपनगर, उपनगर से नगर, तथा नगर से महानगर की ओर भाग रहे हैं।

17

उत्तर-आधुनिकतावाद सिद्धान्त

मानव विज्ञान में उत्तर-आधुनिकतावाद (post-modernism) सिद्धान्त की स्थापना उत्तर-आधुनिक विद्वानों द्वारा की गई थी, जिनमें दार्शनिक, साहित्यकार, सामाजिक वैज्ञानिक तथा मानव वैज्ञानिक शामिल थे। उन उत्तर-आधुनिक विद्वानों में पॉल फेयरबैण्ड, माइकल फूको, जॉर्ज मार्कस, फिशर, पाइरे बॉर्डिव, जीन बैड्रिल्लार्ड, जीन फ्रैंकोइस ल्योटार्ड, जैक्स डेरिड्डा, फ्रेडरिक जैमसन तथा एन्थोनी गिडेंस थे। इन उत्तर-आधुनिकतावादी सिद्धान्तकारों द्वारा अपने-अपने ढंग से उत्तर-आधुनिकतावादी सिद्धान्तों को प्रस्तुत किया गया है। इस प्रकार उत्तर-आधुनिकतावाद कोई एक सिद्धान्त नहीं है। वरन् यह कई सिद्धान्तों का एक सिद्धान्त है। इसमें दर्शनशास्त्र, साहित्य, सामाजिक विज्ञान एवं मानव विज्ञान विषय के विद्वानों द्वारा उत्तर-आधुनिकतावाद को अपने-अपने दृष्टिकोणों द्वारा प्रस्तुत किया है। लेकिन सर्वसम्मति से सभी विद्वानों द्वारा इस सिद्धान्त के अन्तर्गत अनुभव की व्यक्तिनिष्ठता को स्वीकार किया गया है तथा किसी एक प्रकार के वस्तुनिष्ठ, पक्षपातरहित, यथार्थ एवं सत्ताधारी या प्रामाणिक ज्ञान को अस्वीकार कर दिया गया है। मानव विज्ञान में उत्तर-आधुनिक विद्वानों ने आलोचनात्मक मानव विज्ञान तथा राजनीतिक अर्थशास्त्र

द्वारा उठाई गई समस्याओं को और आगे ले जाने का काम किया। उनके द्वारा संस्कृति के वाद-विवाद को और परिष्कृत कर दिया गया। राजनीतिक अर्थशात्रियों द्वारा संस्कृति की अवधारणा को ही सन्दिग्ध बना दिया गया था। उनके द्वारा सत्तावादी या प्रामाणिक एथनोग्राफी को वैज्ञानिक तथा निष्पक्ष नहीं माना गया था। क्योंकि उन एथनोग्राफी के मूल पाठ के लेखक श्वेत विद्वान् थे जो पेशे तथा प्रशिक्षण से मानव वैज्ञानिक थे। लेकिन उनके द्वारा अश्वेत आदिम जनजातियों की संस्कृतियों का अभिलेखन किया गया था। वे अश्वेत आदिम जनजातीय समाज सैनिक सत्ता तथा उपनिवेशवाद का दंश झेल रहे थे। सैनिक सत्ता तथा उपनिवेशवाद के अधीन उन आदिम जनजातीय समाज की संस्कृतियों का निष्पक्ष ढंग से अभिलेखन सन्देह के घेरे में आ गया था। उन आरम्भिक मानव वैज्ञानिकों द्वारा उन जनजातियों के ऊपर एथनोग्राफ लिखकर तथा प्रकाशित करके सत्तापक्ष को लाभ दिलवाया गया था। उनके द्वारा आदिम जनजातीय समाज के शोषण तथा उत्पीड़न को प्रकाश में नहीं लाया गया था। अतः वे सभी एथनोग्राफिक मूल पाठों को वैज्ञानिक ना मानकर अन्य विद्वानों के समान तैयार किया हुआ एक मूल पाठ (text) माना गया था। इससे श्वेत मानव वैज्ञानिकों की निष्पक्षता, वैज्ञानिकता तथा यथार्थता पर प्रश्नचिह्न उठने लगा था। उत्तर-आधुनिक विद्वानों द्वारा संस्कृति की अवधारणा को सदा के लिए विस्फोटक बना दिया गया था। आधुनिकतावादी एजेण्डा को इतनी आसानी से दूर नहीं किया जा सकता था। क्योंकि आधुनिकतावादी दृष्टिकोण के अनुसार इस वस्तुनिष्ठ विश्व को बुद्धिमान यूरोपवासियों द्वारा राजनीतिक, आर्थिक तथा वैचारिक रूप से नियन्त्रित किया जाता रहा।

यूरोप एवं अमेरिका के सन्दर्भ में उत्तर-आधुनिकतावाद ज्यादा पुराना नहीं है। यह मात्र चार से साढ़े चार दशक पुराना है। उत्तर-आधुनिकतावाद शब्द का प्रयोग सर्वप्रथम सामाजिक वैज्ञानिक आर्मेड टोयनबी ने किया था। उन्होंने इस शब्द का प्रयोग ब्रिटेन के सन्दर्भ में किया था। लेकिन उत्तर-आधुनिकतावाद सिद्धान्त को

सर्वप्रथम सामाजिक वैज्ञानिक जीन फ्रैंकोइस ल्योटार्ड द्वारा स्थापित किया गया था। उन्होंने अपनी पुस्तक *पोस्टमॉडर्न कण्डीशन*" (1979) में उत्तर-आधुनिकतावाद सिद्धान्त की व्याख्या प्रस्तुत की थी। उनके अनुसार उत्तर-आधुनिकतावाद एक व्यापक अवधारणा है। यह अवधारणा आधुनिकतावाद द्वारा किए गए दो प्रकार की गलतियों को सुधारने का प्रयास करती है। आधुनिकतावाद द्वारा पहली की गई गलती थी महान् सिद्धान्त (metanarrative) की अवधारणा तथा दूसरी की गई गलती थी उदारवाद (liberalism) की अवधारणा इन दोनों आधुनिकतावाद की अवधारणाओं को उत्तर-आधुनिकतावाद ने अस्वीकार कर दिया तथा उन्हें सत्य नहीं वरन् झूठ बतलाया। ल्योटार्ड के अनुसार मार्क्स, दुर्खीम तथा वेबर के महान् सिद्धान्त (metanarrative) उत्तर-आधुनिक काल के लिए सत्य नहीं रहे थे। उन्होंने यह भी दर्शाया था कि आधुनिकता द्वारा उदारवाद को जन्म नहीं दिया गया था। वरन् आधुनिकतावाद द्वारा अधिक से अधिक धन कमाने का रास्ता खोजा गया था। इसके कारण शोषण एवं उत्पीड़न भी हुआ था। इस प्रकार उत्तर-आधुनिकतावाद द्वारा महान् सिद्धान्तकारों के महान् सिद्धान्तों को अस्वीकार कर दिया गया था।

उत्तर-आधुनिकतावाद सिद्धान्त के अनुसार सामान्य विज्ञान का बौद्धिक ढाँचा (paradigm) भी स्थिर नहीं वरन् परिवर्तनशील था। कोई एक सामान्य वैज्ञानिक ज्ञान हर काल और स्थान के लिए सत्य नहीं होता। यह तभी तक सत्य है जब तक उसके स्थान पर अवलोकन द्वारा दूसरा ज्ञान स्थापित नहीं कर लिया जाता। वैज्ञानिक क्रान्ति द्वारा वैज्ञानिक बौद्धिक ढाँचे में आवश्यक बदलाव लाया जाता है। इस तरह पैराडिग्म परिवर्तन (paradigm shift) होता है। इस प्रकार वस्तुनिष्ठ यानि यथार्थ ज्ञान को भी स्थिर नहीं माना गया। उसे भी परिवर्तनशील माना गया।

उत्तर-आधुनिकतावाद के अन्तर्गत वेबर की सृजनात्मक एजेंसी (creative agency) की अवधारणा को सही ठहराया गया था। वेबर के अनुसार सृजनशील एजेंसी या व्यक्ति अपनी बौद्धिक ज्ञान प्रतिभा के

बल पर सत्ताशीर्ष तक पहुँच जाता है। वह अपने ज्ञान प्रबन्धन कौशल द्वारा नई-नई कार्य योजनाओं का निर्माण करता है तथा उन्हें व्यवहार में लागू करवाता है। उत्तर-आधुनिकतावाद के अनुसार ज्ञानी व्यक्ति ज्ञान का अपहरण (abduction) कर लेता है तथा उसका उपयोग अपने प्रबन्धन में करता है। उत्तर-आधुनिकतावाद के अनुसार ज्ञान ही शक्ति है तथा प्रबन्धन है। ज्ञान ही व्यक्ति को शक्तिशाली बनाता है। इस प्रकार प्रबन्धन (व्यक्ति), ज्ञान एवं शक्ति में त्रिसत्तात्मक (triangular) सम्बन्ध स्थापित होता है।

साहित्यकारों द्वारा मूल पाठों में वर्णित वस्तुनिष्ठता को व्यक्तिनिष्ठता से परिवर्तित किया जाने लगा था। उत्तर-आधुनिक साहित्यकारों ने विखण्डन की अवधारणा के आधार पर मूल साहित्यिक पाठों में वर्णित वस्तुनिष्ठता को व्यक्तिनिष्ठता के माध्यम से खण्डित करते हैं।

उत्तर-आधुनिक मानव वैज्ञानिकों ने भी वस्तुनिष्ठ एथनोग्राफी के स्थान पर व्यक्तिनिष्ठ एथनोग्राफी लेखन को अपनाया था।

अतः उत्तर-आधुनिकतावाद में अनुभव की व्यक्तिनिष्ठता को स्वीकार किया गया था। साथ ही साथ सत्तावादियों द्वारा किसी एक प्रकार के निष्पक्ष तथा वस्तुनिष्ठ ज्ञान को अस्वीकार किया गया था।

उत्तर-आधुनिकतावादी सिद्धान्तकार

उत्तर-आधुनिकतावादी सिद्धान्तकार निम्नलिखित हैं–

- पॉलफेयर बैन्ड,
- माइकेल फूको,
- जॉर्ज मारकस,
- फिशर,
- पाइरे बॉर्डिव,
- जीन बैड्रिल्लार्ड,
- जीन फ्रैंकोइस ल्योटार्ड,

- जैक्स डेरिड्डा,
- फ्रेडरिक जैमसन, और
- एन्थोनी गिडेंस।

अब यहाँ उपरोक्त सभी उत्तर-आधुनिकतावादी विद्वानों के उत्तर-आधुनिकतावाद सिद्धान्तों को एक-एक करके नीचे प्रस्तुत किया जा रहा है।

पॉलफेयर बैण्ड का उत्तर-आधुनिकतावाद सिद्धान्त

पॉलफेयर बैण्ड एक दार्शनिक आलोचक थे। उनकी गिनती आधुनिकतावाद सिद्धान्त के आरम्भिक आलोचकों में होती है। उन्होंने यह सुस्पष्ट किया था कि किन्हीं दो परम्परागत बौद्धिक मॉडल्स (paradigm) में से किसी एक को चुनने का कोई तार्किक आधार नहीं होता। बौद्धिक मॉडल्स (paradigm) की अवधारणा का विकास वैज्ञानिक दार्शनिक एवं इतिहासकार थॉमस कुन द्वारा किया गया था। थॉमस कुन ने अपनी पुस्तक *द स्ट्रक्चर ऑफ़ साइण्टिफिक रिवोल्यूशन* (1962) में पैराडिग्म (बौद्धिक मॉडल्स) की अवधारणा का विकास किया था। उन्होंने अपना विचार व्यक्त करते हुए लिखा था कि विज्ञान सञ्चयी प्रक्रिया नहीं है। यह आवश्यक ढंग से सुस्पष्ट ज्ञान और सच्चाई को ओर प्रगति नहीं करता। उनके अनुसार विज्ञान भी परम्परागत है। यह किसी खास स्थान एवं खास समय में उठाए गए प्रश्नों का उत्तर अपने अवलोकन के आधार पर देने का प्रयास करता है। विज्ञान किसी विशेष समय में किसी विशेष स्थान के सन्दर्भ में ज्ञान-सम्बन्धी प्रश्नों का उत्तर खोजने का प्रयास करता है। लेकिन उससे मेल नहीं खाता हुआ अवलोकन वैज्ञानिक क्रान्ति को जन्म देता है। वैज्ञानिक क्रान्ति की अवस्था में पुराने प्रश्नों के उत्तर को नवीन प्रश्नों के उत्तर से बदल दिया जाता है। नवीन प्रश्नों का उत्तर नवीन अवलोकनों से मेल खाता है। सामान्य विज्ञान के बौद्धिक ढाँचे को कुन ने पैराडिग्म कहा था। उन्होंने वैज्ञानिक क्रान्ति की प्रक्रिया द्वारा विज्ञान के ढाँचे में लाए गए परिवर्तन को पैराडिग्म परिवर्तन (paradigm shift) बतलाया

था। कुन ने दर्शाया था कि किस प्रकार सत्रहवीं शताब्दी में अरस्तु के विज्ञान को वैज्ञानिक क्रान्ति द्वारा न्यूटन के विज्ञान से बदल दिया गया था। उनका यहाँ सम्बन्ध केवल पैराडिग्म परिवर्तन से नहीं था, वरन् उनका प्रयास यहाँ यह दर्शाना था कि प्राचीन एवं नवीन पैराडिग्म्स में से किसी एक को न तो श्रेष्ठ कहा जा सकता है और ना हीं निम्न। दोनों पैराडिग्म्स अपने-अपने स्थान एवं समय के लिए सत्य थे। अतः इनमें से किसी एक को श्रेष्ठ नहीं माना जा सकता। क्योंकि पैराडिग्मस भिन्न एवं अतुलनीय या अतुल्य होते हैं।

फेयरबैण्ड के अनुसार किसी दो बौद्धिक ढाँचों में से किसी एक को तार्किक ढंग से चुनना इसलिए सम्भव नहीं हो पाता, क्योंकि दो बौद्धिक ढाँचों की व्याख्या अपरिहार्य होती है। उनके अनुसार वैज्ञानिक सिद्धान्त भी सामाजिक सिद्धान्त के समान जीया हुआ अनुभव होता है। वैज्ञानिकों द्वारा वस्तुनिष्ठ एवं यथार्थ ज्ञान के सम्बन्ध में व्याख्या सामाजिक वैज्ञानिकों की व्यक्तिनिष्ठ व्याख्या से श्रेष्ठ नहीं होती। श्रेष्ठ इसलिए नहीं होती, क्योंकि दोनों प्रकार की व्याख्याएं अतुलनीय होती है। हाल के वर्षों में मानव वैज्ञानिकों का एक दृष्टिकोण यह रहा है कि आधुनिकता अपने आप में एक महत्त्वपूर्ण घटना है। लेकिन फेयरबैण्ड के अनुसार आधुनिकता अपने आप में एक मनगढ़न्त परम्परा रही है। इस परम्परा का वर्णन सामाजिक क्रियाओं द्वारा समय के सन्दर्भ में किया गया है, न कि एक बाह्य वस्तुनिष्ठ यथार्थ के रूप में। पैराडिग्म शिफ्ट ने मानविकी एवं सामाजिक विज्ञानों में महान् उत्तेजना उत्पन्न की है। इसके आधार पर साहित्य एवं सामाजिक विज्ञानों में उत्तर-आधुनिकतावाद की व्याख्या अनेक विद्वानों द्वारा की गई थी।

माइकेल फूको का उत्तर-आधुनिकतावाद सिद्धान्त

फूको का जन्म 15 अक्टूबर 1926 में फ्रांस के पोयाफर्स नामक स्थान में हुआ था। उनकी मृत्यु पैरिस में 26 जून 1984 को हुई थी। फूको कार्ल मार्क्स के द्वन्द्वात्मक भौतिकवाद सिद्धान्त से काफी प्रभावित हुए थे। यही कारण है कि उन्होंने उस समय के सभी

सिद्धान्तों को अस्वीकार करके मार्क्सवाद को गले लगाया था। मार्क्स ने अपने द्वन्द्वात्मक भौतिकवाद सिद्धान्त में यह दर्शाने का प्रयास किया था कि विश्व में श्रमिक वर्ग द्वारा आन्दोलन के माध्यम से समाजवाद तथा साम्यवाद लाया जाएगा। लेकिन फूको ने अपने उस प्रकार के किसी सिद्धान्त का प्रतिपादन नहीं किया था। उसके स्थान पर उन्होंने प्रबन्धन (व्यक्ति), ज्ञान तथा शक्ति का त्रिशासनात्मक या त्रिपक्षीय सिद्धान्त का प्रतिपादन किया था। प्रबन्धन, ज्ञान और शक्ति का त्रिशासनात्मक सिद्धान्त ने पूरे विश्व में तहलका मचा दिया था। प्रबन्धन, ज्ञान और शक्ति के त्रिपक्षीय सिद्धान्त को ही फूको के उत्तर-आधुनिकतावाद सिद्धान्त के नाम से जाना जाता है। इसके माध्यम से एक वैचारिक क्रान्ति लाई गई थी।

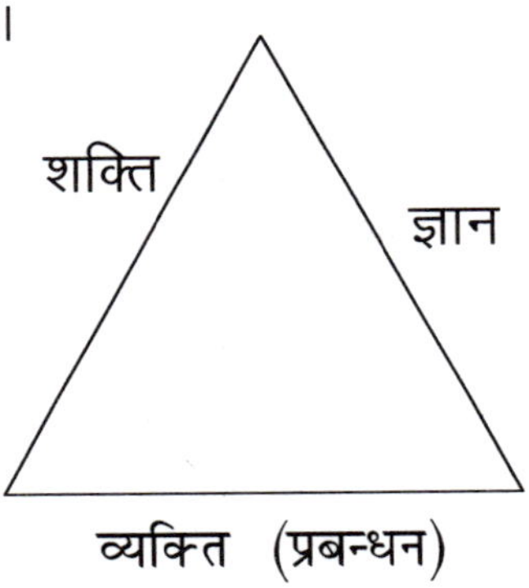

योगदान : फूको द्वारा पुस्तक प्रकाशन माध्यम से निम्नलिखित योगदान दिए गए थे–

- 1951: *मैडनेस एण्ड सिविलाइजेशन*।
- 1963: *द बर्थ ऑफ़ द क्लिनिक*।
- 1975: *डिसिप्लिन एण्ड पनिश*।
- 1975: *हिस्ट्री ऑफ़ सेक्सुएलिटी*।

फूको के व्यक्तित्त्व में कई प्रकार के गुणों का समावेश हुआ था। वे एक दार्शनिक तथा सामाजिक-सांस्कृतिक वैज्ञानिक भी थे। साथ ही साथ वे राजनीति विज्ञान एवं इतिहास के भी विद्वान् थे। जब उन्होंने

अपना योगदान विंसेनेज विश्वविद्यालय में दर्शनशास्त्र के प्रोफेसर के रूप में दिया था, उस समय तक उनका पूर्णरूपेण राजनीतिककरण हो चुका था। मानवाधिकार हनन मामले के समय में वे विश्वविद्यालय के कैंपस में तथा कैंपस के बाहर राजनीतिक गतिविधियों में व्यस्त रहते थे। फूको शाह के विरुद्ध आन्दोलन का नेतृत्व करने ईरान भी गए हुए थे। जब फ्रांस में समाजवादी पार्टी सत्ता में लौट आई थी, तब पोलैण्ड के निवासियों को शोषण एवं उत्पीड़न का सामना करना पड़ा था। फूको ने उनके शोषण तथा उत्पीड़न का विरोध किया था। वे श्रमिक संगठन एवं बुद्धिजीवियों के बीच समझौता कराने पोलैण्ड भी गए थे। फूको के ऊपर मार्क्स के अतिरिक्त वेबर, लेवी–स्ट्रॉस तथा फर्डिनाड सासुरे का प्रभाव भी पड़ा था।

फूको का उत्तर-आधुनिकतावाद सिद्धान्त

फूको के उत्तर-आधुनिकतावाद सिद्धान्त को निम्नलिखित ढंग से समझा जा सकता है–

- अपराध, पागलपन एवं लैंगिकता को जेल एवं अस्पताल के सन्दर्भ में समझना चाहिए।
- उद्विकास की अवस्था में ज्ञानोदय एवं पुनर्जागरण ने व्यक्तियों की स्वतन्त्रता को समर्थन दिया था। लेकिन उनका सम्बन्ध व्यक्तियों के नियन्त्रण में रखने से भी था। इस प्रकार शक्ति, ज्ञान तथा प्रबन्धन को उत्तर-आधुनिक संगठनात्मक व्यवस्था के रूप में देखा जाना चाहिए। उत्तर-आधुनिकतावाद व्यक्ति, ज्ञान और शक्ति के बीच त्रिकोणात्मक सम्बन्धों की व्याख्या करता है।
- फूको के अनुसार विचार-विमर्श से आम लोगों की भावना प्रकट होती है। यह आम जन का किसी वस्तु या घटना के बारे में विचार होता है। आम लोग अपराधी, पागल तथा कामुकता के बारे में क्या सोचते हैं? यही आम जन की सोच को विचार विमर्श (discourse) कहा जाता है।

- ज्ञान प्रबन्धन पाकर शक्तिशाली बन जाता है। शक्ति अपने आप में कुछ नहीं होती। यह ज्ञान प्रबन्धन का दास होता है। ज्ञान प्रबन्धन द्वारा इसे सकारात्मक दिशा में लगाने से सकारात्मक परिणाम की प्राप्ति होती है। लेकिन ज्ञान प्रबन्धन द्वारा इसे नकारात्मक दिशा में लगाने से यह नकारात्मक परिणाम लाता है। ज्ञान प्रबन्धन द्वारा शक्ति का उपयोग करके पुरातन विचार को बदल दिया जाता है तथा नवीन विचार को अपनाने के लिए राजी करवाया जाता है। इस तरह व्यक्ति अपने ज्ञान का प्रबन्धन करके शक्तिशाली बन जाता है तथा परिवर्तन एजेण्ट के रूप में काम करता है।
- फूको ने विज्ञान की प्रकृति से जुड़ी आम धारणा को अस्वीकार कर दिया था। विज्ञान की प्रकृति के बारे में उनका विचार सन्दिग्ध था। उनका अपना दृष्टिकोण अन्य सामाजिक वैज्ञानिकों के दृष्टिकोण से भिन्न था। सामान्य सामाजिक वैज्ञानिक जहाँ ज्ञात चीजों, घटनाओं को अज्ञात चीजों, घटनाओं के साथ तुलना करके अज्ञात चीजों के बारे में निष्कर्ष तक पहुँचते थे। फूको ने इसके विपरीत अतीत की अज्ञात चीजों या घटनाओं को वर्तमान की ज्ञात चीजों या घटनाओं के साथ तुलना करके निष्कर्ष तक पहुँचने का प्रयास किया था। वे ज्ञात चीजों का विवरण अतीत अज्ञात चीजों या घटना के आधार पर करने के पक्षधर थे।
- आधुनिक समाज का उत्तर-आधुनिक समाज के रूप में बदलाव ज्ञान प्रबन्धन की शक्ति में बदलाव के कारण हुआ है।
- ज्ञान तथा शक्ति का प्रबन्धन समाज की विभिन्न प्रकार की भूमिकाओं में देखा जा सकता है।

पुरातत्त्व विज्ञान के ज्ञान (Archaeology of Knowledge)

फूको के उत्तर-आधुनिक सिद्धान्त का मुख्य केन्द्र प्रबन्धन था। उनका मानना था कि जिस समाज में हम रहते हैं, उस समाज की वस्तुओं,

घटनाओं और व्यक्तियों के साथ हमारा वैज्ञानिक, बौद्धिक एवं तार्किक प्रबन्धन होता है। *आर्कियोलॉजी ऑफ़ नॉलेज* (पुरातत्त्व विज्ञान का ज्ञान) फूको का सबसे पहला और आरम्भिक कार्य था। इस किताब का अंग्रेज़ी अनुवाद 1889 में प्राप्त हुआ था। अन्य उत्तर-आधुनिकतावादी विद्वानों के समान फूको की अभिरुचि भी ज्ञानशास्त्र (epistemology) के स्वभाव में थी। वे विज्ञान के स्वभाव, उत्पत्ति एवं स्रोत को जानने के इच्छुक थे। उनका मानना था कि ज्ञान की प्राप्ति हो जाने पर मानव अपना जीवन सुखमय ढंग से जीया है तथा अपने जीवन को सुखद और सुन्दर भी बनाया है। फूको की अभिरुचि पुरातत्त्व विज्ञान में छिपे हुए ज्ञान में थी। वे जानना चाहते थे कि पुरातत्त्व विज्ञान के ज्ञान का स्वभाव क्या था। पुरातत्त्व विज्ञान का ज्ञान वस्तुनिष्ठ यथार्थ ज्ञान था या व्यक्तिनिष्ठ व्याख्यात्मक ज्ञान था। फूको की अभिरुचि पुरातात्त्विक स्थलों से प्राप्त कलाकृतियों और हस्तकृतियों में नहीं थी। उनकी अभिरूचि उन कलाकृतियों और हस्तकृतियों में छिपे ज्ञान में थी। वे पुरातात्त्विक मानव के ज्ञान के स्वभाव को जानना चाहते थे। उन्होंने पाया कि पुरातात्त्विक कलाकृतियों और हस्तकृतियों के निर्माण एवं प्रबन्धन में व्यक्ति गौण थे। उनका ज्ञान वस्तुनिष्ठ ज्ञान था। उन कलाकृतियों और हस्तकृतियों के निर्माता कोई व्यक्ति विशेष नहीं था। उस समाज के सभी सदस्य—स्त्री और पुरुष—उन हस्तकृतियों के निर्माता शे। अतः अस्त्र एवं कलाकृतियों का निर्माणकर्ता पूरे समुदाय के लोग थे। उनका ज्ञान सामुदायिक ज्ञान था, व्यक्तिवादी ज्ञान नहीं था। उनकी अभिरुचि सामुदायिक ढंग से अधिक से अधिक हथियारों का निर्माण करने में थी, ताकि खाद्य संकलन एवं शिकार से अपनी क्षुधा की तृप्ति की जा सके। लेकिन प्रागैतिहासिक युग के विपरीत ऐतिहासिक युग का ज्ञान व्यक्तिनिष्ठ ज्ञान हो गया था। ऐतिहासिक युगीन धरोहरों के निर्माता व्यक्ति विशेष थे। फूको ने उत्तर-आधुनिक युगीन मानव को व्यक्तिनिष्ठ बतलाया था। क्योंकि इस युग में एक व्यक्ति अपनी ज्ञान शक्ति प्रबन्धन द्वारा शक्तिशाली बन गया था। फूको ने व्यक्ति की व्याख्या मालिक, नौकर, मैनेजर, श्रमिक, डॉक्टर,

इंजीनियर, वकील, नेता, पूँजीपति, कारीगर, कर्मचारी के रूप में को है। पुरातात्त्विक काल में ज्ञान शक्ति प्रबन्धन की व्यवस्था नहीं थी। सभी लोग अस्तित्त्व के लिए संघर्ष कर रहे थे। सामूहिक सम्पत्ति की अवधारणा थी। समाज वर्ग रहित था। लेकिन जैसे-जैसे समय व्यतीत होता गया, ज्ञान का स्वरूप भी बदलता गया। आधुनिक युग में मानववाद आने पर व्यक्ति का महत्त्व बढ़ गया था।

पागलपन एवं सभ्यता का उत्तर-आधुनिक सिद्धान्त

फुको ने अपनी पुस्तक *मैडनेस एण्ड सिविलाइजेशन* (1961) में पागलपन तथा सभ्यता को विभिन्न कालों में समझने का प्रयास किया था। इस पुस्तक का अंग्रेज़ी अनुवाद 1989 में उपलब्ध हुआ था। पागलपन के ऊपर उनका अध्ययन इस तथ्य को प्रकाश में लाया कि पहले पागलों को समाज में ही रखा जाता था। पागलों की देख-रेख की जिम्मेवारी उस समाज को उठानी पड़ती थी जिसका सदस्य पागल व्यक्ति होता था। लेकिन इंग्लैण्ड में पहली बार पागलों को समाज से अलग करके पागलखाना में रखा गया था। इसके पहले चोरों तथा लुटेरों को जेल में रखा जाता था। 1974 में एक फ्रेंच डॉक्टर ने सभी पागलों को अस्पताल से अलग करके पागलखाना में रखने की व्यवस्था की थी। यह घटना न तो मानववाद से जुड़ी हुई थी और ना ही ज्ञानोदय से। यह उदाहरण एक छिछला आदर्शवाद का था। क्योंकि अब पागलों को उनके लिए बनाए गए पागलखाने में रखा गया था। इस तरह ज्ञान, शक्ति प्रबन्धन की त्रिपक्षीय व्यवस्था स्थापित की गई थी। अब ज्ञान तथा शक्ति के आधार पर पागलों का प्रबन्धन एक डॉक्टर या एक डॉक्टरों के समूह द्वारा किया जा रहा था।

फूको ने अपने ऐतिहासिक अध्ययन में यह पाया था कि ज्ञानोदय काल में रोग-विषयक मनोविज्ञान का विकास नहीं हुआ था। मध्ययुग में भी मनोरोग विज्ञान अस्तित्त्व में नहीं आया था। मनोरोग विज्ञान की स्थापना तो आधुनिक काल में हुई थी। फूको के अनुसार पुनर्जागरण काल में पागल और कारण दोनों एक साथ जुड़े हुए थे। उनमें

कार्य-कारण सम्बन्ध था। एक कार्य था तो दूसरा कारण। पागल होने के पीछे कोई न कोई कारण अवश्य होता था। इस प्रकार पागलन और कारण के बीच विचार-विमर्श होता था। उनके बीच संवादहीनता की स्थिति नहीं थी। अक्सर कहा जाता था कि विषम पारिवारिक स्थिति के कारण व्यक्ति पागल हो गया। सम्पत्ति विवाद या सम्पत्ति लुट जाने के कारण यह व्यक्ति पागल हो गया। इस तरह पुनर्जागरण काल तक पागलपन की किसी न किसी कारण के आधार पर व्याख्या की जाती थी। मध्ययुग आते-आते कार्य-कारण सम्बन्ध छूट गया था। कार्य-कारण के बीच संवाद गौण हो गया था। लेकिन जब ज्ञानोदयकाल में मनोरोग विज्ञान का विकास हुआ, तब यह ज्ञान एक शक्ति के रूप में उभरा तथा पागलखाने का निर्माण कर पागलों को उसमें भर्ती किया जाने लगा तथा उपचार की व्यवस्था की गई। इस तरह पागलखाने की स्थापना व्यक्ति, ज्ञान तथा शक्ति के त्रिपक्षीय प्रबन्धन के रूप में की गई थी।

फूको ने अपने ऐतिहासिक अध्ययन में पाया कि फ्रांस में पागलों के लिए पागलखाना तथा चोर, डकैत और अपराधियों के लिए जेल बनाया गया था, ताकि उन्हें अभिजात वर्ग के लोगों से अलग-थलग रखा जाए। इस तरह पागलों तथा अपराधियों का प्रबन्धन व्यक्ति, ज्ञान और शक्ति के त्रिपक्षीय सम्बन्ध को प्रकाश में लाता है।

द बर्थ ऑफ़ क्लिनिक : एन आर्कियोलॉजी ऑफ़ मेडिकल परसेप्शन

फ्रेंच भाषा में लिखित इस पुस्तक का अंग्रेज़ी अनुवाद 1973 में उपलब्ध हुआ था। इस पुस्तक में उन्होंने यह दर्शाने का प्रयास किया था कि चिकित्सात्मक ज्ञान में समय-समय पर बदलाव हुआ है। सम्पूर्ण अठारहवीं शताब्दी में चिकित्सा एक वर्गीकृत विज्ञान था। इसमें नब्ज़ टटोलकर रोगी का उपचार किया जाता था। उन्नीसवीं सदी में शव का परीक्षण आरम्भ हुआ। इससे मानव शरीर की आन्तरिक संरचना के बारे में ज्ञान प्राप्त हुआ। शवों का रोग-विषयक परीक्षण हृदय, गुर्दा, जिगर, फेफड़ा, बड़ी आँत, छोटी आँत, गला, जैसे आन्तरिक अंगों के

बारे में ज्ञान प्रदान किया। इस तरह के परीक्षण के कारण विशेषज्ञ चिकित्सकों का जन्म हुआ। अब चिकित्सा विज्ञान वर्गीकृत विज्ञान न होकर रोग-विषयक परीक्षण विज्ञान बन गया था। इस प्रकार चिकित्सा की ज्ञान-विषयक व्याख्या के अनुसार चिकित्सक अपने विशिष्ट ज्ञान के आधार पर शक्तिशाली बन गए थे। अस्पताल की स्थापना द्वारा व्यक्ति, ज्ञान एवं शक्ति का त्रिपक्षीय प्रबन्धन स्थापित हुआ। इस प्रबन्धन व्यवस्था से डॉक्टर व्यक्ति शक्तिशाली बन गए थे।

डिसिप्लिन एण्ड पनिश : द बर्थ ऑफ़ प्रिज़न

फ्रेंच भाषा में लिखित इस पुस्तक का अंग्रेज़ी अनुवाद 1879 में उपलब्ध हुआ था। यह पुस्तक अपराध एवं जेलखाना प्रबन्धन के ऊपर उत्तर-आधुनिक व्याख्या प्रस्तुत करती है। फूको ने अपने अध्ययन में यह पाया था कि मध्ययुग तक यूरोप में अपराधियों को शारीरिक दण्ड दिया जाता था। आँख के बदले आँख, हाथ के बदले हाथ, गर्दन के बदले गर्दन, पैर के बदले पैर तथा सिर के बदले सिर अपराधियों को गँवाना पड़ता था। लेकिन जब जेलखाने या कारागृह की व्यवस्था स्थापित हुई, तब अपराधियों को दण्ड देने की प्रक्रिया में क्रान्तिकारी बदलाव आया था। अब अपराधी को उसके शरीर का नहीं वरन् उसकी आत्मा को अनुशासित करने की विधि का विकास हुआ। आज अपराधी को शारीरिक दण्ड नहीं दिया जाता। वरन् उसे कैद की सजा सुनाई जाती है। उसे न्यायिक प्रक्रिया से गुज़रना पड़ता है तथा न्यायालय के फैसले के अनुसार जेल में विशेष अवधि तक जीवन व्यतीत करना पड़ता है और उसे सुधरने का अवसर दिया जाता है।

मध्यकाल में दण्ड देने की विधि का अध्ययन दर्शाता है कि सत्ता के स्वामी के पास दण्ड देने की शक्ति होती थी। उस समय शक्ति सत्ताधारी व्यक्ति के पास होती थी। सत्ता पर आसीन व्यक्ति न्यायिक शक्ति को भी अपने पास ही रखता था। उस समय सत्ता पर पूँजीवादियों का कब्ज़ा था।

कारागृह व्यवस्था भी एक पूँजीवादी व्यवस्था है। यह व्यवस्था अनुशासनात्मक शक्ति से जुड़ी हुई है। साथ ही साथ यह न्यायिक व्यवस्था से भी जुड़ी हुई है। यह व्यवस्था पूँजीवाद की पूर्व शर्त होती है। यह व्यवस्था व्यक्ति, ज्ञान और शक्ति के त्रिपक्षीय प्रबन्धन को भी प्रकाश में लाती है। आजकल अनुशासनात्मक शक्ति का प्रबन्धन जीवन के कई क्षेत्रों में किया जाता है, जैसे अस्पताल, स्कूल, महाविद्यालय, विश्वविद्यालय, उद्योग, फौज, इत्यादि। इस व्यवस्था द्वारा पूँजीवादी हितों की रक्षा की जाती है। साथ-ही-साथ इस व्यवस्था में व्यक्ति, ज्ञान और शक्ति का प्रबन्ध भी देखा जा सकता है।

द हिस्ट्री ऑफ़ सेक्सुएलिटीः स्पिकिंग ऑफ़ सेक्स

फूको कामवासना के ऊपर अपने उत्तर-आधुनिक विचारों को अपनी छः खण्डीय पुस्तक में प्रस्तुत करना चाहते थे। लेकिन उन्होंने अपने केवल तीन खण्डों का ही योगदान दे पाए थे। इन तीनों खण्डों का नामकरण निम्न प्रकार था–

- *द हिस्ट्री ऑफ़ सेक्सुएलिटी* (1978, 1980, Vol. 1)
- *द यूज ऑफ़ फ्लेवर* (1984, 1985, Vol. 2)
- *द केयर ऑफ़ सेल्फ* (1984, 1986, Vol. 3)

फूको ने इस पुस्तक के प्रथम एवं द्वितीय खण्डों में पश्चिमी समाज में व्याप्त कामवासना की अवधारणा को प्रकाशित किया था। लेकिन अपनी पुस्तक के तीसरे खण्ड में उन्होंने ईसा पूर्व ग्रीक एवं रोम सभ्यता की कामुकता पर प्रकाश डाला था। इन तीनों खण्डों में फूको ने कामुकता के नियन्त्रण में व्यक्ति, ज्ञान और शक्ति की प्रबन्धन व्यवस्था के आधार पर अपनी उत्तर-आधुनिक विचारधाराओं की व्याख्या करने का प्रयास किया था।

फूको के अनुसार सत्रहवीं शताब्दी तक यूरोपीय समाज में कामुकता के ऊपर खुले आम बहस तथा बातचीत नहीं की जाती थी। लोग कामुकता के बारे में बात-चीत दबी जुबान से कर पाते थे। उस

समय तक यूरोपीय समाज में कामुकता सार्वजनिक चर्चा से वञ्चित थी। इसकी चर्चा परिवार एवं पति-पत्नी तक ही सीमित थी। धर्म एवं नैतिकता दोनों ही आधार पर कामवासना एवं कामुकता के विषय में बातचीत करना वर्जित था।

अठारहवीं शताब्दी में सत्ता पर ऐसे लोग आसीन हुए जिनके द्वारा कामुकता को उभारा गया था। सत्ता पर आसीन व्यक्तियों द्वारा कामवासना को भोग-वस्तु बनाकर खूब उपभोग किया गया था। कामवासना को आनन्द एवं आमोद-प्रमोद तक जोड़ दिया गया था। लेकिन अभी भी कामवासना को सत्ता सुख भोगने वालों तक ही परोसा गया था। पूँजीपति, सेठ, साहूकार, राजा, मन्त्री तथा अधिकारी, पदाधिकारी कामवासना सुख को खूब भोगे थे। इस प्रकार कामवासना शक्तिशाली व्यक्तियों एवं पूँजीपतियों की दासी बन गई थी। अब कामवासना के ऊपर खुले आम चर्चा होने लगी थी। इस तरह कामवासना का प्रबन्धन व्यक्ति, ज्ञान और शक्ति के माध्यम से आरम्भ हुआ।

उन्नीसवीं शताब्दी में यूरोप में जनसंख्या वृद्धि की समस्या उत्पन्न हुई थी। अब कामवासना सामाजिक एवं आर्थिक समस्या बन गई थी। अब कामवासना से जुड़े आँकड़ों की चर्चा होने लगी। जनसांख्यिकी का विकास हुआ। अब कामुकता एक गम्भीर समस्या बनकर उभरी। यौन जीवन और यौन व्यवहार सामाजिक जीवन की चर्चा से जुड़ गया। किस उम्र में विवाह करना चाहिए, कितने बच्चे पैदा करना चाहिए, दो बच्चों के बीच में कितने वर्ष का अन्तर रखना चाहिए, विवाह करना चाहिए या लिव-इन में रहना चाहिए, बच्चा पैदा करना चाहिए या गोद ले लेना चाहिए, विवाह पार्टनर कैसा होना चाहिए। इस प्रकार कामुकता की चर्चा व्यक्तिगत जीवन में भी होने लगी। सरकार भी कामुकता को प्रचार-प्रसार करने में पीछे नहीं रही। गर्भनिरोधक गोली, कण्डोम, तथा अन्य कृत्रिम विधियों से जुड़ी सेक्स इण्डस्ट्रीज अस्तित्त्व में आ गई। परिवार नियोजन कार्यक्रम को सफल बनाने के लिए लोगों से सरकार द्वारा अपील की जाने लगी। असुरक्षित लिंग

सम्बन्ध के कारण उत्पन्न होने वाली बीमारियों का प्रचार-प्रसार किया जाने लगा। एड्स पर खूब चर्चा होने लगी। इस तरह उत्तर-आधुनिक काल में कामवासना को एक समस्या के रूप में देखा जाने लगा। इस दृष्टि ने कामुकता में छिपे आनन्द-मस्ती तथा सुख जैसी धरणा को उलट-पलट कर रख दी। कामुकता प्यार का प्रतीक हो सकता है या नैतिकता से सम्बन्धित हो सकता है। कुछ लोगों के लिए कामुकता प्यार की कला है, आनन्दायनी है, सौन्दर्य की अनुभूति है, कला की अभिव्यक्ति है तथा प्यार की पहचान है।

लेकिन उत्तर-आधुनिक युग में कामवासना सरकार का विषय बन गई है। जनसंख्या नियन्त्रण तथा सुरक्षित लिंग सम्बन्ध के लिए सरकार अनेक प्रकार के कार्यक्रम चला रही है। यौन शिक्षा को बढ़ावा दिया जा रहा है। गर्भ नियन्त्रण से जुड़ी दवाइयों एवं सामग्रियों की आपूर्ति हेतु अनेक उद्योग स्थापित हो गए हैं।

पहले लिंग समस्या के समाधान के लिए डॉक्टरों का सहयोग लिया जाता था। लेकिन अब लिंग समस्या के निदान के लिए पूर्ण विकसित चिकित्सा पद्धति है, सरकारी संगठन एवं ग़ैर-सरकारी संगठन हैं, विशेषज्ञ डॉक्टरों का दल है, पारिवारिक सलाहकार है तथा मीडिया है। अब कामुकता का नियन्त्रण विशेषज्ञ के पास है। अब कामुकता का प्रबन्धन व्यक्ति, ज्ञान तथा शक्ति की त्रिपक्षीय व्यवस्था से किया जा रहा है।

शक्ति की अवधारणा

फूको के अनुसार शक्ति कोई क्षमता या योग्यता नहीं होती। यह कोई ऐसी उपलब्धि भी नहीं है जिसे दूसरों के साथ अदला-बदली किया जा सके। यह कोई संरचना या संस्था का पर्यायवाची नहीं है। इसका न स्वरूप होता है और न स्थान। शक्ति प्राथमिक रूप से न विनाशकारी होती है और ना ही नकारात्मक होती है। शक्ति का सम्बन्ध एक प्राथमिक बल से है जो सभी सामाजिक सिद्धान्तों में पाया जाता है। यह सभी सामाजिक सम्बन्धों का संघटक भी होता है। सभी

सामाजिक सम्बन्ध वस्तुतः शक्ति सम्बन्ध होते हैं। शक्ति की पृथकता में कोई अस्तित्त्व नहीं होता। शक्ति का सम्बन्ध किसी न किसी संगठन या संस्था से जरूर होता है, जैसे अस्पताल, पागलखाना, जेलखाना, कॉलेज, यूनिवर्सिटी, उद्योग, फौज, राज्य, इत्यादि। शक्ति का सम्बन्ध ज्ञान से भी है। आधुनिक पूँजीवाद और संगठन ज्ञान से घनिष्ठ रूप से जुड़े रहते हैं। शक्ति का सम्बन्ध व्यक्ति से भी है। क्योंकि एक व्यक्ति अपने ज्ञान के आधार पर शक्ति को संगठित करता है। इस तरह व्यक्ति, ज्ञान और शक्ति में त्रिपक्षीय सम्बन्ध होता है।

फूको ने शरीर को शक्ति के रूप में स्थापित किया था। जब वे ज्ञान, शक्ति और व्यक्ति की चर्चा करते थे तब उनका तात्पर्य व्यक्ति के शरीर से था। व्यक्ति के पास जैविक शक्ति होती है। व्यक्ति का शरीर शक्ति ग्रहण भी करता है तथा शक्ति का उत्पादन भी करता है। लेकिन आज का पूँजीवादी समाज अपनी अनुशासनात्मक शक्ति द्वारा जैविक शक्ति को अपने अधीन बना लिया है। अनुशासनात्मक शक्ति के आगे व्यक्ति की जैविक शक्ति गौण हो जाती है। अनुशासनात्मक शक्ति द्वारा एक ऐसे शरीर का निर्माण होता है जो हमेशा अनुशासन एवं प्रबन्धन के अधीन रहता है। शरीर को अनुशासन शक्ति के अधीन रहने के लिए तैयार किया जाता है, जैसे पी॰टी॰, ड्रिल, प्रार्थना, कक्षा, कार्य स्तरीकरण, स्थान नियन्त्रण, रुटीन पालन इत्यादि।

जॉर्ज मारकस का उत्तर-आधुनिकतावाद सिद्धान्त

मारकस एक अमेरिकी उत्तर-आधुनिकतावादी सिद्धान्तकार थे। उन्होंने अपने उत्तर-आधुनिकतावाद सिद्धान्त का प्रतिपादन एथनोग्राफी (ethnography) के माध्यम से किया था। 1980 एवं 1990 के दशकों में मानव वैज्ञानिकों द्वारा अपने एथनोग्राफी लेखन में विशेष सावधानी बरती गई थी। आरम्भिक मानव वैज्ञानिकों द्वारा वस्तुनिष्ठ एथनोग्राफी प्रस्तुत की गई थी। आरम्भिक मानव वैज्ञानिकों का मानना था कि वे निष्पक्ष ढंग से तथा वैज्ञानिक विधि का अनुसरण करते हुए एथनोग्राफी-लेखन कार्य किए थे। उन्होंने अपने एथनोग्राफी-लेखन

में पक्षपात नहीं किया था तथा एथनोग्राफी-लेखन में समुदाय की संस्कृति का मूल्यांकन उनके अपने गुणों के आधार पर किया गया था। लेकिन नवीन एथनोग्राफी के लेखकों द्वारा आरम्भिक मानव वैज्ञानिकों की वस्तुनिष्ठ एथनोग्राफी को भी एक प्रकार का मूल पाठ (text) माना गया था। यह मूल पाठ भी अन्य मूल पाठ लेखकों से भिन्न नहीं था। एथनोग्राफी भी एथनोग्राफी लेखक की सृजनशीलता का प्रतीक होता है। एथनोग्राफी भी लेखक, पाठक एवं संस्कृति के बीच सम्बन्ध स्थापित कराता है। अतः एथनोग्राफी भी अन्य मूल पाठों के समान एक प्रकार का मूल पाठ ही होता है। यह मूल पाठ भी लेखक, पाठक और संस्कृति को एक-दूसरे के साथ जोड़ने का काम करता है। अतः एथनोग्राफी वस्तुनिष्ठ न होकर व्यक्तिनिष्ठ होती है। इस तरह मारकस द्वारा एथनोग्राफी को व्यक्तिनिष्ठ बनाने पर जोर दिया गया था। जेम्स क्लीफोर्ड तथा जॉर्ज मारकस ने अपनी सम्पादित पुस्तक *राइटिंग कल्चर : ए पोएटिक एण्ड पॉलिटिक्स एण्ड एथनोग्राफी* (1986) में एथनोग्राफी-लेखन में व्यक्तिनिष्ठता को खूब प्रचारित तथा प्रसारित किया था। क्लीफोर्ड तथा मारकस ने एथनोग्राफर को एक सृजनशीलकर्ता के रूप में प्रस्तुत किया था। उनके अनुसार एथनोग्राफर एक सृजनशील लेखक होता है। वह पाठक को समुदाय की संस्कृति से परिचित कराता है। वह समुदाय की संस्कृति को विश्व के पाठकगण के समक्ष रखता है। इस तरह एक एथनोग्राफी लेखक, संस्कृति एवं पाठकगण के बीच सम्बन्ध स्थापित करने का काम करता है। एक एथनोग्राफर सामाजिक-सांस्कृतिक विश्व का सृजन अपनी बुद्धि के माध्य से करता है।

उत्तर-आधुनिकतावादी एथनोग्राफर को बाह्य अवलोकनकर्ता मानते हैं। जहाँ अन्य लोगों पर संस्कृति निर्माण का दबाव था, मानव वैज्ञानिकों को अपने अवलोकन के आधार पर एथनोग्राफी लिखने की स्वतन्त्रता थी। मानव वैज्ञानिकों द्वारा अपने-अपने अवलोकनों को एथनोग्राफी-लेखन का आधार बनाया गया था। अतः उन्हें अपनी वैज्ञानिक वस्तुनिष्ठ अवलोकन आधारित एथनोग्राफी पर पूर्ण भरोसा

था। लेकिन उत्तर-आधुनिकतावादी एथनोग्राफर आरम्भिक एथनोग्राफर की एथनोग्राफी को वैज्ञानिक, वस्तुनिष्ठ तथा श्रेष्ठ नहीं मानते। उत्तर-आधुनिक एथनोग्राफर आरम्भिक एथनोग्राफर की एथनोग्राफी को अलग प्रकार का एथनोग्राफी नहीं मानते। वे आरम्भिक मानव वैज्ञानिक दूसरे प्रकार के सृजनशील लेखक नहीं थे। वे भी आम मूल पाठ के लेखकों के समान एक सृजनशील लेखक थे। उनके द्वारा तैयार किया गया एथनोग्राफी भी एक प्रकार का मूल पाठ ही था, जिस प्रकार अन्य लेखक अपने मूल पाठ को तैयार करते हैं। अन्य मूल पाठ के लेखकों के समान एथनोग्राफी भी एक एथनोग्राफर को लेखक के नाते लाभप्रद स्थिति में रखता है। इस उत्तर-आधुनिकतावादी विचार का प्रभाव मानव विज्ञान में एथनोग्राफी-लेखन पर पड़ा था। क्योंकि उत्तर-आधुनिकतावादी मानव वैज्ञानिक वस्तुनिष्ठ एथनोग्राफी-लेखन के स्थान पर व्यक्तिनिष्ठ एथनोग्राफी-लेखन का विकास किया था। उत्तर-आधुनिकतावादी मानव वैज्ञानिकों ने एथनोग्राफी-लेखन का बँटवारा वस्तुनिष्ठ एथनोग्राफी-लेखन तथा व्यक्तिनिष्ठ एथनोग्राफी-लेखन के रूप में किया था। उनके द्वारा वस्तुनिष्ठ एथनोग्राफी-लेखन के स्थान पर व्यक्तिनिष्ठ एथनोग्राफी-लेखन को स्वीकार किया गया था।

फिशर का उत्तर-आधुनिकतावाद सिद्धान्त

फिशर एक अमेरिकी उत्तर-आधुनिकतावादी सिद्धान्तकार थे। वे मारकस के साथ घनिष्ठ रूप से जुड़े हुए थे। उन्होंने मारकस के साथ एक पुस्तक का सम्पादन किया था जिसका शीर्षक *एन्थ्रोपोलॉजी: कल्चरल क्रिटिक – एन एक्सपेरिमेण्टल मूवमेण्ट इन सोशल साईंस* (1968) था। इसी पुस्तक में उन्होंने उत्तर-आधुनिकतावाद सिद्धान्त को प्रकाश में लाया था। फिशर के अनुसार उत्तर-आधुनिक युग में मानव विज्ञान एक सांस्कृतिक आलोचक (cultural critic) बनकर रह गया है। उत्तर-आधुनिक युग में मानव विज्ञान में कई प्रायोगिक आन्दोलनों की शुरुआत हो गई थी। इसके कारण मानव विज्ञान एक

सांस्कृतिक आलोचक बनकर रह गया था। मानव विज्ञान में संस्कृतियों की आलोचना शुरू कर दी गई थी। संस्कृति के ऊपर सूचना तकनीक तन्त्रों, कम्प्यूटर, सिनेमा, टी॰वी॰ के प्रभावों का उल्लेख आलोचना के रूप में किया जाने लगा था।

उत्तर-आधुनिकतावादी विद्वानों की आलोचनाओं को ध्यान में रखते हुए नूतन पीढ़ी के मानव वैज्ञानिकों द्वारा एक ऐसी युक्ति का विकास किया गया था जिसमें संस्कृतियों का वर्णन यथार्थ व्यक्तिनिष्ठ ज्ञान के आधार पर किया जा सके। फूको तथा बॉर्डिव से प्रभावित होकर नूतन मानव वैज्ञानिकों ने एक ऐसी कार्यविधि का विकास किया था, जिसमें एथनोग्राफिक व्यक्ति अर्थ की श्रेणियों का निर्माण करता है। अर्थ की श्रेणियों द्वारा विश्व के सम्बन्ध में सूचनाओं का संकलन किया जा सकता है। इस कार्य-प्रणाली का नामकरण "सामाजिक निर्माणवाद" (social reconstructionism) किया गया था। सामाजिक निर्माणवाद की अवधारणा का विकास पीटर बर्जर एवं थॉमस लुकमैन द्वारा किया गया था। इस कार्य-प्रणाली द्वारा यह दर्शाने का प्रयास किया गया था कि किस प्रकार एक एथनोग्राफिक व्यक्ति (ethnographic subject) भाषा का प्रयोग करता है, तथा क्रिया-कलाप का प्रतिमान बनाता है। वह अपनी भाषा में किस प्रकार सांस्कृतिक अर्थ का वर्णन करता है। किस प्रकार वह निरन्तरता को बनाए रखता है तथा किस प्रकार वह परिवर्तन को स्वीकार करता है। इस प्रकार एक एथनोग्राफिक व्यक्ति द्वारा व्यवहृत अर्थ की श्रेणियों का पता लगाकर एथनोग्राफी-लेखन किया जा सकता है।

बेनेडिक्ट तथा एण्डरसन ने अपनी पुस्तक *इमैजिण्ड कम्युनिटी* (1983) में एथनोग्राफिक व्यक्ति द्वारा सृजित अर्थ की श्रेणियों का पता लगाकर राष्ट्र-राज्य की अवधारणा का पुनर्निर्माण किया था। उनके अनुसार एक राज्य विशेष सामाजिक एवं ऐतिहासिक श्रेणियों का समूह होता है। यह समूह काल्पनिक होता है। क्योंकि यह एथनोग्राफिक व्यक्ति की कल्पना पर आधारित होता है।

एरिक हॉब्सबैन तथा टिरेंस रौगर ने अपनी सम्पादित पुस्तक "*इनवेंशन ऑफ़ ट्रेडीशन* (1992) में एथनोग्राफिक व्यक्ति द्वारा प्रयुक्त अर्थ की श्रेणियों को जानकर ऐतिहासिक निबन्धों का संकलन इस पुस्तक में प्रस्तुत किया है। उन्होंने यह दर्शाने का प्रयास किया है कि किस प्रकार एथनोग्राफी व्यक्ति अपनी आधुनिक परम्पराओं एवं चरित्रों को श्रेणीबद्ध करता है। एथनोग्राफिक व्यक्ति को मानव जातीय पहचान का प्रतीक माना जाता है।

पाइरे बॉर्डिव का उत्तर-आधुनिकतावाद सिद्धान्त

बॉर्डिव एक फ्रेंच उत्तर-आधुनिकतावादी सिद्धान्तकार थे। वे फ्रेंच उत्तर-आधुनिकतावादी माइकेल फूको से काफी प्रभावित थे। शक्ति के सम्बन्ध में उनका भी विचार फूको के समान था। लेकिन उनका दृष्टिकोण फूको से भिन्न था। फूको ने व्यक्ति, ज्ञान और शक्ति में त्रिपक्षीय सम्बन्ध को प्रकाशित किया था तथा इसी त्रिपक्षीय सम्बन्ध के आधार पर अपने उत्तर-आधुनिकतावाद सिद्धान्त का प्रतिपादन किया था। बॉर्डिव ने व्यक्ति, ज्ञान तथा शक्ति के बीच सम्बन्ध प्रबन्धन के लिए मानव एजेण्ट को जिम्मेवार माना था। बॉर्डिव के अनुसार शक्ति का कोई प्रबन्धन नहीं होता। वरन् मानव अपनी संस्कृतियों से मानव एजेण्ट के माध्यम से जुड़े रहता है। उन्होंने इसे व्यवहार (practice or practis) बतलाया था। उनकी व्यवहार की अवधारणा के अनुसार समाज एवं संस्कृति का निर्माण सार्वजनिक मानव एजेण्टों द्वारा होता है। वे एजेण्ट्स अपना व्यक्तिनिष्ठ विचार समाज के सदस्यों पर थोप देते हैं। मानव एजेण्ट्स अपने विचार को समाज के लिए उचित, उत्पादक तथा परिवर्तनशील बतलाते हैं। इसलिए समाज के सदस्य उनसे प्रभावित होकर उन विचारों को स्वीकार कर लेते हैं। इस प्रकार समाज और संस्कृति में पुराने विचारों के स्थान पर नए-नए विचारों को स्वीकार किया जाता है। मानव एजेण्ट्स अपने विचार को लोगों तक पहुँचाने के लिए भाषा के माध्यम से अर्थ की श्रेणियों का निर्माण करता है। वह अर्थ की श्रेणियों के माध्यम से लोगों को बतलाता है

कि उनके विश्व का क्या अर्थ है, इस विश्व में उनका व्यवहार कैसा होना चाहिए, किसके साथ किस ढंग से व्यवहार करना चाहिए तथा समाज में कैसे अपने सम्बन्ध को बनाकर रखना चाहिए। बॉर्डिव के अनुसार यहाँ मानव एजेण्ट्स शक्तिशाली होता है, क्योंकि वह अपने विचार या वर्गीकरण को दूसरों के ऊपर थोप देता है। एजेण्ट अपनी शक्ति और सत्ता को दर्शाते रहता है। मानव एजेण्ट्स ही लोगों को शक्तिशाली और शक्तिहीन बनाता है। वही धनी–गरीब, ऊँच–नीच, शुद्ध–अशुद्ध, जैसी श्रेणियों का सर्जन करता है तथा लोगों के ऊपर थोप देता है। बॉर्डिव ने अपने इस उत्तर-आधुनिकतावादी सिद्धान्त का प्रतिपादन अपनी पुस्तक *आउटलाइन ऑफ़ ए थ्यौरी ऑफ़ प्रैक्टिस* (1977) में किया था।

बॉर्डिव ने अपने उत्तर-आधुनिक सिद्धान्त की व्याख्या हेतु सम्बन्धात्मक (relational) की अवधारणा का विकास किया था। उनके द्वारा प्रतिपादित सम्बन्धात्मकता की अवधारणा दुर्खीम तथा रैडक्लिफ–ब्राउन की संरचनात्मक अवधारणा से बिल्कुल अलग थी। बॉर्डिव के अनुसार समाज और संस्कृति की तुलना मशीन और जीवधारी से नहीं की जा सकती। क्योंकि समाज और संस्कृति वस्तु या चीज नहीं है। समाज और संस्कृति तो सम्बन्धात्मक होते हैं। वे संरचना नहीं वरन् सम्बन्ध पर आधारित रहते हैं। बॉर्डिव ने इस सम्बन्धात्मक व्यवस्था को क्षेत्र (field) कहा था। उन्होंने क्षेत्र की अवधारणा का विकास सामाजिक एजेण्टों एवं सामाजिक स्थितियों के बीच सम्बन्ध को जानने के लिए किया था। उनके अनुसार मानव एजेण्टों एवं सामाजिक स्थितियों के बीच एक वस्तुनिष्ठ सम्बन्ध होता है। जटिल समाज का निर्माण कई क्षेत्रों से होता है, जैसे कलाकारिक, सृजनशील, बौद्धिक, आर्थिक, शैक्षणिक, राजनीतिक, स्वास्थ्य तथा अन्य। जटिल समाज अपने आन्तरिक विचार से पृथक् या एकजुट रहते हैं। एक समूह के वर्गीकरण के ऊपर दूसरे समूह द्वारा थोपे गए वर्गीकरण के कारण एक प्राकृतिक व्यवस्था स्थापित होती है। इस प्राकृतिक व्यवस्था को बॉर्डिव ने ईश्वर महिमा (doxa) बतलाया था। इस प्राकृतिक व्यवस्था (ईश्वर महिमा) में

शक्तिशाली वर्गीकरण के चरित्र फीके पड़ जाते हैं। इस ईश्वर महिमा की स्थिति में शक्तिशाली तथा शक्तिहीन वर्गों के बीच कोई अन्तर नहीं रह जाता है। इस स्थिति में शक्तिशाली तथा शक्तिहीन दोनों ही का अर्थ एक हो जाता है।

निष्कर्ष के रूप में कहा जा सकता है कि सामाजिक सम्बन्ध एक समूह के ऊपर दूसरे समूह द्वारा थोपे गए संकेतों का परिणाम होते हैं। समाज में जो सच्चाई दिखाई देती है उससे उस व्यक्ति विशेष का पता चलता है जिसके हितों की रक्षा उस सच्चाई द्वारा होती है। बॉर्डिव का मत फूको के मत से बिल्कुल भिन्न था। फूको के अनुसार व्यक्तियों के ऊपर शक्ति-सम्पन्न व्यवस्था का नियन्त्रण रहता है, लेकिन बॉर्डिव के अनुसार व्यक्ति कर्ता वैकल्पिक वर्गीकरण का सृजन करते हैं। यही कारण है कि व्यक्ति शक्ति-सम्पन्न लोगों के दबाव का विरोध करते हैं।

जीन बॉड्रिल्लार्ड का उत्तर-आधुनिकतावाद सिद्धान्त

बॉड्रिल्लार्ड एक फ्रेंच उत्तर-आधुनिकतावाद के सिद्धान्तकार थे। अपने कैरियर के आरम्भिक अवस्था में वे कार्ल मार्क्स से प्रभावित थे। मार्क्स के द्वन्द्वात्मक भौतिकवाद सिद्धान्त का निर्णायक आधार उत्पादन का साधन था। लेकिन बॉड्रिल्लार्ड मार्क्स की विचारधारा में परिवर्तन लाए थे। बॉड्रिल्लार्ड ने अपने उत्तर-आधुनिकतावादी सिद्धान्त की व्याख्या उत्पादन के आधार पर नहीं, वरन् उपभोग के आधार पर की थी। बॉड्रिल्लार्ड ने उपभोग को अपने सिद्धान्त का व्याख्यात्मक अस्त्र बनाया था। उन्होंने संस्कृति की आर्थिक एवं भौतिक प्रक्रियाओं पर विशेष ध्यान दिया था।

बॉड्रिल्लार्ड फ्रेंच सामाजिक वैज्ञानिक इमाईल दुर्खीम से भी प्रभावित थे। दुर्खीम आदिम समाज की उपहार विनिमय प्रथा को प्रकाश में लाए थे। उनके अनुसार आदिम समाजों में जन्म, विवाह तथा मृत्यु जैसे अनुष्ठानिक अवसरों पर सम्बन्धियों एवं मित्रों के बीच उपहार विनिमय प्रथा पाई जाती है। यह पारस्परिक विनिमय व्यवस्था तथा संरचना का

अच्छा उदाहरण है। बॉड्रिल्लार्ड ने दुर्खीम के आर्थिक विनिमय व्यवस्था को सांकेतिक विनिमय व्यवस्था (symbolic exchange) से बदल दिया था। बॉड्रिल्लार्ड के अनुसार जन्म, विवाह, मृत्यु तथा त्योहारों के अवसर पर मित्रों एवं रिश्तेदारों के बीच संकेतों का आपसी आदान-प्रदान होता है। उनके अनुसार न्यौता, वस्त्र, आभूषण, बलि, प्रसाद, भोज, शराब तथा हड़िया ये सब संकेत हैं जिनका आपसी आदान-प्रदान विभिन्न आनुष्ठानिक एवं त्योहारिक अवसरों पर होता है। ये सब सांकेतिक वस्तुएं उन्हें आपसी सम्बन्ध में बाँधे रहते हैं।

ब्रॉड्रिल्लार्ड के ऊपर भाषा वैज्ञानिक सासुरे का प्रभाव पड़ा था। सासुरे से प्रभावित होकर ब्रॉड्रिल्लार्ड ने स्वीकार किया था कि भाषा की प्रकृति व्यक्तिगत न होकर सामूहिक होती है। भाषा की संरचना में संकेतों का अहम् योगदान होता है। इसी आधार पर बॉड्रिल्लार्ड ने सांकेतिक विनिमय सिद्धान्त का प्रतिपादन किया था। बॉड्रिल्लार्ड ने अपने उत्तर-आधुनिकतावाद सिद्धान्त में मॉस मीडिया, उपभोग, प्रतिबिम्ब, संकेत, सांकेतिक व्यवस्था एवं सांकेतिक विनिमय को शामिल किया था।

उत्तर-आधुनिकतावाद सिद्धान्त से जुड़ी हुई बॉड्रिल्लार्ड की निम्नलिखित विशेषताएं थीं–

- उत्तर-आधुनिक समाज मॉस मीडिया समाज है।
- उत्तर-आधुनिक समाज उपभोक्ता समाज है।
- उत्तर-आधुनिक समाज प्रतिबिम्ब समाज है।
- उत्तर-आधुनिक समाज के सन्दर्भ में कुछ सिद्धान्तों का निर्माण किया जा सकता है।

योगदान : पुस्तक-लेखन तथा प्रकाशन के रूप में बॉड्रिल्लार्ड के निम्नलिखित योगदान हैं–

- 1968: *द सिस्टम ऑफ़ ऑब्जेक्ट्स*।
- 1973: *सिमुलेशन*।

- 1975: द *मिरर ऑफ़ प्रोडक्शन*।
- 1976: *सिम्बोलिक एक्सचेंज एण्ड डेथ*।
- 1985: द *इटैसी ऑफ़ कम्युनिकेशन*।
- 1989 (ed.): द *सेलेक्टेड राइटिंग*।

अन्य उत्तर-आधुनिकतावादी सिद्धान्तकारों के समान बॉड्रिल्लार्ड ने भी ज्ञान की सच्चाई को जानने का प्रयास किया था। सच्चाई का पता लगाने के लिए अनुभव और तर्क का सहारा लिया जाता है। अनुभव और तर्क के आधार पर ही सत्य-असत्य का पता लगाया जाता है। उत्तर-आधुनिकतावादी विचारक के रूप में बॉड्रिल्लार्ड ने समकालीन समाज की सच्चाई को समझने का प्रयास किया था। उन्होंने पाया कि उत्तर-आधुनिक समाज में उत्पादन विधियों तथा उत्पादन सम्बन्धों का प्रभुत्व नहीं रह गया। अब उत्तर-आधुनिक समाज पर साइबरनेटिक मॉडल्स, स्टिरिंग व्यवस्था, कम्प्यूटर, संचार माध्यमों, सूचना तन्त्रों, मनोरंजन तथा ज्ञान से जुड़े उपकरणों एवं उद्योगों का प्रभुत्व स्थापित हो गया है। पहले के समाजों में मुनाफाखोरी तथा शोषण व्याप्त था। लेकिन उत्तर-आधुनिक समाजों में संकेतों का बोलबाला है। अब संकेत ही यथार्थ बन गए हैं। संकेत तथा सच्चाई को अलग करना आसान नहीं रह गया। आज हमारे पास वही सामाजिक सत्य है जो टी॰वी॰ तथा मीडिया हमारे सामने परोसते हैं। आज संकेतों के माध्यम से मीडिया में बताता है कि कौन सी क्रीम सौन्दर्यवर्धक है, कौन सी दवा शक्तिवर्धक है, कौन सा दूध स्वास्थ्यवर्धक है, कौन सा तेल खाने के लिए अच्छा है, कौन सा रिफाइन्ड अच्छा है, कौन से ब्राण्ड का नमक, चीनी, दाल, चावल स्वास्थ्य के लिए ठीक है, कौन से ब्राण्ड का साबुन तथा सर्फ सबसे अच्छा है, कौन से ब्राण्ड का कपड़ा अच्छा है, इत्यादि। इस प्रकार बग़ैर गुणवत्ता की जाँच किए हम वही खाते हैं जो मीडिया हमें खिलाता है, हम वही पहनते हैं जो मीडिया हमें पहनवाता है, हम वही करते हैं जो मीडिया हमसे करवाता है। हम मीडिया के ब्राण्ड संकेतों को सच्चाई मानकर और वस्तुओं का उपयोग सहर्ष

करने लगे हैं। उत्तर-आधुनिक युग की यही सच्चाई है। पूरा समाज संकेतों के अधीन व्यवहार करता है। मीडिया ने उत्तर-आधुनिक समाज की सांकेतिक व्यवस्था को मजबूती प्रदान की है। उत्पादन समाज का परिवर्तन अब उपभोग समाज में हो गया है। आज स्तरीकरण का आधार उत्पादन नहीं उपभोग बन गया है। आज समाज में सबसे उच्च स्थिति उसी की मानी जाती है जिसके पास उपभोग क्षमता अधिक होती है। आज उपभोग का निर्धारण मीडिया द्वारा होता है। आज का समाज मीडिया समाज (media society) है।

आज का समाज प्रतिबिम्ब समाज (simulation society) है। आज का उत्तर-आधुनिक समाज चकाचौंध वाला समाज है। यह एक प्रकार की मायानगरी है। यहाँ कुछ भी सच्चाई नहीं होती। इसे डिजनीलैण्ड भी कहा जाता है। डिजनीलैण्ड कैलीफोर्निया नगर का एक चिल्ड्रन पार्क है। इस पार्क में बच्चों के लिए कार्टून फिल्मों की व्यवस्था रहती है। कार्टून फिल्मों में केवल बेतुकापन रहता है। लेकिन बच्चे उसे ही सच्चाई मान लेते हैं। डिजनीलैण्ड के समान आज के उत्तर-आधुनिक समाज में प्रतिबिम्ब, प्रतिकृति, कार्बन कॉपी को ही सच्चाई मान लिया जाता है। इसे ही प्रतिबिम्ब समाज कहा जाता है।

ब्रॉडिल्लार्ड के अनुसार प्रतिबिम्ब की कई श्रेणियाँ होती हैं। प्रतिबिम्ब की पहली अवस्था में जो आधुनिकता आई थी, उसे ब्रॉडिल्लार्ड ने आरम्भिक आधुनिकता बतलाया था। इसकी अवधि पुनर्जागरण काल से लेकर फ्रेंच क्रान्ति तक थी। पुनर्जागरण काल में समाज सामन्ती व्यवस्था में था। इसमें सब कुछ असमानता पर आधारित था। प्रारम्भिक आधुनिकता को औद्योगिक क्रान्ति द्वारा तोड़ा गया था। यह दूसरी श्रेणी का प्रतिबिम्ब था। जब तकनीकी क्रान्ति आई तब बृहत् स्तर पर उत्पादन होने लगा था। द्वितीय विश्व युद्ध के बाद प्रतिबिम्ब की तीसरी अवस्था प्रकट हुई। इसी में उत्तर-आधुनिकतावाद का जन्म हुआ। तब उत्पादन पर विज्ञापन, सूचना तन्त्र, तथा नेटवर्क का प्रभाव पड़ा।

बॉड्रिल्लार्ड ने उत्तर-आधुनिक समाज को अति यथार्थ समाज (hyper reality society) बतलाया है। यहाँ समाज का सच्चाई से दूर-दूर

तक कोई रिश्ता नहीं होता। यह कल्पनालोक में खोया रहता है। आज का उत्तर-आधुनिक समाज उसे अपना रहा है, जिसका सच्चाई से कोई रिश्ता नहीं होता। मीडिया तथा सूचनातन्त्र द्वारा अति यथार्थता की स्थिति उत्पन्न की जाती है। अब नकल करना ही जीवन का ध्येय बन गया है। हम नकल को ही वास्तविक मान रहे हैं।

बॉड्रिल्लार्ड के अनुसार सरल तथा आदिम समाजों में सांकेतिक या प्रतीकात्मक विनिमय होता है। अगर किसी व्यक्ति की मृत्यु हो जाती है, तब उसकी आत्मा के नाम से नाश्ता, भोजन, पानी, वस्त्र, तेल, श्रृंगार सामान, बर्तन, हड़िया, दाल, दूध, दही, हवन, इत्यादि अर्पित किए जाते हैं। इस प्रतीकात्मक या सांकेतिक विनिमय के माध्यम से पूर्वज पीढ़ी और वर्तमान पीढ़ी को जोड़ा जाता है। इसी तरह विवाह, जन्म, त्योहारों जैसे अवसरों पर सांकेतिक या प्रतीकात्मक विनिमय व्यवस्था पाई जाती है। इन अवसरों पर वस्तुओं का नहीं वरन् सम्बन्ध का विनिमय होता है। संकेत सम्बन्ध का माध्यम बनते हैं। लेकिन उत्तर-आधुनिक समाज में सांकेतिक या प्रतीकात्मक विनिमय का स्थान नहीं है। उत्तर-आधुनिक समाज में बाज़ार विनिमय व्यवस्था पाई जाती है। बाज़ार में सम्बन्ध का विनिमय नहीं होता, वहाँ चीजें खरीदी और बेची जाती हैं।

बॉड्रिल्लार्ड के अनुसार उत्तर-आधुनिक समाज हर्षोन्माद समाज है। इस समाज में न वर्तमान की चिन्ता की जाती है और ना ही भविष्य की। यह समाज खाओ, पीओ और मौज करो में विश्वास करता है। इनका मानना है कि खाया-पिया ही साथ जाता है। पैसा यहीं छूट जाता है। किसके लिए बचाना है। सब कोई स्वार्थ के लिए बँधा होता है। अन्त समय में कोई काम नहीं आता। सब कुछ बेचो और सब कुछ खरीदो। आज के समाज में कला, साहित्य, सौन्दर्य तथा लिंग खरीदने-बेचने की वस्तु बन गए हैं। आज हम हर्षोन्माद समाज में जी रहे हैं।

बॉड्रिल्लार्ड के अनुसार आज का उत्तर-आधुनिक समाज फैशन समाज (fashion society) है। मीडिया फैशन का प्रचार-प्रसार कराता है। उसे ही लोग अनुकरण करने लगते हैं। कम से कम वस्त्र का

प्रयोग, तंज से तंज वस्त्र का उपयोग आज का फैशन बन गया है। फैशन प्रदर्शित करने के लिए विश्व सुन्दरी, ब्रह्माण्ड सुन्दरी, यूरोप सुन्दरी, एशिया सुन्दरी को रैप पर उतारा जाता है। ब्रेकिंग न्यूज द्वारा फैशन को परोसा जाता है। आज फैशन संस्कृति का अंग बन गया है।

इस प्रकार बॉड्रिल्लार्ड ने उत्तर-आधुनिकतावाद को उपभोग की संस्कृति, नकल की संस्कृति, झूठ की संस्कृति, खरीद-बिक्री की संस्कृति, दिखावे की संस्कृति, अति यथार्थ संस्कृति, बिम्ब की संस्कृति, प्रलोभन की संस्कृति, हर्षोन्माद की संस्कृति, इत्यादि के माध्यम से प्रस्तुत किया है।

जीन फ्रैंकोइस ल्योटार्ड का उत्तर-आधुनिकतावाद सिद्धान्त

ल्योटार्ड एक फ्रेंच उत्तर-आधुनिक विचारक थे। वे एक अमेरिकी विश्वविद्यालय अटलाण्टा के प्रोफेसर थे। ल्योटार्ड ने अपनी पुस्तक-लेखन तथा प्रकाशन में निम्नलिखित योगदान दिया–

- 1971: *डिस्कोर्स फिगर*।
- 1979: *द पोस्टमॉडर्न कण्डीशन*।
- 1991: *फेनोमेनोलॉजी*।
- 1992: *पोस्टमॉडर्न एक्सप्लेण्ड टू चिल्ड्रन*।
- 1992: *लिविडिबल इकोनॉमी*।
- 1993: *टूवार्ड्स द पोस्टमॉडर्न*।

ल्योटार्ड ने अपने उत्तर-आधुनिकतावादी सिद्धान्त का प्रतिपादन अपनी पुस्तक *पोस्टमॉडर्न कण्डीशन : ए रिपोर्ट ऑन नॉलेज* (1979) में किया था। इस पुस्तक का लेखन कार्य उन्होंने पदाधिकारियों के अनुरोध पर किया था। इस पुस्तक में विश्वविद्यालय शिक्षा एवं अनुसन्धान की नीतियों के सम्बन्ध में सूचना तथा शिल्प विज्ञान के विकास पर जोर दिया गया था। उनका दूसरा मत भाषा विज्ञान के ज्ञान को अन्य क्षेत्रों में अपनाने से सम्बन्धित था। उनके अनुसार आज का ज्ञान-विज्ञान सूचना शिल्प विज्ञान (information technology) पर

आश्रित है तथा सूचना शिल्प विज्ञान भाषा पर आश्रित है। भाषा विज्ञान के महत्त्व को आज के युग में साइबरनेटिक्स, गणित कम्प्यूटर तथा उनकी भाषा, सूचना संग्रह, सूचना विश्लेषण, संचार तथा डाटा बैंक के रूप में देखा जा सकता है। उत्तर-आधुनिकता की इसी स्थिति पर ल्योटार्ड ने अपनी चर्चा प्रस्तुत पुस्तक में की थी।

ल्योटार्ड भी मार्क्सवाद से प्रभावित थे। लेकिन उन्होंने उनके द्वन्द्वात्मक भौतिकवाद जैसे महान् सिद्धान्त (metanarrative) को अस्वीकार कर दिया था। उनके अनुसार मार्क्स, वेबर तथा दुर्खीम जैसे सिद्धान्तकारों के महान् सिद्धान्तों को अस्वीकार करना ही उत्तर-आधुनिकता थी। ल्योटार्ड ने अपने उत्तर-आधुनिकतावाद सिद्धान्त को ज्ञान के माध्यम से प्रस्तुत करने का प्रयास किया था। उनके अनुसार ज्ञान कभी भी पूर्ण या समग्र नहीं होता। ज्ञान हमेशा प्रतियोगी होता है। एक ज्ञान का दूसरे ज्ञान के साथ संघर्ष भी होता है। ल्योटार्ड के अनुसार ज्ञान दो प्रकार का होता है, जो निम्नलिखित हैं–

- वर्णनात्मक (narrative)।
- वैज्ञानिक (scientific)।

ल्योटार्ड मार्क्स, वेबर तथा दुर्खीम के महान् सिद्धान्तों (metanarratives) को अस्वीकार कर दिए थे। ल्योटार्ड ने सूचना को ज्ञान के साथ जोड़ा था। उनके अनुसार सूचना और ज्ञान एक-दूसरे से जुड़े हुए हैं। उत्तर-आधुनिक काल में सूचना ज्ञान का बाज़ारीकरण हो गया है सूचना-सम्पन्न व्यक्ति ही शक्ति-सम्पन्न बन गया है। ल्योटार्ड ने अपने उत्तर-आधुनिकतावाद सिद्धान्त को निम्नलिखित ढंग से प्रस्तुत किया था–

- **महान् सिद्धान्तों की अस्वीकृति :** ल्योटार्ड के अनुसार आज के उत्तर-आधुनिक समाज में मार्क्स, वेबर तथा दुर्खीम के महान् सिद्धान्तों को अस्वीकार कर दिया गया है, क्योंकि वे अब उत्तर-आधुनिक समाज के लिए उपयोगी नहीं रह

गए। महान् सिद्धान्तों की उत्पत्ति आधुनिक काल में हुई थी। आधुनिक काल की व्याख्या के लिए महान् सिद्धान्तों की स्थापना दुर्खीम, मार्क्स तथा वेबर द्वारा की गई थी। इन विद्वानों द्वारा अपने-अपने महान् सिद्धान्तों को निष्पक्ष, वस्तुनिष्ठ तथा वैज्ञानिक बतलाया गया था। लेकिन ल्योटार्ड ने उन्हें अस्वीकार कर दिया था। ल्योटार्ड के अनुसार महान् वृत्तान्तों द्वारा जो ज्ञान का अर्थ प्रकट हुआ था वह दोषपूर्ण था। उस ज्ञान पर भरोसा नहीं किया जा सकता। महान् वृत्तान्तों या सिद्धान्तों के द्वारा जो ज्ञान का प्रतिपादन किया गया था वह वैयक्तिक, राजनीतिक, मिथक तथा धार्मिक था। वह वास्तविक ज्ञान नहीं था। वह ज्ञान न तो प्रकृति पर और ना ही समाज पर लागू होता है।

- **महान् सिद्धान्त औद्योगिक एवं व्यवसायिक विकास का पोषक :** ल्योटार्ड के अनुसार सभी महान् सिद्धान्त औद्योगिक विकास के पोषक थे। साथ ही साथ वे व्यावसायिक विकास का समर्थन करते थे। उनके द्वारा पूँजीवाद, उद्योगवाद तथा व्यवसायवाद की स्थापना पर विशेष बल दिया गया था। उनका सि़द्धान्त श्रमिकों की समस्या पर मौन रह गया था। इस प्रकार महान् सिद्धान्त पूँजीपतियों और व्यवसायियों का पोषक था तथा श्रमिकों के लिए शोषक बन गया था।
- **छल-कपट को बढ़ावा :** महान् सिद्धान्तों द्वारा आदमी को महत्त्वाकांक्षी बना दिया गया था। मानव अपने आपको धनार्जन की महान् दौड़ में शामिल कर लिया था। आदमी किसी भी तरह से धनार्जन में लिप्त हो गया। येन-केन-प्रकारेन वह छल-कपट अपनाकर धन कमाने लगा। महान् सिद्धान्तों द्वारा मूल्यहीनता को बढ़ावा दिया गया था।
- **ज्ञान सुख-सुविधा के लिए :** आधुनिक समाज का ज्ञान सुख-सुविधा, ऐशो-आराम तथा भोग-विलास का साधन बन गया था। ऐसे ज्ञान को परित्याग करने की आवश्यकता उत्तर-आधुनिक काल में महसूस की गई थी।

- **विखण्डित समाज का निर्माण :** कार्ल मार्क्स द्वारा समाजवादी समाज की वकालत की गई थी। ल्योटार्ड के अनुसार समाजवादी समाज का निर्माण सर्वत्र सम्भव नहीं था। उन्होंने समाजवादी समाज के स्थान पर उत्तर-आधुनिक समाज के निर्माण पर जोर दिया था। उत्तर-आधुनिक समाज वैयक्तिक समाज होता है। यह एक विखण्डित समाज भी होता है। वैयक्तिक एवं विखण्डित समाज ही इस उत्तर-आधुनिक युग के प्रतीक थे। अब इस युग में परम्परागत एवं आधुनिक समाज खत्म हो रहे हैं। उत्तर-आधुनिक समाज विविधताओं से भरा-पूरा है। इसमें विखण्डन की बात होती है, समग्रता की नहीं। भाषा खेल के माध्यम से समाज का विखण्डन एवं विखण्डित समाज की जानकारी मिलती है।
- **भाषा-खेल:** ल्योटार्ड के अनुसार एक सिद्धान्त तथा विज्ञान के बीच सम्बन्ध का निर्धारण भाषा-खेल (language game) के माध्यम से होता है। यह भाषा का ही खेल है कि सिद्धान्त और विज्ञान आपस में जुड़ गए हैं। जिस प्रकार एक भाषा दो व्यक्तियों या दो समूहों को अपनी भाषायी खेलों से जोड़ती है। उसी प्रकार भाषा अपने खेलों के माध्यम से सिद्धान्त एवं विज्ञान को जोड़ती है। बिना भाषा-खेल के समाज में मौन छा जाएगा तथा समाज का रूपान्तरण मौन समाज के रूप में हो जाएगा। समाज को जीवन्त रखने का काम भाषा खेल का है। सिद्धान्त एवं विज्ञान दोनों ज्ञान के दो स्वरूप हैं। लेकिन दोनों के स्वरूपों में अन्तर होता है। दोनों के स्वरूपों में अन्तर को भाषा स्पष्ट करती है। ज्ञान का अर्थ संकेतों से होता है। उदाहरण के लिए कैसे रहना चाहिए, कैसे जीना चाहिए, कैसे काम करना चाहिए, इत्यादि। दूसरी तरफ सिद्धान्तों में भी ज्ञान होता है। लेकिन ये ज्ञान परम्परा एवं रीति-रिवाज़ों से जुड़ा रहता है, जैसे बड़ों को आदर करना, छोटों को प्यार करना,

परम्परा का आदर करना, इत्यादि। सिद्धान्त अपने मूल्यों द्वारा सामाजिक एकता को बनाए रहते हैं। सिद्धान्त हमें जानकारी देता है, बोलना सिखाते हैं तथा सीखना भी सिखाते हैं। ये सभी काम भाषा खेलों द्वारा सम्पन्न होता है। परम्पराओं के बीच अन्तर-सम्बन्ध भी भाषा-खेल के द्वारा स्थापित होता है।

- **सूचना और ज्ञान का व्यापारीकरण** : ल्योटार्ड के अनुसार उत्तर-आधुनिक समाज की मुख्य विशेषताएं वैयक्तिकता, विखण्डन तथा विविधता है। उत्तर-आधुनिक समाज में सूचना और ज्ञान का बाज़ारीकरण हो गया है। औद्योगीकरण उत्पादन में धन का निवेश बढ़ गया है। जिस अनुपात में धन का निवेश होता है उसी अनुपात में उत्पादन भी होता है। अगर शिल्प विज्ञान तथा निवेश की दृष्टि से देखा जाए, तब विज्ञान उत्पादन शक्ति के रूप में प्रकट होता है। यहाँ विज्ञान का उद्देश्य सत्य की खोज करना नहीं रह जाता। यहाँ पर उसका लक्ष्य उत्पादन में दक्षता एवं निपुणता लाने में रहता है। आज के समय में वैज्ञानिकों को इसलिए अधिक वेतन नहीं दिया जाता कि वे सत्य की खोज करते हैं, वरन् उन्हें इसलिए अधिक वेतन दिया जाता है, क्योंकि वे अधिक गुणवत्ता एवं निपुणता का सृजन करते हैं वे अपनी विशेषता का उपयोग अधिक से अधिक उत्पादन करने में लगाते हैं। इस तरह उत्तर-आधुनिक काल में सूचना और ज्ञान का बाज़ारीकरण हो गया है।
- **शिक्षा में शिल्प विज्ञान का महत्त्व** : उत्तर-आधुनिक समाज की शिक्षा पद्धति में शिल्प विज्ञान का महत्त्व बढ़ गया है। चूँकि उत्तर-आधुनिक समाज अधिक से अधिक चीजों के उत्पादन में विश्वास करता है, अतः आज की शिक्षा पद्धति में शिल्प विज्ञान का महत्त्व बढ़ गया है। आज के शिक्षण संस्थान में चरित्र निर्माण, मूल्य निर्माण जैसे आदर्शों की चर्चा नहीं की जाती। आज शिक्षण संस्थानों में अत्याधुनिक तकनीकी, तन्त्र

एवं उत्पादन में बढ़ोत्तरी की चर्चा की जाती है। आजकल की चर्चा का विषय उत्पादन दक्षता, निपुणता तथा नई-नई टेक्नोलॉजी होती है।

- **ज्ञान की भाषा का कम्प्यूटरीकरण :** उत्तर-आधुनिक समाज कम्प्यूटर-आधारित समाज हो गया है। इस समाज में ज्ञान की भाषा का कम्प्यूटरीकरण हो गया है। इस समाज में कम्प्यूटर वैज्ञानिक होते हैं, जो ज्ञान की भाषा की अभिव्यक्ति कम्प्यूटर भाषा में करते हैं। आज जो कम्प्यूटर की भाषा जानते हैं उन्हें शिक्षित कहा जाता है। जो कम्प्यूटर की भाषा नहीं जानते, उन्हें अशिक्षित कहा जाता है।
- **ज्ञान की उपयोगिता में बदलाव :** उत्तर-आधुनिक काल में ज्ञान की उपयोगिता भी बदल गई है। अब ज्ञान उत्पादन क्षमता से जुड़ गया है। आज अगर शिल्प विज्ञान का विकास किया जाता है, तब इस पर ध्यान दिया जाता है कि इससे भविष्य में कितना लाभ होगा। आज इस युग में मेमोरी बैंक, कम्प्यूटर आँकड़ा बैंक, इंजीनियरिंग, कम्प्यूटर साइंस, कम्प्यूटर एपलिकेशंस, डाटा एनालिस्ट, डाटा इण्टरप्रिटेशन साइंस, आर्टिफिशियल इण्टेलिजेंस जैसे विषयों की पढ़ाई होती है। अब ज्ञान कमाने के लिए तथा ज्ञान कर्मचारी उत्पन्न करने के लिए होता है।
- **ज्ञान का उद्देश्य विकास करना :** उत्तर-आधुनिक समाज में ज्ञान का उद्देश्य केवल उत्पादन करना ही नहीं, वरन् उत्पादन में प्रगति लाना भी रहता है। अब नई-नई तकनीकी तन्त्र का आविष्कार किया जाता है। छात्रों को उसमें प्रशिक्षित किया जाता है। आज के उत्तर-आधुनिक समाज का विश्व कोष डाटा बैंक (data bank) है। समाज नए-नए आविष्कारों द्वारा आगे बढ़ रहा है।
- **ज्ञान की खरीद-बिक्री :** उत्तर-आधुनिक समाज में हम ज्ञान की खरीद-बिक्री करते हैं। आज इस युग का ज्ञान बाँटने के

लिए नहीं, खरीद-बिक्री के लिए हो गया है। इसका निर्माण लाभ कमाने के लिए किया जाता है। हर कम्पनी, हर व्यवसायी अपने-अपने ज्ञान को दूसरे से साझा नहीं करता। वे सब अपने-अपने ज्ञान का पेटेण्ट करा देते हैं। उस ज्ञान के द्वारा कम्पनी अपना अधिक से अधिक माल का उत्पादन करती है और बेचती है। आज का ज्ञान न तो बाँटने के लिए है और ना ही साझा करने के लिए है। ज्ञान के माध्यम से उत्पादित वस्तुओं की खरीद-बिक्री ही आज के ज्ञान का लक्ष्य बन गया है।

- **ज्ञान की वैधता में बदलाव :** उत्तर-आधुनिक समाज के ज्ञान की वैधता में भी बदलाव आया है। उत्तर-आधुनिक ज्ञान सिद्धान्त एवं विज्ञान दोनों होते हैं, लेकिन दोनों की वैधता अलग-अलग होती है। सिद्धान्त में हम पौराणिक कथा एवं परम्पराओं का स्थान पाते हैं, लेकिन विज्ञान में इन्हें अस्वीकार किया जाता है। विज्ञान की वैधता प्रमाण पर आधारित होती है।

जैक्स डेरिड्डा का उत्तर-आधुनिकतावादी सिद्धान्त

डेरिड्डा का जन्म 1930 ई० में अल्जीरिया में हुआ था। उनकी शिक्षा पेरिस की प्रसिद्ध एवं प्रतिष्ठित संस्था निकोले नैमेर्ल में हुई थी। वे यहूदी धर्म के समर्थक थे। सन् 1965 में उनके दो निबन्ध *क्रिटिक* नामक अनुसन्धान पत्रिका में प्रकाशित हुए थे। इन निबन्धों के प्रकाशन के पश्चात् उनकी गिनती एक फ्रेंच विचारक के रूप में होने लगी थी। उनके दोनों निबन्ध व्याकरणशास्त्र से सम्बन्धित थे। इसलिए उनकी गणना एक भाषा वैज्ञानिक, उत्तर-संरचनावादी एवं उत्तर-आधुनिकतावादी के रूप में होने लगी थी। डेरिड्डा का पुस्तक-लेखन एवं प्रकाशन के रूप में निम्नलिखित योगदान था—

- 1967: *ऑफ़ ग्रामैटोलॉजी*।

- 1967: *राइटिंग्स एण्ड डिफरेंस*।
- 1972: *पोजिशंस*।
- 1972: *मार्टिनेस ऑफ़ फिलोसॉफी*।
- 1943: *द स्पीच फेनोमिना*।
- 1974: *द ग्लास*।
- 1978: *द ट्रूथ इन पेंटिंग्स*।

डेरिड्डा के उत्तर-आधुनिकतावाद सिद्धान्त के ऊपर दार्शनिकों का प्रभाव व्यापक रूप से पड़ा था। उन दार्शनिकों में लॉक बर्कले एवं ह्यूम का नाम महत्त्वपूर्ण है। इन्हीं दार्शनिकों से प्रभावित होकर डेरिड्डा ने साहित्य के सम्बन्ध में विखण्डन की अवधारणा (concept of deconstruction) का विकास किया था।

विखण्डन की अवधारणा

डेरिड्डा के अनुसार उत्तर-आधुनिकता की कई परिभाषा प्रदान की गई हैं। उत्तर-आधुनिकता की एक परिभाषा के अनुसार उत्तर-आधुनिकता एक आन्दोलन है, जिसका प्रभाव दर्शनशास्त्र कला, साहित्य, फिल्म, नाटक, कविता तथा नृत्य में देखा जा सकता है। एक अन्य परिभाषा के अनुसार उत्तर-आधुनिकता एक मानसिकता है। यह मानसिकता आधुनिकता विरोधी नहीं है, लेकिन यह आधुनिकता के पुनर्निर्माण से सम्बन्धित अवश्य है। उत्तर-आधुनिकता आधुनिकता को नए ढंग से प्रस्तुत करती है।

डेरिड्डा का उत्तर-आधुनिकतावाद सिद्धान्त विखण्डन (deconstruction) पर आधारित है। उनके अनुसार विखण्डन एक प्रकार का दर्शन है। यह दर्शन दर्शनशास्त्र से निकलकर साहित्य, शिक्षा, कला, मनोविश्लेषण एवं सामाजिक विज्ञान में पहुँच गया है। विखण्डन की अवधारणा भाषा से सम्बन्धित है। इसके माध्यम से समाज में भाषा की महत्ता पर प्रकाश डाला गया है। एक आदमी आदमी होता है, अतः उसके पास अहम् होता है। वह एक सामाजिक सदस्य भी होता है। अतः एक आदमी अपने अहम् एवं समाज के बीच सम्बन्ध स्थापित

करता है। यहाँ सम्बन्ध स्थापित करने का काम भाषा करती है। इस प्रकार भाषा ही वह साधन है जो मानव के अहम् को समाज के साथ जोड़ देती है। भाषा के माध्यम से ही एक व्यक्ति अपने, अपने परिवार, देश, जाति, जनजाति, गाँव, इत्यादि के बारे में जानकारी प्राप्त करता है। साथ ही साथ वह भौतिक पर्यावरण, हवा, पानी, जल, मिट्टी, पेड़-पौधे, पशु-पक्षी, नदी-पहाड़, झरना-समुद्र, झील, इत्यादि के बारे में भी जानकारी प्राप्त करता है। इस प्रकार एक मानव व्यक्ति भाषा के माध्यम से अपने सगे-सम्बन्धियों तथा आस-पास के पर्यावरण के साथ जुड़ जाता है। इस तरह अहम् का विकास करने वाली भाषा है। भाषा ही बताती है कि एक व्यक्ति क्या है? किसके साथ उसका क्या रिश्ता है? किसलिए उसका जन्म हुआ, आस-पास के पर्यावरण के साथ क्या रिश्ता है? वह किस परिवार का है? किस जाति/जनजाति का है? कौन से गाँव का है? इत्यादि। जैसा समाज रहता है वैसा ही उसका अहम् विकसित होता है। भाषा का सम्बन्ध मूल पाठ (text) से भी होता है। मूल पाठ कोई लेखक या कवि द्वारा तैयार किया जाता है। मूल पाठ में हम शब्द संकेतों का संग्रह वाक्य एवं वाक्य खण्डों के रूप में पाते हैं। मूल पाठों में प्रयुक्त कुछ शब्दों का अर्थ तो बिल्कुल स्पष्ट होते हैं। लेकिन कुछ शब्द संकेतों के अर्थ अस्पष्ट होता है। साहित्य में अस्पष्ट शब्द संकेतों के अर्थ को स्पष्ट करना ही विखण्डन (deconstruction) कहलाता है। इस प्रकार विखण्डन दर्शन साहित्य के मूल पाठों में प्रयुक्त अस्पष्ट शब्द संकेतों के अर्थ को स्पष्ट रूप से प्रकट करता है। यह दर्शन मूल पाठ की कमजोरियों को प्रकाश में लाता है।

डेरिड्डा के विखण्डन की अवधारणा अन्तर एवं तर्क पर आधारित है। अन्तर दोहरे अर्थ में निहित रहता है। पहला अर्थ मतभेद से जुड़ा रहता है तथा दूसरा अर्थ अस्वीकृति से रहता है। इस तरह विखण्डन का अर्थ मूल पाठ से मतभेद रखना या मूल पाठ को अस्वीकार करना होता है। इस प्रकार मूल पाठ का आलोचनात्मक अध्ययन करना ही विखण्डन कहलाता है।

भाषा की व्याख्या करते हुए डेरिड्डा का मानना था कि वाणी एवं लेखन में अन्तर होता है। लेखन भाषा का ग्राफिक रूप होता है। लिखकर स्मरण शक्ति को बनाए रखा जाता है। इसे पढ़कर सूचना तथा ज्ञान की प्राप्ति की जा सकती है। लेकिन भाषा में प्रथम स्थान वाणी का होता है। लेखन को भाषा में दूसरा स्थान प्राप्त है। वाणी ध्वनि विज्ञान से जुड़ी रहती है। यह हमारे विचारों से ज्यादा निकट रहती है। अतः वाणी को भाषा में मौलिक स्थान प्राप्त है। लेखन द्वितीयक होता है। इसमें मौलिकता का अभाव रहता है। इसमें कृत्रिमता पाई जाती है। विखण्डन शब्दों के अर्थ को समझने की एक विधि है। यह एक ऐसी विधि है जिसमें एक शब्द को दूसरे शब्द के साथ जोड़कर अर्थ निकाला जाता है। इसमें शब्दों को घटना से नहीं जोड़ा जाता। जो व्यक्ति घटना का वर्णन करता है वह व्यक्ति अपनी सांकेतिक भाषा का प्रयोग करता है। जिस भाषा के शब्दों को वह प्रयोग करता है उसके एक नहीं कई अर्थ भी होते हैं। इसमें पूर्ण या सत्यभाषी अर्थ हमेशा स्थगित रहता है। सत्य के भी विविध अर्थ होते हैं। भाषा का अर्थ मूर्त वास्तविकता में नहीं खोजा जा सकता। भाषा का अपना सामाजिक सन्दर्भ भी होता है। इसकी रचना सामाजिक ढंग से होती है। इसीलिए इसे सामाजिक विरासत माना जाता है। विखण्डन दर्शन के माध्यम से तथाकथित सत्य को अस्वीकार किया जाता है। अगर मूल पाठ में सत्य के सम्बन्ध में कोई कल्पना हो तो उसे अस्वीकार कर दिया जाना चाहिए। क्योंकि कल्पनाएँ सत्य नहीं होती। कल्पनाएँ सत्य से परे होती हैं।

डेरिड्डा एक वैयाकरण भी थे। इसीलिए इन्होंने अपने विखण्डन दर्शन में व्याकरण के मूल पाठ का सहारा लिया था। जिस प्रकार व्याकरण का मूल पाठ लेखक से परे होता है, उसी प्रकार भाषा का मूल पाठ भी लेखक से परे होता है। जो अर्थ लेखक के मस्तिष्क में लेखन के समय रहता है, वह पाठक तक पहुँचते-पहुँचते बदल जाता है। यह सब शब्दों एवं अर्थों का खेल होता है। मूल पाठ का अर्थ व्यक्तिनिष्ठ होता है, वस्तुनिष्ठ नहीं। एक ही शब्द के कई अर्थ होते

हैं तथा कई शब्दों का एक अर्थ होता है। शब्दों का अपना-अपना सामाजिक सन्दर्भ भी होता है।

अगर हम वेद के मूल पाठ का अध्ययन करते हैं तब हमें पता चलता है कि नारी का स्थान भारतीय समाज में पूजित रहा है। क्योंकि जहाँ नारियों की पूजा होती है, वहाँ देवताओं का वास होता है। लेकिन अगर हम *रामायण* के मूल पाठ का अध्ययन करते हैं तब हम नारियों को तारण के अधिकारी पाते हैं। इन दो प्रकार के ग्रन्थों के मूल पाठों में नारी के बारे में दो प्रकार के अर्थ प्रकट होते हैं। एक धर्म-ग्रन्थ में पूजन के अधिकारी है तो दूसरे धर्म-ग्रन्थ में परिष्करण के अधिकारी है। इस तरह नारी-पूजन तथा तारण दोनों की अधिकारी हैं। इससे यह भी पता चलता है कि नारी वस्तुनिष्ठ नहीं वरन् व्यक्तिनिष्ठ होती है।

एक दूसरे उदाहरण में हमारे भारतीय समाज में पति को परमेश्वर माना जाता है। लेकिन अधर्मी पति को पशु समान माना जाता है। इस तरह पति परमेश्वर भी होते हैं तथा पशु भी होते हैं। अतः पति वस्तुनिष्ठ नहीं वरन् व्यक्तिनिष्ठ होते हैं।

फ्रेडरिक जैमसन का उत्तर-आधुनिकतावाद सिद्धान्त

जैमसन एक उत्तर-आधुनिकतावादी सिद्धान्तकार थे। वे मार्क्सवाद से काफी प्रभावित थे। उन्होंने अपने उत्तर-आधुनिकतावाद सिद्धान्त में कार्ल मार्क्स के भौतिकवाद सिद्धान्त को नवजीवन प्रदान किया था। उन्होंने पूँजीवाद की व्याख्या नए ढंग से प्रस्तुत की थी। जहाँ अधिकांश उत्तर-आधुनिकतावादी सिद्धान्तकारों ने मार्क्सवाद जैसे महान् सिद्धान्त को अस्वीकार कर दिया था, वहीं जैमसन ने मार्क्सवाद को नए ढंग से प्रस्तुत किया था। जैमसन के नए मार्क्सवाद को विलम्बित या उत्तर-पूँजीवाद (late capitalism) के नाम से जाना जाता है। जैमसन के अनुसार उत्तर-आधुनिकतावाद में पूँजी का विकास श्रम द्वारा नहीं हो रहा है, वरन् उत्तर-आधुनिक समाज में पूँजी का विकास सांस्कृतिक गतिविधियों से हो रहा है। मार्क्स ने संस्कृति को पूँजीवाद

से अलग रखा तथा संस्कृति को अधिसंरचना बतलाया। लेकिन जैमसन ने संस्कृति को पूँजीवाद से जोड़ा था। जैमसन के अनुसार उत्तर-आधुनिक समाज संस्कृति का सहारा लेकर समृद्धशाली बनने पर जोर दे रहा है। उत्तर-आधुनिक अर्थव्यवस्था संस्कृति को ही खरीद-बिक्री की वस्तु बना दिया है। अन्य वस्तुओं के समान संस्कृति का भी उत्पादन, उपभोग, विनिमय, बाज़ार तथा व्यापार होने लगा है। आज का समाज बहुलवादी या द्वैतवादी समाज है। आज के समाज में विभिन्न प्रकार के लोग रहते हैं तथा उनकी संस्कृतियाँ भी अनेक रहती हैं। आज वर्ग व्यवस्था गौण हो गई है तथा वर्ग का स्थान समूह ने ग्रहण कर लिया है। हमारे बीच आज क्षेत्रीय समूह, राष्ट्रीय समूह तथा अन्तर्राष्ट्रीय समूह, राजनीतिक समूह, कलाप्रेमी समूह इत्यादि अस्तित्व में हैं। वर्गों की अनुपस्थिति के कारण संघर्ष के स्थान पर आन्दोलन होने लगे हैं। इस प्रकार जैमसन ने मार्क्सवाद को नवजीवन प्रदान किया था जिसे विलम्बित या उत्तर-पूँजीवाद के नाम से जाना जाता है।

योगदान : जैमसन का पुस्तक-लेखन एवं प्रकाशन के रूप में योगदान निम्नलिखित है–

- 1981: *पॉलिटिकल अनकांसस : नैरेटिव्स एज़ सोशियली-सिम्बोलिक एक्ट।*
- 1991: *पोस्टमॉडर्निज्म ओर* (or) *द कल्चरल लॉजिक ऑफ लेट कैपिटालिज्म।*
- 1994: *जियोपॉलिटिकल एसथेटिक : सिनेमा एण्ड स्पेस इन वर्ल्ड सिस्टम।*
- 1921: *द सीड्स ऑफ़ टाइम।*

जैमसन का उत्तर-आधुनिकतावाद सिद्धान्त

जैमसन ने अपनी पुस्तक *पोस्ट मॉडर्निज्म ओर* (or) *द कल्चरल लॉजिक ऑफ़ लेट कैपिटलिज्म* (1991) में अपने उत्तर-आधुनिकतावाद सिद्धान्त की व्याख्या प्रस्तुत की थी। उन्होंने उत्तर-आधुनिकता को

पूँजीवाद का सांस्कृतिक तर्क बतलाया था। उनके अनुसार पूँजीवाद का स्वरूप हर युग में एक समान नहीं रहा है। इसका स्वरूप भिन्न-भिन्न युगों में भिन्न-भिन्न था। मार्क्सवादी पूँजीवाद का स्वरूप विशाल उत्पादनकारी था। इसके बाद कॉर्पोरेट पूँजीवाद आया। आजकल का पूँजीवाद विलम्बित पूँजीवाद है।

उत्तर-आधुनिकतावाद ने तो संस्कृति की अवधारणा को ही बिल्कुल तोड़-मरोड़ दिया। इस उत्तर-आधुनिक युग में संस्कृति मूल्यवान वस्तु न होकर खरीद-बिक्री की वस्तु बन गई है। आज संस्कृति का उत्पादन किया जा रहा है, संस्कृति के व्यापारी तथा संस्कृति के बाज़ार बन गए हैं, जहाँ संस्कृति को धड़ल्ले से खरीदा और बेचा जा रहा है। आज इस उत्तर-आधुनिक काल में संस्कृति बाज़ारू वस्तु बन गई है। इसे दाम चुकाकर कोई भी खरीद सकता है। उत्तर-आधुनिक युग के व्यवसायी, उत्पादनकर्ता, कलाकार, रचनाकार, लेखक, नाटककार, सिनेमा निर्माता तथा अन्य सृजनशील कम्पनियाँ संस्कृति का उत्पादन करने तथा बेचने और खरीदने में लगी हुई हैं। परम्परा के अनुसार संस्कृति को एक पवित्र तथा मूल्यवान धरोहर माना गया है। आधुनिक काल में संस्कृति को आधुनिक बनाया गया था। आधुनिकता पारम्परिकता का ही नवीन रूप थी। लेकिन उत्तर-आधुनिकता ने संस्कृति के मूल्य को सदा के लिए खत्म कर दिया। अब संस्कृति बेचने और खरीदने की वस्तु या चीज बन गई है। आज संस्कृति के उत्पादक, संस्कृति के व्यवसायी, संस्कृति के बाज़ार तथा संस्कृति के खरीददार मौजूद रहते हैं। इस प्रकार उत्तर-आधुनिक काल में संस्कृति का बाज़ारीकरण हो गया है। संस्कृति के उत्पादन, तथा बाज़ार की तीन अवस्थाएं निम्न हैं–

- राष्ट्रीय बाज़ार पूँजीवाद (national market capitalism)
- अन्तर्राष्ट्रीय बाज़ार पूँजीवाद (international market capitalism)
- एकाधिकार बाज़ार पूँजीवाद (monopoly market capitalism)

जेमसन ने संस्कृति के उत्पादन तथा बाज़ार की तीनों अवस्थाओं का वर्णन निम्न प्रकार से किया है–

- **राष्ट्रीय बाज़ार पूँजीवाद :** राष्ट्रीय बाज़ार पूँजीवाद औद्योगिक क्रान्ति के परिणाम थे। औद्योगिक क्रान्ति के फलस्वरूप बाज़ार अस्तित्त्व में आए थे। आरम्भिक अवस्था में औद्योगिक पूँजीवाद द्वारा राष्ट्रीय बाज़ार का सर्जन किया गया था। पूँजीवाद अब तक राष्ट्रीय बाज़ार तक ही सीमित था।
- **अन्तर्राष्ट्रीय बाज़ार पूँजीवाद :** जब राष्ट्रीय बाज़ारों में पूँजी इतनी बढ़ गई कि बड़े बाज़ार की आवश्यकता महसूस हुई। पूँजीवाद ने अब राष्ट्रीय बाज़ार से निकलकर अन्तर्राष्ट्रीय बाज़ार में अपना कदम रखा है। व्यापार की होड़ में डच, पुर्तगाल, फ्रांसीसी तथा अंग्रेज़ों का आगमन भारतवर्ष में हुआ। ईस्ट इण्डिया कम्पनी आई तथा व्यापार की होड़ के साथ–साथ उपनिवेशवाद और साम्राज्यवाद स्थापित करने का अवसर मिला। भारतीय तथा अफ्रीकी बाज़ारों पर अन्तर्राष्ट्रीय पूँजीवाद का अधिकार स्थापित हुआ। उपनिवेशवादी व्यवस्था ने साम्राज्यवादी बाज़ारों को कई प्रकार से फायदा पहुँचाया था। इसने सस्ता श्रम, कच्चा माल तथा ग्राहक प्रदान किए थे।
- **एकाधिकार बाज़ार पूँजीवाद :** यह बाज़ार अन्तर्राष्ट्रीय बाज़ार का ही विकसित रूप है। यह उत्तर–आधुनिक युग का बाज़ार है। इस बाज़ार में सांस्कृतिक वस्तुओं की खरीद–बिक्री आरम्भ हुई। इस बाज़ार के कारण संस्कृति के नए–नए मूल्य प्रकट हुए। बाज़ार, मन्दिर, चर्च जैसे स्थानों पर संस्कृति की धूम मच गई। संस्कृति में चमत्कार हुआ। नई–नई देवी–देवताओं की खोज की गई। लुप्त त्योहारों की भी खोज की गई। जगह–जगह के देवी–देवताओं के वस्त्र, आभूषण, प्रसाद श्रृंगार, फूल, माला, फोटो, नृत्य, गीत, संगीत, कथा, कहानी

इत्यादि के बाज़ार सजने लगे। जो रीति-रिवाज़ परम्परा समाप्त हो गई थी वे पुनः धूम मचाने लगीं। विभिन्न धर्मों के धार्मिक भोजन और प्रसाद हर जगह उपलब्ध होने लगे। ब्यूटी कण्टेस्ट का आयोजन आरम्भ हुआ। विश्व सुन्दरी, ब्रह्माण्ड सुन्दरी जैसी परियों से प्रसार-प्रचार कराया जाने लगा। मानव जातीय बाज़ारों का आगमन हुआ। लिंग उद्योगों की स्थापना हुई। अंग प्रदर्शन की संस्कृति हावी हो गई। तंग वस्त्र, कम से कम वस्त्र पहनना फैशन बन गया। थिनगर तथा इनर का जमाना आ गया। लड़का-लड़की के पहनावे का अन्तर समाप्त हो गया। उनके बीच सिर के बाल का डिजाइन भी एक हो गए। राज्य इन सबका समर्थन करने लगे। अब लोग धड़ल्ले से संस्कृति को बेचने और खरीदने लगे। संस्कृति को बेचने तथा खरीदने का युग आ गया। अब पण्डित-पुजारी, चर्च, मन्दिर, कलाकार, गीतकार, संगीतकार, कवि, लेखक, उद्योगपति सब के सब संस्कृति बेचने लगे और खरीदने लगे। पूँजीपतियों के लिए संस्कृति धन कमाने का साधन बन गई। संस्कृति को बेचकर लोग अमीर बन गए।

इस प्रकार जैमसन ने अपने उत्तर-आधुनिकतावादी सिद्धान्त का प्रतिपादन विलम्बित पूँजीवाद के आधार पर प्रस्तुत किया था। उन्होंने उत्तर-आधुनिकता को विलम्बित पूँजीवाद का सांस्कृतिक तर्क माना था।

एन्थोनी गिडेंस का उत्तर-आधुनिकतावादी सिद्धान्त

गिडेंस एक ब्रिटिश उत्तर-आधुनिकतावादी विचारक थे। उनका जन्म 1938 ई॰ में हुआ था। उन्होंने अपनी शिक्षा येल विश्वविद्यालय, अमेरिका, से प्राप्त की थी। उन्होंने लन्दन स्कूल ऑफ़ इकोनॉमिक्स से पीएच॰डी॰ की डिग्री प्राप्त की थी। बाद में वे यहीं पर निदेशक के पद पर आसीन हुए थे। उनके शैक्षणिक जीवन को दो भागों में बाँटा जा सकता है।

- 1970–1980: संरचनाकरण सिद्धान्त का प्रतिपादन।
- 1985–1990: उत्तर-आधुनिक समाज का विश्लेषण।

गिडेंस के उत्तर-आधुनिकतावाद सिद्धान्त को निम्नलिखित ढंग से प्रस्तुत किया जा सकता है–

- **प्रकृतिवाद एवं प्रत्यक्षवाद की आलोचना :** गिडेंस प्रकृतिवाद एवं प्रत्यक्षवाद दोनों के ही आलोचक थे। उन्होंने इन दोनों सिद्धान्तों को अस्वीकार कर दिया था। उन्होंने सामाजिक विज्ञान को प्रकृतिवादी तथा प्रत्यक्षवादी दृष्टिकोण से नहीं देखा था। क्योंकि सामाजिक घटनाएं प्राकृतिक घटनाओं जैसी यथार्थ नहीं होती। उनके अनुसार सामाजिक संरचना के सिद्धान्तकार लोग स्वयं होते हैं। प्राकृतिक विज्ञान के समान सामाजिक विज्ञान में कोई समयरहित सिद्धान्त का निर्माण नहीं किया जा सकता है। सामाजिक सिद्धान्त समाज से बाहर की वस्तु नहीं है।
- **समाजशास्त्रीय दोहरेपन का निवारण :** गिडेंस के अनुसार समाजशास्त्रीय सिद्धान्तों में दोहरेपन पाया जाता है। उस दोहरेपन को समाप्त करना जरूरी होता है। क्योंकि दोहरेपन को समाप्त किए बिना सिद्धान्तों की व्याख्या नहीं की जा सकती। ये दोहरेपन हैं—व्यक्ति *बनाम* समाज, वस्तु *बनाम* व्यक्ति, वस्तुनिष्ठ *बनाम* व्यक्तिनिष्ठ, इत्यादि। ये सब दोहरेपन पृथक् नहीं वरन् पूरक हैं। ये सब दोहरेपन नहीं वरन् द्वि विविधता दर्शाते हैं। इन्हें अलग-अलग करके देखने की जरूरत नहीं है। इन्हें एक-दूसरे के पूरक के रूप में समझना चाहिए।
- **उद्विकास एवं प्रकार्यवाद की आलोचना :** गिडेंस के अनुसार उन्नीसवीं सदी में उद्विकासवाद एवं बीसवीं सदी में प्रकार्यवाद सिद्धान्त अस्तित्त्व में आए थे। लेकिन आज के उत्तर-आधुनिक युग में ये दोनों सिद्धान्त स्वीकार करने योग्य नहीं रह गए थे।

उद्विकासवाद के अनुसार आधुनिकता तक पहुँचने के लिए हमेशा उद्विकास होता रहा है। प्रकार्यवाद के अनुसार मनुष्य की आवश्यकतापूर्ति के लिए संरचना बराबर अस्तित्त्व में बनी रहती है। आज के इस उत्तर-आधुनिक युग में ये दोनों सिद्धान्त उपयुक्त नहीं रह गए हैं। मार्क्सवाद भी उत्तर-आधुनिकतावाद के लिए उपयुक्त नहीं रह गया। उत्तर-आधुनिकतावाद व्यक्ति को उद्विकास तथा संरचना से मुक्त कर दिया है।

- **अन्तरक्रियावाद :** गिडेंस ने अन्तरक्रियावाद की भी आलोचना की थी। उनके अनुसार अन्तरक्रियावाद दोहरेपन का पोषक रहा है। यह सिद्धान्त संरचना के पुनर्निर्माण के बारे में बतलाता है, लेकिन यह नहीं बतलाता कि संरचना का पुनर्निर्माण किस प्रकार होता है। संस्थागत प्रक्रियाओं द्वारा भी बदलाव लाए जाते हैं। आजकल प्रजातान्त्रिक व्यवस्था द्वारा दलितों, आदिवासियों, महिलाओं तथा पिछड़े वर्गों की स्थिति में बदलाव लाया गया है। यह बदलाव कागज़ एवं कानून में यथार्थ है। अन्तरक्रियावाद में प्रेरणा का कोई स्थान नहीं होता। अन्तरक्रियावाद भूमिका को प्रधानता देता है। लेकिन सामूहिक गतिविधियाँ समाज में बदलाव लाती हैं। ग्राम सभा शराब सेवन पर प्रतिबन्ध लगाकर पारिवारिक स्थिति में बदलाव ला सकती है। अन्तरक्रियावाद इस तरह की सामूहिक क्रियाओं को अपने सिद्धान्त में शामिल नहीं करता।
- **संरचनावाद की आलोचना :** गिडेंस ने लेवी-स्ट्रॉस द्वारा प्रतिपादित संरचनावाद की अवधारणा को भी अस्वीकार किया था। उनके अनुसार संरचनावाद भाषावाद पर आधारित है। लेवी-स्ट्रॉस ने कभी नहीं स्वीकार किया था कि सामाजिक संरचना की सीमाएं लोगों की क्षमता एवं दक्षता द्वारा निर्धारित की जाती हैं। लेवी-स्ट्रैस ने कभी भी यह नहीं जानने का प्रयास किया कि सामाजिक संरचना सक्रिय व्यक्तियों की

अन्तरक्रिया द्वारा बदली जाती है तथा पुनर्परिभाषित की जाती हैं।

- **संरचनाकरण सिद्धांत :** गिडेंस ने अपनी पुस्तक *कांस्टीट्यूशन ऑफ़ सोसायटी* (1984) में उत्तर-आधुनिकतावाद की व्याख्या के लिए संरचनाकरण (structuration) की अवधारणा का विकास किया था। गिडेंस के अनुसार सभी समाजशास्त्रीय सिद्धान्तों को मुख्य रूप से दो भागों में बाँटा जा सकता है। एक समूह वैसे सिद्धान्तों का है जिनके सिद्धान्तकारों के अनुसार संरचना को एक व्यवस्था के रूप में देखा गया है। उनके द्वारा कर्ता यानि व्यक्ति की अवहेलना की गई थी। उनके अनुसार व्यक्ति का कोई पृथक् अस्तित्त्व नहीं होता। इसके अन्तर्गत संरचनावाद, प्रकार्यवाद, मार्क्सवाद आते हैं। दूसरे समूह के सिद्धान्तकार यह मानकर चलते हैं कि कर्ता एवं उनकी क्रियाओं के योग से ही समाज का निर्माण होना है। अतः कर्ता के बिना व्यवस्था का कोई अस्तित्त्व नहीं होता। बिना कर्ता संरचना का कोई निर्माण ही नहीं हो सकता।

गिडेंस के अनुसार समाजशास्त्रीय सिद्धान्त कर्ता एवं संरचना का दोहरेपन स्पष्ट है। अतः दोहरेपन से मुक्त होने का उपाय सोचना चाहिए। इससे मुक्ति का मार्ग संरचनाकरण की अवधारणा में निहित है। अवधारणा में व्यक्ति एवं संरचना को एक-दूसरे के पूरक के रूप में दर्शाया गया है। व्यक्ति और संरचना एक-दूसरे पर आश्रित, एक-दूसरे से सम्बन्धित तथा एक-दूसरे के साथ-साथ अस्तित्त्व में बने रहते हैं। ये दोनों एक-दूसरे के पृथक् नहीं हैं, वरन् पूरक हैं। एक व्यक्ति उपलब्ध संरचना का उपयोग करता है। लेकिन आवश्यकतानुसार वह संरचना में उपलब्ध विकल्पों को भी प्रयोग में लाता है।

संरचनाकरण सिद्धान्त के नैतिक तत्त्व नियम एवं उपनियम हैं। कर्ता यानि व्यक्ति जब अन्तरक्रिया करते हैं तब वे नियमों एवं उपनियमों का पालन करते हैं। अतः नियम एवं उपनियम अन्तरक्रिया की विधि हैं। उदाहरण के लिए जब हम बड़ों, अतिथियों एवं रिश्तेदारों से मिलते

हैं, तब हम प्रणाम करते हैं। यह अन्तरक्रिया की एक विधि है। संरचना इस नियम को वैध बनाती है। कर्ता इसका अर्थ समझते हैं। गिडेंस के अनुसार इन नियमों की निम्नलिखित विशेषताएं होती हैं–

- ये नियम व्यवहार में लाए जाते हैं।
- इन नियमों का उपयोग दैनिक जीवन में होता है।
- ये नियम अलिखित एवं अनौपचारिक होते हैं।
- इनका दबाव कमजोर होता है।

गिडेंस ने अन्तरक्रिया को एक संस्था के रूप में देखा था। संरचना संस्था का मुख्य अवयव होता है। संस्थाएं वास्तव में समाज में पाई जाने वाली अन्तरक्रियाएं हैं। जैसे विवाह, परिवार, नातेदारी, जाति, वर्ग, इत्यादि। ये संस्थाएं एक या दो दिनों की नहीं होती। इनका जीवनकाल लम्बा होता है। गिडेंस के अनुसार संस्थाएं चार प्रकार की होती हैंः

- प्रतीकात्मक, भाषायी तथा संरचनात्मक।
- राजनीतिक संस्थाएं।
- आर्थिक संस्थाएं।
- वैधिक संस्थाएं।

गिडेंस के अनुसार व्यक्ति एवं संरनचना संरचनाकरण के दो ध्रुव हैं। उन्होंने व्यक्ति को एजेण्ट भी कहा था। वे व्यक्ति जो सामाजिक क्रियाओं में भाग लेते हैं एजेण्ट कहलाते हैं। एजेण्ट सामाजिक क्रियाओं में सामाजिक व्यवहार पर विशेष ध्यान देते हैं।

सभी स्थानों पर व्यवहार का निर्माण एवं पुनर्निर्माण होता रहता है। एजेण्टों को इसकी जानकारी रहती है। एजेण्टों के पास व्यावहारिक, तार्किक तथा नियम-कानून का ज्ञान होता है। उनके पास भय के कारण अचेतन व्यवहार भी होता है। इसके कारण एजेण्ट अनुशासित रहते हैं। क्रिया संरचनाकरण की प्रतिक्रिया होती है। प्रत्येक क्रिया के पीछे ज्ञान रहता है। किसी भी प्रकार के व्यवहार का कुछ न कुछ अर्थ जरूर होता है।

18

वैश्वीकरण

वैश्वीकरण (globalization) को एक प्रक्रिया के रूप में परिभाषित किया जा सकता है, जिसके द्वारा विश्व के सभी देशों के लोगों को सामाजिक, सांस्कृतिक, आर्थिक, राजनीतिक एवं पर्यावरण के क्षेत्रों से जोड़ा गया है। इस प्रक्रिया में सभी देशों के सभी लोगों को जोड़ने का काम सूचना शिल्प विज्ञान के माध्यम से किया जाता है।

यह प्रक्रिया अस्पष्ट रूप से 1985 से तथा स्पष्ट रूप से 1990 से आरम्भ हुई थी। इस तरह यह प्रक्रिया 35 से 40 वर्ष पुरानी है। लेकिन एक छोटी-सी अवधि में यह प्रक्रिया सभी देशों के लोगों को प्रभावित करने में सफल हुई है। आज विश्व के सभी देशों ने वैश्वीकरण प्रक्रिया को विकास के एक मॉडल के रूप में स्वीकार किया है। इस प्रक्रिया को गतिशील बनाने वाले साधन के रूप में विज्ञान तथा सूचना शिल्प विज्ञान को उत्तरदायी माना गया है। सभी देशों के विद्वानों तथा सरकारों द्वारा विज्ञान एवं शिल्प वैज्ञानिक व्यवस्था को स्वीकार किया गया तथा अपने-अपने देशों में लागू किया गया। आजकल तो मानव जीवन के प्रत्येक क्षेत्रों की सूचना तकनीकी व्यवस्था प्रभावित की है। आजकल तो शिक्षा से लेकर सूचना, समाज से लेकर सरकार, अर्थव्यवस्था से लेकर अस्त्र व्यवस्था, स्वास्थ्य से लेकर स्वास्थ्य सेवाएं,

यात्रा से लेकर भ्रमण-पर्यटन, खेल-कूद से लेकर मनोरंजन, राजनीति से लेकर राजनीतिक व्यवस्था तथा अन्य सभी क्षेत्र सूचना प्रौद्योगिकी पर आश्रित हो गए हैं। मानव जीवन के लिए सूचना प्रौद्योगिकी के इतने स्तर पर होने वाले फायदों के बावजूद आज भी विश्व के विद्वान् दो खेमों में बँटे हुए हैं। एक खेमे के विद्वान् वैश्वीकरण के सकारात्मक प्रभावों का समर्थक है, जबकि दूसरे खेमे के विद्वान् वैश्वीकरण के नकारात्मक प्रभाव का विरोध करते हैं। लेकिन दोनों प्रकार के विद्वान् समूहों द्वारा स्पेस टेक्नोलॉजी के महत्त्व को अंगीकार किया गया है। आजकल डब्ल्यू डब्ल्यू डब्ल्यू इण्टरनेट, कम्प्यूटर, डेस्कटॉप, लैपटॉप, टेबलेट, हैण्डसेट, सेलफोन्स, जैसे स्पेस टेक्नोलॉजी के महत्त्व को लोग अस्वीकार नहीं कर पाते।

विद्वानों द्वारा वैश्वीकरण प्रक्रिया को अपने-अपने ढंग से परिभाषित किया गया है। इतिहासकारों के लिए वैश्वीकरण एक ऐतिहासिक प्रक्रिया है। वैश्वीकरण की प्रक्रिया USSR के विघटन के साथ तेजी से आगे बढ़ी है। सन् 1989 में USSR का विघटन हो गया था। इसके बाद अमेरिका विश्व का सबसे शक्तिशाली देश बना। इस घटना के बाद शक्ति की दृष्टि से दो-ध्रुवीय विश्व एक-ध्रुवीय बन गया था। अमेरिकी विद्वान् फ्रांसिस फुकुयामा (Francis Fukuyama) ने अपनी पुस्तक *द एण्ड ऑफ़ हिस्ट्री* (1989) का प्रकाशन कराया था। इस पुस्तक में फुकुयामा ने यह दर्शाने का प्रयास किया था कि अब विश्व में इतिहास का अन्त हो गया है। अब विश्व इतिहास में पूँजीवाद, धर्मनिरपेक्षवाद एवं प्रजातन्त्र के सिवाय कुछ और घटना नहीं घटने वाली है। इसलिए इस दृष्टि से इतिहास का अब अन्त हो गया है। अब पूँजीवाद, धर्मनिरपेक्षवाद एवं प्रजातन्त्र के माध्यम से वैश्वीकरण प्रक्रिया कार्य करती रहेगी।

समाजशास्त्रियों के लिए वैश्वीकरण एक वैश्विक ग्राम समाज का निर्माण किया है। इस समाज के सदस्य अपने-अपने सम्बन्धों को स्पेस टेक्नोलॉजी के माध्यम से बनाए रखते हैं। इस समाज के पास ज्ञान व्यापारी, ज्ञान कर्मचारी, ज्ञान बाज़ार एवं ज्ञान व्यापार होते हैं।

इस समाज के लोगों द्वारा समय और स्थान की नई परिभाषा गढ़ी गई है। सामाजिक सम्बन्ध के लिए अब कोई स्थान दूर नहीं रह गया तथा वहाँ पहुँचने में ज्यादा समय भी नहीं लगता। बटन दबाते ही स्थान और दूरी सब सेकेण्ड में हाजिर रहते हैं। इस तरह अब समय और दूरी की एक नई परिभाषा गढ़ी गई है।

अर्थशास्त्रियों के अनुसार वैश्वीकरण प्रक्रिया ने आर्थिक विकास का एक मॉडल प्रस्तुत किया है तथा बहुदेशीय कम्पनियों को व्यापार में आने का मार्ग प्रशस्त कर दिया है। आज सम्पूर्ण विश्व आर्थिक बाज़ार का एक संकुल बन गया है। इस बाज़ार में दिन-रात खरीदारी की जाती है।

राजनीतिक वैज्ञानिकों के अनुसार वैश्वीकरण ने राष्ट्र-राज की सीमा को समाप्त कर दिया है तथा बहुराष्ट्रीय उद्यमियों को एक-दूसरे देश में व्यापार तथा कम्पनी स्थापित करने का मार्ग खोल दिया है। अब वैश्विक शासन की व्यवस्था स्थापित की गई है।

प्राकृतिक वैज्ञानिकों के अनुसार वैश्वीकरण नई-नई सूचना टेक्नोलॉजी का आविष्कार करके वैश्विक विकास का मार्ग खोल दिया है। इन वैज्ञानिक आविष्कारों का लाभ विश्व के सभी देशों के सभी नागरिक ले रहे हैं।

जैविक वैज्ञानिकों के अनुसार वैश्वीकरण प्रक्रिया ने जैविक आविष्कारों को वैश्विक बनाया है। अब जेनेटिक अनुसन्धानों का लाभ पूरा वैश्विक समाज ले रहा है।

चिकित्सात्मक वैज्ञानिकों के अनुसार वैश्वीकरण ने बीमारी के इलाज़ की प्रक्रिया को वैश्विक बनाया है। इसके कारण स्वास्थ्य पर्यटन की अवधारणा विकसित हुई है।

साहित्यकारों एवं कलाकारों के अनुसार वैश्वीकरण ने स्थानीय कलाओं को वैश्विक बनाया है तथा वैश्विक प्रतियोगिताओं को स्थानीय बनाया है।

मानव वैज्ञानिकों के लिए वैश्वीकरण ने ज्ञान क्रान्ति को जन्म दिया है। मानव वैज्ञानिकों के अनुसार अब तक के मानव जातीय इतिहास में

चार वृहत् प्रकार की क्रान्तियाँ अस्तित्त्व में आई थीं। उन क्रान्तियों का मानव समाज एवं संस्कृति पर व्यापक प्रभाव पड़ा था। मानव इतिहास की उन चार प्रमुख क्रान्तियों को जानकारी के लिए निम्नलिखित ढंग से प्रस्तुत किया जा सकता है–

वृहत् क्रान्ति	**सम्बन्धित प्रक्रिया**	**काल**	**समाज का स्वरूप**	**अर्थव्यवस्था**
कृषि क्रान्ति	कृषिकरण	नवपाषाण	कृषक	कृषि अर्थव्यवस्था
नगरीय क्रान्ति	नगरीकरण	कांस्ययुग	नगरीय	ग़ैर-कृषि अर्थव्यवस्था
औद्योगिक क्रान्ति	औद्योगीकरण	उन्नीसवीं सदी	औद्योगिक	औद्योगिक अर्थव्यवस्था
ज्ञान क्रान्ति	वैश्वीकरण	1990 ई॰	वैश्विक ग्रामसमाज	ज्ञान अर्थव्यवस्था

वैश्वीकरण की प्रक्रिया निजीकरण (privatization) एवं उदारीकरण (liberalization) की प्रक्रियाओं द्वारा सम्भव हुई थी। इस प्रकार निजीकरण तथा उदारीकरण प्रक्रियाओं के साथ-साथ वैश्वीकरण की प्रक्रियाएं भी शुरू हुई थीं। वैश्वीकरण प्रक्रिया का उत्पत्तिमूलक स्थान अमेरिका के कैलिफोर्निया नामक स्थान को माना जाता है। इस स्थान को सिलिकन वैली के नाम से भी जाना जाता है। कुछ लोग वैश्वीकरण की प्रक्रिया को अमेरिकीकरण के नाम से भी जानते हैं। लेकिन वैश्वीकरण को अमेरिकीकरण कहना उचित नहीं लगता। वैश्वीकरण प्रक्रिया ने तो पूरे विश्व को बहुराष्ट्रीय कंपनियों के रूप में विकसित होने का अवसर प्रदान किया है। हालांकि इसमें जरा भी सन्देह नहीं था कि इस प्रक्रिया की शुरुआत अमेरिका में ही हुई थी और वहीं से यह प्रक्रिया विश्व के सभी देशों के बीच पहुँच गई है। www के आविष्कार ने पूरे देशों को एक साथ जोड़ दिया है। सूचना प्राप्त करने में अब समय और स्थान की बाधाएं समाप्त हो गई हैं।

वैश्वीकरण के बारे में कुछ विद्वानों के विचार

जैसा कि पहले ही वर्णन किया जा चुका है कि विभिन्न विषयों के विद्वानों ने अपने-अपने विषयों की दृष्टि से वैश्वीकरण को देखने तथा समझने का काम किया था। कुछ विद्वान् वैश्वीकरण की प्रक्रिया को मात्र आर्थिक मानते हैं। कुछ विद्वान् इसे ऐतिहासिक, सामाजिक, सांस्कृतिक तथा राजनीतिक प्रक्रिया मानते हैं। लेकिन यहाँ कुछ वैसे विद्वानों के विचारों को प्रस्तुत किया जा रहा है जिन्होंने वैश्वीकरण को अन्य तरीकों से देखने का प्रयास किया है।

एन्थोनी गिडेंस ने अपनी पुस्तक *कंसीक्वेंसेस ऑफ़ मॉडर्निटी* (1989) में वैश्वीकरण को आधुनिकता का परिणाम माना है। उनके अनुसार वैश्वीकरण प्रक्रिया ने समय और दूरी की परिभाषा को ही बदल दिया है। समय और दूरी की अवधारणा विभिन्न कालों में एक समान नहीं रही। आज स्पेस टेक्नोलॉजी के जमाने में कोई स्थान दूर नहीं तथा सूचनाओं को कहीं पहुँचने में सेकेण्ड का समय लगता है। इस तरह आज समय और दूरी दोनों की परिभाषा बदल गई है। गिडेंस ने इसे समय दूरीकरण (time-distancination) बतलाया है।

इतिहासकार वॉल्टर **स्टेइन इमानुएल** ने अपनी पुस्तक *हिस्टोरिकल कैपिटलिज्म* (1991) में वैश्वीकरण को पूँजीवाद का परिणाम माना है। उनके अनुसार समय दूरीकरण के लिए पूँजीवादी व्यवस्था जिम्मेवार रही है।

रिजोनाल्ड नामक विद्वान् ने अपनी पुस्तक *टर्बुलेंस इन वर्ल्ड पॉलिटिक्स* (1991) में वैश्वीकरण प्रक्रिया के लिए संचार माध्यमों को जिम्मेवार माना है। उनके अनुसार सूचना प्रौद्योगिकी द्वारा वैश्विक संचार व्यवस्था स्थापित की गई थी। संचार व्यवस्था के कारण समय एवं स्थान की दूरी में बदलाव आया। सूचना तन्त्र द्वारा ही सभी स्थान तथा सभी समुदाय आपस में जुड़ गए। अब स्थानीय, क्षेत्रीय, राष्ट्रीय तथा अन्तर्राष्ट्रीय समुदाय एक ही स्पेस टेक्नोलॉजी से नियन्त्रित होते हैं। इसलिए एक देश की राजनीतिक अस्थिरता का प्रभाव दूसरे देशों को भी प्रभावित करता है।

आर॰ गिलपिन नामक विद्वान् ने अपनी पुस्तक *पॉलिटिकल इकोनॉमी ऑफ़ इण्टरनेशनल रिलेशन* (1989) में वैश्वीकरण को राजनीतिक कारकों का परिणाम माना है। उनके अनुसार वैश्वीकरण एक राजनीतिक प्रक्रिया है जिसके द्वारा सम्पन्न राष्ट्र गरीब राष्ट्र के ऊपर अपनी व्यवस्था को थोप देते हैं। इस प्रकार अमीर राष्ट्रों द्वारा वैश्वीकरण प्रक्रिया को बढ़ावा दिया जाता है।

अन्तर्राष्ट्रीय समाजशास्त्रीय सम्मेलन (1998) में इस तथ्य को स्वीकार किया गया था कि सामाजिक विज्ञान में सार्वभौमिकीकरण के स्थान पर वैश्वीकरण को स्वीकार किया जाना चाहिए। लेकिन वैश्वीकरण एक बहुअर्थक प्रक्रिया है। इसके कारण वैश्विक ग्राम समाज में विविधता प्रकट हुई है।

यूरोपीय आयोग के अनुसार वैश्वीकरण एक प्रक्रिया है जिसके द्वारा विभिन्न देशों के बाज़ार और उत्पाद एक-दूसरे के साथ जुड़ गए हैं। वैश्वीकरण ने विभिन्न देशों के बीच आर्थिक गतिविधियों को पारस्परिक ढंग से बढ़ाया है।

मेलकोन वाटर्स नामक विद्वान् ने अपनी पुस्तक *ग्लोबलाइजेश* (1998) में यह दर्शाने का प्रयास किया है कि इस प्रक्रिया द्वारा स्थानीय एवं वैश्विक प्रक्रियाएँ आपस में जुड़ गई हैं एवं भौगोलिक तथा राष्ट्रीय सीमाएँ समाप्त हो गई हैं।

वैश्वीकरण की विशेषताएँ

विभिन्न विद्वानों के विचार जानने के बाद वैश्वीकरण की निम्नलिखित विशेषताएँ प्रकाश में आती हैं–

- वैश्वीकरण की प्रक्रिया अस्पष्ट रूप से 1980 के दशक तथा स्पष्ट रूप से 1990 के दशक में प्रकट हुई।
- इस प्रक्रिया द्वारा विश्व के सभी देश सामाजिक, सांस्कृतिक, आर्थिक तथा राजनीतिक रूप से जुड़ गए हैं।
- इस प्रक्रिया द्वारा स्थान तथा दूरी की एक नई परिभाषा प्रदान की गई है।

- इस प्रक्रिया द्वारा विभिन्न देशों के बाज़ार एवं उत्पाद एक-दूसरे के साथ पारस्परिक ढंग से जुड़ गए हैं।
- इस प्रक्रिया द्वारा वैश्विक ग्राम समाज एवं वैश्विक संस्कृति को जन्म दिया गया है।
- यह प्रक्रिया संचार क्रान्ति एवं ज्ञान क्रान्ति की देन है।
- यह प्रक्रिया पूँजीवादी व्यवस्था की देन है।
- इसके कारण ज्ञान आधारित व्यवसाय, बाज़ार, कर्मचारी तथा क्रेता-विक्रेता बने हैं।
- इसके कारण नवीन एजेण्ट्स का जन्म हुआ है।
- इस प्रक्रिया द्वारा राष्ट्र-राज्य की सीमाओं को खत्म कर दिया गया है।

वैश्वीकरण से सम्बन्धित कुछ दोहरेपन (Dualism)

वैश्वीकरण प्रक्रिया द्वारा कई प्रकार के दोहरेपनों को जन्म दिया गया है। वैश्वीकरण से जुड़े ये दोहरेपन निम्नलिखित हैं–

- स्थानीय *बनाम* वैश्विक,
- परम्परा *बनाम* आधुनिकता,
- सार्वभौमिकीकरण *बनाम* विशिष्टीकरण,
- एकीकरण *बनाम* बिखराव,
- केन्द्रीकरण *बनाम* विकेन्द्रीकरण,
- लगाव *बनाम* भय,
- व्यक्ति *बनाम* समाज,
- स्वयं *बनाम* अन्य,
- आदर्श *बनाम* यथार्थ,
- यथार्थ *बनाम* अतियथार्थ,
- बाज़ार *बनाम* सेवा,
- वस्तु *बनाम* व्यक्ति,
- भौतिकवाद *बनाम* आदर्शवाद।

अब यहाँ उपरोक्त सभी दोहरेपनों की चर्चा एक-एक करके नीचे प्रस्तुत की जा रही है–

- **स्थानीय *बनाम* वैश्विक :** वैश्वीकरण प्रक्रिया ने स्थानीय *बनाम* वैश्विक जैसे दोहरेपन का जन्म दिया। इस प्रक्रिया ने हमारे समक्ष दो प्रकार के मॉडल्स प्रस्तुत किए हैं। स्पेस टेक्नोलॉजी के माध्यम से हमारे समक्ष वैश्विक तथा स्थानीय दोनों प्रकार के प्रतिरूपों को प्रस्तुत किया जाता है और हम भ्रम में पड़ जाते हैं कि किसे अपनाएं और किसे त्याग दें।
- **परम्परा *बनाम* आधुनिकता :** वैश्वीकरण की प्रक्रिया ने हमारे समक्ष परम्परा *बनाम* आधुनिकता का दोहरेपन उत्पन्न कर दिया। स्पेस टेक्नोलॉजी के माध्यम से परम्पराओं को अपनाने पर भी जोर दिया जाता है। साथ ही साथ आधुनिकता को भी गले लगाने का सुझाव दिया जाता है। इस प्रकार लोग परम्परा *बनाम* आधुनिकता के दोहरेपन में फंस गए हैं।
- **सार्वभौमिकीकरण *बनाम* विशिष्टीकरण :** आज हमारे समक्ष वैश्वीकरण प्रक्रिया द्वारा सार्वभौमिकीकरण *बनाम* विशिष्टीकरण का दोहरेपन उत्पन्न कर दिया है। एक ओर तो एक ही प्रकार के भोजन, वस्त्र, फैशन, जीवन-शैली, संस्कृति तथा समाज को यह प्रक्रिया बढ़ावा दे रही है, और दूसरी ओर स्थानीय भोजन, वस्त्र, संस्कृति एवं समाज पर भी जोर देती है। वैश्वीकरण के इस दोहरे अर्थ ने लोगों को भ्रम में डाल दिया है।
- **एकीकरण *बनाम* बिखराव :** आज वैश्वीकरण की प्रक्रिया हमें एकीकरण *बनाम* बिखराव में जीने के लिए बाध्य करती है। एक ओर तो स्पेस टेक्नोलॉजी द्वारा लोगों को सामाजिक, आर्थिक तथा सांस्कृतिक ढंग से एक साथ जोड़ा जा रहा है। दूसरी ओर वैश्वीकरण के कारण श्रमिक संगठनों का बिखराव हो रहा है। वैश्वीकरण में श्रमिक संगठन के लिए कोई स्थान नहीं रह गया है। उनको पूछने वाला कोई नहीं है।
- **केन्द्रीकरण *बनाम* विकेन्द्रीकरण :** वैश्वीकरण द्वारा सेवा

एवं वस्तु का केन्द्रीकरण किया जा रहा है। कुछ बहुराष्ट्रीय कम्पनियों द्वारा सेवा एवं वस्तु को अपने हाथ में केन्द्रित कर लिया गया है। लेकिन बहुराष्ट्रीय कम्पनियाँ ने अनेक देशों में अपने-अपने कार्यालय खोल रखे हैं, जिनके माध्यम से वे विकेन्द्रीकरण की बात करते हैं। इस प्रकार वैश्वीकरण प्रक्रिया ने हमारे बीच केन्द्रीकरण *बनाम* विकेन्द्रीकरण का दोहरेपन उत्पन्न कर दिया है।

- **जुड़ाव *बनाम* भय :** वैश्वीकरण प्रक्रिया द्वारा जुड़ाव *बनाम* भय का दोहरेपन उत्पन्न कर दिया गया है। एक ओर तो इस प्रक्रिया ने साझा संस्कृति का विकास करके लोगों में एक-दूसरे के प्रति लगाव उत्पन्न किया है, लेकिन दूसरी ओर यह प्रक्रिया भय भी उत्पन्न करती है क्योंकि वैश्वीकरण के कारण उनकी अपनी संस्कृति विलुप्त हो जाएगी। लोग अपनी-अपनी संस्कृति को बचाने के लिए आन्दोलन भी कर रहे हैं।
- **व्यक्ति *बनाम* समाज :** वैश्वीकरण ने आज हमारे बीच व्यक्ति *बनाम* समाज का दोहरेपन उत्पन्न कर दिया है। वैश्वीकरण के कारण व्यक्ति समाज से मुक्त हो गए हैं। वे समाज के नियन्त्रण में काम नहीं करते। पति कहीं और काम करता है, पत्नी कहीं और काम करती है, बच्चे कहीं और रहते हैं। आज का व्यक्ति विश्व में कहीं पर भी काम करने के लिए तैयार रहता है। उन्हें परिवार समाज की चिन्ता नहीं रहती। लेकिन साथ ही साथ वैश्वीकरण लोगों को अपनी मूल्यों को बनाए रखने पर भी जोर देता है। यही कारण है कि दूसरे देशों में गए लोग भी राष्ट्रीयता के नाम पर संगठित होकर अपने-अपने मूल्यों को बनाए रखने पर जोर देते हैं ताकि सामाजिक जीवन अच्छे ढंग से जीएं।
- **स्वयं *बनाम* अन्य :** वैश्वीकरण ने आज लोगों के सामने स्वयं

बनाम अन्य का दोहरेपन उत्पन्न कर दिया है। आज स्पेस टेक्नोलॉजी के माध्यम से लोग अपने आपको ज्यादा से ज्यादा धनी बनाने का प्रयास करते हैं। अपने आपको ही लोग सम्पन्न और शक्तिशाली बनाने का प्रयास दिन-रात करते हैं। लेकिन साथ ही साथ धनाढ्‌य लोग अपने कर्मचारियों के परिवारों की भी चिन्ता करते हैं। गरीबों के लिए कई कल्याणकारी योजना भी चला रहे हैं। महामारी, बाढ़, भूकम्प, सुनामी, अकाल जैसी स्थिति में धनाढ्‌य वर्ग के लोग कल्याण कोष में दान देकर अपना फर्ज निभाते हैं। इस तरह वैश्वीकरण के कारण स्वयं *बनाम* अन्य का दोहरेपन प्रकट होता है।

- **आदर्श *बनाम* यथार्थ :** वैश्वीकरण द्वारा आदर्श *बनाम* यथार्थ का दोहरेपन उत्पन्न कर दिया गया है। वैश्वीकरण प्रक्रिया द्वारा आदर्श मूल्यों एवं यथार्थ मूल्यों दोनों को प्रचारित प्रसारित किया जाता है। इसके कारण आदर्श *बनाम* यथार्थ का दोहरेपन प्रकट होता है। इस प्रकार हम दोहरे मूल्य में जीने को विवश हैं।
- **यथार्थ *बनाम* अतियथार्थ :** वैश्वीकरण ने हमारे समक्ष यथार्थ *बनाम* अतियथार्थ का दोहरेपन पेश किया है। सूचना टेक्नोलॉजी के माध्यम से आज भोजन, वस्त्र, दवा, खाद्य तेल, नमक, चीनी, पानी इत्यादि के बारे में बढ़ा-चढ़ाकर प्रस्तुत किया जाता है। वे सब यथार्थ नहीं होते, वरन् वे अतियथार्थ होते हैं। इस प्रकार हम यथार्थ और अतियथार्थ के बीच भ्रम की स्थिति में पड़ जाते हैं। हम सही को गलत और गलत को सही समझ लेते हैं।
- **बाज़ार *बनाम* सेवा :** वैश्वीकरण ने हमारे समाज में बाज़ार *बनाम* सेवा का दोहरेपन प्रस्तुत किया है। एक तरफ वैश्वीकरण के कारण हमारे समक्ष अन्तर्राष्ट्रीय बाज़ार है, जो दिन-रात खुले रहते हैं तथा वहाँ दिन-रात खरीद-बिक्री होती

रहती है। दूसरी ओर वैश्वीकरण ने सेवा का भी रास्ता खोल दिया है। अनेक कम्पनियाँ अपने द्वारा उत्पादित वस्तुओं को सीधे लोगों के घर तक पहुँचाने का भी काम कर रही हैं। आज हमारे पास सेवा *बनाम* बाज़ार का दोहरेपन है। हम बाज़ार में जाकर चीजों को खरीद सकते हैं या चीजों को अपने घर पर बाज़ार से मँगवा सकते हैं। बहुराष्ट्रीय कम्पनियाँ अब घर तक पहुँचकर सेवा दे रही हैं।

- **सत्य *बनाम* असत्य :** वैश्वीकरण के कारण सत्य व असत्य का दोहरेपन उत्पन्न हो गया है। आज स्पेश टेक्नोलॉजी के माध्यम से आम जनता को जो जानकारियाँ मिल रही हैं, उनमें सत्य और असत्य को सूचित करना मुश्किल हो जाता है। आज डुप्लिकेट माल का धन्धा बहुत जोर से बढ़ रहा है।
- **वस्तु *बनाम* व्यक्ति :** वैश्वीकरण के वस्तु *बनाम* व्यक्ति का दोहरेपन प्रस्तुत किया है। एक ओर वैश्वीकरण कम्प्यूटर, लैपटॉप, डेस्कटॉप, सेलफोन्स, इण्टरनेट जैसी वस्तुओं को घर-घर तक पहुँचाने का काम कर रहा है। इससे लोगों में वस्तु के प्रति आकर्षण बढ़ा है। दूसरी ओर व्यक्तियों को बहुराष्ट्रीय कम्पनियों के मालिक के रूप में भी प्रचारित-प्रसारित किया जा रहा है। इस तरह वैश्वीकरण वस्तु *बनाम* व्यक्ति रूपी दोहरेपन को प्रकाश में लाया। इसके कारण व्यक्तियों की महत्त्वाकांक्षा बढ़ी है। साथ ही साथ वस्तु प्राप्ति की लालसा भी बढ़ी है।
- **भौतिकवाद बनाम आदर्शवाद :** वैश्वीकरण ने हमारे बीच भौतिकवाद एवं आदर्शवाद का दोहरेपन प्रस्तुत किया है। एक ओर यह नए-नए उत्पादों को परोसकर हमें भौतिकवादी बनने का सन्देश देता है, लेकिन दूसरी तरफ पूँजीपतियों को गरीबों का पोषक बताकर हमारे समक्ष आदर्शवाद का सन्देश भी देता है।

वैश्वीकरण के प्रकार

जैसाकि पहले कहा जा चुका है कि वैश्वीकरण एक प्रक्रिया है जिसके माध्यम से सभी देशों को सामाजिक, सांस्कृतिक, आर्थिक तथा राजनीतिक रूप से परस्पर निर्भर बना दिया गया है। इस आधार पर वैश्वीकरण के निम्नलिखित प्रकार प्रकट होते हैं–

- सामाजिक वैश्वीकरण,
- सांस्कृतिक वैश्वीकरण,
- आर्थिक वैश्वीकरण, और
- राजनीतिक वैश्वीकरण।

अब यहाँ उपरोक्त सभी प्रकार के वैश्वीकरणों का वर्णन नीचे एक-एक करके प्रस्तुत किया जा रहा है–

सामाजिक वैश्वीकरण

वैश्वीकरण प्रक्रिया द्वारा आज हमारे समक्ष वैश्विक ग्राम समाज की अवधारणा को प्रकाश में लाया गया है। इस वैश्विक ग्राम समाज के लोग स्पेस टेक्नोलॉजी के माध्यम से जुड़े रहते हैं। आजकल के समाज के लिए नई-नई शब्दालियों को गढ़ा गया है। वे शब्दालियाँ निम्नलिखित हैं–

- वैश्विक ग्राम समाज, सूचना समाज, ज्ञान समाज, विज्ञान समाज।
- कम्प्यूटर समाज, लैपटॉप समाज, डेस्कटॉप समाज, सेलफोन समाज।
- इण्टरनेट समाज, डिजीटल समाज, चैटिंग समाज, डेटिंग समाज।
- उपभोक्ता समाज, ई-मेल समाज, स्पेस टेक्नोलॉजी समाज, मीडिया समाज।
- सैटेलाइट समाज।

समाज के लिए प्रयुक्त ये सारी नूतन शब्दावलियाँ वैश्वीकरण के सामाजिक स्वरूप को प्रकाश में लाती हैं।

सांस्कृतिक वैश्वीकरण

सांस्कृतिक वैश्वीकरण प्रक्रिया ने विश्व में समान संस्कृतियों को जन्म दिया है। उन समान वैश्विक संस्कृतियों के लिए निम्नलिखित नूतन शब्दावलियों को गढ़ा गया है–

- वैश्विक संस्कृति, मीडिया संस्कृति, इण्टरनेट संस्कृति, डिजीटल संस्कृति, सैटेलाइट संस्कृति, डेटिंग संस्कृति, चैटिंग संस्कृति, ई–मेल संस्कृति, यूट्यूब संस्कृति, व्हाट्सएप संस्कृति, साझी संस्कृति, सूचना तकनीकी संस्कृति, सेलफोन संस्कृति, स्पेस संस्कृति, उपभोग संस्कृति, ट्विटर संस्कृति, गूगल संस्कृति, विज्ञापन संस्कृति, रेस्टोरेण्ट संस्कृति, फास्ट फूड संस्कृति, ऑनलाइन मैरेज संस्कृति, ऑनलाइन पूजा संस्कृति, ऑनलाइन मृत्यु संस्कार संस्कृति, ऑनलाइन उद्घाटन संस्कृति।
- लिव–इन रिलेशन संस्कृति, किराया कोख संस्कृति, समान लिंग विवाह संस्कृति।
- पर्यटन संस्कृति, नर्सिंग होम संस्कृति, ओल्ड ऐज होम संस्कृति, होस्पिटेलिटी संस्कृति।
- ड्राइंग रूम संस्कृति, सौन्दर्य प्रतियोगिता संस्कृति, सांस्कृतिक निगम संस्कृति।
- तंजवस्त्र संस्कृति, अर्धनग्न संस्कृति।
- सांस्कृतिक बाज़ार संस्कृति, सांस्कृतिक व्यवसाय संस्कृति, सांस्कृतिक व्यापार संस्कृति, कॉर्पोरेट संस्कृति, ज्ञान संस्कृति, डिजीटल संस्कृति।

उपरोक्त सभी प्रकार की संस्कृतियों के लिए प्रयुक्त नूतन शब्दावलियाँ वैश्वीकरण युग की संस्कृतियों पर प्रकाश डालती हैं।

आर्थिक वैश्वीकरण

आर्थिक वैश्वीकरण प्रक्रिया के कारण आज विश्व स्तर पर निम्नलिखित आर्थिक संस्थाओं का निर्माण हुआ है–

- बहुराष्ट्रीय उद्यम, कॉर्पोरेट उद्यम, ज्ञान अर्थव्यवस्था, ज्ञान आधारित कर्मचारी, ज्ञान आधारित उत्पादन, ज्ञान आधारित बाज़ार, ज्ञान आधारित व्यवसाय, ज्ञान आधारित व्यापार, अन्तर्राष्ट्रीय बाज़ार, विश्व व्यापार संगठन, विश्व एक व्यापार संकुल, श्रम का अन्तर्राष्ट्रीय वर्गीकरण, ऑनलाइन खरीद-बिक्री, ऑनलाइन घर तक सेवा, ऑनलाइन भुगतान, एटीएम एवं डेबिट कार्ड सुविधा, डिजीटल पेमेण्ट, प्रवासी मज़दूर, अन्तर्राष्ट्रीय वर्ग, वर्गों का वैश्वीकरण, बौद्धिक सम्पदा अधिकार।
- उदार अर्थव्यवस्था, प्रबन्धन क्षेत्र का विकास, सेलरी पैकेज।
- अस्थायी नियुक्ति, डिजीटल उद्यम, डिजीटल कारोबार।

उपरोक्त प्रकार की आर्थिक संस्थाओं का उदय वैश्वीकरण प्रक्रिया के परिणाम हैं।

आर्थिक वैश्वीकरण की आलोचना

आर्थिक वैश्वीकरण की आलोचना निम्नलिखित कारणों से की जाती है–

- यह प्रक्रिया निजीकरण एवं उदारीकरण को बढ़ावा देती है।
- यह व्यवस्था स्थानीय अर्थव्यवस्था के लिए उचित नहीं है।
- इस प्रक्रिया के कारण बेरोजगारी बढ़ी है।
- इस प्रक्रिया के कारण अधिक घण्टे काम करना पड़ता है।
- इस प्रक्रिया के कारण स्थायी नियुक्ति नहीं मिलती।
- इस प्रक्रिया ने श्रमिक संगठनों को खत्म कर दिया है।
- इसमें कम वेतन पर काम कराया जाता है।

- स्थानीय उत्पादों एवं बाज़ारों को वैश्विक बाज़ारों से खतरा हो गया है।
- लघु उद्योग धन्धें चौपट हो गए हैं।
- इसके कारण अवैध अस्त्रों का व्यापार बढ़ा है।
- उग्रवाद एक वैश्विक समस्या बन गई है।
- इसके कारण वैश्विक पर्यावरण को खतरा उत्पन्न हो गया है।
- इसके कारण अमीर और गरीब के बीच खाई बढ़ गई है
- डिजीटल अपराध में वृद्धि।

राजनीतिक वैश्वीकरण

राजनीतिक वैश्वीकरण विश्व की राजनीतिक संस्थाओं को निम्नलिखित ढंग से प्रभावित किया है–

- राष्ट्र राज्य सीमा का अन्त।
- राष्ट्र के परम्परागत अधिकारों में कमी।
- निजीकरण एवं उदारीकरण की नीति।
- बाज़ार राज्य नियन्त्रण से मुक्त।
- सम्प्रभुता का जुड़ाव बड़े संगठन के साथ।
- वैश्विक शासन।
- मानवाधिकार।
- पर्यावरण सुरक्षा।
- आपदा प्रबन्धन।
- नवीन राजनीतिक संस्कृति।
- प्रजातन्त्र पर जोर।
- पूँजीवादी नीति पर जोर।
- सेक्युलरिज्म पर जोर।
- ई॰ गवर्नेंस।
- ई॰ शासन।

सन्दर्भ ग्रन्थ सूची

अक्कर मैन, आर॰ (1990) : *जे॰जी॰ फ्रेज़र : हिज लाइफ एण्ड वर्क,* न्यूयॉर्क : कैम्ब्रिज यूनिवर्सिटी प्रेस।

अद तलाल (ed.) (1974) : *एन्थ्रोपोलॉजी एण्ड कोलोनियल एनकाउण्टर, अटलांटिस हाईलैण्ड,* न्यूजर्सी : ह्यूमैनिटी प्रेस इण्टरनेशनल।

एण्डरसन, बेनेडिक्ट (1991) : *इमैजिण्ड कम्युनिटी : रिफलेक्शंस ऑन द ओरिजिन एण्डस्प्रेड ऑफ़ नैशनालिज्म,* लन्दन : वर्स।

आर्किहोल्ड, डब्ल्यू॰ पीटर (1992) : *मार्क्स एण्ड मिसिंग लिंक : ह्यूमैन नेचर,* अटलांटिस हाईलैण्ड्स, न्यूजर्सी : ह्यूमैनिटी प्रेस इण्टरनेशनल।

आर्ड्रे रॉबर्ट (1961) : *पर्सनल इनवेस्टिगेशन इनटू एनिमल ओरिजिन एण्ड नेचर ऑफ़ मैन,* न्यूयॉर्क : एन्थेनियम।

इवांस प्रिटचार्ड, ई॰ई॰ (1951) : *सोशल एन्थ्रोपोलॉजी,* न्यूयॉर्क : फ्री प्रेस।

उर्सी, जेम्स (ed.) (1993) : *बिफोर सोशल एन्थ्रोपोलॉजी : एन एसे इन ब्रिटिश सोशल एन्थ्रोपोलॉजी,* लन्दन : कैम्ब्रिज न्यूनिवर्सिटी प्रेस।

एक्करमैन, पॉल सी॰ (1978) : *डार्विन एण्ड फेशियल एक्सप्रेशन : सेंचुरी ऑफ़ रिसर्च इन रिविव,* एलैण्ड फ्लोरिड : एकेडेमिक प्रेस।

एरिकसन पॉल, ए॰ एण्ड लिडियाम डी॰ मर्फी (1998) : *हिस्ट्री ऑफ़ एन्थ्रोपोलॉजीकल थॉट,* कनाडा : ब्रॉडविव।

एडेल स्टेइन, लुडविग (1967) : *द आइडिया ऑफ़ प्रोग्रेस इन क्लासिकल एण्टीक्विटी*, बाल्टिमोर : जॉन हौपकिंस यूनिवर्सिटी प्रेस।

एलकिन, ए॰पी॰ एण्ड एन॰ डब्ल्यू॰जी॰ मसिनटोस (ed.) (1974) : *ग्राफ्टन एलिएट स्मिथ : द मैन एण्ड हिज वर्क*, सिडनी : सिडनी यूनिवर्सिटी प्रेस।

एगान, एफ॰ (1966) : *द अमेरिकन इण्डियन पर्सपेक्टिव फॉर द स्टडी ऑफ़ सोशल चेंज*, सिडनी : सिडनी यूनिवर्सिटी प्रेस।

एंगल्स फ्रेडरिक (1884, 1972) : *ओरिजिन ऑफ़ फैमिली प्राइवेट प्रोपर्टी एण्ड स्टेट*, न्यूयॉर्क : इण्टरनेशनल पब्लिशर्स।

एण्ड्रे, रॉबर्ट (1960) : *द अफ्रीकन जिनेसिस*, न्यूयॉर्क : एथेनियम।

क्लार्क, बिसलर सी॰ (1917) : *अमेरिकन इण्डियंस : एनइण्ट्रोडक्शन टू एन्थ्रोपोलॉजी*, न्यूयॉर्क : डी॰सी॰ मैकमुन्नी।

क्लार्क, विसलर, सी॰ (1922) : *द अमेरिकन इण्डियंस*, न्यूयॉर्क : ऑक्सफोर्ड यूनिवर्सिटी प्रेस।

क्लार्क, विसलर सी॰ (1923) : *मैन एण्ड कल्चर*, न्यूयॉर्क : थॉमसवाय क्रोबेल कम्पनी।

क्लार्क, विसलर सी॰ (1926) : *द रिलेशन ऑफ़ नेचर टू मैन इन एबोरिजनल अमेरिका*, न्यूयॉर्क : ऑक्सफोर्ड यूनिवर्सिटी प्रेस।

क्लार्क, विसलर सी॰ (1929) : *एन इन्ट्रोडक्शन टू एन्थ्रोपोलॉजी*, न्यूयॉर्क : हॉल्ट।

क्लीफोर्ड, जेम्स (1988) : *द प्रिडिकामेण्ट ऑफ़ कल्चर : ट्वेण्टियथ सेंचुरी एथनोग्राफी, लिटरेचर एण्ड आर्ट्स*, मैसासुसेट्स : हार्वर्ड यूनिवर्सिटी प्रेस।

क्लीफोर्ड, जेम्स एण्ड जॉर्ज ई॰ मारकस (ed.) (1986) : *राइटिंग कल्चर: पोएटिक्स एण्ड पॉलिटिक्स ऑफ़ एथनोग्राफी*, बर्कले : यूनिवर्सिटी ऑफ़ कैलिफोर्निया प्रेस।

क्लूखोन, सी॰ (1949) : *मिरर फॉर मैन*, न्यूयॉर्क : मैकग्रॉ हिल्स।

क्लूखोन, सी॰ (1961) : *एन्थ्रोपोलॉजी एण्ड क्लासिक्स*, एन आर्बोर : बुक ऑन डिमाण्ड।

क्लेमेण्ट्स, हेरी (1983) : *अल्फ्रेड रसेल वैलेस : बायोलॉजिस्ट एण्ड सोशल रिफॉर्मर*, लन्दन : कैम्ब्रिज यूनिवर्सिटी प्रेस।

क्लेसेन, चेरिल (ed.) (1994) : *वूमैन इन आर्कियोलॉजी*, फिलाडेल्फिया : यूनिवर्सिटी ऑफ़ पेनसिल्वानिया।

कार्डिनर, ए॰ (ed.) (1939) : *इण्डिविजुअल एण्ड हिज सोसायटी*, न्यूयॉर्क : कोलम्बिया यूनिवर्सिटी प्रेस।

कार्डिनर, ए॰ आर॰ लिण्टन एण्ड अदर्स (1945) : *साइकोलॉजिकल फ्रण्टियर्स ऑफ़ सोसायटी*, न्यूयॉर्क : कोलम्बिया यूनिवर्सिटी प्रेस।

कार्डिनर, ए॰ एण्ड ई॰ प्रेबेला (1961) : *द स्टडीड मैन*, क्लीवलैण्ड : वर्ल्ड पब्लिशिंग कम्पनी।

कार्टिन, फिलिप डी॰ (1964) : *इमेज़ेज ऑफ़ अफ्रीका*, मिशिगन : बुक ऑन डिमाण्ड।

कालपन, बी॰ (1954) : *ए स्टडी ऑफ़ रोसचाच रिसपैंस इन फॉर कल्चर*, न्यूयॉर्क : कोलम्बिया प्रेस।

कालपन, बी॰ (1961) : *स्टडीइंग पर्सनैलिटी क्रॉस कल्चरली*, इवांसटनः राव पीटरसन।

कूपर, एडम (1988) : *एन्थ्रोपोलॉजी एण्ड एन्थ्रोपोलॉजिस्ट*, न्यूयॉर्क : राउटलेज।

कुकलिंक, हेनारिका (1922) : *सेवेज विदिन : हिस्ट्री ऑफ़ ब्रिटिश सोशल एन्थ्रोपोलॉजी*, न्यूयॉर्क : कैम्ब्रिज यूनिवर्सिटी प्रेस।

कैपीपैगने, रोनाल्ड (1987) : *क्लैड लेवी-स्ट्रॉस*, पेरिस : बेलफॉर्ड।

कैफेरी, मार्गरेट एम॰ (1998) : *रूथ बेनेडिक्ट : ए स्ट्रैंजर ऑन द लैण्ड*, टेक्सास : टेक्सास यूनिवर्सिटी प्रेस।

कैम्पबेल, मेरी बी॰ (1990) : *विटनेस एण्ड अण्डरवर्ल्ड*, न्यूयॉर्क : कॉर्नेल यूनिवर्सिटी प्रेस।

कैमारॉफ जिन एण्ड जॉन एल॰ कैमारोफ (1991) : *ऑफ़ रिविलेशन एण्ड रिवोल्यूशन*, शिकागो : शिकागो यूनिवर्सिटी प्रेस।

कैसटे, एलेनेर एच॰ (ed.), (1994) : *कल्चर एण्ड ह्यूमैन डेवलपमेण्ट : सलेक्टेड पेपर्स ऑफ़ जॉन व्हाइटिंग*, न्यूयॉर्क : कैम्ब्रिज यूनिवर्सिटी प्रेस।

कैसेडी, रोहार्ट (1982) : *मार्गरेट मिड : वोआस ऑफ़ सेंचुरी*, न्यूयॉर्क : यूनिवर्सिटी प्रेस।

कैरटिन, फिलिप डी॰ (1964) : *इमेजेस ऑफ़ अफ्रीका*, मिशिगन : बुक ऑन डिमाण्ड।

कैरोल, जे॰बी॰ (ed.), (1986) : *लैंग्वेज थॉट एण्ड रिएलिटी : सलेक्टेड राइटिंग्स ऑफ़ बेंजामिन ली वर्फ*, न्यूयॉर्क : जॉन वाइले एण्ड संस।

कोटे, जेम्स ई॰ (1994) : *एडोलेसेंस स्ट्रेस एण्ड स्ट्रेन*, मवाह : न्यूजर्सी।

कोले, थॉमस (1967) : *डेमोक्रिटस एण्ड सॉर्स ऑफ़ ग्रीक एन्थ्रोपोलॉजी*, क्लीवलैण्ड : वेस्टर्न रिजर्व यूनिवर्सिटी प्रेस।

कौम्टे, अगस्त (1830–1842) : *पॉजिटिव फिलोसॉफी*, न्यूयॉर्क : ए॰एम॰एस॰ प्रेस।

क्रेदा मैनु, लाथुर एस॰ (1988) : *ए गोल्डन जर्नी*, मिशिगन : बुक ऑन डिमाण्ड।

क्रेवेस, हैमिल्टन (1988) : *द ट्रायल ऑफ़ इवोल्यूशन : एनवाइरनमेण्ट कण्ट्रोवर्सी*, बाल्टीमोर : हॉपकिंस प्रेस।

क्रोबर, ए॰एल॰ (1923) : *एन्थ्रोपोलॉजी*, न्यूयॉर्क : हारकोर्ट ब्रास।

क्रोबर, ए॰एल॰ (1925) : *हैण्डबुक ऑफ़ इण्डियंस ऑफ़ कैलिफोर्निया*, न्यूयॉर्क : हारकोर्ट ब्रास।

क्रोबर, ए॰एल॰ (1939) : *कल्चरल एण्ड नैचुरल एरियाज़ ऑफ़ नेटिव नॉर्थ अमेरिका*, बर्कले : यूनिवर्सिटी ऑफ़ कैलिफोर्निया प्रेस।

क्रोबर, ए॰एल॰ (1944) : *कांफिग्यूरेशन ऑफ़ कल्चर ग्रॉथ*, बर्कले : यूनिवर्सिटी ऑफ़ कैलिफोर्निया प्रेस।

क्रोबर, ए॰एल॰ (1952) : *द नेचर ऑफ़ कल्चर*, शिकागो : यूनिवर्सिटी ऑफ़ शिकागो प्रेस।

क्रोबर, ए॰एल॰ (1957) : *स्टाइल एण्ड सिविलाइजेशन*, इथाका : कॉरनेल यूनिवर्सिटी प्रेस।

क्रोबर, ए॰एल॰ (1963) : *एन एन्थ्रोपोलॉजिस्ट लुक एट हिस्ट्री*, बर्कले : कैलिफोर्निया यूनिवर्सिटी प्रेस।

कॉन, थॉमस एस॰ (1970) : *द स्ट्रक्चर ऑफ़ साइण्टिफिक रिवोल्यूशन* (सेकेण्ड एडीशन), शिकागो : यूनिवर्सिटी ऑफ़ शिकागो प्रेस।

गर्नर, लुइस (1981) : *एन्थ्रोपोलॉजी ऑफ़ एंशिएण्ट ग्रीस*, एन आर्बोर; मिशिगन : बुक ऑन डिमाण्ड।

गलिक, थॉमस ई॰ (ed.), (1988) : *द कम्पेरेटिव रिसेप्शन ऑफ़ डार्विनिज्म*, शिकागो : यूनिवर्सिटी ऑफ़ शिकागो प्रेस।

गलुकमैन, एम॰ (1949) : *मैलिनोवस्की सोशियोलोजीकल थ्योरी*, न्यूयॉर्क : ऑक्सफोर्ड यूनिवर्सिटी प्रेस।

गलुकमैन, एम॰ (1955) : *कस्टम एण्ड कनफ्लिक्ट इन अफ्रीका*, ऑक्सफोर्ड : बेसिल ब्लैकवेल।

गलुकमैन, एम॰ (1955) : *ज्यूडिशियल प्रोसेस अमंग बोरेटसे ऑफ़ नॉर्दन नाइजीरिया*, मैनचेस्टर : मैनचेस्टर यूनिवर्सिटी प्रेस।

गलुकमैन, एम॰ (1962) : *एसेज ऑन रिचुअल्स ऑफ़ सोशल रिलेशंस*, मैनचेस्टर : मैनचेस्टर यूनिवर्सिटी प्रेस।

गलुकमैन, एम॰ (1963) : *ऑर्डर एण्ड रिबैलियन इन ट्राइबल अफ्रीका*, न्यूयॉर्क : फ्री प्रेस।

गारबेरिनो, मार्विन एस॰ (1983) : *सोशियोलॉजिकल थ्योरी इन एन्थ्रोपोलॉजी*, इलिनोइस : विवलैण्ड प्रेस।

गिलमैन सैण्डर, एल॰ (1993) : *फ्रायड रेस एण्ड जेण्डर*, प्रिंसटन : प्रिंसटन यूनिवर्सिटी प्रेस।

गाउल्ड, स्टीफन जे॰ (1987) : *टाइम्स एरा एण्ड टाइम्स साइकिल : मिथ्स एण्ड मेटाफोर इन डिस्कवरी ऑफ़ जियोलॉजिक टाइम्स*, कैम्ब्रिज : हार्वर्ड यूनिवर्सिटी प्रेस।

गाउल्ड, स्टीफन जे॰ (1996) : *द म्यूजियम ऑफ़ मैन*, न्यूयॉर्क : डब्ल्यू॰ डब्ल्यू॰ नोरोटन।

गार्नर, लुइस (1981) : *एन्थ्रोपोलॉजी ऑफ़ एंशिएण्ट ग्रीस*, एन आर्बोर, मिशिगन : बुक ऑन डिमाण्ड।

गेक्स, युटे (1938) : *वुमेन एन्थ्रोपोलॉजिस्ट : ए बिबलियोग्राफिकल डिस्कवरी*, बोर्ड फॉर ऑन एरॉन : द मुनाशलकर प्रेस।

गेलिसपाई, चार्ल्स ई॰ (1951, 1996) : *जेनेसिस एण्ड जियोलॉजी*।

गेरर, एम॰ एण्ड मार्गरेट मिड (1942) : *बालानिज कैरेक्टर : ए फोटोग्राफिक एनालिसिस*, न्यूयॉर्क : न्यूयॉर्क यूनिवर्सिटी प्रेस।

गोल्डेन, वाइजर ए॰ (1933) : *हिस्ट्री, साइकोलॉजी एण्ड कल्चर*, न्यूयॉर्क : एपलटन सेंचुरी।

गोल्डेन, वाइजर ए॰ (1937) : *एन्थ्रोपोलॉजी : एन इण्ट्रोडक्शन टू प्रिमिटिव कल्चर*, न्यूयॉर्क : एपलटन सेंचुरी।

ग्रामसी, एण्टोनियो (1992) : *प्रिजन नोट बुक*, वोल्यूम–I, न्यूयॉर्क : कोलम्बिया यूनिवर्सिटी प्रेस।

ग्रामसी, एण्टोनियो (1996) : *प्रिजन नोट बुक*, वोल्यूम–II, न्यूयॉर्क : कोलम्बिया यूनिवर्सिटी प्रेस।

ग्रास लुंड बी॰ओ॰ (1987) : *द बर्थ ऑफ़ प्रिहिस्टोरिक क्रोनोलॉजी : डेटिंग मैथड्स एण्ड डेटिंग सिस्टम इन नाइनटींथ सेंचुरी*, न्यूयॉर्क : कैम्ब्रिज यूनिवर्सिटी प्रेस।

ग्रीन, जॉन सी॰ (1959) : *द डेथ ऑफ़ आदम : इवोल्यूशन एण्ड इटस इम्पैक्ट ऑन वेस्टर्न थॉट*, लावा : स्टेट यूनिवर्सिटी प्रेस।

ग्रीन, साली (1981) : *प्रिहिस्टोरियन : ए बिबलियोग्राफी ऑफ़ वी॰ गॉर्डोन चाइल्ड*, बॉर्ड फॉर ऑनएरोन : द मुन्ना राल्कर प्रेस।

ग्रीट्ज, क्लीफोर्ड (1973, 1977) : *इण्टरप्रिटेशन ऑफ़ कल्चर*, न्यूयॉर्क : बेसिक बुक।

ग्रीट्ज, क्लीफोर्ड; (1996) : *ऑफ्टर टू फैक्ट, टू सेंचुरी, फॉर डिकेड्स एण्ड वन एंथ्रोपोलॉजिस्ट*, कैम्ब्रिज : हार्वर्ड यूनिवर्सिटी।

ग्रेसन, डोनाल्ड के॰ (ed.) (1983) : *द एस्टैब्लिशमेण्ट ऑफ़ ह्यूमैन एण्टीक्वीटीज़*, ऑरलैण्डो : फ्लोरिडा एकेडेमिक प्रेस।

ग्रॉस, कुर्थफिंस (1989) : *मार्गरेट मिड : ए लाइफ*, लन्दन : पेंग्विन

चाइल्ड, वी॰जी॰ (1925) : *द डॉन ऑफ़ वेस्टर्न सिविलाइजेशन*, न्यूयॉर्क : कनॉफ।

चाइल्ड, वी॰जी॰ (1946) : *व्हाट हैपण्ड इन हिस्ट्री*, न्यूयॉर्क : पेलिकन।

चाइल्ड, वी॰जी॰ (1951) : *मैन मेक्स हिमसेल्फ*, न्यूयॉर्क : न्यू अमेरिकन लाइब्रेरी, मैटर।

चाइल्ड, वी॰जी॰ (1951) : *सोशल इवोल्यूशन*, न्यूयॉर्क : हैनरी स्कूमन।

चाइल्ड, वी॰जी॰ (1953) : *व्हाट इज हिस्ट्री*, न्यूयॉर्क : हैनरी स्कूमन।

चाइल्ड, वी॰जी॰ (1958) : द *डॉन ऑफ़ यूरोपियन सिविलाइजेशन*, न्यूयॉर्क : कनॉफ।

जिनकिंस, आलम (1979) : द *सोशियोलॉजिकल थ्योरी ऑफ़ क्लैड लैवी–स्ट्रॉस*, लन्दन : मैकमिलन।

जुड्डु, नेइन मर्टन (1967) : द *ब्यूरो ऑफ़ अमेरिकन एन्थ्रोपोलॉजी : पार्शियल हिस्ट्री*, नॉरमेन : यूनिवर्सिटी ऑफ़ ओकलाहोम।

जॉन्स पिटर (ed.), (1991) : द *साइंस ऑफ़ मैन इन स्कॉटिश एनलाइटमेण्ट*, न्यूयॉर्क : कोलम्बिया यूनिवर्सिटी प्रेस।

जॉन्स, रॉबर्ट ए॰ (1968) : द *सोशियोलॉजिकल थ्योरी ऑफ़* इमाईल दुर्खीम, ओएस; कैलिफोर्निया : सेज पब्लिकेशन।

जोशी, एम॰एल॰ (2004) : *उत्तर–आधुनिकता*, उदयपुर : रावत पब्लिकेशन।

टरनर, स्टीफन पी॰ (1993) : इमाईल दुर्खीम *: सोशियोलॉजिस्ट एण्ड मोरालिस्ट*, न्यूयॉर्क : रन्टलेज।

टर्नर, विक्टर (1967) : द *फॉरेस्ट ऑफ़ सिम्बल्स : आस्पेक्ट्स ऑफ़ नदेंबु रिचुअल*, इथाका, न्यूयॉर्क : कौरनेल यूनिवर्सिटी प्रेस।

टर्नर, विक्टर; (1969) : द *रिचुअल प्रोसेस : स्ट्रक्चर एण्ड एण्टिस्ट्रक्चर, हॉथौर्न*, न्यूयॉर्क : अल्डाइन डे ग्रेटर।

टायलर, ई॰बी॰ (1861) : *अनाहुएक (मेक्सिको मेक्सिकन) : एशिएण्ट : एण्ड मॉर्डन*, लन्दन : जेमुराय।

टायलर, ई॰बी॰ (1865) : *रिसर्च इन टू ऑल हिस्ट्री ऑफ़ मैनकाइण्ड एण्ड डेवलपमेण्ट ऑफ़ सिविलाइजेशन*, लन्दन : जेमुराय।

टायलर, ई॰बी॰ (1871) : *प्रिमिटिव कल्चर*, लन्दन : जेमुराय।

टायलर, ई॰बी॰ (1881) : *एन्थ्रोपोलॉजी : एन इण्ट्रोडक्शन टू मैन एण्ड सिविलाइजेशन,* न्यूयॉर्क : डेपलेटन।

टेगार्ट, ई॰ (1941) : *थ्योरी एण्ड प्रोसेस ऑफ़ हिस्ट्री,* बर्कले : यूनिवर्सिटी ऑफ़ कैलिफोर्निया प्रेस।

टेलर, एस॰ (1956) : *कंसेपसंस एण्ड थ्योरी ऑफ़ नॉलेज,* न्यू हैवन : बुकमैन एसोशिएट।

टेलर, एस॰ (1969) : *कॉगनिटिव एन्थ्रोपोलॉजी,* न्यूयॉर्क : रेनहार्ट एण्ड विस्टन।

टैक्स, एस॰ (1964) : *होरिजंस ऑफ़ एन्थ्रोपोलॉजी,* शिकागो : अल्डाइन।

ट्रिगर, बुश जी॰ : (1980) : *वी॰ गॉर्डन चाइल्ड : रिवोल्यूशन इन आर्कियोलॉजी,* न्यूयॉर्क : कोलम्बिया यूनिवर्सिटी प्रेस।

ट्रॉटमेन, रॉबर्ट आर॰ (1987) : *लेवीस हैनरी मॉर्गन एण्ड इनवेंशन्स ऑफ़ किनशिप,* बर्कले : यूनिवर्सिटी ऑफ़ कैलिफोर्निया प्रेस।

डायमण्ड, एलन (ed.), (1991) : *विक्टोरियन एचीवमेण्ट ऑफ़ एच॰जे॰एस॰ मैन,* न्यूयॉर्क : विकिंग प्रेस।

डार्विन, चार्ल्स (1859) : *ऑन द ओरिजिन ऑफ़ स्पेसिस,* कैम्ब्रिज : कैम्ब्रिज यूनिवर्सिटी प्रेस।

डार्विन, चार्ल्स (1871) : *डिसेण्ट ऑफ़ मैन एण्ड सलेक्शन इन रिलेशन टू सेक्स,* प्रिंसटन : प्रिंसटन यूनिवर्सिटी प्रेस।

डालनेल, रेंगना (1990) : *एडवर्ड सापिर : लिंगुइस्ट, एन्थोपोलॉजिस्ट एण्ड ह्यूमॅनिस्ट।*

डॉकिंस, रिचर्ड्स (1976) : *द सैल्फिश जीन,* न्यूयॉर्क : ऑक्सफोर्ड यूनिवर्सिटी प्रेस।

डी॰ एण्ड्राडे, राय (1955) : *डेवलपमेण्ट ऑफ़ कॉग्निटिव एन्थ्रोपोलॉजी,* न्यूयॉर्क : कोलम्बिया यूनिवर्सिटी प्रेस।

डु-बोआस, कोरा (1944) : *द पिपल ऑफ़ ए लोर : ए साइकोलॉजिकल स्टडी ऑफ़ ईस्ट इण्डिज़ आईलैण्ड,* मिनियापोलिश : यूनिवर्सिटी ऑफ़ मिनेसोटा।

डुडलेश, एडवर्ड जे॰ मैक्सिमिलियन ई॰ नोवाका (ed.) (1972) : *द वाइल्डमैन विदिन एन इमेज इन वेस्टर्न थॉट फ्रॉम रिनासा टू रोमैण्टिसिज्म*, मिशिगन : बुक ऑन डिमाण्ड।

डुन्न, लेस्ली सी (1991) : *ए शॉर्ट हिस्ट्री ऑफ़ जिनेटिक्स : डेवलपमेण्ट ऑफ़ सम मेन लाइन ऑफ़ थॉट*, एम्स : लावा स्टेट यूनिवर्सिटी प्रेस।

डेकर्स, निकोलस, बी॰ जियोफाले एण्ड शेरीबी आर्टनर (ed.), (1993) : *कल्चर पावर हिस्ट्री : ए रीडर इन कण्टेम्पोरेरी सोशल थ्योरी*, प्रिंसटन : प्रिंसटन यूनिवर्सिटी प्रेस।

डेकासन, ओलाइम पेट्रिका (1984) : *द मिथ ऑफ़ द सेवेज एण्ड बिगिनिंग ऑफ़ फ्रेंच कॉलोनिएलिज्म इन अमेरिका*, एकमैनटन : यूनिवर्सिटी ऑफ़ अल्बर्ट प्रेस।

डेसमण्ड, अडेरियन (1994) : *हक्सले : द डेविल : डिसायपुल*, लन्दन : माइल जोसफ प्रेस।

डेसमण्ड, अडेरियन (1997) : *इवोल्यूशंस हाईप्रिस्ट*, लन्दन : माइकल जोसफ प्रेस।

डैनियल, ग्लिन ई॰ (ed.), (1981) : *टूवर्ड्स ए हिस्ट्री ऑफ़ आर्कियोलॉजी*, न्यूयॉर्क : थॉमस एण्ड हडसन प्रेस।

डैनिएल, ग्लिन ई॰ एण्ड कोलिन रेनफ्रिक्ट (1988) : *द आइडिया ऑफ़ प्रीहिस्ट्री*, एडिनबर्ग : एडिनबर्ग यूनिवर्सिटी प्रेस।

डगलस, मैरी (1980) : *ई॰ई॰ इवांस प्रिट्चार्ड*, न्यूयॉर्क : वाइकिंग प्रेस।

ड्राइवर, हैरल्ड एण्डरसन (1962) : *कॉण्ट्रिब्यूशन ऑफ़ ए॰एल॰ क्रोबर टू कल्चर एरिया थ्योरी एण्ड प्रैक्टिस*, बाल्टिमो : वेमर्ली प्रेस।

दुर्खीम, ई॰ (1893) : *डिविजन ऑफ़ लेबर इन सोसायटी*, न्यूयॉर्क : मैकमिलन एण्ड कम्पनी।

दुर्खीम, ई॰, (1895) : *रूल्स ऑफ़ सोशियोलॉजिकल मैथड्स*, न्यूयॉर्क : फ्री प्रेस।

दुर्खीम, ई॰ (1897) : *सुसाइड*, न्यूयॉर्क : फ्री प्रेस।

दुर्खीम, ई॰ (1912) : *एलिमेण्ट्री फॉर्म ऑफ़ रिलिजियस लाइफ,* लन्दन : एलन एण्ड अनविन प्रेस।

नील, जेम्स बी॰ (1994) : *फिजिसियन टू जीन पुल : जेनेटिक लेगंस एण्ड अदर स्टोरीज,* न्यूयॉर्क : जॉन वाइले एण्ड संस।

नेटिंग, रॉबर्ट (1977) : *कल्चरल इकोलॉजी,* मैसाचुसेट्स : कनिंग पब्लिशिंग कम्पनी।

नैडेल, एस॰एफ॰ (1957) : *द थ्योरी ऑफ़ सोशल स्ट्रक्चर,* न्यूयॉर्क : फ्री प्रेस।

नैडेल, एस॰एफ॰ (1951) : *द फाउंडेशन ऑफ़ सोशल एन्थ्रोपोलॉजी,* न्यूयॉर्क : फ्री प्रेस।

पाइक, के॰ (1954) : *लैंग्वेज इन रिलेशन टू यूनाइटेड थ्योरी ऑफ़ स्ट्रक्चर ऑफ़ ह्यूमन बिहैवियर,* ग्लेनडेल : समर इंस्टीट्यूट ऑफ़ लिंग्विस्टिक्स।

पाइक, यू॰ (1981) : *केनेथ पाइक : ए स्कॉलर एण्ड क्रिश्चियन,* डेला : समर इंस्टीट्यूट ऑफ़ लिंग्विस्टिक्स।

पारकिन, फ्रैंक (1992) : *दुर्खीम,* ऑक्सफोर्ड : ऑक्सफोर्ड यूनिवर्सिटी प्रेस।

पारेजो, नानसी जे॰ (ed), (1993) : *द हिड्डन स्कॉलर : वुमेन एन्थ्रोपोलॉजिस्ट एण्ड नैटिव अमेरिका,* एलबर्ट : यूनिवर्सिटी ऑफ़ मैक्सिको प्रेस।

पारसंस, टी॰ (1957) : *स्ट्रक्चर ऑफ़ सोशल एक्शन,* न्यूयॉर्क : फ्री प्रेस।

पिकरिंग, मेरी (1993) : *ऑगस्ट कोम्टे : एन इण्टेलेक्चुअल बिबलियोग्राफी,* न्यूयॉर्क : कैम्ब्रिज यूनिवर्सिटी प्रेस।

पिगौट, एस॰ (1989) : *एंशिएण्ट ब्रिटेन एण्ड एंटिक्वेरियन इमेजिनेशन,* न्यूयॉर्क : थैम्स एण्ड गुड संस।

पेनरोस, बोआस (1995) : *द मिथ ऑफ़ गोल्डन एज़ इन रिनासा,* ब्लुमिंगटन : इण्डियाना यूनिवर्सिटी प्रेस।

पैटरसन, थॉमस (1994) : *टूवर्ड्स ए सोशल थ्योरी ऑफ़ आर्कियोलॉजी इन यूनाइटेड स्टेट्स,* फ्लोरिडा : हारकोर्ट ब्रास कॉलेज़ पब्लिशर।

पैरी, डब्ल्यू॰ जी॰ (1923, 1968) : *चिल्ड्रन ऑफ़ सन : ए स्टडी इन अर्लीहिस्ट्री ऑफ़ सिविलाइजेशन*, मिशिगन : स्कौलर्ली प्रेस।

पोलियो, कोवलेयन (1974) : द *आर्यन मिथ : हिस्ट्री ऑफ़ रेसिस्ट एण्ड नेशनालिस्ट आइडियाज़ इन यूरोप*, लन्दन : चाटो एण्ड विंड्स प्रेस।

प्रोवाइन, बिलियन बी॰; (1987) : द *ओरिजिन ऑफ़ थ्योरेटिकल पॉपुलेशन जेनेटिक्स*, शिकागो : यूनिवर्सिटी ऑफ़ शिकागो प्रेस।

फर्थ, आर॰ (1957) : *मेन एण्ड कल्चर : एन इवोल्यूशन ऑफ़ वर्क्स ऑफ़ बी॰के॰ मैलिनोवस्की*, लन्दन : रूटलेज एण्ड केगन पॉल।

फर्थ, आर॰ (1963) : *वी द टिकोपिया*, बोस्टन : विएकन प्रेस।

फर्थ, आर॰ (1964) : *एसेज ऑन सोशल ऑर्गेनाइजेशन एण्ड वैल्यूज़*, लन्दन, बोस्टन : विएकन प्रेस।

फर्थ, आर॰ (1951) : *प्रिमिटिव इकोनॉमी ऑफ़ न्यूजीलैण्ड, माओरी*, लन्दन : रूटलेज एण्ड केगन पॉल।

फूको, माइकेल (1982) : *आर्कियोलॉजी ऑफ़ नॉलेज*, न्यूयॉर्क : पैंथियोन।

फोरटेस, एम॰ (1945) : द *डायनामिक्स ऑफ़ क्लैनशिप अमंग टेलेंसी*, लन्दन : ऑक्सफोर्ड यूनिवर्सिटी प्रेस।

फोरटेस, एम॰ (1945) : *वेब ऑफ़ किनशिप अमंग टेलेंसी*, लन्दन : ऑक्सफोर्ड यूनिवर्सिटी प्रेस।

फोरटेस, एम॰ (1970) : *किनशिप एण्ड सोशल ऑर्डर : लीगैसी ऑफ़ हैनरी मार्गन*, शिकागो : अल्डाइन प्रेस।

फोरटेस, एम॰ एण्ड ई॰ई॰ ईवांस प्रिट्चार्ड (1940) : *अफ्रीकन पॉलिटिकल सिस्टम*, लन्दन : ऑक्सफोर्ड यूनिवर्सिटी प्रेस।

फोबियन, जोहांस (1983) : *टाइम एण्ड अदर : हाउ एन्थ्रोपोलॉजिस्ट मेक्स ऑब्जेक्ट्स*, न्यूयॉर्क : कोलम्बिया यूनिवर्सिटी प्रेस।

फ्रीमैन, डेरेक (1983) : *मार्गरेट मिड एण्ड सेमोआ : द मेकिंग एण्ड अनमेकिंग ऑफ़ एन्थ्रोपोलॉजिकल मिथ्स*, न्यूयॉर्क : कोलम्बिया यूनिवर्सिटी प्रेस।

फ्रायड, सिगमण्ड (1913) : *टोटेमिज्म एण्ड टैबू*, लन्दन : पेंग्विन बुक्स।

फ्रायड, सिगमण्ड (1928) : *द फ्यूचर ऑफ़ एन एलुशन*, लन्दन : इंस्टीट्यूट ऑफ़ सायको एनालिसिस।

फ्रायड, सिगमण्ड (1930) : *सिविलाइजेशन एण्ड ईट्स डिस्कंटेण्ट्स*, लन्दन : पेग्विन बुक्स।

फ्रायड, मर्टन एच॰ (1967) : *इवोल्यूशन ऑफ़ पॉलिटिकल सोसायटी एन इवोल्यूशनरी विव*, लन्दन : पेग्विन बुक्स।

फ्रेज़र, रॉबर्ट (1990) : *द मेकिंग ऑफ़ गोल्डन बाउल : ओरिजिन एण्ड ग्रोथ ऑफ़ एन आर्ग्युमेण्ट*, लन्दन : सेंट मार्टिन प्रेस।

फ़्रेज़र, जे॰जे॰ (1887) : *टोटेमिज्म*, एडिनबर्ग : आदम एण्ड चार्ल्स प्रेस

फ़्रेज़र, जे॰जे॰ (1911–15) : *द गोल्डेन बाउल* (थर्ड एडिशन), लन्दन मैकमिलन एण्ड कम्पनी।

बखोरफर, रॉबर्ट एफ॰ (1979) : *द व्हाइट मैंस इण्डियन : इमेजेज़ ऑफ़ अमेरिकन इण्डियंस फ्रॉम कोलम्बस टू प्रेजेण्ट*, न्यूयॉर्क : रैण्डम हाउस प्रेस।

बर्लिन, ईसियाह (1996) : *कॉर्ल मॉर्क्स : हिज लाइफ एण्ड एनवइनमेण्ट* (4th edn.), न्यूयॉर्क : ऑक्सफोर्ड यूनिवर्सिटी प्रेस।

बर्जर, पीटर एल॰ एण्ड थॉमस लुकमैन (1967) : *द सोशल कंसट्रक्शन ऑफ़ रियलिटी : ट्रीटी इन सोशियोलॉजी ऑफ़ नॉलेज़*, न्यूयॉर्क : डबल डे प्रेस।

बर्रो, जे॰ डब्ल्यू॰ (1966) : *इवोल्यूशन एण्ड सोसाइटी : ए स्टडी इन विक्टोरियन सोशल ब्योरी*, लन्दन : कैम्ब्रिज यूनिवर्सिटी प्रेस।

बाचोफेन, जे॰जे॰ (1961) : *दास मुटेरेच* (मदर राइट), बैसेल : बोनोस बाबे।

बावडेन, मार्क (1991) : *पिटरिवर्स*, मिशिगन : स्कॉलर्ली प्रेस।

बार्टन, माइकल (1987) : *द रेसियल थ्योरीज़*, न्यूयॉर्क, कैम्ब्रिज : कैम्ब्रिज यूनिवर्सिटी प्रेस।

बिनफोर्ड लेवीस, आर॰ (1983) : *द परसुइट ऑफ़ पास्ट*, लन्दन : थैम्स एण्ड हुड संस।

बुन. जेम्स ए॰ (1972) : *फ्रॉम सिम्बोलिज्म टू स्ट्रक्चरलिज्म*, न्यूयॉर्क : हार्पर एण्ड रोजर प्रेस।

बेनेडिक्ट, आर॰ (1934) : *पैटर्न ऑफ़ कल्चर*, न्यूयॉर्क : मिफिन।

बेनेडिक्ट, आर॰ (1945) : *रेस, साइंस एण्ड पॉलिटिक्स*, न्यूयॉर्क : वाइकिंग प्रेस।

बेनेडिक्ट, आर॰ (1946) : *क्रिसजैन थेमम एण्ड सोर्ड*, बोस्टोन, हॉफटन : वाइकिंग प्रेस।

बैनिस्टर, रॉबर्ट सी॰ (1988) : *सोशल डार्विनिज्म : साइंस एण्ड मिथ*, फिलाडेल्फिया : टेम्पल यूनिवर्सिटी प्रेस।

बैरेट, स्टानले आर॰ (1966) : *एन्थ्रोपोलॉजी : स्टुडेण्ट्स गाइड टू थ्योरी एण्ड मैथड्स*, फिलाडेल्फिया : टेम्पल यूनिवर्सिटी प्रेस।

बैस्टियन, ए॰ (1860) : *डरमेंसी इन डर गेस्चीच्यूट*, लिपजिग : ओविगांड।

बैस्टियन, ए॰ (1895) : *एथनिस्चे एलमेण्टर गेडांकेन इन डर लाहरे वोम मैंस चेम*, बर्लिन : विडमैंसचे बुछागलंग।

बैस्टिसन, मेरी सी॰ (1994) : *विद डाउटर्स आई*, न्यूयॉर्क : हार्पर कोलिंस।

बॉलर, पीटर जे॰ (1983) : *द एकलिप्स ऑफ़ डार्विनिज्म : एंटिडार विनियन इवोल्यूशनरी थ्योरी बाई डिकेड्स एराउण्ड 1900*, बाल्टिमोर : जॉन हॉपकिंस प्रेस।

बॉलर, पीटर जे॰ (1986) : *थ्योरिज ऑफ़ ह्यूमैन इवोल्यूशन : ए सेंचुरी ऑफ़ डिबेट*, बाल्टिमोर : जॉन हॉपकिंस प्रेस।

बॉल, पीटर जे॰ (1989) : *इवोल्यूशन : ए हिस्ट्री ऑफ़ एन आइडिया*, बर्कले : यूनिवर्सिटी ऑफ़ कैलिफोर्निया प्रेस।

बॉलर, पीटर जे॰ (1989) : *मेण्डेलियन रिवॉल्यूशन : इमरजेंस ऑफ़ हेरेडिटरी कंसेप्ट इन मॉर्डन साइंस एण्ड सोसायटी*, बाल्टीमोर जॉन हॉपकिंस यूनिवर्सिटी प्रेस।

बॉलर, पीटर जे॰ (1989) : *इन इनवेंशंस ऑफ़ प्रोग्रेस द विकटोरियन एण्ड द पास्ट*, मैसाचुसेट्स : ब्लैकवेल।

बॉलर, पीटर जे॰ (1996) : *चार्ल्स डार्विन : मैन एण्ड हिज इनफ्लुएंस*, न्यूयॉर्क : कैम्ब्रिज यूनिवर्सिटी प्रेस।

बोआस, एफ॰ (1888) : द *सेण्ट्रल स्किमो*, वाशिंगटन : स्मिथसोनियन इंस्टीट्यूशन प्रेस।

बोआस, एफ॰ (1897) : *सोशल ऑर्गेनाइजेशन एण्ड सेक्रड सोसायटी ऑफ़ क्वाउटल*, वाशिंगटन : स्मिथसोनियन इंस्टीट्यूट प्रेस।

बोआस, एफ॰ (1911) : *माइण्ड ऑफ़ प्रिमिटिव मैन*, न्यूयॉर्क : मैकमिलन

बोआस, एफ॰ (1927) : *प्रिमिटिव आर्ट*, ओसलो : एशेलहंज एण्ड कम्पनी।

बोआस, एफ॰ (1928) : *एन्थ्रोपोलॉजी एण्ड मॉर्डन लाइफ*, न्यूयॉर्क : डब्ल्यू॰ डब्ल्यू॰ नॉर्टन एण्ड कम्पनी।

बोआस, एफ॰ (1940) : *रेस लैंग्वेज एण्ड कल्चर*, न्यूयॉर्क : मैकमिलन एण्ड कम्पनी।

बोआस, जॉर्ज (1966) : *एसेज ऑन प्रिमिटिविज्म एण्ड रिलेटिड आइडियाज इन मिडिल एजेज*, न्यूयॉर्क : ऑक्टागन बुक्स।

बोहन पॉल एण्ड मर्क ग्लेजर (ed.), (1989) : *हाइपोपाइण्ट ऑन एन्थ्रोपोलॉजी*, न्यूयॉर्क : मैकग्रा हिल्स प्रेस।

वौर्डिव, पियरे (1977) : *आउटलाइन ऑफ़ ए थ्योरी ऑफ़ प्रैक्टिस*, न्यूयॉर्क : कैम्ब्रिज यूनिवर्सिटी प्रेस।

ब्रेसन, ग्लैडिंग (1968) : द *स्कॉटिश एनलाइटमेण्ट ऑफ़ टवेन्टीएथ सेंचुरी*, न्यूयॉर्क : अगस्त एम॰ कोर्ली प्रेस।

मरडॉक, जी॰पी॰ (1947) : *स्टैटिस्टिकल कोरिलेशंस इन साइंस ऑफ़ सोसाइटी*, न्यू हैवन : येल यूनिवर्सिटी प्रेस।

मरडॉक, जी॰पी॰ (1949) : *सोशल स्ट्रक्चर*, न्यू हैवन : येल यूनिवर्सिटी प्रेस।

मरफी, रॉबर्ट फ्रैंसिस (1972) : *रॉबर्ट एच॰ लोवी*, न्यूयॉर्क : कोलम्बिया यूनिवर्सिटी प्रेस।

मार्क्स, कार्ल (1867) : *दास कैपिटल*, न्यूयॉर्क : ऑक्सफोर्ड यूनिवर्सिटी प्रेस।

मार्क्स, कार्ल एण्ड फ्रेडरिच एंगल्स (1948) : *कम्युनिस्ट मैनिफेस्टो*, न्यूयॉर्क : ऑक्सफोर्ड यूनिवर्सिटी प्रेस।

मारकस, जूली (ed.), (1993) : *फर्स्ट इन देयर फिल्ड : वुमैन एण्ड आस्ट्रेलियन एन्थ्रोपोलॉजिस्ट*, न्यूयॉर्क : कैम्ब्रिज यूनिवर्सिटी प्रेस।

मारसेल, मॉस (1924) : द *गिफ्ट : द फॉर्म एण्ड रीजन फॉर एक्सचेंज इन एंशिएण्ट सोसायटी*, न्यूयॉर्क : डब्ल्यू डब्ल्यू नॉर्टन।

माले फ्रिट्ज एण्ड अन्ने मेरी डेवाल (1977) : *इमेजेज ऑफ़ मैन : ए हिस्ट्री ऑफ़ एन्थ्रोपोलॉजिकल थॉट*, न्यूयॉर्क : कनौफ।

मालि, जोसेफ (1992) : *रिहैबिलिटेशन ऑफ़ मिथ*, न्यूयॉर्क : कैम्ब्रिज यूनिवर्सिटी प्रेस।

मिड, एम॰ (1928) : *कमिंग ऑफ़ एज इन सेमोआ*, न्यूयॉर्क : मोराव।

मिड, एम॰ (1930) : *ग्रोइंग अप इन न्यू गिनीया*, न्यूयॉर्क : बलुरिब्बना।

मिड, एम॰ (1935) : *सेक्स एण्ड टेंपेरामेण्ट इन थ्री प्रिमिटिव सोसायटी इन न्यू गिनीया*, न्यूयॉर्क : मोराव।

मिड, एम॰ (1937) : *कोऑपरेशन एण्ड कम्पीटिशन अमंग प्रिमिटिव पिपल*, न्यूयॉर्क : मैकग्रा हिल्स।

मिड, एम॰ (1939) : *फ्रॉम द साउथ सी*, न्यूयॉर्क : मोराव।

मिड, एम॰ (1942) : *एण्ड कीप योर पाउडर ड्राई : एन एन्थ्रोपोलॉजिस्ट लुक एट अमेरिका*, न्यूयॉर्क : मोराव।

मिड, एम॰ (1949) : *मेल एण्ड फीमेल*, न्यूयॉर्क : मोराव।

मिड, एम॰ (1955) : *कल्चरल पैटर्न एन्ड टेक्नीकल चेंज*, न्यूयॉर्क : मोराव।

मिड, एम॰ (1964) : *कॉण्टिनयूइटी इन कल्चरल इवोल्यूशन*, न्यू हैवन : येल यूनिवर्सिटी प्रेस।

मिड, एम॰ एण्ड आर॰ एल॰ बंज़ेल (ed.), (1960) : *द गोल्डन एज़ ऑफ़ अमेरिकन एन्थ्रोपोलॉजी*, न्यूयॉर्क : जॉर्ज ब्राजिटर प्रेस।

मिड, एम॰ एण्ड एफ॰एम॰सी॰ मैकग्रेगर (1951) : *द ग्रोथ ऑफ़ कल्चर : फोटोग्राफिक स्टडी ऑफ़ बालानिज चाइल्डहुड*।

मिड, एम॰ एण्ड रोघा मेट्रोक्स (1953) : *द स्टडी ऑफ़ कल्चर एट ए डिस्टेंस*, शिकागो : शिकागो यूनिवर्सिटी प्रेस।

मिंज, सिडने डब्ल्यू॰ (1986) : *स्वीटनैस एण्ड पॉवर : प्लेस ऑफ़ शुगर इन मॉर्डन हिस्ट्री*, न्यूयॉर्क : पेंग्विन बुक्स।

मुरे, जेरी डी॰ (1997) : *एन इण्ट्रोडक्शन टू एन्थ्रोपोलॉजिकल क्योरिज एण्ड क्योरिस्ट्स*, न्यूयॉर्क : कैलिफोर्निया प्रेस।

मुरे, साल्वी फाल्क (1994) : *एन्थ्रोपोलॉजी एण्ड अफ्रीका : चेंजिंग पर्सपेक्टिव ऑन ए चेंजिंग सीन*, लोटस विले : यूनिवर्सिटी ऑफ़ वर्जीनिया।

मुराय, जॉन बी॰ (ed.), (1976) : *अमेरिकन एन्थ्रोपोलॉजिस्ट्स : द अर्ले इयर्स*, सेंट पॉल : मिनेसोटा।

मेयर, अनरेस्ट (1991) : *वन लॉँग आर्ग्यूमेण्ट : चार्ल्स डार्विन एण्ड जेनेटिस ऑफ़ इवोल्यूशनरी थॉट*, कैम्ब्रिज : हार्वर्ड यूनिवर्सिटी प्रेस।

मैक ग्रीन, जॉन आर॰ एण्ड रिचड्र्स एल॰ वार्म्स (1996) : *एन्थ्रोपोलॉजिक थ्योरी : एन इण्ट्रोडक्टरी हिस्ट्री*, माउण्टेन विव : कैलिफोर्निया मिफिल्ड प्रेस।

मैक नैरन, बारबोरा (1980) : *द मैथड्स एण्ड थ्योरी ऑफ़ वी॰ गॉर्डन चाइल्ड*, इडनबर्ग : इडनबर्ग यूनिवर्सिटी।

मैक लेनन, जे॰एफ॰ (1865) : *प्रिमिटव मैरिज*, एडिनबर्ग : एडन एण्ड चार्ल्स ब्लैक प्रेस।

मैक लेनन, जे॰ एफ॰ (1876) : *एंशिएण्ट हिस्ट्री*, लन्दन : मैकमिलन एण्ड कम्पनी।

मैगना रेला, पॉल जे॰ (1993) : *ह्यूमैन मैटेरियलिज्म*, फ्लोरिडा : फ्लोरिडा यूनिवर्सिटी प्रेस।

मैनर, रॉबर्ट एलन (1964) : *प्रोसेस एण्ड पैटर्न इन कल्चर : एसेज इन ऑनर ऑफ़ जूलियन एच स्टीवर्ड*, शिकागो : अल्डाइन पब्लिशिंग कम्पनी।

मैनसन, विलियम सी॰ (1988) : *सायको डायनैमिक्स ऑफ़ कल्चर : अब्राहम कार्डिनर एण्ड नियोफ्रायडियन एन्थ्रोपोलॉजी*, वेस्ट पोस्ट : ग्रीन वुड प्रेस।

मैलिनोवस्की, बी॰के॰ (1913) : *फैमिली अमंग ऑस्ट्रेलियन एबोरिजिंस*, लन्दन : सोशियोलॉजिकल स्टडी इंस्टीट्यूट।

मैलिनोवस्की, बी॰के॰ (1922) : *ऑर्गोनॉट्स ऑफ़ वेस्टर्न पेसिफिक*, न्यूर्याक : डहन प्रेस।

मैलिनोवस्की, बी॰के॰ (1927) : *सैक्स रिप्रेशन इन सेवेज सोसाइटी*, लन्दन : रूटलेज एण्ड केगन पॉल।

मैलिनोवस्की, बी॰के॰ (1929) : *सेक्सुअल लाइफ ऑफ़ सेवेज*, लन्दन : रूटलेज एण्ड केगन पॉल।

मैलिनोवस्की, बी॰के॰ (1935) : *कोरल गार्डन एण्ड देयर मैजिक*, लन्दन : रूटलेज एण्ड केगन पॉल।

मैलिनोवस्की, बी॰के॰ (1936) : *क्राइम एण्ड कस्टम इन सेवेज सोसाइटी*, लन्दन : केगन पॉल।

मैलिनोवस्की, बी॰के॰ (1944) : *साइण्टिफिक थ्योरी ऑफ़ कल्चर एण्ड अदर एसेज*, चैपल हिल्स : यूनिवर्सिटी ऑफ़ नॉर्थ कैरोलिना प्रेस।

मैलिनोवस्की, बी॰के॰ (1944) : *फ्रीडम एण्ड सिविलाइजेशन*, न्यूयॉर्क : राय पब्लिशर्स।

मैलिनोवस्की, बी॰के॰ (1967) : *ए डायरी इन स्ट्रिक्ट सेंस ऑफ़ टर्मस्*, न्यूयॉर्क : हारकोर्ट ब्रास एण्ड वर्ल्ड (मैलिनोवस्की की पत्नी एलसिस मैसन द्वारा प्रकाशित)।

मैसन, सैबाइन (1995) : *बायोलॉजी एज सोसाइटी एण्ड सोसायटी एज बायोलॉजी*, नार्वे, मैशाचुसेट्स : बेल्कहॉप प्रेस ऑफ़ हार्वर्ड यूनिवर्सिटी।

मैन, एच॰एस॰ (1861) : *एंशिएण्ट लॉ*, लन्दन : जेमुराय।

मैन, एच॰एस॰ (1871) : *विलेज कम्युनिटी इन ईस्ट एण्ड वेस्ट*, लन्दन : जेमुराय।

मैन, एच॰एस॰ (1883) : *अर्लि लॉ एण्ड कस्टम*, लन्दन : जेमुराय।

मैन, एच०एस० (1888) : *हिस्ट्री ऑफ़ इंस्टिट्यूशन*, न्यूयॉर्क : होल्ट।

मैरेट, आर०आर० (1909) : *थ्रेस्होल्ड ऑफ़ रिलीजन*, लन्दन : मेथुएव।

मैरेट, आर०आर० (1927) : *डिफ्यूजन ऑफ़ कल्चर*, कैम्ब्रिज : कैम्ब्रिज यूनिवर्सिटी प्रेस।

रममेथ, जोय (1996) : *हरबर्ट स्पेंसरेस सोशियो बायोलॉजी : ए स्टडी इन हिस्ट्री ऑफ़ थ्योरी*, न्यूयॉर्क : अथर्टन प्रेस।

रिवर्स, डब्ल्यू० एच०आर० (1906) : *द टोडा*, कैम्ब्रिज यूनिवर्सिटी प्रेस।

रिवर्स, डब्ल्यू० एच०आर० (1914) : *हिस्ट्री ऑफ़ मलेनेशियन सोसायटी*, कैम्ब्रिज : कैम्ब्रिज यूनिवर्सिटी प्रेस।

रिवर्स, डब्ल्यू०एच०आर० (1914) : *किनशिप एण्ड सोशल ऑर्गेनाइजेशन*, लन्दन : कैस्टेबल प्रेस।

रिवर्स, डब्ल्यू०एच०आर० (1922) : *हिस्ट्री एण्ड एथनोलॉजी*, कैम्ब्रिज : कैम्ब्रिज यूनिवर्सिटी प्रेस।

रिस, एडवर्ड (1979) : *मार्गरिट मिड : ए पोर्ट्रेट*।

रूसे, माइकेल (1984) : *सोशियो-बायोलॉजी : सेंस ऑफ़ नॉनसेंस*, मैसाचुसेट्स : क्लूवर अकेडेमिक प्रेस।

रूसे, माइकल (1997) : *मोनाड टू मैन : कंसेप्ट ऑफ़ प्रोग्रेस इन इवोल्यूशनरी बायोलॉजी*, कैम्ब्रिज : हार्वर्ड यूनिवर्सिटी प्रेस।

रेडफील्ड, आर० (1930) : *टोपेज लैन*, शिकागो : शिकागो यूनिवर्सिटी प्रेस।

रेडफील्ड, आर० (1934) : *चानकॉम*, शिकागो : शिकागो यूनिवर्सिटी प्रेस।

रेडफील्ड, आर० (1941) : *फॉक कल्चर ऑफ़ युकाटाम*, शिकागो : शिकागो यूनिवर्सिटी प्रेस।

रेडफील्ड, आर० (1953) : *प्रिमिटिव वर्ल्ड एण्ड इट्स ट्रांसफॉर्मेशन*, न्यूयॉर्क : कैम्ब्रिज यूनिवर्सिटी प्रेस।

रेडफील्ड, आर० (1955) : *लिटिल कम्युनिटी : विवपॉइण्ट फॉर द स्टडी ऑफ़ ह्यूमैन होल*, शिकागो : शिकागो यूनिवर्सिटी प्रेस।

रेडफील्ड, आर॰ (1955) : *थिंकिंग अबाउट सिविलाइजेशन*, शिकागो : शिकागो यूनिवर्सिटी प्रेस।

रेडफील्ड, आर॰ (1956) : *पिजेण्ट सोसाइटी एण्ड कल्चर*, शिकागो : शिकागो यूनिवर्सिटी प्रेस।

रैडक्लिफ–ब्राउन ए॰आर॰ (1922) : द *अण्डमान आइलैण्डर्स*, कैम्ब्रिज : कैम्ब्रिज यूनिवर्सिटी प्रेस।

रैडक्लिफ–ब्राउन, ए॰आर॰ (1948) : *नेचुरल साइंस ऑफ़ सोसायटी*, न्यूयॉर्क : फ्री प्रेस।

रैडक्लिफ–ब्राउन, ए॰आर॰ (1950) : *अफ्रीकन सिस्टम ऑफ़ मैरिज एण्ड फैमिली*, लन्दन : ऑक्सफोर्ड यूनिवर्सिटी प्रेस।

रैडकिल्फ–ब्राउन, ए॰आर॰ (1952) : *स्ट्रक्चर एण्ड फंक्शन इन प्रिमिटिव सोसायटी*, लन्दन : ऑक्सफोर्ड यूनिवर्सिटी प्रेस।

रेडक्लिफ–ब्राउन, ए॰ आर॰ (1958) : *मैथड्स इन सोशल एन्थ्रोपोलॉजी*, शिकागो : शिकागो यूनिवर्सिटी प्रेस।

रैपापोर्ट, ए॰ (1968) : *पिग्स फॉर एंसेस्टर्स : रिचुअल इन द इकोलॉजी ऑफ़ न्यू गिनी*, न्यू हैवन : येल यूनिवर्सिटी प्रेस।

रैटजेल (1882) : *एन्थ्रोपोजियोग्राफी*, स्टुटगार्ट : एंजिलहैंस।

रैटजेल (1989) : *एन्थ्रोपोलॉजी एण्ड हिस्ट्री : एसेज इन कल्चर हिस्ट्री एण्ड पॉलिटिकल इकोनॉमी*, न्यूयॉर्क : रूलगर्स प्रेस।

रैटजेल (1896) : *हिस्ट्री ऑफ़ मैनकाइंड*, लन्दन : मैकमिलन एण्ड कम्पनी।

रोसेबेरी, विलियम (1989) : *एन्थ्रोपोलॉजी एण्ड हिस्ट्री : एसेज इन कल्चर हिस्ट्री एण्ड पॉलिटिकल इकोनॉमी*, न्यूयॉर्क : रूलगर्स प्रेस।

रोसेनाउ, पॉलिन मैरी (1992) : *पोस्टमॉडर्निज्म एण्ड सोशल साइंस*, प्रिंसटन : प्रिंसटन यूनिवर्सिटी प्रेस।

ल्योटार्ड, जीन फ्रैंकोइस (1984) : *पोस्टमॉडर्न कण्डिशन*, मैनचेस्टर : मैनचेस्टर यूनिवर्सिटी प्रेस।

लालघन, जैन जी॰ (1981) : द *बिल्डिंग ऑफ़ ब्रिटिश सोशल एन्थ्रोपोलॉजी*, कैम्ब्रिज : कैम्ब्रिज यूनिवर्सिटी प्रेस।

लायल, चार्ल्स (1863) : *जियोलॉजिकल एविडेंसेस ऑफ़ एण्टीक्वोटीज ऑफ़ मैन*, न्यूयॉर्क : ए॰एम॰एस॰ प्रेस।

लायल, चार्ल्स (1976) (1880–1833) : *प्रिंसिपल्स ऑफ़ जियोलॉजी, फोरेस्ट बर्ग*, न्यूयॉर्क : टुब्रोच एण्ड ग्रामर।

लार्सन, एडवर्ड जे॰ : (1996) : *सैक्स, रेस एण्ड साइंस : यूजेनिक्स इन डीप बाल्टिमोर*, कैम्ब्रिज : कैम्ब्रिज यूनिवर्सिटी प्रेस।

लिच, ई॰ (1954) : *पॉलिटिकल सिस्टम ऑफ़ हाइलैण्ड बर्मा*, बोस्टन : बिएकन प्रेस।

लिच, ई॰ (1961) : *पुलैसिया : ए विलेज इन सेलेन*, न्यूयॉर्क : कैम्ब्रिज यूनिवर्सिटी प्रेस।

लिच, ई॰ (1989) : *क्लायड लेवी-स्ट्रॉस*, न्यूयॉर्क : कैम्ब्रिज यूनिवर्सिटी प्रेस।

लिकेय, एल॰एस॰बी॰ (1966) : *व्हाइट अफ्रीकन : एन अर्लि एन्थ्रोपोलॉजी*, न्यूयॉर्क : डबल डे।

लिकेय, मैरी (1984) : *डिस्कवरिंग द पास्ट*, न्यूयॉर्क : डबल डे।

लिकेय, रिचर्ड्स (1984) : *वन लाइफ, वन बायोग्राफी : एन ऑटोबायोग्राफी*, न्यू हैंपशायर : सलेम हाउस प्रेस।

लिण्टन, आर॰ (1936) : *द स्टडी ऑफ़ मैन*, न्यूयॉर्क : अपलेटना।

लिण्टन, आर॰ (1945) : *द कल्चरल बैकग्राउण्ड ऑफ़ पर्सनैलिटी*, न्यूयॉर्क : अपलेटन।

लिपसेट, डैविड (1980) : *ग्रेगोरी बैटिसन : द लिगेसी ऑफ़ ए साइंटिस्ट*, एंगल वर्ल्ड क्लाइफ : प्रेंटिस हाल।

लुबक, जॉन (1865, 1977) : *प्रिहिस्टोरिक टाइम्स*, नॉर्थ स्ट्रेड फोर्ड : न्यू हैंपशायर।

लुकेश, स्टीवेन (1985) : इमाईल दुर्खीम : *हिज लाइफ एण्ड वर्क, ए हिस्टोरिकल एण्ड क्रिटिकल स्टडी*, कैलिफोर्निया : स्टेनफोर्ड यूनिवर्सिटी प्रेस।

लुटश, कैथराइन (1982) : *अन नैचुरल इमोशंस*, शिकागो : शिकागो यूनिवर्सिटी प्रेस।

लेवी-ब्रहुल (1965) : *द सॉल ऑफ़ प्रिमिटिव*, न्यूयॉर्क : प्रेयर।

लेवी-स्ट्रॉस, सी॰ (1949) : *वीलिमेण्टरी स्ट्रक्चर ऑफ़ किनशिप*, बोस्टन : बिकन प्रेस।

लेवी-स्ट्रॉस, सी॰ (1963) : *स्ट्रक्चरल एन्थ्रोपोलॉजी*, न्यूयॉर्क : बेसिक बुक्स।

लेवी-स्ट्रॉस, सी॰ (1969) : *माइथोलॉजिक्स*, पेरिस : लन्दन।

लोवि, आर॰एच॰ (1927) : *ओरिजिन ऑफ़ स्टेट*, न्यूयॉर्क : हारकोर्ट ब्रास।

लोवि, आर॰एच॰ (1917) : *कल्चर एण्ड एथनोलॉजी*, न्यूयॉर्क : डी॰ सी॰ मुत्री।

लोवि, आर॰एच॰ (1920) : *प्रिमिटिव सोसायटी*, न्यूयॉर्क : बोन एण्ड रिवरराइट।

लोके, जॉन (1690, 1994) : *एसेज केसर्निंग ह्यूमैन अण्डरस्टैंडिण्ग*, न्यूयॉर्क : प्रोमेथंस बुक्स।

लोके, जोआय आर्थर (1936) : *द ग्रेट चेन ऑफ़ बीइंग : स्टडी ऑफ़ हिस्ट्री ऑफ़ एन आइडिया*, न्यूयॉर्क : प्रोमेथंस।

वर्मेउलेनहन, एण्ड अर्चुराल, आर॰ (1996) : *फील्डवर्क एण्ड फुटनोट्स : द स्टडी ऑफ़ ए हिस्ट्री ऑफ यूरोपीयन एन्थ्रोपोलॉजी*, न्यूयॉर्क : रूटलेज।

वान राइपर एण्ड ए॰ बाबलिन (1993) : *मैन अमंग मैमथ : विक्टोरियन साइंस एण्ड डिस्कवरी ऑफ़ ह्यूमैन प्रीहिस्ट्री*, न्यूयॉर्क : प्रोमेथंस बुक्स।

वानगेनेप, अरनाल्ड (1961) : *द राइट डी पैसेज*, शिकागो : शिकागो यूनिवर्सिटी प्रेस।

व्हाइटिंग, जॉन डब्ल्यू एण्ड इर्विन आई चाइल्ड (1953, 1984) : *चाइल्ड ट्रेनिंग एण्ड पर्सनैलिटी : ए क्रॉस कल्चरल पर्सपेक्टिव*, वेस्ट पोस्ट : कनेक्टिकट ग्रीनवुड प्रेस।

वालर स्टेइन, इमानुएल (1974) : *द मॉर्डन वर्ल्ड सिस्टम : कैपिटेलिस्ट, एग्रीकल्चरिस्ट एण्ड ओरिजिन ऑफ़ वर्ल्ड इकोनॉमी इन सिक्सटींथ सेंचुरी,* फ्लोरिडा : एकेडेमिक प्रेस।

व्हाइट, लेस्ली ए॰ (1949) : *द साइंस ऑफ़ कल्चर,* न्यूयॉर्क : ग्रोम।

व्हाइट, लेस्ली ए॰ (1959) : *द इवोल्यूशन ऑफ़ कल्चर : द डेवलपमेण्ट ऑफ़ सिविलाइजेशन टू द फाल ऑफ़ रोम,* न्यूयॉर्क : मैकग्रा हिल्स।

वाल्सन, चार्ल्स (1982) : *द लेबर थ्योरी ऑफ़ कल्चर : एन एक्ज़ामिनेशन ऑफ़ एंगल्स थ्योरी ऑफ़ ह्यूमैन ओरिजिन,* लन्दन : रूटलेज।

विल्सन, एडवर्ड ओ॰ (1975) : *सोशियोबायोलॉजी : द न्यू सिंथेसिस,* कैम्ब्रिज : हार्वर्ड यूनिवर्सिटी प्रेस।

विल्सन, एडवर्ड ओ॰ (1994) : *ऑन ह्यूमैन नेचर,* कैम्ब्रिज : हार्वर्ड यूनिवर्सिटी प्रेस।

विल्सन, एडवर्ड ओ॰ (1994) : *द नैचुरलिस्ट,* वाशिंगटन डी॰सी॰ आइलैण्ड प्रेस।

विलियम, वर्मन जे॰ (1996) : *रिथिंकिंग रेस : फ्रांज बोआस एण्ड हिज कण्टेमपोरेरी,* लेक्सिंगटन : यूनिवर्सिटी प्रेस, केंटुकी।

विण्टर्स, क्रिस्टोफर (ed.) : *इण्टरनेशनल डिक्शनरी ऑफ़ एन्थ्रोपोलॉजी,* न्यूयॉर्क : गालैण्ड।

विटफोजेल, के॰ (1931) : *रिस्टशैफ्ट एण्ड गैर्शल शैफ्ट,* शिनास : लिपजिग।

विटफोजेल, के॰ (1957) : *ओरिएण्टल डिस्पोटिज्म,* न्यू हैवन : येल यूनिवर्सिटी प्रेस।

विनथ्रौफ, रॉबर्ट एच॰ (1991) : *डिक्शनरी ऑफ़ कंसेप्ट्स इन कल्चरल एन्थ्रोपोलॉजी,* न्यूयॉर्क : ग्रीनवुड प्रेस।

विसलर, सी॰ (1917) : *द अमेरिकन इण्डियन : एन इण्ट्रोडक्शन टू द एन्थ्रोपोलॉजी ऑफ़ न्यू वर्ल्ड,* न्यूयॉर्क : डी॰सी॰एम॰सी॰ मुत्री।

विसलर, सी॰ (1922) : *अमेरिकन इण्डियंस,* न्यूयॉर्क : ऑक्सफोर्ड यूनिवर्सिटी प्रेस।

विसलर, सी॰ (1923) : *मैन एण्ड कल्चर*, न्यूयॉर्क : थोमासी क्रोवेल कम्पनी।

विसलर, सी॰ (1926) : *द रिलेशन ऑफ़ नेचर टू मैन इन एबोरिजनल अमेरिका*।

वेबर, मैक्स (1922, 1993) : *सोशियोलॉजी ऑफ़ रिलीजन*, बोस्टन : बिएकन प्रेस।

वेबर, मैक्स (1920, 1996) : *प्रोटेस्टेण्ट एथिक्स एण्ड स्पिरिट ऑफ़ कैपिटलिज्म*, लॉस एंजिल्स : रैक्सवरी।

वैलेस, एन्थोनी, एफ॰ (1972) : *द डेथ एण्ड रिबर्थ ऑफ़ सिनेक*, न्यूयॉर्क : होल्ट रिनेहार्ट।

वोगेट, फ्रीड डब्ल्यू॰ (1975) : *ए हिस्ट्री ऑफ़ एथनोलॉजी*, न्यूयॉर्क : होल्ट रिनेहार्ट।

वोल्फ, एरिक आर (1982) : *यूरोप एण्ड पिपुल विदाउट हिस्ट्री*, बर्कले : यूनिवर्सिटी ऑफ़ कैलिफोर्निया प्रेस।

स्कमिड, डब्ल्यू॰ (1933) : *हाई गॉड्स इन नॉर्थ अमेरिका*, न्यूयॉर्क : ऑक्सफोर्ड यूनिवर्सिटी प्रेस।

स्कींडर, डैविड एम॰ (1980) : *अमेरिकन किनशिप : ए कल्चरल एकाउण्ट*, शिकागो : शिकागो यूनिवर्सिटी प्रेस।

स्कींडर पीटर एण्ड जॉन स्कींडर (1986) : *कल्चरल एण्ड पॉलिटिकल इकोलॉजी इन वेस्टर्न सिल्ली*, ओस्लैण्ड : फ्लोरिडा एकेडेमिक प्रेस।

स्कीपर, फ्रैंसिस (1992) : *पॉल ब्रोका : फाउण्डर ऑफ़ फ्रेंच एन्थ्रोपोलॉजी एक्सप्लोरर ऑफ़ ब्रिटेन*, न्यूयॉर्क : ऑक्सफोर्ड यूनिवर्सिटी प्रेस।

स्क्वार्ट, स्टुअर्ट (ed.) (1994) : *इम्प्लीसिट अण्डरस्टैंडिंग, ऑबजरविंग, रिपोर्टिंग एण्ड रिफ्लेक्टिंग ऑन द एनकाउण्टर विदिन यूरोपियन एण्ड अदर पिपल*, न्यूयॉर्क : कैम्ब्रिज यूनिवर्सिटी प्रेस।

स्टौकिंग जॉर्ज डब्ल्यू॰ (1987) : *विक्टोरियन एन्थ्रोपोलॉजी*, न्यूयॉर्क : फ्री प्रेस।

स्टौकिंग, जॉर्ज डब्ल्यू. (1988) : *ऑब्जेक्ट्स एण्ड अदर्स : एसेज ऑन म्युजियम एण्ड मैटेरियल कल्चर*, न्यूयॉर्क : कोलम्बिया यूनिवर्सिटी प्रेस।

स्टौकिंग, जॉर्ज डब्ल्यू. (1982) : *रेस, कल्चर एण्ड इवोल्यूशन : एसेज इन हिस्ट्री ऑफ़ एन्थ्रोपोलॉजी*, न्यूयॉर्क : कोलम्बिया यूनिवर्सिटी प्रेस।

स्टौकिंग, जॉर्ज डब्ल्यू. (1985) : *ऑब्जरवर्स ऑब्जर्वड : एसेज ऑन एथनोग्राफिक फील्डवर्क*, मैडिसन : यूनिवर्सिटी ऑफ़ विसकॉनसिन प्रेस।

स्टौकिंग, जॉर्ज डब्ल्यू. (1996) : *वोल्के जेइस्ट एज मैथड एज एथनिक : एसेज ऑन बोआसियन एथनोग्राफी एण्ड जर्मन एन्थ्रोपोलॉजिकल ट्रेडीशन*, मेडिसन : यूनिवर्सिटी ऑफ़ विसकॉनसिन प्रेस।

स्टौकिंग, जॉर्ज डब्ल्यू. (1986) : *मैलिनोवस्की, रिवर्स बेनेडिक्ट एण्ड अदर्स : एसेज ऑन कल्चर एण्ड पर्सनैलिटी*, मैडिसन : यूनिवर्सिटी ऑफ़ विसकॉनसिन प्रेस।

स्टौकिंग, जॉर्ज डब्ल्यू. (1996) : *रोमांटिक मोटिव्स : एसेज ऑन एन्थ्रोपोलॉजिकल सेंसिविटी*, मैडिसन : विसकॉनसिन यूनिवर्सिटी प्रेस।

स्टौकिंग, जॉर्ज डब्ल्यू. (1984) : *फंक्शनलिज्म हिस्टोरिसाइज्ड : एन एसे ऑन ब्रिटिश सोशल एन्थ्रोपोलॉजी*, मैडिसन : विसकॉनसिन यूनिवर्सिटी प्रेस।

स्टौकिंग, जॉर्ज डब्ल्यू. (1993) : *एसेज ऑन कंसेप्चुएलाइजिंग एथनोग्राफिक नॉलेज*, मैडिसन : विसकॉनसिन यूनिवर्सिटी प्रेस।

स्टौकिंग, जॉर्ज डब्ल्यू. (1995) : *आफ्टर टायलर : ब्रिटिश सोशल एन्थ्रोपोलॉजी*, मैडिसन : विसकॉनसिन यूनिवर्सिटी प्रेस।

स्टौकिंग, जॉर्ज डब्ल्यू. (1992) : *एथनोग्राफर्स म्यूजिक एण्ड अदर एसेज इन हिस्ट्री ऑफ़ एन्थ्रोपोलॉजी*, मैडिसन : विसकॉनसिन यूनिवर्सिटी प्रेस।

स्टीवर्ड, जूलियन एच॰ (1955, 1972) : *थ्योरी ऑफ़ कल्चर चेंज : मेथोडोलॉजी ऑफ़ मल्टीलिनियर इवोल्यूशनिज्म*, शैमपेन : यूनिवर्सिटी ऑफ़ इलिनोइस प्रेस।

स्ट्रेनस्की, आइवन (1992) : *मैलिनोवस्की एण्ड वर्क ऑफ़ मिथ*, न्यू जर्सी : प्रिंसटन यूनिवर्सिटी प्रेस।

स्लोबोडिन, रिचर्ड्स (1987) : *डब्ल्यू एच॰आर॰ रिवर्स*, न्यूयॉर्क : कोलम्बिया यूनिवर्सिटी प्रेस।

स्लैनटन, विलियम रेगर (1960) : *द लियोपार्ड्स स्पॉट : साइण्टिफिक एटीटयूड्स टूवर्ड्स रेस इन अमेरिका*, शिकागो : शिकागो यूनिवर्सिटी प्रेस।

स्पेंसर, फ्रैंसिस (ed.), (1986) : *एसेज ऑन होमो : एन एनोटेटिड बिबलियोग्राफिक हिस्ट्री ऑफ़ फीजिकल एन्थ्रोपोलॉजी*, वेस्ट पोर्ट : कनेक्किट ग्रीनवुड।

स्पेंसर, फ्रैंसिस (ed.), (1982) : *हिस्ट्री ऑफ़ अमेरिकन फीजिकल एन्थ्रोपोलॉजी : एन एनसाइक्लोपीडिया*, न्यूयॉर्क : गालैण्ड।

स्पेंसर, हर्बर्ट (1967) : *इवोल्यूशन ऑफ़ सोसायटी*, एन आर्बोर : मिशिगन बुक ऑन डिमाण्ड।

स्पींडलर, जॉर्ज डियर बॉर्न (ed.), (1978) : *द मेकिंग ऑफ़ फीजिकल एन्थ्रोपोलॉजी*, बर्कले : यूनिवर्सिटी ऑफ़ कैलिफोर्निया प्रेस।

स्पायरो, मेलफोर्ड ई॰ (1992) : *ओडिपस कम्पलेक्स इन ट्रोब्रिएण्ड आइलैण्ड्स*, न्यू जर्सी : ट्रांजेक्शन प्रेस।

सपेरा, आई॰ (1947) : *माईग्रेण्ट लेबर एण्ड ट्राइबल लाइफ*, लन्दन, ऑक्सफोर्ड यूनिवर्सिटी प्रेस।

सर्विस, एलमैन आर॰ (1962) : *प्रिमिटिव सोशल ऑर्गेनाइजेशन : एन इवोल्यूशनरी पर्सपेक्टिव*, फ्लोरिडा : एकेडेमिक प्रेस।

सर्विस, एलमैन आर॰ (1985) : *ए सेंचुरी ऑफ़ कण्ट्रोवर्सी*, औरलैण्ड, फ्लोरिडा : एकेडेमिक प्रेस।

सैपिर, ई॰ (1933) : *लैंग्वेज*, न्यूयॉर्क : हारकोर्ट ब्रास।

सैपिर, ई॰ (1958) : *कल्चर, लैंग्वेज एण्ड पर्सनैलिटी*, बर्कले : कैलिफोर्निया यूनिवर्सिटी प्रेस।

साहलिंस, मार्शल डी॰ एण्ड एलमैन आर॰ सर्विस (ed.), (1960) : *इवोल्यूशन एण्ड कल्चर*, एन आर्बोर : यूनिवर्सिटी ऑफ़ मिशिगन प्रेस।

साहलिंस, मार्शल डी॰ (1976) : *द यूज एण्ड एब्यूज ऑफ़ बायोलॉजी : एन एन्थ्रोपोलॉजिकल क्रिटिक्स*, एन आर्बोर : यूनिवर्सिटी ऑफ़ मिशिगन प्रेस।

शिपमैन, पैट (1984) : *इवोल्यूशन ऑफ़ रेसिज्म : ह्यूमैन डिफरेंस एण्ड यूज एण्ड एब्यूज ऑफ़ साइंस*, एन आर्बोर : यूनिवर्सिटी ऑफ मिशिगन प्रेस।

सिलसर मैन, सायडेल (ed.), (1986) : *टोटेम एण्ड टीचर्स : पर्सपेक्टिव* न्यूयॉर्क : कोलम्बिया यूनिवर्सिटी प्रेस।

शिपसन, जॉर्ज एटन (1973) : *एम॰जे॰ हर्षकोविट्ज*, न्यूयॉर्क : कोलम्बिया यूनिवर्सिटी प्रेस।

सेबौक, थॉमस एल्बर्ट (ed.), (1966) : *पोरट्रेट्स ऑफ़ लिंग्विस्टिक्स*, ब्लूमिंगटन : इंडियाना यूनिवर्सिटी प्रेस।

सेलिगमैन, सी॰ एण्ड बी॰ सेलिगमैन (1911) : *द वेद्स ऑफ़ सिलॉन (श्रीलंका)*, कैम्ब्रिज : कैम्ब्रिज यूनिवर्सिटी प्रेस।

सैंडर्स, स्टिफन के॰ (1992) : *सोशल इवोल्यूशन : ए क्रिटिकल स्टडी*, कैम्ब्रिज : ब्लैकवेल।

सैयदी, नदार (1992) : *द बर्थ ऑफ़ सोशल थ्योरी : सोशल थॉट इन द एनलाइटमेण्ट एण्ड रोमांसिज्म*, लाइहम मैरिलैण्ड : यूनिवर्सिटी प्रेस ऑफ़ अमेरिका।

हयाल, मार्शल (1990) : *फ्रांज बोआस; सोशल एक्टिविस्ट्स : डायनामिक्स ऑफ़ एथनोसिटी*, न्यूयॉर्क : ग्रीनवुड।

हयात, एल॰आर॰ (1996) : *एग्रीमेण्ट अबाउट एबोरिजिंस ऑफ़ आस्ट्रेलिया : इवोल्यूशन ऑफ़ सोशल एन्थ्रोपोलॉजी*, न्यूयॉर्क : कैम्ब्रिज यूनिवर्सिटी प्रेस।

हल, डेविड (1990) : *साइंस एज प्रोसेस : एन इवोल्यूशनरी एकाउण्ट ऑफ़ सोशल एण्ड कंसेप्चुअल डेवलपमेण्ट*, शिकागो : शिकागो यूनिवर्सिटी प्रेस।

हर्षकोविट्स, एम॰जे॰ (1953) : *फ्रांज बोआस*, न्यूयॉर्क : सिरेबनगर।

हाल, रॉबर्ट ए॰ (1987) : *लियोनार्ड ब्लूमफील्ड एसेज़ ऑन हिज़ लाइफ एण्ड हिज़ वर्क*, फिलाडेल्फिया : जॉन बेंजामिन नॉर्थ अमेरिका।

हारे, पीटर एस॰ (1985) : *ए वुमैन क्वेस्ट फॉर साइंस : ए पोर्ट्रेट*, न्यूयॉर्क : प्रोमेथंस।

हिम्स, डेल (ed.), (1983) : *एसेज़ इन हिस्ट्री ऑफ़ लिंग्विस्टिक्स, फिलाडेल्फिया : ट्रेडीशन एण्ड पैराडिग्म*, मिशिगन : बुक्स ऑन डिमाण्ड।

हेनाल्फ, मार्सेल (1991) : *क्लायड लेवी-स्ट्रॉस*, पेरिस : वेल टोण्ड।

हेनरी, जॉन (1997) : *साइण्टिफिक रिवोल्यूशन एण्ड ओरिजिन ऑफ़ मॉडर्न साइंस*, ओल्ड तपन, न्यू जर्सी : मैकमिलन।

हेनसेन, हिल्लारी (1974) : *ब्रिटिश सोशल एन्थ्रोपोलॉजी एण्ड लैंग्वेज*, ऑक्सफोर्ड : क्लेरैण्डन प्रेस।

हेल्म, जुने (ed.), (1990) : *पायोनियर्स ऑफ़ अमेरिकन एन्थ्रोपोलॉजी : द यूज ऑफ़ बायोग्राफी*, ऑक्सफोर्ड : क्लेरैण्डन प्रेस।

हैड्डन, ए॰सी॰ (1895) : *इवोल्यूशन इन आर्ट*, लन्दन : डब्ल्यू॰ एफ।

हैड्डन, ए॰सी॰ (1908) : *द स्टडी ऑफ़ मैन*, लन्दन : जेमुराय।

हैड्डन, ए॰सी॰ (1910) : *ए हिस्ट्री ऑफ़ एन्थ्रोपोलॉजी*, न्यूयॉर्क : पुटनाम।

हैड्डन, ए॰सी॰ (1927) : द *वाण्डरिंग ऑफ़ पिपल*, कैम्ब्रिज : कैम्ब्रिज यूनिवर्सिटी प्रेस।

हैरिस, एम॰ (1964) : *द नेचर ऑफ़ कल्चरल थिंग्स*, न्यूयॉर्क; रैण्डम हाउस।

हैरिस, एम॰ (1968) : *राइज़ ऑफ़ एन्थ्रोपोलॉजिकल थ्योरी*, न्यूयॉर्क : कनौफ।

हैरिस, एम॰ (1979) : *कल्चरल मैटेरियलिज्म*, न्यूयॉर्क : कनौफ।

होनिंगमैन, जे॰जे॰ (1954) : *कल्चर एण्ड पर्सनैलिटी*, न्यूयॉर्क : हार्पर एण्ड रॉ।

होनिंगमैन, जे॰जे॰ (1963) : *अण्डरस्टैंडिंग कल्चर*, न्यूयॉर्क : हार्पर एण्ड रॉ।

होनिंगमैन, जे॰जे॰ (1975) : *डेवलपमेण्ट ऑफ़ एन्थ्रोपोलॉजिकल आइडियाज़*, मिशिगन : बुक ऑन डिमाण्ड।

होबेल, ई॰ए॰ (1949) : *मैन इन प्रिमिटिव वर्ल्ड*, न्यूयॉर्क : मैकग्रा हिल्स।

होबहाउस, एल॰टी॰ *et al.* (1915) : द *मैटेरियल कल्चर ऑफ़ सोशल इंस्टीट्यूशन ऑफ़ सिम्पलर पिपल*, लन्दन : कैंपमैनहाल।

होब्सवान, एरिक जे॰ एण्ड टिरेंस रेंजर (ed.), (1992) : *इनवेंशंस ऑफ़ ट्रेडीशंस*, न्यूयॉर्क : कैम्ब्रिज यूनिवर्सिटी प्रेस।

होल्डर, आई॰ एन॰ (1986) : *रीडिंग्स इन पास्ट : करेण्ट अप्रोचेज टू इण्टरप्रिटेशन इन आर्कियोलॉजी*, न्यूयॉर्क : कैम्ब्रिज यूनिवर्सिटी प्रेस।

अनुक्रमणिका